理工科大学生电子技术类课程学习参考用书
中国电子学会 EDP 认证指定培训教材
教育部教育管理信息中心 EITP 认证指定培训教材

电子信息技术 3000 问与答

（下册）

孙景琪　孙　京　编著
雷　飞　王卓峥

科学出版社

北　京

内 容 简 介

本套书为理工科大学生电子技术类课程、全国及各省市大学生电子设计竞赛、全国多种电子设计工程师和电子信息技术人才培训、认证的参考用书。本套书分上、下两册，其中上册为第一至六章，下册为第七至十章及附录。全书主要内容包括电子元件、信号及基本电路、半导体器件、放大电路、直流稳压源及交流信号源、数字电路、高频电路、微机原理、单片机与嵌入式简介、电子测量、综合应用等方面。本书既注重原理的阐述，又强调知识的系统性、工程性及实际应用。

本书可作为电子设计竞赛、工程师及人才认证培训教材，也可作为高校电类各专业教师在教学、命题、工程设计、竞赛指导、毕业设计、培训考核等的参考书，还可作为电类学生及电子信息类工程技术人员自学、竞赛、考评、产品设计、求职应试的参考书。

图书在版编目(CIP)数据

电子信息技术3000问与答. 下册/孙景琪等编著. —北京:科学出版社,2015.5

ISBN 978-7-03-044272-7

Ⅰ.①电⋯ Ⅱ.①孙⋯ Ⅲ.①电子信息-问题解答 Ⅳ.①G203-44

中国版本图书馆CIP数据核字(2015)第098722号

责任编辑:潘斯斯 张丽花/责任校对:朱光兰
责任印制:霍 兵/封面设计:迷底书装

科学出版社出版
北京东黄城根北街16号
邮政编码:100717
http://www.sciencep.com

大厂书文印刷有限公司印刷
科学出版社发行 各地新华书店经销

*

2015年6月第 一 版 开本:787×1092 1/16
2015年6月第一次印刷 印张:20 3/4
字数:497 000
定价:53.00元
(如有印装质量问题,我社负责调换)

前　言

高等院校要培养应用型人才,培养具有创新能力的应用型人才已是不争的事实,对于工科院校而言,工程教育回归的理念已逐步为广大教育工作者所接受。为了培养学生的工程实践能力和创新意识,许多院校,特别是电子信息类院校均已革新或重新制订了教学计划,设立或完善了课程实验、工程设计、科学实践等环节,并组织学生参加全国及各省市、部委组织的电子设计竞赛或电子信息大赛,组织学生参加各权威机构组织的电子设计工程师或电子信息技术人才认证,使广大学生能在这些活动中得到培养,得到锤炼,使他们有展现才华、实现梦想、使科学实践能力得以提升的平台。此类竞赛与认证每年均有数万大学生参加,效果优良,影响深远。

我从事电子信息技术教学已50多年,现仍给本科生上课,自1994年到现在,一直出任全国或北京市大学生电子设计竞赛的评审专家,近10年来有幸参与中国电子学会主办的EDP电子设计工程师认证和教育部教育管理信息中心主办的EITP电子信息技术人才认证的策划与设计工作,在标准制订、命题、考核、师资培训等方面尽了微薄之力,并在全国近20个工程实训班上与近千位高校教师进行了交流与切磋。在此过程中,我深感我国高校中工程教育的缺乏,深感回归工程教育的必要性与迫切性,也体会到高校师生对电子设计竞赛和相关认证中学习资料的迫切需求。问题是有关电子工程设计所要求的理论、知识、技能实在是太多太广,如何由繁到简,由理论到应用,由单元电路到系统集成,由模块到案例,直到如何提高工程实践能力,如何提高竞赛水平,如何贴近工程师或技术人才认证的要求等,有许多工作需要我们去做,编写本书的初衷也在于此。

基于上述要求,本书的几位作者根据自己数十年在高校或科研机关的教学、科研工作的积淀,在各类电子设计竞赛中的评审工作,以及在各类技师考评和多年工程师认证的工作经验,经过深入调研与探讨,逐步形成了本书的框架与主体内容。全书由十大模块(章)组成,分上、下两册,上册含电子元器件、变压器及滤波器,信号简介与RLC基本电路,半导体器件,放大电路,直流稳压源与交流信号源,数字电路六章;下册含高频电路,微机原理、单片机和嵌入式简介,电子测量,综合应用题四章,附录包含两份相关认证用过的试题。书中各题内容力求贴近电子工程设计所需的各个知识点,各主要课程的应知应会,全国、省市等大学生电子设计竞赛部分赛题的精华及相关刊物中有价值的案例,力求结合实际,结合应用,结合工程开发。以第十章为例,它包含了电子系统设计、信号源、放大电路、自动增益控制、电子测量、无线收发等八大系列,有200多个案例,面广、题多,这些案例对竞赛、认证、课程设计、毕业设计等均有帮助与启发,本书还可作为理工科大学生电子技术类课程的学习参考。

本书题型分问答、填空等主观题与是非、选择等客观题,二者各约占50%。前者的设置主要在于阐述电子工程设计所需的主要理论、知识、方法、技能等的依据,揭其本质、溯其源头,使读者对主要问题能知其然,又知其所以然,为进一步掌握电子信息技术、电子工程设计打下基础;后者的是非、选择题在对所学理论、知识的应用,作为检验自我能力的一种方法与手段,这类客观题型也是多种认证和课程考试所普遍采用的方式,同时它也为计算机阅卷提供了方便。

本书除了满足电子设计竞赛、工程师或电子信息技术人才认证所需之外,更主要的是可作为电子信息类教师在教学、考试命题、工程培训、竞赛指导、课程设计、毕业设计等环节中的参考书,也可作为电子信息类大学生、研究生、电子技术人员和爱好者自学、考证、竞赛、求职、应试时的参考书。

与本书配套使用的《电子信息技术概论》于 2013 年在北京工业大学出版社正式出版。

本书的编撰历经多年,诸多同仁、好友、亲朋为此提供了巨大支持与帮助,作出了很大贡献,这里要特别感谢的是汪啸云高级工程师、吴强教授、严峰高级实验师、刘旭东博士、中国电子学会的 EDP 认证团队,教育部教育管理信息中心的 EITP 认证团队及李建海、于梅、王皓、刘杰等诸位先生与女士。

由于本书涉及的知识浩瀚如海,限于本人的水平与学识,书中若有不足之处,敬请读者批评指正,将感激之至。

孙景琪

2015 年 5 月于北京

目　　录

第七章 高 频 电 路

第一部分 基 础 知 识

一、问答题

1. 什么是基带信号？试举例说明。

答：能直接表示原始信息的电信号即为基带信号，如送话器输出的音频信号、摄像头输出的视频信号、通断的开关信号等均属此类。

2. 什么是频带信号？试举例说明。

答：广义而言，一切具有一定频带宽度的电信号均为频带信号，又如已调制的调幅信号、调频信号等。

一般而言，人们习惯上均将已调制信号称为频带信号。这类信号的频谱具有一定带通形式，它是基带信号频谱在频率坐标上搬移后而生成的结果。

3. 基带信号能否直接作无线传输？为什么？

答：基带信号不能直接作无线传输，有两个主要原因。

(1) 发射、接收天线难以实现（即天线尺寸问题）：理论与实践表明，天线有效收发电磁波的必要条件是其尺寸（长度）能与电信号的波长相比拟（为波长的几分之一）；对于音频信号，其波长为 $15 \times 10^6 \sim 15 \times 10^3 \text{m} \left(\dfrac{3 \times 10^8}{20} \sim \dfrac{3 \times 10^8}{20 \times 10^3} \right)$，可见制造几千米至几百千米长的天线是不现实的。

(2) 无法实现多路传输：即便天线问题能解决，但在同一时间内收发同频段的信号（如音频信号或图像信号），用户是无法区分的。

4. 在通信、广播系统中，为什么对所传送的信号（音频、视频信号等）进行调制？什么是调制？试举例说明。

答：第 3 题已充分说明由于天线尺寸与多路传输等的原因，基带信号是不能作无线传输的，其解决的方法就是调制与解调。

所谓"调制"是以要传递的信号（也称为调制信号，如音频信号、视频信号等）对某一高频（载频）信号的某一参量（振幅、频率、相位）进行作用，使其随调制信号的幅度变化而变化的过程。即以一高频信号为载体，携带（装载）要传送的信号传输，如此信号的频率得以提高、波长变短，天线容易实现。另外，可以用不同高频（载频）携带所需信号传输，以实现多路传输（多路复用）。

对调幅而言，调制是信号频谱在频率坐标轴上搬移的过程，它的数学依据是傅里叶变换。

生活中的中短波广播、电视信号的传输等都是离不开调制的。例如，观众所收看的电视节目，就是将图像信号调制到 57.75MHz 的载频上，再传送到电视机。

5. 在通信、广播系统中,为什么对信号进行解调?什么是解调?举例说明。

答:解调是调制的逆过程,是从已调信号中解出(还原出)原调制信号的过程。通常,调制是发射设备中不可缺少的单元,而解调则是接收设备中必有的环节。当然,调幅波的解调也是信号频谱在频率坐标上搬移的过程。

6. 调制是如何分类的?试举例说明。

答:调制的种类较多,分类方法也不相同,通常是按调制信号的形式区分为两种。

(1) 模拟信号调制——调制信号为模拟信号,如语音信号、图像信号的调制等均属此类。中短波广播、模拟电视传输等均采用模拟信号调制方式。

(2) 数字信号调制——调制信号为数字信号,如以 0 和 1 形式的数据和编码、电报信号等的调制即属此类。数字电视广播、数据通信等均采用数字调制方式。

另外,也有将调制分为线性调制和非线性调制,连续波调制和脉冲调制等。也可按波形特征区分为调幅(AM)、调频(FM)、调相(PM)等,这是经常遇到的 3 种调制方式。

7. 何谓线性调制?调幅是线性调制,还是非线性调制?为什么?

答:只是将调制信号的频谱在频率坐标轴上作简单的搬移(线性平移),而不改变其相对结构的调制即为线性调制,调幅(AM)即为典型的线性调制。

须指出的是:从电路属性来看,调幅是产生新频率的过程。以单音调幅为例,其示意如图 7-1-1 所示。

一个载频(频率为 f_0)与一个调制信号(设频率为 F)输入至调幅电路,经此电路的非线性作用,所产生的输出信号除了原载频信号外,还出现新的频率分量 f_0+F(上边频)和 f_0-F(下边频)。电路理论表明,能产生新频率的电路必为非线性电路,故从频率变换的角度分析,调幅又是非线性过程。

8. 何谓非线性调制?调角信号(即调频和调相信号)是线性调制,还是非线性调制?为什么?

答:调制信号的频谱在频率坐标轴上作了搬移,且搬移后频谱的相对结构发生变化,这种使调制信号的频谱发生非线性变换的调制即称为非线性调制。调频(FM)和调相(PM)是典型的非线性调制。在如图 7-1-2 的单音调频电路的输出中,除了含有 f_0、f_0+F、f_0-F 外,还含有 f_0+2F、f_0-2F、f_0+3F、f_0-3F 等各种新的频率成分。显然,它比调幅(AM)的输出复杂得多。

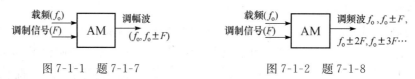

图 7-1-1　题 7-1-7　　　　　　　　图 7-1-2　题 7-1-8

9. 何谓调幅(AM)?试举例说明。

答:以调制信号对载频信号的幅度进行作用,使其随之变化而变化的调制即为调幅。以单音 AM 为例,设调制信号 u_Ω 和载频信号 u 的表达式为

$$u_\Omega = U_\Omega \cos\Omega t$$

$$u = U\cos(\omega_0 t + \varphi_0) = U\cos\varphi(t)$$

用 u_Ω 对 u 信号的幅度作用,使其随 u_Ω 的变化而变化,而载频信号 u 的 ω_0、φ_0 保持不变。调制后已调波的表达式为

$$u_{AM}=(U+K_aU_\Omega\cos\Omega t)\cos(\omega_0 t+\varphi_0)=U(1+m_a\cos\Omega t)\cos(\omega_0 t+\varphi_0)$$

10. 何谓调频(FM)？试举例说明。

答：以调制信号对载频信号的频率(角频率)进行作用,使后者的频率随前者的幅值变化而变化的调制即为调频。以单音 FM 为例,u_Ω 与 u 的表达式如第 9 题所示,则已调波频率变化与已调波(FM 波)的表达式分别为

$$\omega(t)=\omega_0+K_FU_\Omega\cos\Omega t$$

$$u_{FM}=U\cos\left(\omega_0 t+K_F\int_0^t u_\Omega dt\right)$$

$$=U\cos\left(\omega_0 t+\frac{K_FU_\Omega}{\Omega}\sin\Omega t\right)$$

$$=U\cos(\omega_0 t+m_F\sin\Omega t)$$

所以调频波的幅值不变,其瞬时频率 $\omega(t)$ 随调制信号 u_Ω 的变化而变化,瞬时相位是瞬时频率的积分。

11. 何谓调相(PM)？试举例说明。

答：以调制信号对载频信号的相位进行作用,使后者的相位随前者的幅值变化而变化的调制即为调相。以单音 PM 为例,u_Ω 与 u 的表达式如第 9 题所示,则已调波相位变化与已调波(PM 波)的表达式分别为

$$\varphi(t)=\omega_0 t+K_pU_\Omega\cos\Omega t+\varphi_0$$

$$u_{PM}=U\cos(\omega_0 t+K_pU_\Omega\cos\Omega t+\varphi_0)=U\cos(\omega_0 t+m_p\cos\Omega t+\varphi_0)$$

所以调相波的幅值不变,其瞬时相位 $\varphi(t)$ 随调制信号 u_Ω 的变化而变化,瞬时频率是瞬时相位的微分。很显然,调频时,相位也在变化;调相时频率也在变化。两者是互为依存的。

12. 调幅又细分几类？各有何特点？试各举一应用实例。

答：本题解答见表 7-1-1。

表 7-1-1　调幅分类

AM 分类	表达式 调制信号 $u_\Omega=U_\Omega\cos\Omega t$ 载频信号 $u=U\cos\omega_0 t$	主 要 特 点	主要应用
普通调幅(AM) (标准调幅)	$u=U(1+m\cos\Omega t)\cos\omega_0 t$	(1) 包络如实反映调制信号的波形变化 (2) 功率利用率低 (3) 频带稍宽,BW=2F	中短波广播
平衡调幅(DSB) (抑制载频的双边带调幅)	$u=UU_\Omega\cos\Omega t\cdot\cos\omega_0 t$	(1) 包络不反映调制信号的波形变化 (2) 功率利用率高 (3) 频带稍宽, BW=2F	调频立体声广播、电视广播中色差信号的调制
单边带调幅(SSB)	$u=U\cos(\omega_0+\Omega)t$ 或 $u=U\cos(\omega_0-\Omega)t$	(1) 包络不反映调制信号波形的变化 (2) 功率利用率高 (3) 频带窄,BW=F	载波通信数据传输等
残留边带调幅(VSB)	单音调制无意义	(1) 包络能反映调制信号波形的变化 (2) 频带被压缩一部分	电视广播、数据传输等

13. 数字调制又细分几类？说明各自的含义并画出其波形示意图。

答：本题解答见表 7-1-2(以二进制数字调制为例)。

表 7-1-2　数字调制分类

数字调制分类	含　义	波形关系(示意图)
振幅键控(幅移键控)2ASK	正弦载波的幅度随数字基带信号变化而变化的调制，当数字基带信号为二进制时，则为二进制振幅键控，即 2ASK	
频移键控 2FSK	正弦载波的频率随二进制数字基带信号 1 和 0 在 f_{01} 和 f_{02} 两个频率间变化的调制，即 2FSK	
相移键控 2PSK	正弦载波的相位随二进制数字基带信号 1、0 在 0° 和 180° 两个相位间变化的调制，即 2PSK(两相绝对调相)	
多电平(多进制)数字调制：MASK、MFSK、MPSK 等	数字信号不是 0、1 两个电平，而是有 2^N 个电平(N 为 2,3,4…)，每个电平代表多位 0、1 数码的组合	

14. 数字调制信号有何特点？

答：其主要特点如下所述。

(1) 抗干扰能力强。由于信号的取值只有两个，故信号在传输过程受到噪声的干扰(主要是幅度干扰)后，在接收端作解调判决时，只要噪声的大小不影响判决的正确，就能正确地接收，表 7-1-2 中的 2FSK、2PSK 信号的抗干扰能力显然大于 2ASK。

(2) 可作差错控制，使传输的误码率降低。

(3) 易于加密处理(在指定的位置加入保密码)，且保密质量高。

(4) 易于集成，使设备小型化。

(5) 主要缺点是所占的频带较宽，但采用压缩技术后可大大降低带宽。

15. 已知单音调幅信号的表达式为 $u=5[1+0.6\cos(\pi\times10^4 t)]\cos(2\pi\times10^6 t)$ (V)。试完成以下各题：

(1) 这是什么类型调幅信号？

(2) 求出调制信号的频率 F 和载频信号的频率 f_o。

(3) 求出信号的频带宽度(BW)。

(4) 此信号经解调后应还原出什么信号？

答：(1) 这是普通调幅波，也称为标准调幅波。

(2) $F=\dfrac{\pi\times10^4}{2\pi}=5(\text{kHz})$，$f_o=\dfrac{2\pi\times10^6}{2\pi}=10^6(\text{Hz})=1(\text{MHz})$。

(3) $\text{BW}=2F=2\times5=10(\text{kHz})$。

(4) 还原出的原调制信号为 $u_\Omega=U_\Omega\cos(\pi\times10^4 t)$。

16. 画出第 15 题调幅信号的波形图与频谱图，并标出载频分量的幅度及其与边频分量所占的功率比。

答：(1) 其波形图与频谱图如图 7-1-3 所示。

(2) 载频分量的幅度为 5V,上下边频的幅度为

$$\frac{5V \times 0.6}{2} = 1.5V$$

(3) 载频分量与边频分量所占功率比为

$$\frac{P_\text{载}}{P_\text{上} + P_\text{下}} = \frac{\dfrac{5^2}{2R}}{\dfrac{1.5^2}{2R} + \dfrac{1.5^2}{2R}} = \frac{25}{2 \times 1.5^2} = \frac{25}{4.5} = 5.56 \text{ 倍}$$

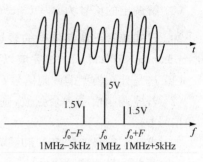

图 7-1-3 题 7-1-16

所以,不带信息的载频其所占的功率份额过大,而带有信息的上下边频所占的功率份额过小,功率利用率过低。

17. 已知单音调幅信号的表达式为 $u = 5\cos(2\pi \times 10^4 t) \cdot \cos(2\pi \times 10^7 t)$ (V)。试完成以下各题:

(1) 这是什么类型的调幅波?

(2) 求出调制信号的频率 F 及载频信号的频率 f_o。

(3) 求出信号的频带宽度(BW)。

(4) 此信号经解调(检波)后应还原出什么信号?

答:(1) 这是平衡调幅波,也称为抑制载频的双边带调幅波。

(2) $F = \dfrac{2\pi \times 10^4}{2\pi} = 10^4 \text{ Hz} = 10\text{kHz}$,$f_\text{o} = \dfrac{2\pi \times 10^7}{2\pi} = 10^7 \text{ Hz} = 10\text{MHz}$。

(3) BW $= 2F = 20\text{kHz}$。

(4) 还原出的原调制信号为 $u_\Omega = U_\Omega \cos(2\pi \times 10^4 t)$。

18. 画出第 17 题调幅信号的波形图与频谱图,标出各频率分量的幅度,并指明此类调幅的特点。

答:(1) 其波形图与频谱图如图 7-1-4 所示。

(2) 上下边频的幅值各为 $\dfrac{5V}{2} = 2.5V$。

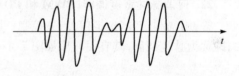

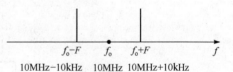

(3) 主要特点:

① 载波被抑制,故功率利用率高;

② 其包络不反映原调制信号的变化,故不能用包络检波器解调,只能用同步检波的方法解调。

19. 已知单音调幅信号的表达式为 $u = 5\cos(2\pi \times 10^6 - 2\pi \times 10^4)t$ (V)。试完成以下各题:

(1) 这是什么类型的调幅波?有什么特点?

(2) 求出调制信号的频率 F 及载频信号的频率 f_o。

(3) 求出信号的频带宽度(BW),画出它的频谱图。

(4) 此信号经解调(检波)后应还原出什么信号?

图 7-1-4 题 7-1-18

答:(1)这是单边带调幅信号,主要特点是所占频带宽只有普调幅波的一半。

(2) $F = \dfrac{2\pi \times 10^4}{2\pi} = 10^4 = 10 \text{(kHz)}$,$f_\text{o} = \dfrac{2\pi \times 10^6}{2\pi} = 10^6 = 1 \text{(MHz)}$。

(3) BW $= F$,其频谱图如图 7-1-5 所示。

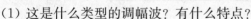

(4) 解调出的信号为 $u_\Omega = U_\Omega \cos 2\pi \times 10^4 t$。

20. 已知单音已调制信号的表达式为 $u = 10\cos(2\pi \times 10^8 t + 5\sin 2\pi \times 10^4 t)(\mathrm{V})$。试完成以下各题：

(1) 这是什么类型的调制信号？

(2) 若原调制信号为余弦波,则此信号是什么类型的调角信号？

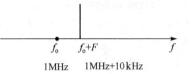

图 7-1-5　题 7-1-19

(3) 求调制信号的频率 F 和载频信号的频率 f_0。

(4) 若此信号为调频信号,试求它的最大频偏 Δf_m。

(5) 若此信号为调频信号,试求它的频带宽度(BW)。

(6) 若调制信号为正弦波,则此信号是什么类型的调角信号？

答：(1)因为不知原调制信号的性质,故先判定它是调角信号(FM、PM 皆有可能)。

(2) 为调频信号。

(3) $F = \dfrac{2\pi \times 10^4}{2\pi} = 10^4 = 10(\mathrm{kHz})$, $f_0 = \dfrac{2\pi \times 10^8}{2\pi} = 10^8 = 100(\mathrm{MHz})$。

(4) $\Delta f_m = mF = 5 \times 10\mathrm{kHz} = 50\mathrm{kHz}$。

(5) $\mathrm{BW} = 2F(1+m) = 2 \times 10\mathrm{kHz} \times (1+5) = 120\mathrm{kHz}$。

(6) 为调相信号。因为只有调相信号,其相位才随调制信号的变化而变化。

21. 何谓脉冲编码调制(PCM)？试举出应用实例。

答：脉冲编码调制简称脉码调制,它是一种用二进制数字编码 0 和 1 来代替连续信号(模拟信号)的采样值,从而实现模/数(A/D)转换。其主要特点是抗干扰能力强,故被广泛用于光纤通信、数字电视、卫星通信、数据采集与处理等多种系统中。语音数字化处理就是一典型的实例。PCM 属于信源编码之列。

22. 何谓脉冲宽度调制(PWM 和 PDM)？画出其相关波形,举出应用实例。

答：用调制信号(模拟信号)去控制一脉冲串的宽度,使其随调制信号变化而变化的一种调制即称为脉宽调制,其有关波形如图 7-1-6 所示。

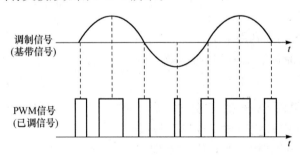

图 7-1-6　题 7-1-22

PWM 信号常用于自动控制系统,如电机调速等设备中。另外,在音频 D 类功率放大器中,常将音频信号转换成 PWM 信号,然后放大,如此可使电路效率提高至 $80\% \sim 90\%$。

23. 何谓多电平(多进制)调制？多电平调制通常有几种类型？

答：(1)以多电平(多进制)数字信号作为调制信号(也属基带信号)对某一正弦(或余弦)载频进行的调制即称为多电平调制,此中的电平数目由 2^N 决定,当 $N=2,3,4,\cdots$ 时,所对应的

电平数 M 为 $4,8,16,\cdots$。若 $N=1$，即为二进制二电平数字调制，其具体情况已在表 7-1-2 中列出。图 7-1-7 是四电平数字调制信号的示意图，其每一电平代表两位二进制数码。通常高低电平的幅值均呈整倍数。

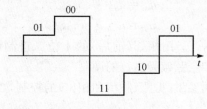

图 7-1-7 题 7-1-23

（2）根据调制信号对载频信号不同参数（幅度、频率、相位）的控制，多电平调制又可分为下述三种形式。

MASK——多电平振幅键控，其 M 代表电平数。这是多电平数字调制信号对载频信号幅度进行的调制。

MFSK——多电平频移键控，是多电平数字调制信号对载频信号频率进行的调制。

MPSK——多电平相移键控，是多电平数字调制信号对载频信号相位进行的调制，也称为多相调相。在数字电视传输系统中，就有采用这种调制方式的。

24. 多电平调制有什么优点？

答：多电平数字调制是将 N 位二进制码组成的 $M=2^N$ 种不同电平对载频某一参量所进行的调制。

$N=1$，为二电平信号，分别代表 0 和 1。

$N=2$，为四电平信号，分别代表 00,01,10,11 四种组合。

$N=3$，为八电平信号，分别代表 000,001,010,$\cdots$,111 八种组合等。

多电平数字调制的显著特点提高了数据的传输速率，压缩了数据传输所占的频带宽度。以图 7-1-8 所示的二电平和四电平数字信号为例，在传送每一电平的时间相等的条件下（均为 T），则四电平信号每传送一个二进制位的时间是二电平信号的一半，即在相同的时间内，后者的数据传输速率为前者的两倍，这也表明四电平信号的频带也被压缩到二电平信号的一半，八电平信号的频带则被压缩到二电平的 1/3 等。

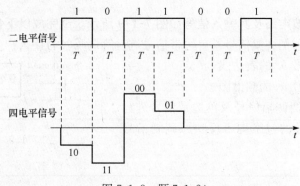

图 7-1-8 题 7-1-24

25. 何谓正交调制？述其分类，举其应用实例。

答：正交调制有模拟信号的正交调制和数字信号的正交调制之分。

（1）模拟信号的正交调制——相关的两种模拟信号分别对互为正交的正弦与余弦载频所进行的调制。如彩色电视系统中的两色差信号 R-Y、B-Y 就是用此法对其进行调制的（通常称为平衡调幅），调制结果为

$$u_{01} = u_{R-Y} \cdot \cos\omega_0 t$$
$$u_{02} = u_{B-Y} \cdot \sin\omega_0 t$$

（2）数字信号的正交调制——用相邻（前后）的 1 位二进制码（二电平）或多位二进制码（多电平）对互为正交的正弦和余弦载频进行的调制。

根据调制信号对载频不同参量（振幅、频率和相位）的控制，数字信号的正交调制又分为以下两类。

（1）QAM、MQAM——为正交调幅、多电平正交调幅。有线数字电视广播几乎均采用 MQAM 调制，在 16QAM、32QAM、64QAM、128QAM 等中选用。

（2）QPSK——为正交相移键控。在数字电视广播系统中，这一调制被广泛采用。

26. 何谓正交频分复用调制（OFDM）及编码正交频分复用调制（COFDM）？其有何特点？

答：OFDM 为 Orthogonal Frequency Division Multiplexing 的缩写，为"正交频分复用"之意。这种调制方式的最大优点是抗多径传输效应好，抗同频干扰能力强，故特别适合地面数字电视信号的传输。多种数字电视制式和多个国家均采用这一调制方式。

COFDM 为"编码正交频分复用"之意，即 Coder OFDM。这种调制与 OFDM 无多大区别，只是在调制前先对基带数据（调制码）进行前向纠错校正（FEC），如此能很好地克服传输信道中因多径干扰效应引起的不同载频信号的频率选择衰落和多普勒频移造成的载频间正交破坏。

27. 调幅信号的解调主要有几种方法？各有什么特点、要求？试举应用实例。

答：主要有两种方法。

（1）包络检波又称为峰值检波。特点是电路简单，容易实现，但存在惯性失真（对角切割失真）和底边切割失真，并要求被解调信号的幅值较大，且只能解调普通调幅信号，长期以来被广泛应用在收音机、早期的电视机等接收装置中。

（2）同步检波又称为相干检波或乘法检波。特点是能对所有类型的调幅信号进行解调，要求被解调信号的幅值也较小。缺点是所需的参考信号必须与被解调信号同步（同频同相），否则即会引起解调出的信号失真及幅度减小。同步检波已被广泛应用于现代的通信、广播、电视、手机等接收设备中。

28. 已知包络检波电路及其输入信号如图 7-1-9 所示。试完成以下各题：

（1）本电路能对平衡调幅信号及单边带信号进行解调吗？为什么？

（2）写出输出信号 u_o 的表达式。

（3）画出输出信号 u_o 的频谱图。

答：（1）不能对平衡调幅信号及单边带信号进行解调，因为这两类信号的包络均不反映原调制信号的变化。

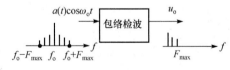

图 7-1-9　题 7-1-28

（2）$u_o = U_o a(t)$。

（3）u_o 的频谱图已画在图 7-1-9 的输出端。

29. 调频波的解调主要有几种方法？

答：调频波的解调也称为鉴频。常用的鉴频方法有如下 4 种。

（1）微分鉴频法——将调频信号先作波形变换（微分），使其转换成调幅-调频波（其幅度正好反映调频信号频率的变化），然后再用包络检波器对其检波，即可得解调信号输出，实现鉴频目的。微分鉴频具体又分失谐回路鉴频（斜率鉴频）、差动峰值鉴频等。

（2）移相乘法鉴频法——将调频信号先作波形变换，使其转换成调相-调频波（其相位正好反映调频信号频率的变化），然后再用鉴相器对其鉴相，即可得解调信号输出，实现鉴频目的。移相乘法鉴频常用在电视接收机中。

（3）锁相式鉴频法——用锁相环路以调制跟踪的办法对调频信号进行鉴频。

（4）脉冲均值鉴频法——也称过零计数式鉴频。

30. 调相波的解调主要有几种方法？

答：主要有如下两种方法。

（1）正交乘积型鉴频——用乘法器加低通滤波的方法对两互为正交的具有相位差的输入信号进行解调，其组成框图如图 7-1-10 所示。$u_1 = U_1\cos(\omega_0 t + \varphi)$ 为要鉴频的信号，$u_2 = U_2\sin\omega_0 t$ 为参考信号，则

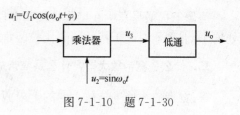

图 7-1-10　题 7-1-30

$$u_3 = Ku_1u_2 = \frac{1}{2}KU_1U_2\sin(2\omega_0 t + \varphi) + \frac{1}{2}KU_1U_2\sin\varphi$$

经低通滤波后，上述的和频项（高频项）被滤除，差频项（低频项）被输出，即

$$u_o = U_0\sin\varphi$$

在 φ 角较小时（一般 $\varphi < 23°$），则 $u_o \approx U_0\varphi$，鉴相得以实现。

（2）大信号门电路鉴频——常用"异或"门加低通电路实现，对数字信号而言，这是很方便的。

31. 何谓混频？它用于何处？

答：只对输入信号的频率（载频）进行变换（升高或降低）而输入信号的变化规律（如调制指数、频带宽度、包络形状等）保持不变的频率变化过程即为混频（也称为变频）。任何一款外差接收机（如收音机、电视接收机、手机等）及通信机都离不开混频。

32. 已知混频系统的组成如图 7-1-11 所示，输入信号的表达式与频谱已在图中标出。试完成以下各题：

（1）带通的频宽应为多少？

（2）写出 u_o 的表达式。

（3）画出 u_o 的频谱图。

（4）写出 f_e 与 f_o 之关系式。

答：（1）带宽应为输入信号的带宽。

（2）$u_o = U_0 a(t)\cos\omega_i t$。

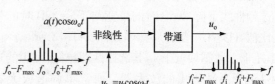

图 7-1-11　题 7-1-32

（3）u_o 的频谱图已画在图 7-1-11 中（u_o 的下方）。

（4）在广播电视系统中，通常采用超外差式低中频方案，即 $f_1 - f_o = f_i$。通信、卫星电视等系统则采用其他中频方案，如 $f_1 + f_o = f_i$，$f_o - f_1 = f_i$ 等。

33. 何谓中频干扰？何谓镜像干扰？试举例说明。

答：中频干扰——频率等于接收机中频值的信号在混频器中形成的干扰，如广播收音机的 465kHz 中频、电视接收机的 38MHz 图像中频。

镜像干扰——频率等于被混频信号的载频与两倍接收机中频值之和(f_o+2f_i)的信号在混频器中形成的干扰,其示意如图 7-1-12 所示。显然,镜像干扰信号 f_N 以 f_1 与 f_o 互为镜像,如广播收音机在接收 1000kHz 电台信号时,频率为 1930kHz(1000+2×465)的信号即对混频器形成镜像干扰。

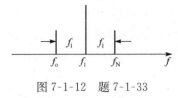

图 7-1-12 题 7-1-33

34. 在超外差式接收机频段的何处易产生中频干扰与镜像干扰?为什么?

答:在超外差接收机最低频段的最低处最易产生中频干扰,因为此处距中频值的距离最近,如广播收音机中频段最低频率为 535kHz,而中频值为 465kHz,两者仅差 70kHz,故影响较大。

镜像干扰最易发生在接收机最高频段的最高处,因为此处频率的相对值 $2f_i/f_o$ 比其他各处均小,混频器对此干扰的滤除比较困难。

35. 什么是宽带放大器?什么是窄带放大器?试举例说明。

答:宽带放大器——放大器的上限截止频率 f_H 与下限截止频率 f_L 之比 $\frac{f_H}{f_L} \gg 1$ 者为宽带放大器,如音频放大器、视频放大器等。

窄带放大器——也称为选频放大器,凡 $\frac{f_H}{f_L}$ 接近于 1 且略大于 1 的放大器为窄带放大器。通常,几乎所有已调信号(AM 波、FM 波等)的放大器均为窄带放大器,如收音机、电视机中的中频放大器。

36. 小信号高频(中频)放大器的主要技术指标有哪些?试举例说明。

答:(1) 放大倍数(或增益)——频率越高的放大器其放大倍数就越不高,如收音机的中频放大器的放大倍数一般为 10~20 倍(中频频率为 465kHz),而电视机的高频放大器放大倍数连 10 倍(20dB)都不易达到(工作频率为几十兆赫至几百兆赫)。

(2) 频带宽度——收音机中频放大器的带宽约为 20kHz,而电视机高放的带宽在 8MHz 左右。具体视被放大信号的不同而不同。

(3) 选择性——通常是指对 3dB 带宽以外信号的衰减程度而言,也可以矩形系数大小来表达,即对放大器选频曲线下降 20dB 时的带宽与下降 3dB 时的带宽之比值,(以 $K_{0.1}$ 表示),具体如图 7-1-13 所示。很显然,矩形系数越接近于 1,其选择性即越好,理想的选择性是矩形系数为 1 的放大器。通常单调谐放大器的 $K_{0.1} \approx 10$,临界耦合双调谐放大器的 $K_{0.1} = 3.16$,其选择性已相当好。

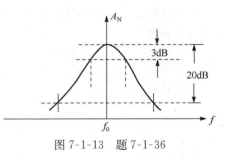

图 7-1-13 题 7-1-36

(4) 稳定性能——在高频工作时,即便是单级放大器,若设计、工艺考虑不周,也会产生自激而不稳定。

37. 如何提高高频小信号放大器的稳定性能?

答:(1) 设计合理:如增益不能太高、放大管的 f_T 尽量选高一点,$C_{b'c}$、$r_{bb'}$ 尽量选小一点;印制电路板的布局布线应按高频电路的原则处理,引线短,前后级走向及地线设计等均以减小电路间的反馈为目的。

(2) 调谐放大器常采用中和法来抵消放大管内部的反馈,使放大器避免自激。

(3) 有时也采用失配法来使电路稳定,这是以降低放大倍数为代价破坏电路的自激条件而达到放大器自身稳定的目的。

38. 试列表比较单调谐放大器、双调谐放大器、参差调谐放大的特点及应用场合。

答:解答见表 7-1-3。

表 7-1-3

调谐放大器分类	放大倍数(增益)	通带宽度	选择性	电路繁简程度	调节难易程度	应用例子
单调谐放大器	约 20dB	窄	差 $K_{0.1} \approx 10$	很简单	容易	收音机中放、电视机伴音中放等
双调谐放大器	约 20dB	宽	好 $K_{0.1} \approx 3.16 (\eta=1)$	较复杂	较难,要求高	电视机高放、中放等
差动调谐放大器	20～30dB	宽	$K_{0.1} \approx 3.16 (\eta=1)$	较简单	较易	电视机高放、中放等

39. 单级(一级)高频调谐放大器为什么有可能产生自激?应如何削弱或消除?

答:在高频工作,有 4 个因素值得考虑。

(1) 放大器件内部的许多阻容参数的影响(如三极管内 $r_{bb'}$ 和 $C_{b'c}$ 等)会使放大管输出与输入信号间不再是同相或反相,而产生附加相移。

(2) 放大管的负载在离开谐振频率时,LC 回路会产生一定相移。

(3) 输出电压经放大管内部阻容参数返至输入端时又产生一个相移。使上述三者的相移之和为 180°的频率信号就形成了正反馈,当此正反馈的强度足够大时电路即在此频率处产生自激。

(4) 由于电路布局布线、工艺设计不合理或不优化,也会使电路因产生正反馈而自激。

解决的办法:参考第 37 题。

40. 什么是调谐放大器的中和?中和能起什么作用?中和元件如何选择?试举例说明。

答:(1) 从放大器输出端合适的位置引一反馈到输入端,使此反馈(电流)与自输出端经放大管内部反馈至输入端的信号(电流)相反而抵消的措施称为中和。

(2) 中和能抵消放大器内部反馈(可能是正反馈),使放大器避免自激而稳定。

(3) 中和元件一般为小电容。在收音机的中放电路中,中和电容为 3～7pF;在电视机的高放电路中,中和电容为 2～4pF。

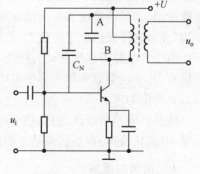

图 7-1-14 题 7-1-40 解

(4) 图 7-1-14 为一单调谐放大器加中和电路的实例,C_N 为中和电容,输出端 A 点与 B 点的瞬时电位极性正好相反(一为正,另一为负),故 A 点电位经 C_N 反馈至放大管基极的电流方向一定和 B 点电位经管内 $C_{b'c}$ 等元件反馈至基极的电流方向相反而抵消(至少是削弱)。

41. 何谓干扰与噪声?两者有何区别?

答:(1)除所需信号外,一切不需要(无关)的信号均为干扰与噪声。

（2）一般而言，干扰来自邻近设备或信道，常表现为连续的电振荡信号或脉冲振荡信号，其所占频带不是很宽；噪声通常表现为不规则起伏的电扰动。这种电扰动的幅度可能不大，但所占的频带范围却很宽。须特别说明的是，在不少场合总将干扰与噪声不加区别，统称为噪声。

42. 干扰与噪声来自何处？

答：主要有如下4个方面。

（1）工业干扰——各种电火花、开关接触器的通断，以及各种家用电器、电子设备的电磁辐射。工业干扰的频率通常在几十兆赫以下。

（2）天电干扰——宇宙射线噪声、大气噪声、雷电等。

（3）无线电干扰——属单频干扰噪声，其频谱特性可能是单一频率，也可能是窄带频谱，常为连续波干扰，其频率范围为几十千赫至几十吉赫。

（4）电路元器件噪声——主要是设备、电路内部元器件产生的噪声，这一噪声的特点是具有很宽的频带，且始终存在。它是影响电路、设备性能的主要因素。

43. 噪声是如何分类的？

答：通常分为三类。

（1）人为噪声——主要来源于各种电子、电气设备的工业干扰及各种无线电台发射的电磁波干扰。

（2）自然噪声——主要是天电干扰，如大气噪声、宇宙射线等。

（3）电路元器件噪声——主要是热噪声、散粒噪声、闪烁噪声（即 $1/f$ 噪声）等。有人将此噪声划为自然噪声。

44. 何谓热噪声？它是怎样产生的？有什么主要特点？

答：热噪声也称为起伏噪声、随机噪声。在电子线路、通信等系统中，电阻、半导体器件、天线、馈线等产生的噪声均可等效为热噪声。

热噪声是由传导介质中带电粒子不规则的随机运动而产生的，即带电粒子（如自由电子）在力学温度以上的环境温度激发下（大于绝对温度零度）、在物体点阵结构内部产生无规则的碰撞运动，其运动速度和方向都在发生不断的变化，由于每一瞬间物体内部带电粒子的分布是不均匀的，这样就形成了电位差，故而在物体上产生起伏电势，从而形成噪声。

由于带电粒子起伏运动的持续时间极短，在 $10^{-14} \sim 10^{-13}$ s 的量级，因而其占有的频率范围极宽，几乎涵盖整个电子学的可用频段。根据理论分析，热噪声电压服从高斯分布（正态分布），且均值为零。

既然热噪声可以认为是一种高斯噪声，且功率谱密度在很宽的频带范围内都是常数，因此热噪声（起伏噪声）也被认为是近似高斯白噪声。

45. 何谓白噪声？

答：第44题已经表明热噪声是瞬时振幅的概率密度呈高斯分布，且均值为零的高斯型噪声。

白噪声——功率密度谱在全频域上为常数，即其在单位频带内噪声功率与频带的中心频率无关的噪声。这种噪声类似于白光的频谱特性，故定义为白噪声。严格地说，白噪声只是一个理想模型。在所研究的各种电子系统中，其频带宽度远比噪声带宽窄得多，故噪声的功率宽度谱基本为一常数，故此时的噪声（主要指热噪声与散粒噪声）为白噪声。在电路分析时常不区分热噪声和白噪声。

46. 何谓有色噪声？试举例说明。

答：与工作频率有关的噪声为有色噪声，如 BJT 管中的分配噪声是随频率升高而升高的，闪烁噪声($1/f$ 噪声)是随频率升高而降低的，属于低频噪声；又如 FET 管内的栅极感应噪声是随频率的平方成正比、与跨导成反比的一种噪声，也属于有色噪声。

47. R、C、L 元件会产生噪声吗？为什么？

答：电阻 R 会产生噪声，且是电路与系统内部噪声的主要来源。此噪声是由于电阻体内自由电子无规则的扰动(起伏运动)而引起的。电阻 R 两端的热噪声电势的表达式(均方值)为

$$\overline{u^2} = 4KTR\Delta f_n$$

式中，k 为玻尔兹曼常数，其值为 $1.38 \times 10^{-23} \text{J/K}$，$T$ 为电阻体的绝对温度，Δf_n 为电路的噪声带宽(或带宽)。

纯电容、纯电感(无损电容与电感)不产生噪声。因为纯电抗元件(理想电抗)内无电阻(无阻力)，即便有电起伏，也形成不了噪声电势。

48. 列表对比 BJT 管和 FET 管的噪声情况与大小。

答：见表 7-1-4。

表 7-1-4

分　类	BJT 管	FET 管	备　注
热噪声	由 r_e、$r_{bb'}$ 产生的热噪声，其中以 $r_{bb'}$ 影响最大	由沟道电阻产生的热噪声，也称为沟道噪声	此噪声影响较大，起主导作用
散粒(散弹)噪声	单位时间内通过 PN 结(be 结)的载流子数目不同而造成	栅极散粒(散弹)噪声，是栅极内电荷的不规则起伏而引起；MOS 管的此噪声可忽略	此噪声 BJT 管大于 FET 管，后者此噪声常可忽略
分配噪声	由于导电的载流子在基区内复合数量的不均匀(起伏)而引起。工作频率越高，此噪声越大	无此噪声	不是白噪声，而是有色噪声；在音频端影响大
栅极感应噪声	无此噪声	由沟道中的起伏噪声通过沟道与栅极间的电容 C_{gs} 而在栅极上感应而引起的噪声	属有色噪声。此噪声大小与 ω 及 C_{gs} 的平方成正比，与跨导 g_m 成反比
$1/f$ 噪声(闪烁噪声)	BJT 和 FET 及电阻中均存在这类噪声，它的大小一般与材料(如半导体材料)的状态有关。主要存在于低频段，其上限频率在 1000Hz 左右，MOS 管此频率可达几百千赫		不是白噪声，是有色噪声。在低频端影响大

49. 何谓信噪比？何谓噪声系数？两者有何区别？

答：信噪比即信号噪声比，是信号功率与信号中所含噪声功率的比值。它是一个用来评价某一信号质量的参量，即

$$信噪比 = \frac{信号功率}{噪声功率} = \frac{p_s}{p_N}$$

噪声系数——这是用来评价某一网络或电路噪声性能优劣的一个参量,即

$$N_f = \frac{\text{输入端信/噪}}{\text{输出端信/噪}} = \frac{P_{si}/P_{ni}}{P_{so}/P_{No}} = 1 + \frac{P_{nn}}{P_{nio}}$$

式中,P_{nn} 为网络或电路的内部噪声在输出端口呈现的噪声功率;若 $P_{nn}=0$,则 $N_f=1$,此为无噪声的理想网络;P_{nio} 为网络或电路的输入噪声经放大后在输出端呈现的噪声功率。

50. 何谓噪声温度? 它与噪声系数是什么关系? 两者各应用在什么场合?

答:将网络或电路输出端所得的内部噪声(第 49 题中的 P_{nn})折算到输入端,而等效成的一个温度值,即为噪声温度,常以 T_e 表示。T_e 与噪声系数关系为

$$T_e = T(N_f - 1) = 290(N_f - 1)K$$

T_e 常应用于低噪声的电路与系统中(如 $N_f < 3$ 时),此处用 N_f 表示时数值不够清晰、明确。

N_f 常应用于 N_f 值较大的电路与系统中,此处用 T_e 表示时,数值过大也不够清晰、明确。

51. 低噪声放大器的设计主要考虑什么?

答:(1) 选择低噪声、高增益的前级放大电路。

(2) 选择使噪声最低的最佳信号源内阻。

(3) 选择低噪声元器件:应选 $r_{bb'}$ 小,f_T 高,h_{fe} 大,I_{cbo} 小的 BJT 管;若选用场效应管则更好,因为它的噪声系数低于 BJT 管;电阻器 R 最好选用结构精细的金属膜电阻等。

(4) 选择合适的直流工作点(最佳工作电流),使噪声最低,如 BJT 管的最佳工作点电流可在 $100 \sim 300\mu A$ 间选取(通常较小)。

(5) 降低环境温度,使放大器的元器件在低温下工作,这样可有效地降低噪声。

(6) 用窄带滤波器处理。

52. 多级放大器或系统的噪声主要取决于什么因素?

答:多级放大器或系统的噪声系数计算式如下:

$$N_f = N_{f1} + \frac{N_{f2} - 1}{A_{PA1}} + \frac{N_{f3} - 1}{A_{PA1} \cdot A_{PA2}} + \cdots$$

或

$$T_e = T_{e1} + \frac{T_{e2}}{A_{PA1}} + \frac{T_{e3}}{A_{PA1} \cdot A_{PA2}} + \cdots$$

由此可知,要使多级放大器或系统的噪声系数小,应该采取以下措施。

(1) 第 1 级的噪声系数 N_{f1} 要小。

(2) 第 1 级的额定功率增益 A_{PA1} 要高;当然第 2 级的 N_{f2} 也要小一点,A_{PA2} 也要大一点。

53. 非线性电路常有几种分析方法? 用于何处?

答:主要有下列 4 种。

(1) 小信号幂级数分析法,常用于小信号检波。

(2) 时变参量法,常用于输入信号为一大一小的电路中,如接收机中的混频电路分析。

(3) 折线法,常用于大信号的功率放大器,二极管包络检波电路等场合。

(4) 开关函数法,常用于大信号的调制、功率放大等电路的分析。

54. 已知二极管电路如图 7-1-15 所示，Z 为低通或带通电路，u_1 为毫伏级交流信号，u_2 为百毫伏级交流信号。试完成以下各题：

(1) 若 $u_2=0$，电路对 u_1 可否有频率变换作用？为什么？

(2) 若 $u_1=0$，电路对 u_2 可否有频率变换作用？为什么？

(3) 若 u_1、u_2 同时作用，电路对它们是否有频率变换作用？为什么？

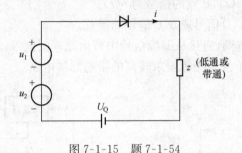

图 7-1-15　题 7-1-54

答：(1) 没有。因为 u_1 幅值小，此信号在二极管任一工作点处，i 与 u_1 均呈线性关系，故 i 中不会出现新的频率分量。

(2) 有频率变换作用。因为 u_2 幅值较大，加至二极管，i 与 u_2 必呈非线性关系，i 中一定有新的频率成分，如二倍频、三倍频分量等。

(3) 有频率变换作用。输入信号 u_1、u_2 幅值一大一小，可用时变参量分析。i 中一定含有 u_1、u_2 的频率及它们的和、差频、倍频及多种组合频率等项。混频即用此原理。

55. 何谓正交幅度调制与解调？它有何特点？有何应用？

答：(1) 正交幅度调制是一种特殊的信号复用技术，通常是将要传送的两路调制信号 $a(t)$ 和 $b(t)$ 调制到一个频率相同、相位差 90°（即互为正交）的载频上，然后再相加成一个已调信号的调幅方式。这种调幅方式有时也称为正交平衡调幅，其表达式为

$$x=a(t)\cos\omega_0 t+b(t)\sin\omega_0 t$$

(2) 从上述已调的正交调幅信号中解出（还原出）原调制信号 $a(t)$、$b(t)$ 的过程称为正交调幅信号的解调。

(3) 这种调幅方式的主要特点是两路信号共用一个载频，节省频率资源，更主要的是这种已调信号所占带宽仅为两路已调信号带宽较宽者，而不是两者之和，故节省传输带宽。

(4) 常应用在彩色电视收发系统和数字通信系统中，如彩色电视系统中的两色差信号 R-Y，B-Y 就是采用这种方式调制。

56. 已知正交调幅电路的组成如图 7-1-16 所示，$a(t)$、$b(t)$ 为要传送的两路调制信号，$\cos\omega_0 t$ 为载频信号。试完成以下各题：

(1) 写出 A 点和 B 点信号的表达式。

(2) 写出输出信号的表达式。

答：(1) 表达式为

$$X_A=a(t)\cos\omega_0 t$$
$$X_B=b(t)\sin\omega_0 t$$

(2) 输出表达式为

$$x(t)=a(t)\cos\omega_0 t+b(t)\sin\omega_0 t$$

57. 已知正交调幅信号解调电路的组成如图 7-1-17 所示，$x(t) = a(t)\cos\omega_0 t + b(t)\sin\omega_0 t$。试完成以下各题：

(1) A 点、B 点是什么样的信号？

(2) 低通滤波器的带宽为多少？

(3) 这种解调有何特点？

答：(1) A 点的信号为 $a(t)$，B 点的信号为 $b(t)$。

(2) 低通的带宽即为 $a(t)$ 信号或 $b(t)$ 信号的带宽。

(3) 这是一种零中频解调，直接从调幅信号中解出原调制信号（基带信号），可避免超外差接收机混频所产生的镜像干扰及指标要求较高的带通滤波电路。

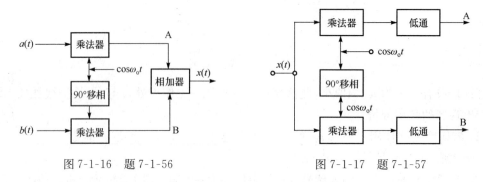

图 7-1-16　题 7-1-56　　　　　　　图 7-1-17　题 7-1-57

58. 高频功率放大器有几种类型？各有什么特点？试列表说明。

答：见表 7-1-5。

表 7-1-5

类型	工作状态	导通角	理想效率	负载形式	主要应用
宽带放大	线性放大	$\varphi = 180°$	较低	宽带变压器，不调谐	小功率输出级、功放推动级、中间级
选频放大	甲类功放（A 类功放）	$\varphi = 180°$	50%	电阻，不调谐	低频功放
	乙类功放（B 类功放）	$\varphi = 90°$	78.5%	推挽电路，调谐电路	低频、高频功放
	甲乙类功放（AB 类功放）	$90° < \varphi < 180°$	$50\% < \eta < 78.5\%$	推挽互补电路	低频、高频功放
	丙类功放（C 类功放）	$\varphi < 90°$	$\eta > 78.5\%$	选频回路	高频功放、倍频
高效率功放	丁类功放（D 类功放）	开关状态 $\varphi = 90°$	$\eta \to 100\%$	选频回路	低频、倍频、功放

59. 已知调谐功率放大器的原理电路如图 7-1-18 所示，输入 u_i 为大幅度信号。试完成以下各题：

(1) 放大器工作在什么状态？导通角为多少？为什么？

(2) i_c 的波形是什么？

(3) 输出 u_o 是什么波形？

(4) 若 LC 回路改为纯电阻，则 u_o 是什么波形？为什么？

(5) 本电路可否作倍频器使用？

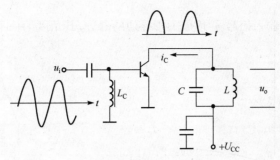

图 7-1-18　题 7-1-59

答:(1) 放大器工作在丙类(C 类),导通角 $\varphi < 90°$。原因是放大管基极的正向直流电压为零,L_C 中的直流电阻可产生一点负偏压。

(2) i_C 的波形为余弦脉冲,已画在图 7-1-18 中。

(3) 由于 LC 的选频作用,故输出 u_o 的波形也与输入 u_i 的波形一样,为正弦波或余弦波。

(4) 由于电阻 R 无选频作用,故 u_o 波形与电流 i_C 相同,为余弦脉冲。

(5) 可以作倍频器使用,只要将 LC 回路调谐至输入信号的 2 次谐波之上即可。

60. 列表比较调谐功放在不同负载时的三种状态,即欠压状态、临界状态、过压状态。

答:如表 7-1-6 所示。

表 7-1-6

三种状态	负载大小	功放管电流幅值	回路电压幅值 U_o	输出功率	效率	状态调整
欠压	负载 Re 小(负载重)	大,与负载大小关系不大	随 Re 上升而上升	随 Re 上升而上升	随 Re 上升而上升	由欠压如何调整至临界? (1) 使 Re 上升 (2) 使供电电压下降 (3) 使激励电压上升 (4) 使放大管正向偏压上升
临界	负载 Re 适中(功率匹配)	大,为功放管电流变化拐点	大,Re 再增加时 U_o 变化不大	最大	接近最大	
过压	负载 Re 大(负载轻)	放大管电流幅值随 Re 上升而下降,波形由单峰变双峰	大,U_o 随 Re 上升变化不大	随 Re 上升而下降	随 Re 上升而下降	由过压如何调整至临界? 上述过程相反

61. 定性画出调谐功率放大器输出功率、输出电压、效率等与负载大小的关系曲线。

答:曲线如图 7-1-19 所示。

临界状态是调谐动率放大器输出功率最大,效率接近最高、输出电压变化由陡变坡(或相反)的过渡点。此处放大器输出电压的幅度为

$$U_o = U_{cc} - U_{ces} \approx U_{cc}$$

这是计算输出功率 P_o 的依据。

临界状态也称为功率匹配状态。

62. 如何调整调谐功率放大器放大管的导通角?试用图形示意。

答:不同工作状态时的导通角的情况如图 7-1-20 所示。

调整放大管导通角的措施有两个。

(1) 调偏压:正向偏压下降时,φ 下降。

(2) 调激励电压幅值 U_i:U_i 上升时,φ 上升。

导通角的计算式为 $\varphi = \arccos\left(\dfrac{U_D - U_Q}{U_i}\right)$。

图中阴影部分表明输入信号 u_i 使放大管导通的部分,其角度的一半为导通角 φ。

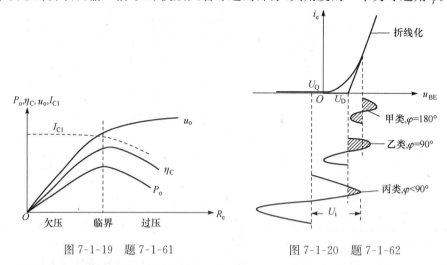

图 7-1-19 题 7-1-61   图 7-1-20 题 7-1-62

63. 何谓功率合成与功率分配？它们应用于何处？

答:功率合成——利用多个放大器(放大管)同时对输入信号进行放大,然后利用由传输线变压器组成的功率合成网络使各放大器的输出功率相加,获得数倍功率输出,且各放大器间相互隔离,各不相关,即一路放大电路的好与坏不会影响另一路的正常工作。功率合成常用于功率发射机中。

功率分配——将输入的高频信号功率利用由传输线变压器组成的功率分配网络,均匀地分配至几个独立的负载,使各负载获得的信号功率相同。同样,各负载间相互隔离,互不相关,即一路若有故障,其他各路均照常工作,获得的功率份额也不会改变。功率分配器常用于电视接收系统,如一根输入信号线须经二分配器或三分配器,才能使两个或三个电视接收机正常工作。

64. BJT 管在高频工作时有什么因素影响其效率？

答:主要有如下 4 个方面。

(1) BJT 管的基区渡越时间使放大管的导通角加大,导致效率降低,严重时可使放大管基极失去控制作用。

(2) $r_{bb'}$ 的影响。功放时,I_b 增大,$r_{bb'}$ 产生的压降加大,使放大器的功率增益下降。

(3) BJT 管的饱和压降 U_{ces} 的影响。随工作频率升高,U_{ces} 会加大,如此会使输出电压幅值减小。

(4) 引线电感的影响。对于一个长度为 1cm 的引线,其电感值约 $10^{-3}\,\mu H$。此电感在 1GHz 工作时,其感抗约为 6.28Ω,其交流压降相当大,对放大管的影响也是很大的。

65. 何谓 D 类(丁类)和 E 类(戊类)功率放大器？

答:放大器工作在大信号脉冲状态,导通角固定为 $90°$,理想效率趋近 100% 的功率放大电路即为 D 类和 E 类放大器。其共同特点是:当放大器件两端处于高电压时,流过器件的电流甚小,而当流过器件的电流很大时,器件两端的电压甚低。如此可使放大器消耗的功率很低而效率大大提高。

E 类放大器和 D 类放大器的差别在于:前者在负载处设计了一特殊电路,保证只有在放大器件两端电压达到最小值时,才能有电流流通,以此来进一步降低器件的功率损耗,使效率更高。

66. 列表比较 AGC、AFC 和 APC(PLL)三种反馈控制系统。

答：见表 7-1-7。

表 7-1-7

分类	控制对象	被控参数	比较环节	反馈系统	系统中主要电路	主要应用
AGC	放大器	信号幅度 (放大器增益)	检波器	负反馈系统	检波器、低通、放大器	各类接收机及自控电路
AFC	振荡器	振荡频率 (信号频率)	鉴频器	负反馈有频差系统	鉴频器、低通、振荡器	电视接收机、各类通信机、信号源
APC (PLL)	振荡器	振荡相位 (信号相位)	鉴相器	负反馈无频差系统	鉴相器、低通、振荡器	电视接收机、通信机、信号源，多种电子设备

67. 已知 BJT 放大管的传输特性及 β 与 I_c 的关系曲线如图 7-1-21 所示。试完成以下各题：

(1) 对应图 7-1-21(a)图，在图 7-1-21(b)图上标出 A、B、C 三部分的对应区域。

(2) 作放大时，放大管应工作在何区域？为什么？

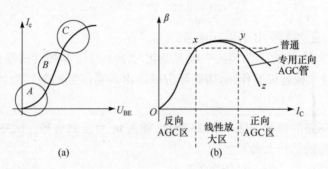

(a)　　　　　　　　(b)

图 7-1-21　题 7-1-67

(3) 作 AGC 工作时，放大管应工作在何区域？为什么？

答：(1) Ox——对应 A 区域，非线性区；

xy——对应 B 区域，线性放大区；

yz——对应 C 区域，非线性区。

(2) 作放大时，应工作在 xy 区，此区域的 β 值大，且变化小，线性范围宽，失真小。

(3) 作 AGC 工作时，应工作在 Ox 区(反向 AGC)或 yz 区(正向 AGC)。

68. 何谓正向 AGC？何谓反向 AGC？各有什么特点？应用于何处？

答：正向 AGC——当电台信号增强时，使放大管的电流加大，β 值降低，放大器增益下降的 AGC，如图中的 yz 区(即 C 区域)，反之则电流增加，β 上升导致放大器增益上升。正向 AGC 的主要特点是线性较好，控制范围较大，但耗电稍大，主要用于电视接收机等设备中。

反向 AGC——当电台信号增强时，使放大管的电流减小，β 值降低，放大器增益下降的 AGC，如图中的 Ox 区(即 A 区域)，反之则电流加大，β 上升导致放大器增益上升。反向 AGC

的主要特点是电流小,耗电省,但线性稍差,控制范围也小,主要用于要求省电的收音机等设备中。

应当指明,由于 AGC 受控放大器大多工作在 A 与 B 的非线性区,故要求被放大的信号是小幅度,否则会引起失真。

69. 已知 **AFC** 系统的组成如图 **7-1-22** 所示,混频器输入的是调频信号,Δf_i 是本振电路频率不稳的变化值,f_i 是接收机的中频值。试完成以下各题:

(1) 填出未标框图之名称。

(2) A 电路是宽频带还是窄频带的? 为什么?

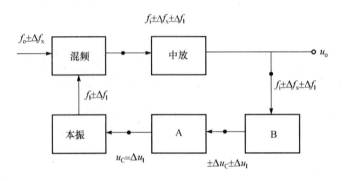

图 7-1-22   题 7-1-69

答:(1) A 为低通滤波器,B 为鉴频电路。

(2) A 为窄带低通,应滤除调频波中频率变化(Δf_x)经过鉴频后的输出(此为快变化,频率高)Δu_x,使其不对本振起控制作用,否则经混频输出调频信号的调频指数将被压缩,使频率变化减小。

70. 已知锁相环路的组成如图 **7-1-23** 所示,输入 u_i 为控制信号。试完成以下各题:

(1) 振荡器受控的是什么参量?

(2) 在环路锁定后,u_o 与 u_i 有什么关系?

(3) 若 u_i 为单一高频信号,则低通的带宽是宽还是窄?

图 7-1-23   题 7-1-70

(4) 若 u_i 为调频信号,则低通的频带是宽还是窄?

答:(1) 控制振荡信号的相位,使其向 u_i 信号的相位靠近,乃至于相等。

(2) u_o 的频率与 u_i 严格相等,相位在理论上也相等,在实际系统中可能差一个很小的值。

(3) 为窄带低通,此为载频跟踪。

(4) 为宽带低通,其带宽与 u_i 信号的带宽相等,以便让控制信号通过,此为调制跟踪。

71. 锁相环路工作时,不能锁定的主要原因有哪些?

答:主要原因主要有以下 4 个。

(1) VCO 的振荡频率与控制信号 u_i 的频率相差过多,即系统的固有频差过大,无法控制。

(2) 低通带宽过窄,开机后一些快变化的信号被滤除,无法对 VCO 起控。

(3) PLL 的环路增益过低,可在环路中加入放大器以提高增益。

(4) VCO 的控制灵敏度偏低等。

二、填空题

1. 天线能有效发射或接收电信号(电磁波)的首要条件是其尺寸(长度)应为该信号波长的_____。

2. 有线方式所能传输的信号最高频率为_____,频率升高,其_____将加大。

3. 按信号频带区分、信号的传输可分_____传输和_____传输,有线广播、市内电话等属于前者。

4. 按频带区分,声音信号、图像信号、0和1数字信号应属于_____信号,它们只有通过_____处理,才能作无线传输。

5. 调制是用调制信号(须传送的信号)去改变_____信号的_____等参量的一种变换过程。

6. 调制时所用的高频载波可以是_____、_____、_____等。

7. 解调是要从_____中不失真的解出(还原出,检出)_____。

8. 任何发射机中均有_____电路,任何接收机中,几乎都有_____电路。

9. 通常,正弦模拟信号的调制方式可分为_____、_____、_____等。

10. 通常,数字信号的调制方式可分为_____、_____、_____等。

11. 通常,脉冲编码调制方式可分为_____、_____、_____等。

12. 正弦模拟信号的调幅方式又可细分为_____、_____、_____、_____等多种。

13. 宽频带放大器的 f_H/f_L _____、窄频带放大器的 f_H/f_L 应_____。

14. 就频带宽窄而言,音频、视频信号的放大器应为_____放大器,收音机中的中频放大器应为_____放大器。

15. 就频带宽窄而言,已调信号的放大器是_____放大器,调制信号的放大器应为_____放大器。

16. 小信号高频调谐放大器的主要技术指标是_____、_____、_____等多项。

17. 热噪声电压服从_____分布,且其均值为_____,故表示噪声电势常用_____。

18. 白噪声的功率密度谱基本为_____,与频率_____。

19. 有色噪声的强度基本上均与_____有关,如_____即如此。

20. 场效应管与BJT管作放大时,前者的噪声_____,动态范围_____。

21. 低噪声BJT放大管的工作点一般较低,电流为_____,它要求与信号源内阻_____。

22. 若要多级放大器或系统的噪声系数小,则要放大器或系统的第一级的功率增益_____,噪声系数_____。

23. 幂级数分析法适用于信号幅度_____的非线性电路,折线法适用于信号幅度_____的非线性电路,开关函数分析法适用于信号幅度_____的非线性电路。

24. 晶体管混频电路常用_____分析法;它要求被混频信号的幅值较小,一般为_____级,而要求本振信号的幅值为_____。

25. 场效应管混频所产生的组合频率干扰比BJT管混频器_____,但要求本振信号的幅度_____。

26. 调谐功率放大器常采用_____分析,二极管包络检波器常采用_____分析。

27. 调谐功率放大器的主要技术指标是_____、_____、_____等。

28. 随着导通角的减小,功率放大器的效率会_____,但导通角太小时,放大器的输出功率会_____。

29. 高效率功率放大器主要有_____、_____、_____等多种。

30. 宽频带高频功率放大器的负载基本都用_____,其主要作用是_____。

31. 所谓功率合成,是指利用多路放大器同时对输入信号进行_____,然后采用_____将各路输出信号相加而得到成倍功率的方法与技术,目前已可获得数千瓦特的功率输出。

32. 所谓功率分配,是指将某一高频信号的功率均匀地、_____地同时分配至多个独立的负载,并使每一负载获得的功率相等、相位_____的方法与技术。

33. BJT管倍频器的倍频次数增加,则倍频管的导通角将要_____、其输出功率也随之_____,要求 LC 选频回路的 Q 值_____。

34. 调幅波常用的解调方式有_____、_____两种。

35. 包络检波器可能存在_____、_____两种。

36. 包络检波器的惰性失真(对角切割失真)与_____、_____、_____等因素有关。

37. 包络检波器的底边切割失真由于_____而造成,另外它也与已调波的_____有关。

38. 同步检波要求参考信号与被解调信号_____、_____。

39. 同步检波中参考信号的产生方法主要有_____、_____等。

40. 调角波的瞬时相位是瞬时频率的_____。瞬时频率是瞬时相位的_____。

41. 鉴频器的主要技术指标有_____、_____、_____等。

42. 微分鉴频是将调频信号转换成_____,再以_____解出原调制信号。

43. 移相乘法鉴频是先将调频波转换成_____,再以_____解出原调制信号。

44. 鉴相器的作用是要从输入信号的_____变化中解出_____。

45. 正交鉴相器的参考信号应与被解调信号_____,相位差_____,即两者成正交关系。

46. 混频器的作用可使被混频信号的频率(载频)_____,而信号的变化规律(调制指数,波形等)_____。

47. 场效应管混频器要求本振信号的幅值为_____,故本振电路与混频电路间要加_____电路。

48. 场效应管的传输特性曲线(i_D 与 u_{GS} 关系)呈_____型,用它作混频时所产生的组合频率比 BJT 混频器所产生的组合频率_____。

49. 作为超外差式混频电路,其中频干扰的频率即为_____,镜像干扰信号的频率为_____。

50. 反向 AGC 放大管的工作点应该设在_____区域。在输入信号增强时,AGC 控制电压应使放大管的工作点电流_____。

51. 正向 AGC 放大管的工作点应设在_____。在输入信号增强时,AGC 控制电压应使放大管的工作点电流_____。

52. AGC 系统主要由_____、_____、_____等组成。

53. AFC 系统主要由_____、_____、_____等组成。

54. PPL 系统主要由_____、_____、_____等组成。

三、是非题

1. 无线电波的实质是电磁波,其电场与磁场是相互依存并相互垂直的由发射端传至接收机用户。　　　　　　　　　　　　　　　　　　　　　　　　　　　(　)

2. 中波广播电台的信号主要是通过地表(地面波)传播至收音机的。　　　　(　　)

3. 短波广播电台的信号主要是通过天空(天波)经电离层多次反射与折射传送至接收机用户的,故其传播范围很广。　　　　(　　)

4. 地面开路电视信号主要是通过空间波(直射波)传送至电视机用户的,其传播在可视范围内,即几十至近百千米的距离。　　　　(　　)

5. 基带信号作较远、较近距离的传输时,均须作调制与解调。　　　　(　　)

6. 信号作调制时,其载波必须是正弦波信号。　　　　(　　)

7. 对于同一调制信号,调幅波所占的带宽比调频波所占的带宽大得多(设调频指数大于1时)。　　　　(　　)

8. 调频波的抗干扰能力远远大于调幅波,且调频指数越大,其抗干扰能力越强。　　(　　)

9. 就频谱搬移过程与结果而言,调幅与调频过程均属于非线性过程。　　　　(　　)

10. 实现调幅与调频的电路均属于非线性频率变换电路。　　　　(　　)

11. 标准调幅波上下边带(边频)所占的功率之和大于载频分量所占的功率。　　(　　)

12. 某信号的瞬时频率(角频率)按正弦规律变化,则其瞬时相位一定按瞬时频率的微分结果变化。　　　　(　　)

13. 调频波是一个等幅波。它的总功率为一常数,不随调制指数变化而变化。　　(　　)

14. 窄带调频($m_f \ll 1$)信号的带宽与普通调幅波的带宽基本相等,为调制信号最高频率的两倍。　　　　(　　)

15. 调频波的频率是随着调制信号的频率变化而变化的。　　　　(　　)

16. 调幅波的幅度是随着调制信号的频率变化而变化的。　　　　(　　)

17. 调幅波与调频波一样,其所占频带宽度随调制指数(调制系数)成正比。　　(　　)

18. 单边带调幅信号的频带宽度在各类调幅波中是最窄的,但它不适于传送带有直流分量的调制信号。　　　　(　　)

19. 调频过程中一定存在调相,反之亦然。　　　　(　　)

20. 抑制载频的双边带调幅波的包络能如实反映调制信号波形的变化。　　　　(　　)

21. 单边带信号总是无载频分量,只有一个上边带或一个下边带信号。　　　　(　　)

22. 调幅指数 $m=1$ 时,调幅波上下边频(边带)分量所获得的功率(能量)最大,其和约占总功率的50%。　　　　(　　)

23. 调幅波的调幅指数 m 不能大于1,否则会产生调幅波的失真。　　　　(　　)

24. 对于某一高频小信号放大器而言,其带宽增益积应为一常数。　　　　(　　)

25. 单级高频小信号调谐放大器不会产生自激。　　　　(　　)

26. 有损耗的电感与电容也会产生噪声。　　　　(　　)

27. 变容二极管是一非线性器件,其结电容与外加反向电压是非线性关系。　　(　　)

28. 在一定条件下,元器件的非线可近似为线性,使电路分析得以简化。　　　　(　　)

29. 乘法器是一非线性器件(电路),它可实现信号的频率变换。　　　　(　　)

30. 在收音机与电视接收机中,对于被混频的信号而言,由于其幅度甚小(毫优级),故混频过程是线性过程。　　　　(　　)

31. 在任何混频器中,本振信号的频率一定比被混频信号的载频高出一个中频值。　(　　)

32. 混频既会改变被混频信号的载频值,也会改变它的调制指数。　　　　(　　)

33. 在卫星电视系统中,经常用混频器来增高或降低被传送信号的载频值。　　(　　)

34. 通常不能用倍频方法来提高调幅信号的载频值,因为倍频会使调幅信号失真。　　　　　　　　　　　　　　　　　　　　　（　　）

35. 导通角选得不合适时,选频式倍频器输出信号的幅值会很小,甚至为零。　　　　（　　）

36. 同步检波器所需参考信号的频率必须与被解调信号载频的频率严格相等并保持同步,否则解调出的信号会失真。　　　　　　　　　　　　　　　　　　　（　　）

37. 包络检波器的交流负载应尽可能大一点,否则会产生输出信号的底边切割失真。　　　　　　　　　　　　　　　　　　　　　　　　　　　　　　（　　）

38. 在同步检波器中,被解调信号的幅值可比包络检波器低许多。　　　　（　　）

39. 自动频率控制系统(AFC)一定是一个无频差负反馈系统。　　　　（　　）

40. 锁相环路在环路锁定后,一定是一个无频差的负反馈系统。　　　　（　　）

41. 控制放大管工作点电流达到 AGC 目的,被控放大管的直流工作点也应选在线性区,否则会引起被放大信号失真。　　　　　　　　　　　　　　　　　　（　　）

四、选择题

1. 用同一调制信号分别对同一载频进行标准 AM、抑制载波的双边带 AM(平衡 AM)、单边带 AM、残留边带调幅,则四类调幅信号中功率利用率最低的是(　　)。

  A. 标准 AM   B. 抑制载频的双边带 AM

  C. 单边带 AM(带导频)   D. 残留边带 AM

2. 在上述四类调幅信号中,功率利用率最高的是(　　)。

3. 在上述四类调幅信号中,频带最窄的是(　　)。

4. 在上述四类调幅信号中,包络解调能如实反映原调制信号波形的是(　　)。

5. 在上述四类调幅信号中,能用包络检波器解调的是(　　)。

6. 若标准 AM 波的 $m=1$,则其功率利用率为(　　)。

  A. 100%   B. 70.7%   C. 50%   D. 33.3%

7. 对于抑制载波的双边带调幅信号,其功率利用率为(　　)。

  A. 100%   B. 70.7%   C. 50%   B. 33.3%

8. 用 $a(t)$ 信号调频,则已调信号的瞬时频率和瞬时相位的变化规律为(　　)。

  A. 均按 $a(t)$ 规律变化

  B. 均按 $a(t)$ 的积分值变化

  C. 前者按 $a(t)$ 的积分变化,后者按 $a(t)$ 的微分值变化

  D. 前者按 $a(t)$ 规律变化,后者按 $a(t)$ 的积分值变化

9. 用 $a(t)$ 信号调相,则已调信号的瞬时频率和瞬时相位的变化规律为(　　)。

  A. 均按 $a(t)$ 规律变化

  B. 均按 $a(t)$ 的微分值变化

  C. 前者按 $a(t)$ 规律变化,后者按 $a(t)$ 的微分值变化

  D. 前者按 $a(t)$ 的微分值变化,后者按 $a(t)$ 规律变化

10. 调幅波的调制指数 m_a 与调制信号幅值 U_Ω 及角频率 Ω 的关系为(　　)。

  A. 与 U_Ω、Ω 均成正比   B. 与 U_Ω、Ω 均成反比

  C. 与 U_Ω 成正比,与 Ω 成反比   D. 与 U_Ω 成正比,与 Ω 无关

11. 调频波的调制指数 m_f 与调制信号的幅值 U_Ω 及角频率 Ω 的关系为(　　)。

A. 与 U_Ω、Ω 均成正比　　　　　　B. 与 U_Ω、Ω 均成反比

C. 与 U_Ω 成正比,与 Ω 成反比　　　D. 与 U_Ω 成正比,与 Ω 无关

12. 调相波的调制指数 m_p 与调制信号的幅值 U_Ω 及角频率 Ω 的关系为(　　　)。

A. 与 U_Ω、Ω 均成正比　　　　　　B. 与 U_Ω、Ω 均成反比

C. 与 U_Ω 成正比,与 Ω 成反比　　　D. 与 U_Ω 成正比,与 Ω 无关

13. 调频波的最大频偏 Δf_m 与调制指数 m_f 及调制信号频率 F 的关系为(　　　)。

A. 与 m_f、F 均成正比　　　　　　　　B. 与 m_f、F 均成反比

C. 与 m_f 成正比,与 F 成反比　　　　D. 与 m_f 成反比、与 F 成正比

14. 已调信号(频带信号)经过 LCR 选频放大器放大后的时延情况为(　　　)。

A. 各频率均有时延　　　　　　　　　　B. 各频率无时延

C. 对回路谐振的频率(载频)无时延,对上下边频(边带)有时延

D. 对回路谐振的频率(载频)有时延,对上下边频(边带)无时延

15. 已知一个高频 BJT 放大管的 $f_T=1000\text{MHz}$,$\beta_0=100$,则此放大管在 10MHz、100MHz 时的 β 值为多少?(　　　)

A. 均为 100　　　　　　　　　　　　　B. 前者为 70.7,后者为 10

C. 均为 70.7　　　　　　　　　　　　D. 前者 100,后者为 50

16. BJT 管的 H 参等效电路和 Y 参数等效电路适用于哪种电路?(　　　)

A. 均适用于低频电路的分析

B. 均适用于高频电路的分布

C. 前者适用于低频电路的分析,后者适用于高频电路的分析

D. 与 C 相反

17. 已知小信号高频单调放大电路如图 7-1-24 的所示,输入 u_i 为已调波信号。问电阻 R 值的大小对通频带 (BW) 及放大倍数 A_v 如何影响?(　　　)。

A. $R\uparrow\rightarrow BW\uparrow$,$A_v\uparrow$

B. $R\uparrow\rightarrow BW\uparrow$,$A_v\downarrow$

C. $R\uparrow\rightarrow BW\downarrow$,$A_v\uparrow$

D. $R\uparrow\rightarrow BW\downarrow$,$A_v\downarrow$

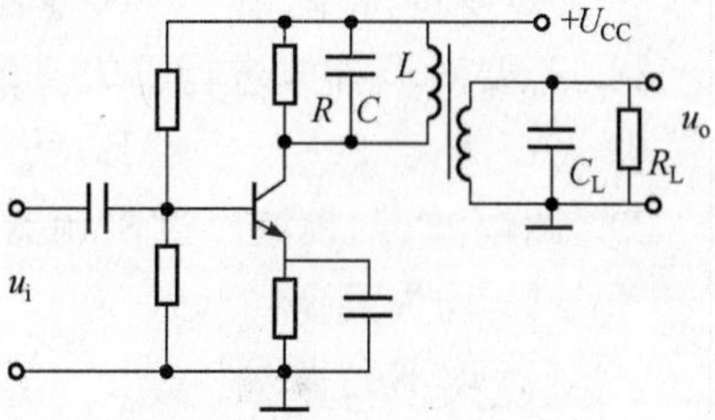

图 7-1-24

18. 电路如图 7-1-24 所示,负载 R_L、C_L 对放大器的带宽(BW)、放大倍数 A_v 及回路谐振频率 f_o 如何影响?(　　　)

A. 使 $BW\downarrow$,$A_v\downarrow$,$f_o\downarrow$　　　B. 使 $BW\uparrow$,$A_v\uparrow$,$f_o\uparrow$

C. 使 $BW\downarrow$,$A_v\uparrow$,$f_o\uparrow$　　　D. 使 $BW\uparrow$,$A_v\downarrow$,$f_o\downarrow$

19. 已知单调谐选频放大电路的通带宽度为 10kHz,则其噪声带宽为(　　　)。

A. 10kHz　　　　B. 15.7kHz　　　　C. 14.14kHz　　　　D. 20kHz

20. 已知双调谐选频放大电路的通带宽度为 1MHz,选择性的矩形系为理想值 $K_{0.1}=1$,则电路的噪声带宽为(　　　)。

A. 1MHz　　　　B. 1.57MHz　　　　C. 1.414MHz　　　　D. 2MHz

21. 对于无噪声的理想网络,其噪声系数 N_f 和噪声温度分别为(　　　)。

A. $N_f=1,T_e=0$　　　　　　　　　　B. $N_f=1,T_e=1$

C. $N_f=0,T_e=1$　　　　　　　　　　D. $N_f=0,T_e=0$

22. 已知三级高频小信号放大器级联,每级的电压增益均为 20dB,通带宽度均为

200kHz,则此放大系统总的放大倍数和总的带宽约为（　　）。

    A. 1000 倍,200kHz　　　　　　　　B. 1000 倍,100kHz

    C. 60 倍,200kHz　　　　　　　　　D. 60 倍,100kHz

23. 小信号单调谐放大器与小信号双调谐放大器的主要特点为（　　）。

    A. 前者通频带窄、选择性好,后者通频带宽、选择性差

    B. 前者通频带窄、选择性差,后者通频带宽、选择性好

    C. 前者通频带宽、选择性好,后者通频带窄、选择性好

    D. 前者通频带宽、选择性差,后者通频带宽、选择性差

24. 放大器的级数多,其电压放大倍数 A_v,通带宽度(BW)、选择性将如何变化?（　　）。

    A. A_v 越大,BW 越宽,选择性越好　　B. A_v 越大,BW 越窄,选择性越差

    C. A_v 越大,BW 越宽,选择性越差　　D. A_v 越大,BW 越窄,选择性越好

25. 场效应管高频小信号放大器与 BJT 高频小信号放大器相比,（　　）。

    A. 前者动态范围大、噪声大、输入阻抗大,后者相反

    B. 前者动态范围大、噪声小、输入阻抗大,后者相反

    C. 前者动态范围小、噪声小、输入阻抗大,后者相反

    D. 前者动态范围小、噪声大、输入阻抗大,后者相反

26. 乘法器与低通滤波器组合可实现（　　）。

    A. 调幅　　　　　B. 调频　　　　　C. 混频　　　　　D. 调幅波解调及鉴相

27. 乘法器与带通滤波器组合可实现（　　）。

    A. 调幅和调频　　B. 调幅与混频　　C. 调频与调相　　D. 调频波的解调(鉴频)

28. 若要对调幅波进行不失真的功率放大,则功放管的导通角应（　　）。

    A. 小于 90°　　　B. 大于 90°　　　C. 等于 90°　　　D. 导通角大小均可

29. 调幅波、调频波经过倍频器后的失真情况为（　　）。

    A. 均失真　　　　　　　　　　　　B. 调幅波失真,调频波不失真

    C. 均不失真　　　　　　　　　　　D. 调幅波不失真,调频波失真

30. 在 A、B、C、D、E 五类功率放大器中,效率最高者为（　　）。

    A. A 类　　　　　B. B 类　　　　　C. C 类　　　　　D. D 类及 E 类

31. 在 A、B、C、D、E 五类功率放大器中,效率最低者为（　　）。

    A. A 类　　　　　B. B 类　　　　　C. C 类　　　　　D. D 类及 E 类

32. 在负载为定值且满足功率匹配条件下,提高功率放大器输出功率与效率的最好办法是（　　）。

    A. 提高直流供电电压及激励电压　　B. 提高激励电压

    C. 提高放大管的直流工作电流　　　D. 更换功率更大的放大管

33. 在电路确定后,功率放大管的导通角主要与哪些因素有关（　　）。

    A. 与供电电压及直流偏置电压有关

    B. 与供电电压及负载大小有关

    C. 与激励电压与直流偏置电压有关

    D. 与供电电压及放大管的 β 值有关

34. 要使调谐功率放大器的输出功率大,导通角应（　　）。

    A. 选 100°～120°,负载满足临界条件　　B. 选 70°～90°,负载满足临界条件

C. 选 70°～90°,负载满足欠压条件　　　D. 选 70°～90°,负载满足过压条件

35. 要使调谐功率放大器输出功率大,效率高,导通角应(　　)。

    A. 选 100°～120°,负载满足临界条件

    B. 选 70°～90°,负载满足临界条件

    C. 选 70°～90°,负载满足欠压条件

    D. 选 70°～90°,负载满足过压条件

36. 晶体管基极调幅与集电极调幅对作状态的选取为(　　)。

    A. 均工作在欠压状态

    B. 均工作在过压状态

    C. 均工作在临界状态

    D. 基极调幅均工作在欠压状态,集电极调幅均工作在过压状态

37. 要提高或降低调幅波、调频波的中心频率(载频)的频率值,又要保证已调信号的不失真,通常采用什么样的电路?(　　)

    A. 均可用倍频器　　B. 均可用调制器　　C. 均可用混频器　　D. 均可用解调器

38. 已知某功率放大管的折线化后的伏安特性曲线如图 7-1-25 所示,设其输入信号的幅值为 U_s,工作点之电压为 U_Q,则此放大器为 A 类、B 类放大状态的条件是(　　)。

    A. $(U_Q-U_D)>U_s, U_Q=U_D$ B. $(U_Q-U_D)>U_s, U_Q>U_D$

    C. $(U_Q-U_D)=U_s, U_Q<U_D$ D. $(U_Q-U_D)<U_s, U_Q=U_D$

39. 已知某功率放大管折线化后的伏安特性曲线如图 7-1-25 所示,设输入信号的幅值为 U_s,工作点之电压为 U_Q,则此放大器为 B 类、C 类放大状态的条件是(　　)。

    A. $|U_Q-U_D|>U_s, \quad U_Q<U_D$ B. $|U_Q-U_D|>U_s, \quad U_Q>U_D$

    C. $U_Q=U_D, \quad |U_Q-U_D|<U_s$ D. $U_Q=U_D, \quad |U_Q-U_D|>U_s$

40. 已知高频 D 类功率放大器的电路如图 7-1-26 所示。设输入信号为大幅度正弦波,则 A 点信号 u_A,B 点信号 u_B 的波形为(　　)。

    A. u_A 为正弦波,u_B 为方波   B. u_A 为方波,u_B 为正弦波

    C. 均为正弦波   D. 均为方波

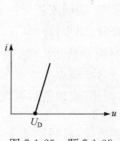

图 7-1-25　题 7-1-38

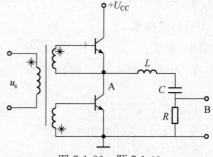

图 7-1-26　题 7-1-40

41. 已知高频 D 类功率放大器电路如图 7-1-26 所示。设功率管的饱和压降为 1V,U_{CC} 为 6V、12V、24V 供电时,放大器的效率为(　　)。

    A. 均为 83.3%   B. 均为 91.7%

    C. 分别为 66.7%,83.3%,91.7%   D. 分别为 91.7%,83.3%,66.7%

42. 在 AGC、AFC、PLL 系统中,不可缺少的基本电路是(　　)。

    A. 振荡器和放大器   B. 低通滤波器

    C. 鉴频器   D. 鉴相器

43. 已知混频器输入信号的频率为 f_o，本振信号的频率为 f_l，则两个频率的关系为（　　）。
　　A. $f_l > f_o$　　　　　　B. $f_l < f_o$　　　　　　C. $f_l = f_o$　　　　　　D. A、B 均可

五、填空题、是非题、选择题答案

（一）填空题

1. $\dfrac{1}{2} \sim \dfrac{1}{10}$

2. 几十千赫,损耗(辐射)

3. 基带,频带

4. 基带,调制

5. 某一高频(载频),振幅、频率、相位

6. 正弦波(余弦波),脉冲波,光波

7. 已调波,原调制信号(被传送的信号)

8. 调制,解调

9. 调幅(AM),调频(FM),调相(PM)

10. 振幅键控(ASK),频移键控(FSK),相移键控(PSK)

11. PCM,DPCM,APCM

12. 标准调幅(普调幅),抑制载频的双边带调幅(DSB),单边带调幅(SSB),残留边带调幅(VSB)

13. 远大于1,略大于1或接近于1

14. 宽频带,窄频带(选频)

15. 窄频带,宽频带

16. 电压增益,频带宽度及选择性,稳定性

17. 高斯(正态),零,均方值

18. 常数,无关

19. 频率,闪烁噪声($1/f$噪声)

20. 小一点,大一点

21. $100 \sim 300\mu A$,匹配(有一最佳值)

22. 大,小

23. 较小,较大,很大

24. 时变参量,毫伏,$100 \sim 200 mV$

25. 小,大得多(伏级)

26. 折线法,折线法

27. 功率,效率,失真

28. 增大,大大减小

29. C类,D类,E类

30. 传输线变压器,阻抗匹配

31. 放大,功率合成技术

32. 互不影响,相同或相反

33. 减小,减小,加大

34. 包络检波,同步检波

35. 惰性失真(对角失割失真),底边切割失真

36. 放电时间常数 RC 值,调幅指数 m,原调制信号的频率

37. 交流负载过小,调幅指数 m

38. 同频,同相(或相差尽可能小)

39. 从 AM 波中直接提取,锁相环路法

40. 积分,微分

41. 鉴频灵敏度,线性范围(带宽),失真

42. 调幅调频波,包络检波

43. 调相调频波,鉴相电路

44. 相位,原调制信号

45. 同频,$90°$

46. 降低或升高,保持不变

47. 伏级,放大

48. 平方律,少

49. 本机中频值,被混信号载频与二倍中频值之和

50. 低电流非线性,减小

51. 大电流非线性区,加大

52. 放大器,检波器,低通滤波器

53. 振荡器,鉴频器,低通滤波器

54. 振荡器,鉴相器,低通滤波器

（二）是非题

1. √   2. √   3. √   4. √   5. ×   6. ×   7. ×   8. √   9. ×   10. √

11. ×   12. ×   13. √   14. √   15. ×   16. ×   17. ×   18. √   19. √   20. ×

21. ×   22. √   23. √   24. √   25. ×   26. √   27. √   28. √   29. √   30. √

31. ×   32. ×   33. √   34. √   35. √   36. √   37. √   38. √   39. √   40. √

41. ×

（三）选择题

1. A   2. B   3. C   4. A   5. A   6. C   7. A   8. D   9. D   10. D

11. C   12. D   13. A   14. C   15. B   16. C   17. C   18. D   19. B   20. A

21. A   22. B   23. B   24. D   25. B   26. D   27. B   28. C   29. B   30. D

31. A   32. A   33. C   34. A   35. B   36. D   37. C   38. A   39. C   40. B

41. C   42. B   43. D

第二部分　高频电路及应用

一、问答题

1. 无线电波是怎样由发射端传至接收端的？

答：根据电磁场理论，无线电发射设备将被发送的信号电流加至发射天线上，此电流在天线四周产生交变磁场，此交变磁场又产生交变电场，再产生交变磁场……如此交变电磁场相互依存，相互转换，且相互垂直，并迅速向外辐射。它们通过广阔的天空（自由空间）等介质，以每秒 30 万千米的光速传送到用户的接收机天线。

2. 电波传输的途径与信号的频率有什么关系？试举例说明。

答：（1）中长波（频率在几百千赫至 1.5 兆赫）——传播方式是绕射波。电波主要沿着地球的弯曲表面传播，故也称此类波为地面波。地面对电波有损耗，且波长越短，损耗越大，但此传播稳定，距离可达几百千米，中波广播主要用此类传播方式。

（2）短波（频率在几兆赫兹至 30 兆赫）——传播方式是折射和反射。电波主要靠大气层中的电离层（距地面高度在 90～130km 的 E 层和高于 130km 的 F 层）的反射和折射而传播至接收用户的，故也称此类波为天波。由于多次折射与反射，故传播距离甚远，几乎覆盖全球；主要缺点是信号不够稳定，常有衰落现象存在。短波广播即采用此类传播方式。

（3）超短波与微波（频率在 30MHz 以上）——传播方式是直射。电波从发射天线到接收天线间沿直线传播，故称其为直射波或空间波。由于电波只在可视范围内传播，故传播距离短（几十千米），这是它的一个主要缺点。开路电视广播就采用此类方式；为了加大传播距离，故电视台的发射天线常常是城市最高点。

3. 中短波广播、调频广播、手机、开路电视、卫星电视的电波频率大致为多少？

答：如表 7-2-1 所示。

表 7-2-1　各种电波频率

中波广播	短波广播	调频广播	手机通信	地面开路电视	卫星电视广播
535～1605kHz	几兆赫至 30MHz	88～108MHz	900～1800MHz	48.5～958MHz	C 波段：3.95～5.85GHz K_U 波段：12.4～18GHz

4. 画一个普通调幅(标准调幅)波的发射机原理组成框图。

答:框图如图 7-2-1 所示。

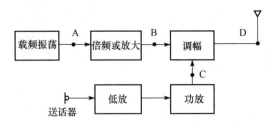

图 7-2-1 题 7-2-4 解

5. 画出图 7-2-1 中各主要点 A、B、C、D 处信号的波形图与频谱图。

答:各主要点信号的波形图与频谱图如图 7-2-2 所示。

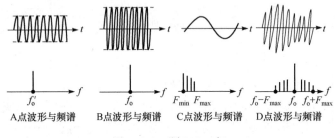

图 7-2-2 题 7-2-5 解

6. 在图 7-2-1 中,若 B 点载频为 $u_B=U_B\cos\omega_o t\,(\text{V})$,C 点调制信号 $u_C=U_C\cos\Omega t\,(\text{V})$。试完成以下各题:

(1) D 点信号的表达式是什么? 其频带宽度是多少?

(2) 写出载频及各边频分量所占功率的表达式及上下边频、载频所占的功率比。

答:(1) $u_D=U_D(1+m\cos\Omega t)\cos\omega_o t$,$\text{BW}=2F=\dfrac{2\Omega}{2\pi}=\dfrac{\Omega}{\pi}$。

(2) $P_{载}=\dfrac{U_D^2}{2R}$,$P_{上}=P_{下}=\dfrac{\left(\dfrac{1}{2}mU_D\right)^2}{2R}=\dfrac{m^2U_D^2}{8R}$;上下边频与载频所占的功率比为 $\dfrac{P_{上}}{P_{载}}=\dfrac{P_{下}}{P_{载}}=\dfrac{m^2}{4}$。

由上可知,普通调幅时,上下边频(边带)所占的功率份额很小,且随 m 变小而下降。

7. 画一个直放式普通调幅广播接收机的原理组成框图。

答:框图如图 7-2-3 所示。

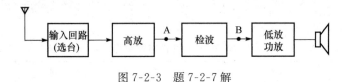

图 7-2-3 题 7-2-7 解

8. 画出图 **7-2-3** 中各主要点信号的波形图与频谱图。

答:各主要点信号的波形图与频谱图如图 7-2-4 所示。

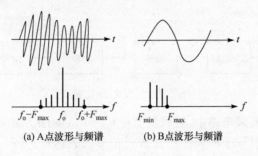

(a) A点波形与频谱　　　(b) B点波形与频谱

图 7-2-4　题 7-2-8 解

9. 画一个超外差式调幅接收机的原理组成框图。

答:原理组成框图如图 7-2-5 所示。

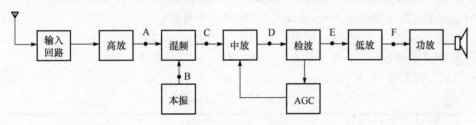

图 7-2-5　题 7-2-9 解

10. 画出图 **7-2-5** 中各主要点 **A、B、C、D、E、F** 处信号的波形图与频谱图。

答:各主要点信号的波形图与频谱图如图 7-2-6 所示。

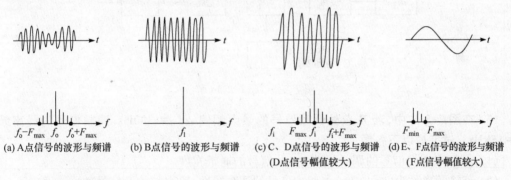

(a) A点信号的波形与频谱　(b) B点信号的波形与频谱　(c) C、D点信号的波形与频谱　(d) E、F点信号的波形与频谱

　　　　　　　　　　　　　　　　　　　　　　　　　　　(D点信号幅值较大)　　　(F点信号幅值较大)

图 7-2-6　题 7-2-10 解

11. 在图 **7-2-5** 中,若 A 点的已调信号 $u_A = U_A a(t)\cos\omega_o t$,B 点的本振信号 $u_B = U_B\cos\omega_1 t$。试完成以下各题:

(1) 写出 C 点信号的表达式,并求其频带宽度。

(2) 写出检波后信号的表达式,并求其频带宽度。

答:(1) $u_C = U_C a(t)\cos\omega_i t$,($\omega_i = \omega_1 - \omega_o$),C 点信号的带宽与 A 点信号的带宽相同,为调制信号 $a(t)$ 最高频率的两倍。

(2) $u_E = U_E a(t)$。E 点信号的频带宽与调制信号 $a(t)$ 的带宽相同。

12. 画一个直接调频发射机的原理组成框图。

答:原理组成框图如图 7-2-7 所示。

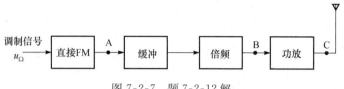

图 7-2-7 题 7-2-12 解

13. 在第 12 题直接调频电路中,若调制信号 $u_\Omega = U_\Omega\cos\Omega t$。试完成以下各题:

(1) 写出调频后,瞬时频率的表达式及 A 点信号的表达式。

(2) 若倍频次数为 N,写出经倍频后信号的表达式。

答:(1) $\omega(t) = \omega_o + k_F U_\Omega\cos\Omega t = \omega_o + \Delta\omega_m\cos\Omega t$;$u_A = U_A\cos(\omega_o t + m_F\sin\Omega t)$。

(2) $u_C = U_C\cos(n\omega_o t + nm_F\sin\Omega t)$。

14. 已知某间接调频(由调相至调频)发射机的原理组成框图如图 7-2-8 所示,设调制信号 $u_\Omega = U_\Omega\cos\Omega t$,载波信号 $u_c = U_c\cos\omega_o t$。试完成以下各题:

(1) 框图 X 为放大器时,B 点是什么信号? 写出它的表达式。

(2) 框图 X 为积分器时,B 点是什么信号? 写出它的表达式。

答:(1) 为调相信号,表达式为

$$u = U\cos(\omega_o t + m_p\cos\Omega t)$$

(2) 为调频信号,表达式为

$$u = U\cos(\omega_o t + m_F\sin\Omega t)$$

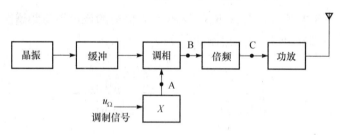

图 7-2-8 题 7-2-14 解

15. 在图 7-2-8 中,若 B 点处调频信号的最大频偏 $\Delta f_m = 300\text{Hz}$,调制信号的最高频率 $F = 15\text{kHz}$。试完成以下各题:

(1) 求 B 点调频信号的调频指数 m_F 及信号的通带宽度。

(2) 若倍频次数为 200,求 C 点调频信号的调频指数、最大频偏及信号的通带宽度。

答:(1)
$$m_F = \frac{\Delta f_m}{F} = \frac{300}{15\times 10^3} = 20\times 10^{-3} = 0.02$$

$$\text{BW} = 2\times(F + \Delta f_m) = 2\times(15\text{kHz} + 0.3\text{kHz}) = 30.6(\text{kHz})$$

(2)
$$m_F = 200\times 0.02 = 4, \Delta f_m = F\times m_F = 15\times 4 = 60(\text{kHz})$$

$$\text{BW} = 2F(1 + m_F) = 2\times 15(\text{kHz})(1 + 4) = 150(\text{kHz})$$

或
$$\text{BW} = 2\times(f + \Delta f_m) = 2\times(15 + 60) = 150(\text{kHz})$$

所以,倍频可使调频信号的调频指数、最大频偏、载频频率成倍增大,同时也使信号带宽加大。

16. 已知小信号高频宽带放大器(如视频放大器、电视中频放大器等)的电路如图 7-2-9 所示。

(1) 为使放大器的带宽尽量宽,即使上限截止频率 f_H 尽可能高,电路设计时应如何考虑?

(2) C_e 的大小能否对 f_H 有影响?

答:(1) 有如下两点考虑因素。

① 在放大管已选定后,可使 R_C 值适当减小,以降低电压增益来提高 f_H 值。

② 电路布局布线、印制电路板图设计作优化处理。

(2) C_e 适当减小,使信号在中低频段有负反馈,随频率升高负反馈减弱而提升高频增益,使 f_H 加宽。

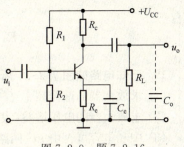

图 7-2-9　题 7-2-16

17. 在图 7-2-9 中,若负载 R_L 两端并联较大的分布电容 C_o,则 C_o 对放大器的什么参数起什么影响? 如何解决?

答:(1) C_o 会使放大器的上限截止频率 f_H 降低,因为 f 增大后,C_o 的容抗值会使放大器的负载变小,增益下降。

(2) 可在 R_c 支路中串一小电感 L,此 L 与 C_o 组成并联谐振回路,使放大器在某段高频处的增益得以提高。其等效电路与高频补偿原理如图 7-2-10 所示,清楚地显示由于 LC_o 的并联谐振,放大器的上限截止频率由 f_H 提高到 f_H'。理论计算表明,f_H' 与 f_H 之比可达 1.73 倍,高频补偿的效果十分明显。电视机的视放输出级常用此法提高 f_H。

18. 已知高频小信号单调谐放大器的电路如图 7-2-11 所示,回路电感 Q_o 约为 100。试完成以下各题:

(1) 画出它的交流等效电路。

(2) LC 回路的总损耗电阻(R_Σ)与什么因素有关?

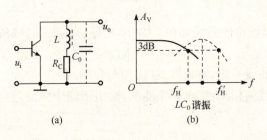

图 7-2-10　题 7-2-17 解

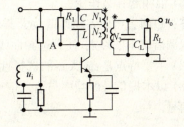

图 7-2-11　题 7-2-18

答:(1)其交流等效电路如图 7-2-12 所示。

(2) 与 L 本身的损耗 R_o、回路并联电阻 R_1、放大管的输出电阻 R_{oe}(等效至 LC 回路后为 R_{oe}')、负载电阻 R_L(等效至 LC 回路后为 R_L')等有关,即

$$R_\Sigma = R_o // R_1 // R_{oe}' // R_L'$$

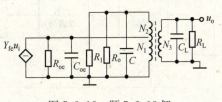

图 7-2-12　题 7-2-18 解

式中
$$R_o = Q_o \omega_o L$$

$$R'_{oe} = R_{oe}\left(\frac{N_1+N_2}{N_1}\right)^2 = \frac{R_{oe}}{p_1^2} \quad (p_1 < 1)$$

$$R'_L = R'_L\left(\frac{N_1+N_2}{N_3}\right)^2 = \frac{R_L}{p_2^2} \quad (p_2 < 1)$$

19. 已知电路如图 7-2-11 所示,回路电感的 $Q_o = 100$。试完成以下各题:

(1) 求放大器的谐振频率 f_o(表达式)及通频带宽度 BW(表达式)。

(2) 求放大器的电压增益(表达式)。

(3) 中和电容可否由 LC 回路的 A 点引至放大管基极? 为什么?

答:(1)
$$f_o = \frac{1}{2\pi\sqrt{LC_\Sigma}}, \quad (C_\Sigma = C + C'_{oe} + C'_L)$$

$$C'_{oe} = C'_{oe}p_1^2 = C_{oe}\left(\frac{N_1}{N_1+N_2}\right)^2, \quad C'_L = C_L p_2^2 = C_L\left(\frac{N_3}{N_1+N_2}\right)^2$$

$$BW = \frac{f_o}{Q}, \quad \left(Q = \frac{R_\Sigma}{\omega_o L} = R_\Sigma \omega_o C_\Sigma = R_\Sigma\sqrt{\frac{C_\Sigma}{L}}\right)$$

(2) $A_v = p_1 p_2 Y_{fe} R_\Sigma$。

3) 中和电容不可由 A 点引至放大管基极,因为 A 点电位的极性与放大管集电极电位的极性相同,若如此引接,则放大器会更不稳定。按此图,中和电容引出点可在变压器次级(此时应注意变压器绕组同名端的位置)。

20. 已知某电视接收机高频调谐器的组成框图及选频曲线如图 7-2-13 所示。试回答以下各题:

(1) 输入回路与高放组成什么形式的放大电路? 画出它们合成后的幅频特性曲线。

(2) 电路有什么特色?

(3) 混频起什么作用?

答:(1)两者组成差动调谐放大器,其幅频特性曲线如图 7-2-14 所示:单调谐的峰值正好填补双调谐的下凹谷点,使总选频曲线平坦。

(2) 主要特点是:放大器的选择性好,曲线平坦,通频带宽(达 8MHz)

(3) 以本振信号的频率与输入信号的载频相减,实现频率变换,输出图像中频信号与伴音中频信号。

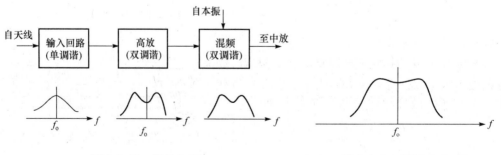

图 7-2-13　题 7-2-20　　　　　　　　图 7-2-14　题 7-2-20 解

21. 已知某电阻的 $R=1\text{k}\Omega$，噪声带宽 $\Delta f_n = 100\text{kHz}$。问此电阻在室温 $t=17℃$ 时的噪声电压的均方根值为多少？

答：根据

$$\sqrt{\overline{u_n^2}} = \sqrt{4KT\Delta f_n R} \approx \frac{1}{8}\sqrt{\Delta f_n R} \approx 1.25\mu\text{V}$$

由上可知，在大信号工作时，此噪声电压不会起多少作用，但在小信号（微伏级）工作时此噪声电压的影响就非同小可。

22. 已知噪声系数 N_f 分别为 0.5dB、0.8dB、3dB、7dB、20dB，则其所对应的噪声温度 T_e 为多少？

答：根据 $T_e = 290 \times (N_f - 1)k$（式中，$N_f$ 为噪声系数数值），可算得其对应值如下：

N_f/dB	0.5(1.12)	0.8(1.21)	3(2)	7(5)	20
T_e/K	35	61	290	1160	5510

通常，低噪声电路与系统宜用噪声温度表述，高噪声电路与系统宜用噪声系数表述。

23. 已知差动电路如图 7-2-15 所示，输入信号 u_x、u_y 的幅值均很小（毫伏级）。试完成以下各题：

(1) u_x 为对称或不对称时，每一 VT$_1$、VT$_2$ 的输入电压 u_{be} 为多少？

(2) 求 $u_y = 0$ 时的电路电压放大倍数。

答：(1)输入信号 u_x 对称与否（即 B 点接地还是不接地）、VT$_1$、VT$_2$ 的输入电压 u_{be} 均等于 u_x 的一半，即

$$u_{be1} = u_{be2} = \frac{1}{2}u_x, \quad (u_x = u_{be1} + u_{eb2} = u_{be1} - u_{be2})$$

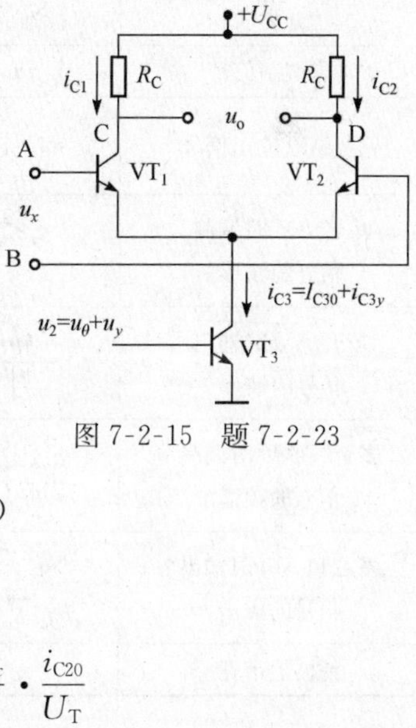

(2)当 $u_y = 0$ 时

$$u_o = i_{C1}R_C - i_{C2}R_C = R_C(i_{C1} - i_{C2})$$

式中

$$i_{C1} = u_{be1}g_{m1} = u_{be1}\frac{i_{C10}}{U_T} = \frac{u_x}{2}\cdot\frac{i_{C10}}{U_T}$$

$$i_{C2} = u_{be2}g_{m2} = u_{be2}\frac{i_{C20}}{U_T} = -u_{eb2}\frac{i_{C20}}{U_T} = -\frac{u_x}{2}\cdot\frac{i_{C20}}{U_T}$$

故

$$u_o = R_C\cdot\frac{u_x}{2U_T}(i_{C10} + i_{C20}) = -\frac{R_C I_{C30}}{2U_T}\cdot u_x = A_v u_x$$

即放大倍数为 $A_v = \frac{R_C I_{C30}}{2U_T}$（此值可正可负，视输出是C点对D点，还是 D 点对 C 点而定）。

图 7-2-15　题 7-2-23

24. 已知差动电路如图 2-2-15 所示，输入信号 u_x，u_y 的幅值均很小（毫伏级）。若 $u_y \neq 0$，问电路能否实现乘法功能？试求 u_o 与 u_x、u_y 的关系式。

答：若 $u_y \neq 0$，电路能实现乘法功能。第 23 题已经证明，电路输出电压 u_o 的表达式为

$$u_o = \frac{R_C i_{C3}}{2U_T}u_x$$

而

$$i_{C3} = I_{C30} + i_{c30} = I_{C30} + g_m u_y = I_{C30} + \frac{I_{C30}}{U_T}u_y = I_{C30}\left(1 + \frac{u_y}{U_T}\right)$$

代入得

$$u_o = \frac{R_C I_{C30}}{2U_T}\left(1 + \frac{u_y}{U_T}\right)u_x = \frac{R_C I_{C30}}{2U_T}u_x + \frac{R_C I_{C30}}{2U_T^2}u_x u_y$$

式中,第一项为放大项,在 $u_y = 0$ 时,所得结果与第 23 题一样;第二项为乘积项,能实现输入两信号 u_x、u_y 的相乘。

25. 已知用乘法器及带通滤波器实现标准 **AM**、抑制载频的双边带 **AM**、单边带 **AM** 的电路组成如图 **7-2-16** 所示。试完成以下各题:

(1)求单音余弦调幅时输入输出信号的表达式和波形图。

(2)求多音频调幅时输入输出信号的频谱图。

(3)各类调幅时滤波器的带宽是多少?

答: 如表 7-2-2 所示。

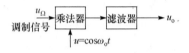

图 7-2-16 题 7-2-25

表 7-2-2 调幅分类

分类	标准 AM(普通 AM)	抑制载频的双边带 AM(平衡 AM)	单边带 AM
单音调制信号	$u_\Omega = U + U_\Omega\cos\Omega t$(含直流项)	$u_\Omega = U_\Omega\cos\Omega t$	$u_\Omega = U_\Omega\cos\Omega t$
单音 AM 输出信号	$u_o = U(1 + m\cos\Omega t)\cos\omega_o t$	$u_o = U_o\cos\Omega t \cdot \cos\omega_o t$	$u_o = U_o\cos(\omega_o+\Omega)t$ 或 $u_o = U_o\cos(\omega_o-\Omega)t$
单音 AM 时调制信号的波形			
单音 AM 时输出信号的波形			
多音频 AM 时调制信号的频谱			
多音频 AM 时输出信号的频谱			
滤波器带宽	为调制信号最高带宽的两倍		为调制信号的最高频率

26. 已知调幅电路如图 **7-2-17** 所示。试完成以下各题:

(1)u_{o1} 是什么信号?写出它的表达式。

(2)u_{o2} 是什么信号?写出它的表达式。

答:(1) u_{o1} 是抑制载频的双边带 AM 波,即

$$u_{o1} = U_{o1}\cos\Omega t \cdot \cos\omega_o t$$

(2)u_{o2} 是标准 AM 波,即

$$u_{o2} = U_{o2}(1 + m\cos\Omega t)\cos\omega_o t$$

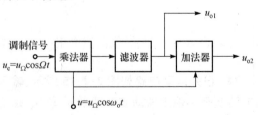

图 7-2-17 题 7-2-26

27. 图 7-2-17 电路可否实现单边带调幅？如果可以应作何改动？

答：可以用滤波法实现单边带 AM，但带通滤波器的通带应对应乘法器输出信号的上边带或下边带（视所需决定），且滤波特性要求较高。

28. 已知用乘法器和滤波器对已调幅信号 $a(t)\cos\omega_0 t$ 进行解调（检波）的电路组成如图 7-2-18 所示。

（1）对参考信号 u_r 有什么要求？写出它的表达式。

（2）滤波器是什么类型的？它的带宽应为多少？

（3）写出输出 u_o 的表达式。

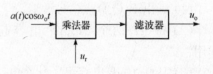

图 7-2-18　题 7-2-28

答：（1）u_r 与已调信号同步（同频同相），即

$$u_r = U_r\cos\omega_0 t$$

（2）为低通滤波电路，带宽应与调制信号 $a(t)$ 的带宽相同。

（3）u_o 为解调后的原调制信号，即

$$u_o = U_o a(t)$$

29. 在第 28 题的同步检波电路中，参考信号应如何获得？

答：通常有两种方法：

（1）直接从 AM 信号中提取（仅限于带载波的标准 AM 波），即对 AM 信号进行放大、限幅选频后取得与被解调信号相同步的参考信号。

（2）以锁相环路载波跟踪的办法取得。

30. 用乘法器与滤波器组成的混频电路组成如图 7-2-18 所示，输入 FM 信号 $u_s = U_s\cos(\omega_0 t + 5\sin\Omega t)$，本振信号 $u_c = U_c\cos\omega_1 t$。试完成以下各题：

（1）滤波器是什么类型的？它的频带宽度应为多少？

（2）写出输出中频信号（下混频）的表达式，混频能改变被混频信号的调制指数 m 吗？

（3）本振信号频率可以高于或低于被混频信号的载频吗？

答：（1）应为带通波器，带宽应与被混频信号 u_s 的带宽相同。

（2）混频不改变被混频信号的调制指数、通带宽度、最大频偏等参数，其输出信号表达式为

$$u_i = U_i\cos(\omega_i t + 5\sin\Omega t), \qquad \omega_i = \omega_1 - \omega_0$$

31. 已知二极管包络（峰值）检波电路如图 7-2-19 所示。试完成以下各题：

（1）此电路能对什么信号进行解调？为什么？

（2）对被解调信号的幅度有何要求？为什么？

（3）画出 B 点、C 点处的信号波形。

（4）二极管应选用什么类型？为什么？

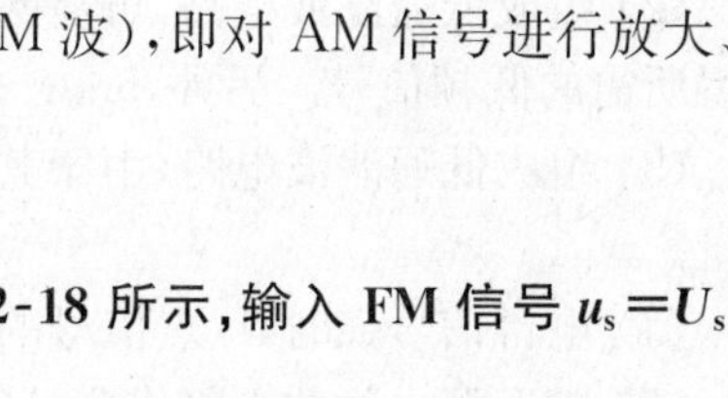

图 7-2-19　题 7-2-31

答：（1）只能对标准 AM 波进行解调，因为只有标准 AM 波的包络才正确反映原调制信号的波形。

（2）应大些为好，否则会引起输出信号的非线性失真，通常被解调信号的幅值为几百毫伏至 1V。

（3）B 点、C 点信号的波形已画在图中。

（4）二极管应选用高频锗管，锗管开启电压低，高频管的结电容小。

32. 在图 7-2-19 电路中,若 RC 乘积过大会产生什么失真?若 R_L 值较小会产生什么失真?二极管 **VD** 反接,是否有解调输出?此时 B、C 点信号波形有何变化?

答:RC 乘积过大会产生惰性失真,即对角切割失真;R_L 值较小会产生输出信号 u_o 的底边切割失真。

若二极管反接,仍可作信号解调,不同的是 u_i 信号的负向包络被检出。B 点信号波也为负值,C 点信号反向 $180°$。

33. 已知某收音机检波的实际电路如图 7-2-20 所示。试完成以下各题:

(1) 画出 B、C、D 点信号波形。

(2) 560Ω、两个 $5100pF$ 电容起什么作用?

(3) $1k\Omega$、$10\mu F$ 电容组成什么电路?起什么作用?

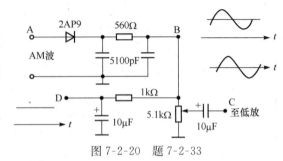

图 7-2-20　题 7-2-33

(4) 电台信号强时,即 A 点信号幅值大时,D 点信号怎么变化?

(5) D 点信号送至何处?起什么作用?

答:(1) 有关波形已画在电路中。

(2) 组成低通滤波电路,可滤除由于二极管单向导电性而产生许多不需要的高频分量,并获得所需的低频信号。另外,560Ω 电阻也可以减弱输出信号的底边切割失真。

(3) 组成低通滤波电路,由于其时间常数大,故可滤除 B 点信号中的低频分量而输出直流分量。

(4) 电台信号强时,D 点信号的幅值会增大,反之会减小。

(5) 常送至中频放大级作为 AGC 的控制电压,即以此控制中频放大器的直流工作点,使其增益随电台信号强弱作用而改变,即信号强时,增益下降,弱时上升。

34. 已知调谐放大器负载回路与包络检波器的部分电路如图 7-2-21 所示,设 L 为无损耗电感。试完成以下各题:

(1) 求检波器的输入电阻(即回路的次级负载)。

(2) 求 LC 回路的谐振频率。

(3) 求 LC 回路的通带宽度。

答:(1) $R_i = \dfrac{1}{2} R_L = 3k\Omega$。

(2) $f_o = \dfrac{1}{2\pi\sqrt{LC}} = \dfrac{1}{2\pi\sqrt{500\times10^{-6}\times200\times10^{-12}}} = \dfrac{10^7}{2\pi\sqrt{10}} \approx 500kHz$。

(3) 要求回路的通频带宽,先应求回路总损耗电阻 R_Σ,再求回路的品质因素 Q:

$$R_\Sigma = R//R'_L = R//R_i\times4^2 = 80k\Omega\times48k\Omega = 30k\Omega$$

故

$$Q = \dfrac{R_\Sigma}{\omega_o L} = R_\Sigma\sqrt{\dfrac{C}{L}} = 30\times10^3\sqrt{\dfrac{200\times10^{-12}}{500\times10^{-6}}} = 20$$

由此可求 LC 回路频带宽度为

$$BW = \dfrac{f_o}{Q} = \dfrac{500kHz}{20} = 25kHz$$

35. 已知调谐功率放大电路如图 7-2-22 所示。试回答以下各题：

（1）放大器工作在什么状态？放大管的导通角在什么范围？

（2）输入什么频率的信号能被此电路放大？

（3）放大管集电极的电流 i_C 是什么波形？

（4）本电路可能输出的最大功率大致是多少？

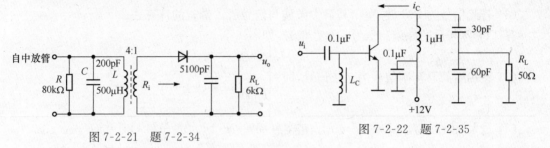

图 7-2-21　题 7-2-34　　　　图 7-2-22　题 7-2-35

答：（1）工作在 C 类（丙类），导通角 $\varphi < 90°$。

（2）与负载 LC 回路谐振频率相同的信号被放大，此频率为

$$f_o = \frac{1}{2\pi \sqrt{LC}} = \frac{1}{2\pi \sqrt{\times \dfrac{30 \times 60}{30+60}}} = \frac{1}{2\pi \sqrt{10^{-6} \times 20 \times 10^{-12}}} \approx 36 (\text{MHz})$$

（3）i_C 为余弦脉冲波形。

（4）先求 R_L 等效至回路的电阻，再求放大器可能输出的最大功率（设放大管的 $U_{ces} = 0$）：

$$R'_L = R_L \left(\frac{30+60}{30} \right)^2 = 50 \times 3^2 = 450 (\Omega)$$

$$P_o \approx \frac{U_{cc}^2}{2R'_L} = \frac{12^2}{2 \times 450} = \frac{144}{900} = 0.16 (\text{W}) = 160 (\text{mW})$$

36. 已知调谐功率放大电路如图 **7-2-22** 所示，试完成以下各题：

（1）若要提高放大器的输出功率，应如何解决？

（2）若要减小导通角，应如何解决？

（3）若电路欠压，如何调整至临界状态？

答：(1)主要有如下措施：

① 调整负载大小，使放大器处于临界状态，即功率匹配状态。在电路中可通过改变两分压电容之比解决。

② 在可能的情况下，可提高直流供电电压，这是最有效的办法。

（2）可以加大放大管的反向偏置——增加负压，也可以适当减小激励电压 u_i 的幅值。

（3）可以加大负载电阻，或减小直流供电电压，也可加大激励电压或减小放大管的反向偏置。

37. 已知电路如图 **7-2-22** 所示，可否将它改造成倍频电路？如何改造？电路作倍频时导通角如何选定？

答：可以，只要将负载回路调谐至输入信号的二倍频或三倍频的数值上即可（改变电容或电感或同时改变）。

作倍频时，导通角应比作放大时小许多。通常作二倍频时，导通角取 $60°$；作三倍频时，导

通角常取 $30°\sim40°$,如此可求得输出信号的幅值。应特别注意,若导通角取得不合适,倍频器输出信号可能为零。

38. 已知调角信号的表达式为 $u=U\cos(\omega_{\mathrm{o}}t+m\sin\Omega t)$。试完成以下各题:

(1) 若此信号为 FM 波,则经鉴频后,其输出信号的表达式是什么?

(2) 若此信号为 PM 波,则经鉴相后,其输出信号的表达式是什么?

(3) 若此信号为 FM 波,写出其最大频偏与信号所占带宽的计算式。

答:(1) 鉴频后的原调制信号为余弦信号,即

$$u_{\mathrm{o}}=U_{\mathrm{o}}\cos\Omega t$$

(2) 鉴相后的原调制信号为正弦信号,即

$$u_{\mathrm{o}}=U_{\mathrm{o}}\sin\Omega t$$

(3) 最大频偏为 $\Delta f_{\mathrm{m}}=Fm=\dfrac{\Omega}{2\pi}m$;所占带宽为 $BW=2F(1+m)=\dfrac{\Omega}{\pi}(1+m)=2(F+\Delta f_{\mathrm{m}})$。

39. 已知变容管直接 FM 的电路如图 7-2-23 所示,u_{Ω} 为调制信号,FM 波的中心频率(载频)约为 **90MHz**。试完成以下各题:

(1) 图中哪些电容对交流信号(90MHz)是短路的? 哪些电容不能短路而呈一定容抗?

(2) 图中哪些电感对交流信号(对 90MHz)是开路的? 哪些电感不能开路而呈现一定的感抗?

(3) 变容管的反向偏置电压(工作点电压)大致是多少?

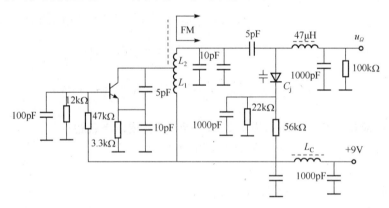

图 7-2-23 题 7-2-39

答:(1) 图中容量为 1000pF 的电容对 90MHz 的信号基本呈短路状态,而其他电容均有一定容抗。均为振荡电路的一个元件。

(2) $47\mu H$ 电感对 90MHz 高频呈开路状态,对低频调制信号 u_{Ω} 基本呈短路状态,而扼流圈 L_{c} 对所有交流信号均呈开路(或阻抗很大)状态,仅通过直流而已。

(3) 变容管的反向偏置电压是 9V 电压经 56kΩ 和 22kΩ 两电阻分压而得,为

$$U_{\mathrm{fc}}=9\times\frac{22}{56+22}=\frac{9\times22}{78}\approx2.54(\mathrm{V})$$

40. 已知载频为 90MHz 的变容管 FM 电路如图 7-2-23 所示。试完成以下各题：

(1) 画出它的交流等效电路。

(2) 这是什么类型的振荡电路？有什么特点？

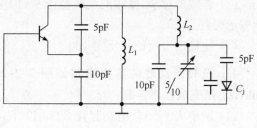

(3) 设 $L_2=0$，$C_j=20$pF，可变电容为 6pF，试求电路的电感值。

答：(1) 交流等效电路如图 7-2-24 所示。

(2) 这是改进型电容三点式振荡电路，其主要特点是工作频率高、波形好，频率稳定性能也较好。

图 7-2-24　题 7-2-40 解

(3) 先求回路总电容 C，再计算 L 值：

$$C=\cfrac{1}{\cfrac{1}{5}+\cfrac{1}{10}}+\left(10+6+\cfrac{1}{\cfrac{1}{5}+\cfrac{1}{20}}\right)=3.33+20=23.33(\text{pF})$$

故

$$L=\frac{1}{4\pi^2 f_o^2 C}=\frac{1}{4\pi^2\times(90\times10^6)^2\times23.33\times10^{-12}}\approx0.13(\mu\text{H})$$

41. 已知失谐回路鉴频（也称为斜率鉴频）电路如图 7-2-25 所示，若输入 FM 信号的载频为 10MHz，最大频偏为 50kHz。试完成以下各题：

(1) 图中 LCR 回路起什么作用？它应该调谐在什么频率上？

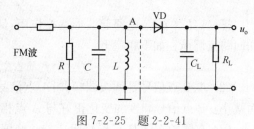

(2) A 点处的信号是什么样的波形？

(3) 虚线右边的电路起什么作用？

答：(1) LCR 回路起波形变换作用，目的是将 FM 波转换成调幅调频波，使其幅值随 FM 波的频率变化而变化。为达到这一目的，回路的谐振频率应满足下述条件：

图 7-2-25　题 2-2-41

$$f_{LC}>(f_o+\Delta f_m)=10\text{MHz}+50\text{kHz}$$

或

$$f_{LC}<(f_o-\Delta f_m)=10\text{MHz}-50\text{kHz}$$

(2) A 点信号为调幅调频波，其幅值随 FM 信号的频率增高而加大，随其减小而降低（$f_{LC}>(f_o+\Delta f_m)$ 时），或相反（$f_{LC}<(f_o-\Delta f_m)$ 时）。

(3) VD、C_L、R_L 组成包络检波电路，将 A 点信号的包络解调出来，输出原调制信号，完成鉴频任务。

42. 已知失谐回路鉴频电路如图 7-2-25 所示，输入 10MHz 的调频信号，其最大频偏为 50kHz。试完成以下各题：

(1) 若 LCR 回路频带过宽或过窄会使输出信号 u_o 怎样变化？

(2) 若 LCR 回路失谐，会使输出信号 u_o 如何变化？

(3) 若二极管 VD 反接，输出信号 u_o 如何变化？

答：(1)若频带过宽，鉴频的线性范围宽，但鉴频灵敏度下降，输出信号 u_o 幅值变小。

（2）若频带过窄，鉴频的线性范围窄，但鉴频灵敏度变高，输出信号 u_o 幅值变大，但有可能波形失真。

（3）使输出交流信号反向180°。

43. 已知差动峰值鉴频电路如图 **7-2-26** 所示，输入 **10MHz** 调频信号，其最大频偏为 **50kHz**。试完成以下各题：

（1）图中 L、C_1、C_2 电路起什么作用？它应该调谐在什么频率上？

（2）A 点、B 点信号的波形是怎样的？

（3）右侧 VD、R、C 电路起什么作用？

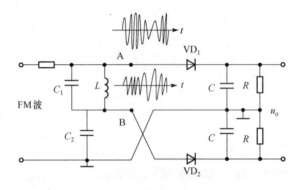

图 7-2-26 题 2-2-43

答：(1)L、C_1、C_2 电路起波形变换作用，目的是将 FM 波转换成调幅调频波，为此 L、C_1 并联回路应调谐在如下频率上：

$$f_{LC1} > f_o + \Delta f_m = 10\text{MHz} + 50\text{kHz}$$

（2）A、B 点信号是调幅调频波：A 点信号的幅度随 FM 波的频率增高而加大、随频率降低而减小。B 点信号幅度的变化正好与 A 点相反，两者的波形已画在图 7-2-26 中。

（3）右侧的 VD、R、C 电路组成差动峰值检波电路，其输出为上下两检波电路输出信号之差，故对包络变化相反的两输入信号，即差模输入其检波输出正好相加，而对共模输入的直流信号输出为相减。由此可知，输出中无直流分量，只有两检波器输出交流分量之和。

44. 已知差动峰值鉴频电路如图 **7-2-26** 所示，输入为 **10MHz** 的 **FM** 信号，其最大频偏为 **50kHz**。试完成以下各题：

（1）若 LC_1 回路失谐，对解调输出信号 u_o 产生什么影响？

（2）若 VD_1、VD_2 均反接，对输出 u_o 产生什么影响？

（3）若有一个二极管接反，对输出 u_o 产生什么影响？

（4）若有一个二极管开路，对输出 u_o 产生什么影响？

答：(1) 使解调输出信号失真，幅度变小。

（2）使解调输出信号反向180°。

（3）输出 u_o 中无交流分量，只有直流成分。

（4）有输出，但只有正常时的一半，且其中含有直流分量。

45. 已知移相乘法鉴频电路如图 **7-2-27** 所示，电容 C_1 的容量甚小。试完成以下各题：

（1）图中 LCR 电路起什么作用？它应该调谐在什么频率上？

(2) A、B 点处是什么样的信号？

(3) 虚线框内是什么样的电路？起什么作用？

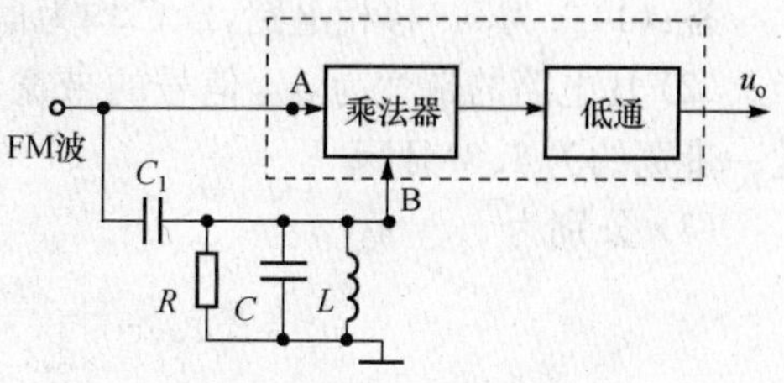

答：(1) 它是信号变换电路，能将输入的 FM 波转换成调相调频波输出，其 B 点信号的相位与 A 点信号成正交且随 A 点信号的频率变化而变化，两者的关系为（设 u_A 为单音 FM 信号）

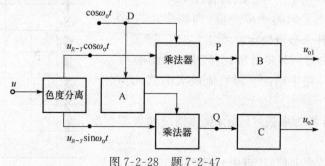

图 7-2-27　题 2-2-45

$$u_A = U_A\cos(\omega_0 t + m\sin\Omega t)$$

$$u_B = U_B\sin[\omega_0 t + m\sin\Omega t + \varphi(f)]$$

LCR 回路的谐振频率应略高于 FM 波的载频 f_0，即 $f_{LC} > f_0$。

(2) A 点处为被鉴频的 FM 波信号，B 点处为调相调频波信号。

(3) 虚线框内是正交鉴相电路，能将输入二信号的相位差检出。在上述二信号的相位差 $\varphi(t)$ 较小（23°以下）时，则输出原调制信号为

$$u_0 \approx U_0\varphi(f) = U_0\cos\Omega t$$

鉴频作用即告完成。

46. 何谓零中频混频（或中频解调）？它有何特点？主要应用于何处？试举一例说明。

答：(1) 对一调幅信号进行混频（或解调），若本振信号（或参考信号）与被解调信号的载频同步（同频同相），则其差频（即中频）必为零，这种混频即为零中频混频；如果再经低通电路，滤去不需要的高频等信号，即实现零中频解调。前面提到的同步检波及其实质即为零中频解调。

(2) 主要特点：无超外差接收机混频电路所产生的镜像干扰信号；不需要高 Q 值的高频（或中频）带通滤波电路，易于电路集成化。

(3) 被广泛应用于通信，电视广播系统中的正交调幅信号解调。

(4) 彩色电视系统中的色度信号就是红色差信号 *R-Y*、蓝色差信号 *B-Y* 进行正交调幅后相加而获得的，其表达式为

$$u = u_{R-Y}\cos\omega_0 t + u_{B-Y}\sin\omega_0 t$$

在电视接收机中，就是以从零中频方式对其进行解调而恢复出 u_{R-Y} 及 u_{B-Y} 信号。

47. 图 7-2-28 是以零中频原理对彩色电视接收机中对色度信号所需的信号进行同步解调的电路组成框图，已知输入信号 $u = u_{R-Y}\cos\omega_0 t + u_{R-Y}\sin\omega_0 t$。试完成以下各题：

(1) 填出未标框图的名称。

(2) B、C 电路的通带宽度为多少？

(3) 写出 P、Q 点信号的表达式。

(4) 写出输出 u_{o1}、u_{o2} 的表达式。

图 7-2-28　题 7-2-47

答:(1)A 为 90°移相电路,B、C 均为低通滤波电路。

(2)B 电路的带宽为 u_{R-Y} 信号的带宽,C 电路的带宽为 u_{B-Y} 信号的带宽。在彩电系统中,这一带宽约为 1.3MHz。

(3)分别为

$$u_p = K u_{R-Y} \cos^2 \omega_o t = \frac{1}{2} K u_{R-Y} + \frac{1}{2} K u_{R-Y} \cos 2\omega_o t$$

$$u_Q = K u_{B-Y} \sin^2 \omega_o t = \frac{1}{2} K u_{B-Y} + \frac{1}{2} K u_{B-Y} \sin 2\omega_o t$$

(4)u_p、u_Q 经低通滤波后,即可得到 u_{o1}、u_{o2} 如下(未考虑电路引入的系数):

$$u_{o1} = u_{R-Y}, \quad u_{o2} = u_{B-Y}$$

零中频解调(同步解调)即告完成。

48. 已知频率合成器的电路组成如图 7-2-29 所示。试完成以下各题:

(1)填出未标框图的名称。

(2)在系统锁定后,A、B 点信号有什么关系。

(3)求输出信号频率 f_x 的表达式。

答:(1)P 为鉴相电路;Q 为低通滤波电路,也称为环路滤波器;R 为压控振荡电路。

(2)在环路锁定后,B 点信号的频率一定跟随 A 点信号变化,两者是跟踪同步的。

(3)根据跟踪同步原理,可得

$$\frac{f_o}{R} = \frac{f_x}{N}$$

故得

$$f_x = \frac{N}{R} f_o = \frac{f_o}{R} N = N \Delta f$$

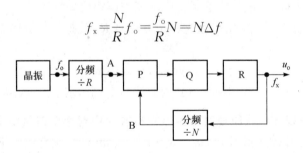

图 7-2-29　题 7-2-48

49. 已知频率合成器的电路组成如图 7-2-29 所示。试完成以下各题:

(1)若两个分频器的分频系数 R、N 均在 1～5 变化,则输出信号会有几种频率信号? 试列表说明。

(2)输出各频点之间的频率差值(即频率步进)为多少? 此差值主要由什么参量决定?

(3)若低通滤波器的频带过窄,会产生什么影响?

(4)若在锁相环路中增加一级直流放大电路,会有什么好处?

答:(1)共有 19 种频率信号输出,具体情况如表 7-2-3 所示。

(2)各点间的频率差值(步进值)一般为

表 7-2-3

R \ N	1	2	3	4	5
1	f_o	$2f_o$	$3f_o$	$4f_o$	$5f_o$
2	$\frac{1}{2}f_o$	f_o	$\frac{3}{2}f_o$	$2f_o$	$\frac{5}{2}f_o$
3	$\frac{1}{3}f_o$	$\frac{2}{3}f_o$	f_o	$\frac{4}{3}f_o$	$\frac{5}{3}f_o$
4	$\frac{1}{4}f_o$	$\frac{2}{4}f_o$	$\frac{3}{4}f_o$	f_o	$\frac{5}{4}f_o$
5	$\frac{1}{5}f_o$	$\frac{2}{5}f_o$	$\frac{3}{5}f_o$	$\frac{4}{5}f_o$	f_o

$$\Delta f = \frac{f_o}{R}$$

若 $f_o = 1\mathrm{MHz}, R = 1024$，则 $\Delta f \approx 1\mathrm{kHz}$。

（3）若低通滤波器通带过窄，锁相环路的捕捉能力会下降，即环路难以锁定。

（4）增加直流放大器后，环路增益会有较大的提高量。环路的控制频差可加大，即控制能力提高，捕捉能力也增强。

50. 已知锁相调频的电路组成如图 7-2-30 所示，u_Ω 为调制信号，$u_\Omega = U_\Omega \cos\Omega t$。试完成以下各题：

（1）说明输出调频信号 u_o 的载频与晶振输出频率的关系。

（2）低通滤波器是窄带，还是宽带？为什么？

（3）说明此类调频方法的特点。

答：（1）有如下关系（第 49 题已有证明），即 $f_x = \frac{N}{R} f_o$。

（2）为窄带滤波，只能让 VCO 因温度、电压等慢变化所引起不稳的振荡频率在环路中起控制作用，以消除它们对 FM 波频率的影响，而对调制信号 u_Ω 所引起的频率变化（快变化）在环路中不能形成反馈，否则调频指数将大大削弱。

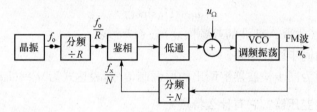

图 7-2-30　题 7-2-50

（3）主要特点：调频波的载频十分稳定，其稳定性能与晶振相同（因为是载频跟踪）。另外，这种调频可通过分频器很方便地改变其载频值。

51. 已知锁相鉴频电路的组成如图 7-2-31 所示，输入的调频信号为 $u_i = U_i \cos(\omega_o t + m\sin\Omega t)$。试完成以下各题：

（1）鉴频后输出的原调制信号是从点 A 点取出，还是从 B 点取出？为什么？

（2）低通滤波器是宽频带，还是窄频带？为什么？

答：（1）应从 A 点输出。根据锁相环路是无频差系统，即鉴相器两输入信号的频率是相等的道理，u_B 一定是跟踪 u_i 变化的，对于 $u_i = U_i \cos(\omega_o t +$

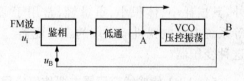

图 7-2-31　题 7-2-51

$m\sin\Omega t)$ 信号，其频率一定是按原调制信号 $u_\Omega = U_\Omega \cos\Omega t$ 变化而变化的，现在 VCO 所产生的输出信号频率既然也是跟踪 u_i 信号的频率变化，故其输入的控制信号一定也按原调信号 $u_\Omega = U_\Omega \cos\Omega t$ 的规律变化。

（2）应为宽频带，带宽与调制信号 $\cos\Omega t$ 的带宽相同。因为这里是调制跟踪，要让调制信号 $\cos\Omega t$ 在环路中起控制作用。

52. 用锁相环路产生调幅波同步检波时所需参考信号(同步信号)的电路组成如图 **7-2-32** 所示,输入 u_i 为调幅波。试完成以下各题:

(1) 根据 A 点信号的表达式写出 B 点信号的表达式,并说明其理由。

(2) 写出 C 点信号的表达式。

(3) 虚线框内是什么电路? 起什么作用?

(4) 写出输出信号的表达式。

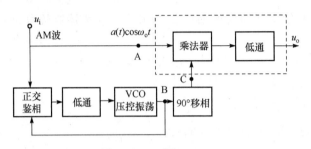

图 7-2-32 题 7-2-52

答:(1)根据锁相环路是无频差系统,即正交鉴相器的输入信号 u_B 必与 u_i 信号成同频正交(载波跟踪)关系,故得

$$u_B = U_B \sin\omega_o t$$

(2) C 点信号为(此为 AM 波的载频恢复)$u_c = U_c \cos\omega_o t$。

(3) 虚线框内为同步检波电路。

(4) 输出信号即为同步检波器解调出的原调制信号,表达式为 $u_o = U_o a(t)$。

53. 何谓传输线变压器? 它有什么特点?

答:(1) 这种变压器是用两根紧靠在一起的平行双线、双绞线、带状线或同轴线等传输线绕在高磁导率的高频磁环上而构成的一种变压器,其常见结构的示意图如图 7-2-33(a)所示,图 7-2-33(b)是它的等效示意图。这种变压器称为1:1传输线变压器。

(2) 主要特点:分布参数小;上限截止频率高,一般为 $700 \sim 900\text{MHz}$,这是普通变压器所无法比拟的。另外,其损耗小、体积小、重量轻,常用于通信、广播、电视等系统中。电视机输入端的二分配器、三分配器中即有这种变压器。

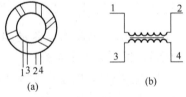

图 7-2-33 题 7-2-53

54. 1:1 传输线变压器主要作何应用? 它向负载传送最大功率的条件是什么?

答:(1)主要作信号的倒相(反相),也作信号的对称→不对称(即平衡→不平衡)、不对称→对称(不平衡→平衡)的转换,连接示意图如图 7-2-34 所示。

(2) 当 $R_s = R_L$,且 $Z_o = \sqrt{R_s R_L} = R_s = R_L$ 时,1:1 传输线变压器可作最大功率传输,此为功率匹配状态。这里的 R_s 为信号源内阻,R_L 为负载,Z_o 为传输线的特性阻抗。

55. 何谓 1:4 传输线变压器? 它常作何用? 画出它的结构示意图及应用电路。

答:以 1:1 传输线变压器作不同连接所构成的一种宽频带变压器,其具体结构、电路连接如图 7-2-35 所示(两绕组的①、④端口相连)。

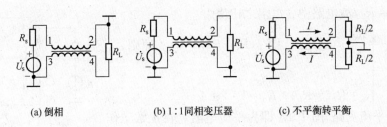

(a) 倒相　　　　　　(b) 1:1 同相变压器　　　　(c) 不平衡转平衡

图 7-2-34　题 7-2-54 解

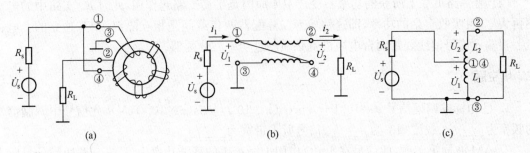

图 7-2-35　题 7-2-55 解

这种变压器主要作阻抗变换之用,可将低阻抗信号源与高阻抗负载相匹配,两者的阻抗之比为 1:4,以达到信号功率的最大传输。例如,75Ω 内阻的信号源可与 300Ω 的负载相匹配,此时传输线的特性阻抗应为

$$Z_o = \sqrt{R_S R_L} = \sqrt{75 \times 300} = 150 (\Omega)$$

56. 何谓 4:1 传输线变压器?它常作何用?画出它的结构示意图及应用电路。

答:是以 1:1 传输线变压器作不同连接所构成的一种宽频带变压器,其具体结构、电路连接如图 7-2-36 所示(两绕组的②、③端口相连)。

这种变压器主要作阻抗变换之用,可将高阻抗信号源与低阻抗负载相匹配,两者的阻抗之比为 4:1,以此达到信号功率的最大传输,如 300Ω 的电视扁平电缆接至输入阻抗为 75Ω 的电视接收机时,就用 4:1 的传输线变压器。

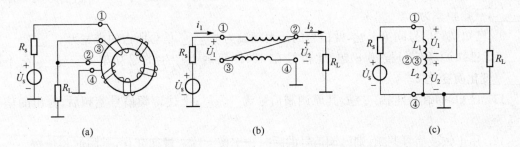

(a)　　　　　　　　　(b)　　　　　　　　　(c)

图 7-2-36　题 7-2-56 解

57. 图 7-2-37 所示为用传输线变压器制成的功率二分配器的原理电路,u_s 为信号源,R_a、R_b 为两路负载电阻,R_d 为平衡电阻。试完成以下各题:

(1) 电路组成原则(或负载 R_a、R_b 获得最大功率的条件)是什么?

(2) 当一路负载发生变化,甚至是损坏时,另一路负载上所得的功率是否变化?为什么?

答:(1)原则或条件有三个:一是需要一个 1:4 的传输线变压器;二是电路要符合阻抗匹

配条件，即 $R_s = R_L$，故电路中各电阻之比值为

$$R_s = \frac{R_a}{2} = \frac{R_b}{2} = \frac{R_d}{4} \quad (\text{满足 } R_s : R_L(R_a + R_b) = 1 : 4 \text{ 原则})$$

即

$$R_s : R_a(= R_b) : R_d = 1 : 2 : 4$$

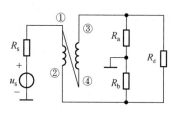

图 7-2-37　题 7-2-57

三是要有一个平衡支路，图中 R_d 即为平衡电阻。在正常工作时，此支路中的电流为零，对电路不起作用(不消耗功率)。

（2）另一路负载上所获的功率不变。主要原因是平衡支路起作用，此时 R_d 支路中的电流不再为零，可吸收多余的功率，即这种功率二分配器两负载间是相互隔离、相互独立的。电视机一根输入信号馈线要带两台电视机就必须经过功率二分配器。

二、填空题

1. 已知标准调幅信号 $u = 10[1 + 0.6\cos(\pi \times 10^4 t)]\cos(\pi \times 10^7 t)$ (V)，此信号中调制信号的频率为_____、载波频率为_____、信号所占带宽为_____。

2. AM 波同第 1 题，此信号在 100Ω 电阻上所产生的载波功率为_____；两边频分量所占功率之和为_____，两者功率之比约为_____。

3. 在标准调幅波中，_____分量中不携带所传送信号的信息，仅在_____中携带所传送信号的信息。

4. 已知抑制载频的双边带调幅信号 $u = 10\cos(2\pi \times 10^4 t)\cos(2\pi \times 10^7 t)$ (V)，此信号中调制信号的频率为_____，载波频率为_____，信号所占带宽为_____。

5. 已知抑制载频的双边带调幅信号同第 8 题，此信号在 100Ω 负载电阻所产生的上边频的功率为_____，下边频的功率为_____，其功率利用率为_____。

6. 已知单边带调幅信号 $u = 10\cos 2\pi(10^6 + 10^3)t$ (V)，此信号中调制信号的频率为_____，载波频率为_____，信号所占带宽为_____。

7. 已知单边带调幅信号同第 6 题，此信号在 100Ω 负载电阻上所产生的功率为_____，其功率利用率为_____。

8. 已知调频信号 $u = 10\cos(2\pi \times 10^8 t + 5\sin 2\pi \times 10^4 t)$ (V)，此信号中调制信号的频率为_____，载频频率为_____。

9. 已知调频信号同第 8 题，此信号的最大频偏为_____，信号所占的带宽为_____。

10. 已知调频信号同第 8 题，此信号在 100Ω 负载上产生的总功率为_____，它不随_____变化而变化。

11. 已知调频信号同第 8 题，其原调制信号为_____；上述调频信号鉴频后，输出的信号为_____。

12. 用正弦波信号调频，则已调信号的瞬时频率按_____规律变化，其瞬时相位按_____规律变化。

13. 用正弦波信号调相，则已调信号的瞬时相位按_____规律变化，其瞬时频率按_____规律变化。

14. 标准调幅波的最大优点是波形_____；主要缺点是功率利用率_____，抗干能力_____。

15. 抑制载频的双边带调幅波的主要优点是功率利用率_____，主要缺点是其解调不能

用_____。

16. 单边带调幅波的主要优点是功率利用率_____,频带_____。

17. 与调幅波相比,调频波的主要优点是功率利用率_____,抗干扰能力_____;主要缺点是_____。

18. 我国中短波广播采用的调制方式是_____,每个电台所占的带宽约为_____。

19. 我国的调频广播的载频范围为_____,每个电台所占的带宽度约为_____。

20. 我国现今的模拟电视广播系统中伴音信号采用的调制方式是_____,电视图像采用的调制方式是_____。

21. 中波广播的电磁波是通过_____传播而来的,传输距离不太远,为_____。

22. 短波广播的电磁波是通过_____传播而来的,其传输距离_____。

23. 电视广播的电磁波是通过_____传播而来的,其传输距离较短,为_____。

24. 已知单调谐放大器负载回路的谐振频率为 $465kHz$,品质因素为 46.5,则回路的通频带宽度为_____,此回路的噪声带宽为_____。

25. 无损电容的噪声为_____,无损电感的噪声为_____。

26. 随机噪声的电压均值为_____,故其大小常用电压或电流的_____表示。

27. 正弦波输入的 C 类(丙类)调谐功率放大器放大管集电极(或漏极)电流的波形应为_____形。若负载 LC 回路调谐于输入信号基波,则输出信号应为_____。

28. C 类(丙类)调谐功率放大器的导通角越小,其效率就越_____,但输出功率会_____。

29. 已知调谐功率放大器的供电压为 $12V$,供电的直流电流为 $500mA$,则供电功率为_____。若放大管等电极效率为 83%,则此放大器的输出功率为_____。

30. 调谐功率放大器若负载电阻减小,其他参量不变,则此放大器将由临界工作状态转向_____,其输出功率将_____,效率将_____。

31. 调谐功率放大器若负载电阻加大,其他参量不变,则此放大器将由临界工作状态转向_____,其输出功率将_____,效率将_____。

32. 调谐功率放大器若供电电压减小,其他参量不变,则此放大器将由临界工作状态转向_____,其输出功率将_____,效率将_____。

33. 提高功率放大器输出功率最有效的方法是提高_____,也可使负载电阻_____。

34. 增大调谐功率放大器的激励电压,放大管的导通角会_____,放大器效率会_____。

35. 乙类(B类)功率放大器的导通角为_____,理想效率约为_____。

36. 调谐式倍频器一定工作在_____类状态,其导通角要比作放大时_____。

37. 调谐式倍频器的负载回路除了作选频外,另一个重要任务是_____,故回路的 Q 值应_____。

38. 功率晶体管在高频工作时,其饱和压降会_____,导通角会_____,放大器的效率会_____。

39. 载频为 $10MHz$、最大频偏为 $10kHz$ 的调频波经三倍频后,其输出信号的载频为_____,最大频偏为_____。

40. 为保证输出的电压稳定,功率放大电路的中间级一般工作于_____状态,使它成为一个内阻很小的_____源。

41. 被混频信号的载频为 $100MHz$,已知中频频率为 $10.7MHz$,则本振信号的频率为_____或_____。

42. 被混频信号的载频为 100MHz,本振信号的频率为 110.7MHz,则其中频干扰信号的频率为_____,镜像干扰的频率为_____。

43. 中频干扰易在频段的_____处发生,镜像干扰易在频段的_____处发生。

44. 收音机接收载频为 1MHz、带宽为 10kHz 的调幅信号经混频后,输出信号的载频为_____,带宽为_____。

45. 收音机接收载频为 100MHz、最大频偏为 50kHz 的调频信号经混频,其输出信号的载频为_____,最大频偏为_____。

46. 单边带调幅信号的产生方法主要有两种,即_____法和_____法。

47. 锁相系统有两种跟踪方式,分别为_____跟踪和_____跟踪。

三、是非题

1. 已调信号的调制指数 m 越大,其抗干扰能力越强。　　　　　　　　　　　（　　）

2. 调幅波的抗干扰能力往往比调频波的抗干扰能力强。　　　　　　　　　　（　　）

3. 已调制信号(如调幅信号等)只能作无线传输,不可在有线上长距离输送。　（　　）

4. 高频小信号调谐放大器是宽频带放大电路。　　　　　　　　　　　　　　（　　）

5. 引起单级小信号调谐放大器工作不稳,甚至自激的主要原因是放大管内部电容 $C_{b'c}$ 的反馈造成的,中和电容可减弱或消除这一问题。　　　　　　　　　　　　　　（　　）

6. 中和电容的容量一般为几十皮法。　　　　　　　　　　　　　　　　　　（　　）

7. 为了减弱放大管参数及负载阻抗对调谐回路的影响,它们与回路间的耦合常采用部分接入方式(弱耦合方式)。　　　　　　　　　　　　　　　　　　　　　（　　）

8. 双调谐放大器的主要特点是通频带宽,选择性好,但调整较困难。　　　　（　　）

9. 参差调谐放大器或系统的主要特点是通频带宽,选择性好,且容易调整。　（　　）

10. 多级小信号放大器的噪声主要由第一级的功率增益大小和噪声系数的大小来决定。　　　　　　　　　　　　　　　　　　　　　　　　　　　　　　　　（　　）

11. 噪声系数的大小也是功率放大器的一个主要指标。　　　　　　　　　　（　　）

12. 单调谐放大器的 3dB 带宽与该放大器的噪声带宽是相等的。　　　　　（　　）

13. 在双调谐放大器的选择指标 $K_{0.1}=1$ 的理想情况下,该放大器的 3dB 带宽与噪声带宽是相等的。　　　　　　　　　　　　　　　　　　　　　　　　　（　　）

14. 噪声系数与噪声温度都是用来衡量某一电路或系统噪声大小的指标,前者常用于低噪声场合。　　　　　　　　　　　　　　　　　　　　　　　　　　　　（　　）

15. 一个 LCR 选频回路的噪声仅由回路电阻 R 所产生的噪声来决定。纯电容、纯电感是不产生噪声的。　　　　　　　　　　　　　　　　　　　　　　　　　（　　）

16. 电阻器本身除了有热噪声外,也存在闪烁噪声(即 $1/f$ 噪声)。　　　　（　　）

17. 闪烁噪声的带宽是非常宽的。　　　　　　　　　　　　　　　　　　　（　　）

18. 低噪声放大器工作点电流较小,且要求信号源内阻有一个最佳值。　　　（　　）

19. 乘法器可以直接用作调幅、调频与调相等频率变换。　　　　　　　　　（　　）

20. 乘法器可以直接用作检波、鉴频与鉴相等频率变换。　　　　　　　　　（　　）

21. 对于丙类(C类)工作的倍频器,其倍频次数一般不大于3,否则其负载回路的品质因素 Q 很难达到要求。　　　　　　　　　　　　　　　　　　　　　　　（　　）

22. 对于调幅波而言,功率放大器的导通角一般只能为 90°,否则会产生调幅的失真。 （　　）

23. 半导体二极管再配以适当的滤波负载即可实现调幅、检波等频率变换。 （　　）

24. 半导体二极管再配以适当的滤波负载即可实现混频要求。 （　　）

25. 反映电台(信号)强弱变化的量可以从包络检波器的输出信号经低通路后取得。 （　　）

26. 用乘法器检波所需的被解调信号的幅度通常要比包络检波器所需的幅度大。 （　　）

27. 二极管包络检波器的电压传输系数(检波效率)一般为 0.5,即 −6dB。 （　　）

28. 包络检波器的输入电阻一般为负载充放电电阻的 1/2,此电阻即为前一级放大器的负载。 （　　）

29. 包络检波器是一种典型的非线性电路。它除了会检出所需的信号外,还会产生许多的不需要的频率分量。 （　　）

30. 失谐回路鉴频(斜率鉴频)器同样存在惰性失真和底边切割失真。 （　　）

31. 差动峰值鉴频器不存在惰性失真和底边切割失真。 （　　）

32. 差动峰值鉴频电路芯片外的 LC 回路只要失谐,就一定会造成解调输出信号失真,且幅值变小。 （　　）

33. 调频信号经微分后一定会变成调幅调频波,其幅度变化能正确反映原调制信号的变化。 （　　）

34. BJT 管混频器的被混频信号的幅度为毫伏级,幅值过大会使输出信号失真。 （　　）

35. BJT 管混频器的本振信号幅度不能太小,否则会使输出信号幅值下降,甚至无法混频。 （　　）

36. 场效应管混频器要求的本振信号幅度比 BJT 混频器要求的本振信号幅度小。 （　　）

37. 乘法器混频所产生的组合频率干扰比 BJT 混频器少得多。 （　　）

38. 锁相调频系统中的低通滤波电路应是宽频带的,它属于调制跟踪系统 （　　）

39. 锁相鉴频系统中的低通滤波电路应是窄频带的,它属于载波跟踪系统 （　　）

40. AGC、AFC、PPL 系统均属于负反馈控制系统。 （　　）

41. 在调频接收机本振电路的自动频率控制(AFC)系统中的低通滤波器应为宽频带的,以保证调频信号的频率变化不被压缩。 （　　）

42. 在接收机 AGC 系统中的低通滤波器应是宽频带的,以保证调幅信号的包络变化不被压缩。 （　　）

43. 传输线变压器在信号源内阻与负载电阻匹配时,变压器绕组上不存在电压降。 （　　）

44. 功率二分配器任何一路负载发生变化甚至损坏时,另一路所得功率将受到影响。 （　　）

45. 正交调制的最大优点是节省频率资源,节省信号所占的频带宽度。 （　　）

46. 同步检波实际上可以说是零中频混频或零中频解调。 （　　）

四、选择题

1. 标准 AM 波的调幅指数 m_a 与调制信号的幅值 U_Ω、载频信号的幅值 U_c 间的正确关系为（　　）。

    A. 均成正比

    B. 均成反比

    C. 与 U_Ω 成正比,与 U_c 成反比

    D. 与 C 相反

2. 已知下述四类信号的表达式,其中哪一种不是已调制信号(设 $\omega_0 \gg \Omega$)(　　)。

    A. $u_1 = U_1\cos\Omega t + U_2\cos\Omega\omega_0 t$ B. $u_2 = U\cos\Omega t_1\cos\Omega\omega_0 t$

    C. $u_3 = U(1 + m\cos\Omega t)\cos\omega_0 t$ D. $u_4 = U\cos(\omega_0 + \Omega)t$

3. 第 2 题中的 4 类信号中哪一种是标准调幅波?(　　)

4. 第 2 题中的几类信号哪一种是抑制载频的双边带调幅波?(　　)

5. 第 2 题中的几类信号哪一种是单边带调幅波?(　　)

6. 第 2 题中的几类信号哪一种的频带最窄?(　　)

7. 第 2 题中的 4 类信号 u_2 所占的频带宽度为(　　)。

    A. Ω B. 2Ω C. $\omega_0 + \Omega$ D. ω_0

8. 第 2 题中的 4 类信号 u_3 所占的频带宽度为(　　)。

    A. Ω B. 2Ω C. $\omega_0 + \Omega$ D. ω_0

9. 第 2 题中的 4 类信号 u_4 所占的频带宽度为(　　)。

    A. Ω B. 2Ω C. $\omega_0 + \Omega$ D. ω_0

10. 已知下述 4 类信号的表达式,其中哪一种是调制信号为余弦的调频波(设 $\omega_0 \gg \Omega$)(　　)。

    A. $u_1 = U\cos(\omega_0 t + m\sin\Omega t)$ B. $u_2 = U(\omega_0 + \Delta\omega_m\cos\Omega t)\cos(\omega_0 t + m\sin\Omega t)$

    C. $u_3 = U\cos(\omega_0 t + m\cos\Omega t)$ D. $u_4 = U(\cos\Omega t + \sin\Omega t)\cos\omega_0 t$

11. 第 10 题中的 4 类信号,哪一种是余弦信号的调相波?(　　)

12. 第 10 题中的 4 类信号,哪一种是余弦信号的调幅调频波?(　　)

13. 第 10 题中的 4 类信号,哪一种是调幅波?(　　)

14. 第 10 题中的 4 类信号,哪一种可经包络检波器解出原调制信号 $\cos\Omega t$?(　　)

15. 第 10 题中的 4 类信号,哪一种须经鉴频电路才能解出原调制信号 $\cos\Omega t$?(　　)

16. 第 10 题中的 4 类信号,哪一种的频带宽度最窄?(　　)

17. 若原调制信号为正弦信号 $\sin\Omega t$,则第 10 题中的 4 类信号,哪一种是调相波(　　)。

18. 已知调制信号与已调信号的波形如图 7-2-38 所示,则此种已调波属于(　　)。

    A. 标准调幅波

    B. 抑制载频的双边带调幅波

    C. 单边带调幅波

    D. 调频波

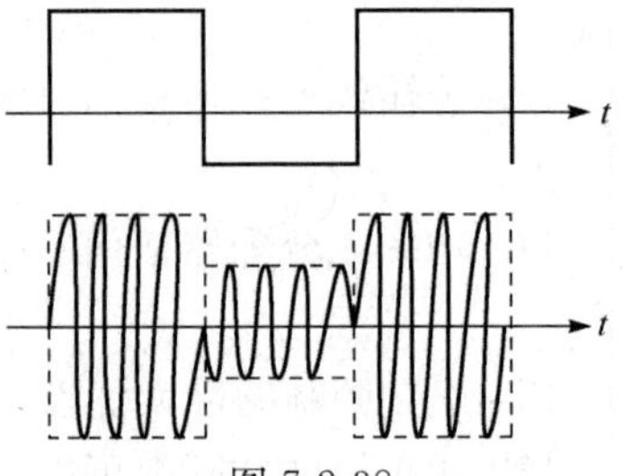

图 7-2-38

19. 第 18 题已调信号的频带宽度约为(设调制方波的重复频率为 10kHz)(　　)。

    A. 100kHz   B. 80kHz   C. 40kHz   D. 20kHz

20. 图 7-2-39 给出了常见的 8 种信号波形与频谱图,其中属于普通 AM 波(标准 AM)的是哪一个?(　　)

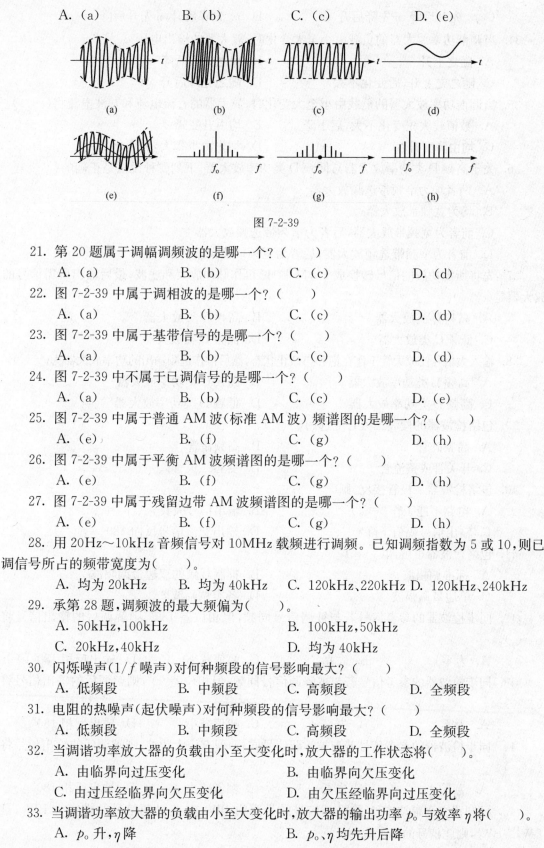

A. (a)　　　　B. (b)　　　　C. (c)　　　　D. (e)

(a)　　　　(b)　　　　(c)　　　　(d)

(e)　　　　(f)　　　　(g)　　　　(h)

图 7-2-39

21. 第 20 题属于调幅调频波的是哪一个?(　　　)

　　　A. (a)　　　　　B. (b)　　　　　C. (c)　　　　　D. (d)

22. 图 7-2-39 中属于调相波的是哪一个?(　　　)

　　　A. (a)　　　　　B. (b)　　　　　C. (c)　　　　　D. (d)

23. 图 7-2-39 中属于基带信号的是哪一个?(　　　)

　　　A. (a)　　　　　B. (b)　　　　　C. (c)　　　　　D. (d)

24. 图 7-2-39 中不属于已调信号的是哪一个?(　　　)

　　　A. (a)　　　　　B. (b)　　　　　C. (c)　　　　　D. (e)

25. 图 7-2-39 中属于普通 AM 波(标准 AM 波)频谱图的是哪一个?(　　　)

　　　A. (e)　　　　　B. (f)　　　　　C. (g)　　　　　D. (h)

26. 图 7-2-39 中属于平衡 AM 波频谱图的是哪一个?(　　　)

　　　A. (e)　　　　　B. (f)　　　　　C. (g)　　　　　D. (h)

27. 图 7-2-39 中属于残留边带 AM 波频谱图的是哪一个?(　　　)

　　　A. (e)　　　　　B. (f)　　　　　C. (g)　　　　　D. (h)

28. 用 20Hz～10kHz 音频信号对 10MHz 载频进行调频。已知调频指数为 5 或 10,则已调信号所占的频带宽度为(　　　)。

　　　A. 均为 20kHz　　B. 均为 40kHz　　C. 120kHz、220kHz　D. 120kHz、240kHz

29. 承第 28 题,调频波的最大频偏为(　　　)。

　　　A. 50kHz,100kHz　　　　　　　　B. 100kHz,50kHz

　　　C. 20kHz,40kHz　　　　　　　　　D. 均为 40kHz

30. 闪烁噪声(1/f 噪声)对何种频段的信号影响最大?(　　　)

　　　A. 低频段　　　　B. 中频段　　　　C. 高频段　　　　　D. 全频段

31. 电阻的热噪声(起伏噪声)对何种频段的信号影响最大?(　　　)

　　　A. 低频段　　　　B. 中频段　　　　C. 高频段　　　　　D. 全频段

32. 当调谐功率放大器的负载由小至大变化时,放大器的工作状态将(　　　)。

　　　A. 由临界向过压变化　　　　　　B. 由临界向欠压变化

　　　C. 由过压经临界向欠压变化　　　D. 由欠压经临界向过压变化

33. 当调谐功率放大器的负载由小至大变化时,放大器的输出功率 p_o 与效率 η 将(　　　)。

　　　A. p_o 升,η 降　　　　　　　　B. p_o、η 均先升后降

C. p_o 先升后降，η 先降后升   D. p_o 先降后升，η 先升后降

34. 当调谐功率放大器的负载由小至大变化时，放大器的输出电压 u_o 将（　　）。
    A. 随之上升   B. 随之先升后降
    C. 随之先上升，后变化不大   D. 随之先降后升

35. 当调谐功率放大器的负载由小至大变化时，放大器的直流电流和基波电流将（　　）。
    A. 数值较大先变化不大，后下降   B. 均由升变降
    C. 均由降变升   D. 均先由小变大，后变化不大

36. 关于高频 D 类功率放大器与低频 D 类功率放大器，下列哪种说法是正确的（　　）。
    A. 两者均为窄频带选频放大器
    B. 均为宽频带放大器
    C. 前者为宽频带放大器，后者为窄频带选频放大器
    D. 前者为窄频带选频放大器，后者为宽频带放大器

37. 先将所需功放的信号转换成 PWM 脉冲，再作脉冲放大和滤波，最后输出所需信号的放大器是（　　）。
    A. 高频 C 类放大器   B. 高频 D 类放大器
    C. 低频 C 类放大器   D. 低频 D 类放大器

38. 输入大信号使放大管工作在饱和与截止状态，然后再作选频输出的功率放大器为（　　）。
    A. 高频 B 类功率放大器   B. 高频 C 类功率放大器
    C. 高频 D 类功率放大器   D. 低频 D 类功率放大器

39. 包络检波器的检波二极管应选用（　　）。
    A. 高频硅管   B. 高频锗管
    C. 开关管或整流管   D. 变容二极管

40. 包络检波器二极管接反，则（　　）。
    A. 电路不能工作   B. 输出信号失真
    C. 输出信号幅值下降   D. 输出交流信号反向 $180°$

41. 包络检波器可解调（　　）。
    A. 标准调幅波   B. 抑制载频的双边带调幅波
    C. 单边带调幅波   D. 各类调幅波

42. 同步检波器的参考信号若与被调信号同频，但相位差 $180°$，则解调后的输出信号将（　　）。
    A. 为零   B. 失真   C. 幅值减小   D. 输出反相 $180°$

43. 同步检波器的参考信号若与被解调信号同频，但相位差 $90°$，则解调后的输出信号将（　　）。
    A. 为零   B. 失真   C. 幅值减小   D. 输出反相 $180°$

44. 同步检波器的参考信号若与被解调信号同相，但有较大频差，则解调后的输出信号将（　　）。
    A. 为零   B. 失真   C. 幅值减小   D. 输出反相 $180°$

45. 已知正交调幅波中 A 路已调信号的带宽为 BW_1、B 路已调信号的带宽为 BW_2，且 $BW_1 > BW_2$，则此信号的总带宽为（　　）。

A. $BW_1 + BW_2$ B. $\dfrac{BW_1 + BW_2}{2}$ C. BW_1 D. BW_2

46. 已调正交调幅信号为 $a(t)\sin\omega_0 t + b(t)\cos\omega_0 t = A(t) + B(t)$，它们被正交解调时所需的参考信号（   ）。

     A. 均为 $\sin\omega_0 t$ B. 均为 $\cos\omega_0 t$

     C. 前者为 $\sin\omega_0 t$，后者为 $\cos\omega_0 t$ D. 前者为 $\cos\omega_0 t$，后者为 $\sin\omega_0 t$

五、填空题、是非题、选择题答案

（一）填空题

1. 5kHz，5MHz，10kHz   2. 0.5W，0.09W，5.55

3. 载频，两边频（边带）   4. 10kHz，10MHz，20kHz

5. 0.125W，0.125W，100%   6. 1kHz，1MHz，1kHz

7. 0.5W，100%   8. 10kHz，100MHz

9. 50kHz，120kHz   10. 0.5W，调频指数 m

11. $U_\Omega \cos(2\pi \times 10^4 t)$，$U_o(\cos 2\pi \times 10^4 t)$ 12. 正弦，余弦

13. 正弦，余弦   14. 直观（包络如实反映调制信号变化），差，低

15. 高，包络检波器   16. 高，窄

17. 高，强，所占频带宽   18. 标准 AM，9kHz（2F）

19. 88～108MHz，130kHz   20. FM 制，残留边带 AM 制（VSB）

21. 绕射（地面波），几百千米   22. 反射与折射（天波），覆盖全球

23. 直射波（空间波），几十千米   24. 10kHz，15.7kHz

25. 0，0   26. 0，均方值

27. 余弦脉冲，正弦波或余弦波   28. 高，减小

29. 6W，5W   30. 欠压状态，减小，降低

31. 过压状态，减小，降低   32. 过压状态，减小，降低

33. 直流供电电压，减小   34. 加大，下降

35. 90°，78.6%   36. C（丙），小

37. 滤除基波及低次谐波，很高   38. 加大，加大，降低

39. 30MHz，30kHz   40. 过压，恒压

41. 110.7MHz，89.3MHz   42. 10.7MHz，121.4MHz

43. 低端，高端   44. 465kHz（中频值），10kHz

45. 中频值（10.7MHz），50kHz   46. 滤波，移相

47. 载波，调制

（二）是非题

1. √ 2. × 3. × 4. × 5. √ 6. × 7. √ 8. √ 9. √ 10. √
11. × 12. × 13. √ 14. × 15. √ 16. √ 17. × 18. √ 19. × 20. ×
21. √ 22. √ 23. √ 24. √ 25. √ 26. × 27. √ 28. √ 29. √ 30. √
31. × 32. √ 33. √ 34. √ 35. √ 36. × 37. √ 38. × 39. × 40. √
41. × 42. × 43. √ 44. × 45. √ 46. √

（三）选择题

1. C 2. A 3. C 4. B 5. D 6. D 7. B 8. B 9. A 10. A
11. C 12. B 13. D 14. B 15. A 16. D 17. A 18. B 19. C 20. A
21. B 22. C 23. D 24. D 25. B 26. C 27. D 28. C 29. A 30. A
31. D 32. D 33. B 34. C 35. A 36. D 37. D 38. C 39. B 40. D
41. A 42. D 43. A 44. B 45. C 46. C

第八章 微型计算机、单片机和嵌入式

第一部分 基础知识及微型计算机

一、问答题

1. 简述计算机发展的历程。

答：计算机发展的历程可分下述 4 个阶段。

第一代（1945～1958 年）——电子管（真空管）计算机，体积庞大，耗电量大，如 1946 年诞生的世界上第一台数字式电子计算机（ENIAC）的功率达 130kW。

第二代（1959～1964 年）——晶体管计算机，体积仍很大，速度仍不快。

第三代（1965～1971 年）——集成电路计算机，体积下降不少，性能有较大提高。

第四代（1972 年至今）——超大规模集成电路计算机，如今所用的微型计算机基本上都属于这一代产品。

目前，计算机正向第五代人工智能方向发展，其主要目标是希望实现更高程度上模拟人脑的思维功能。

2. 何谓微型计算机？微型计算机通常分几大类？

答：微型计算机又称为个人计算机，常以 PC（Personal Computer）表示，其特点是体积小，重量轻，运算速度快。微型计算机的产生与发展得益于微电子学及大规模和超大规模集成电路技术的飞速发展。

微型计算机大致可分如下 3 类。

（1）单片计算机——又称为单片机，即将微处理器、部分存储器、部分 I/O 接口及连接它们的总线集成在同一芯片上，并具有较完整计算机功能的计算机。近年来，单片机有了很大的发展，已包含许多特殊功能的单元，如 A/D、D/A、调制解调器、通信控制器、DMA 控制电路、网络接口、浮点运算单元等。

（2）单板计算机——又称为单板机，即将微处理器、存储器、I/O 接口、显示器、键盘等各种功能部件组成在一块印制电路板上的"赤膊"微型计算机。在 20 世纪 80～90 年代，单板机曾风行全国。目前，在工业控制等场合仍有应用。

（3）多板计算机——台式机，这是当今最为普遍的微型计算机，即用多块电路板插入总线插槽，通过三大总线与各部分连接形成一个主机系统。

3. 微型计算机的主要性能指标有哪些？

答：主要性能指标有以下 6 种。

（1）字长——以二进制为单位，即 CPU 能同时处理的二进制数据的位数，此指标直接关系到计算机的计算精度、计算速度和其他功能。如 Pentium 4 机的字长为 32 位，Pentium D、Pentium EE、Core Duo 机等均为 64 位机，另外，2×64 位机也已问世。

（2）时钟频率——即主频，指 CPU 在单位时间内（秒）发出的脉冲数，以 MHz 或 GHz 为单位，如 Pentium 4 机的主频大于 1GHz。

（3）运算速度——指每秒所能执行的指令条数，常用 MIPS（百万条/秒）来表述。

（4）内存容量——以 KB、MB、GB 为单位，它反映计算机内存储器存储数据的能力，这一指标也与计算机速度有关。

（5）CPU 可寻址最大存储空间——这由 CPU 的地址总线根数所决定，如 Intel 8088 CPU 有 20 根地址线，最多可寻址 1MB；各种 Pentium 机，有 36 根地址线，可寻址 64GB。

（6）其他指标——如机内硬盘容量、显卡种类与指标、接口种类等。

4. 计算机系统是由哪几大部分组成的？

答：主要由硬件系统与软件系统两大部分组成，如图 8-1-1 所示。

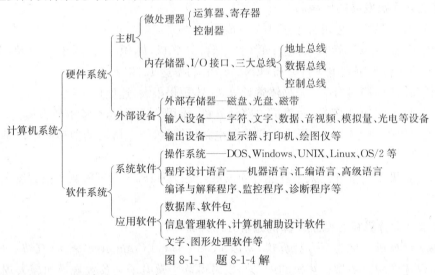

图 8-1-1　题 8-1-4 解

5. 计算机硬件系统由哪几部分组成。

答：主要由主机与外部设备两大部分组成，见图 8-1-1。

6. 计算机软件系统由哪几部分组成。

答：主要由系统软件与应用软件两大部分组成，见图 8-1-1。

7. 简单解释计算机中的位（bit）、字节（Byte）、字（Word）、字长的含义。

答：位（bit）是计算机中所能表示最小的数据单位，其值仅为"0"和"1"两种状态。

字节（Byte）——一个 8 位二进制的数称为 1 字节，计算机中基本存储单元的内容常以字节表示。

字（Word）是计算机微处理器（CPU）处理（或传输）数据的基本单位。

字长——参考本部分第 3 题中的解答。

8. 何谓指令、指令系统、程序？

答：指令——微处理器完成各种动作（操作）的命令。指令通常由二进制代码 0 和 1 组成，每条指令均由操作码和操作数两大部分组成。

指令系统——一个微处理器（计算机）所能识别的全部指令。对于不同的微处理器（CPU），其指令系统也不同，通常是互不兼容的。

程序——指令的有序集合，以实现某一目的，完成某一功能为宗旨。

9. 何谓 CPU？它由几大部分组成？

答：CPU 是"中央处理单元"英文的缩写，也称为微处理器或中央处理器。它是计算机的核心和大脑，计算机的一切动作（操作）均由它指挥。

CPU 主要由运算器、控制器、寄存器组、内部总线等部分组成。

10. CPU 的主要性能指标有哪些？

答：（1）时钟频率（主频）的高低，如 Pentium Ⅱ 为 266MHz，Pentium Ⅳ 为 1GHz；双核机 CPU 的时钟频率均大于 1GHz。

（2）位长（或字长）——CPU 能同时处理的二进制位数。它基本与内部寄存器的位宽相等，如 Pentium 机均为 32 位 CPU，双核机均为 64 位 CPU。

（3）外部数据总线——数据总线位数越多，计算机的运行速度越快。Pentium 机及双核机的外部数据总线均为 64 根。

（4）地址总线——地址总线越多，计算机可寻址的最大空间就越大。Pentium 机及双核机的地址总线均为 36 根，故其最大寻址空间为

$$2^{36}=2^{30}\times2^{6}=1G\times64=64GB$$

11. 已知计算机硬件系统组成示意如图 8-1-2 所示。试完成以下两题：

（1）表明地址总线、数据总线和控制总线的位置。

（2）填写未标框图的名称。

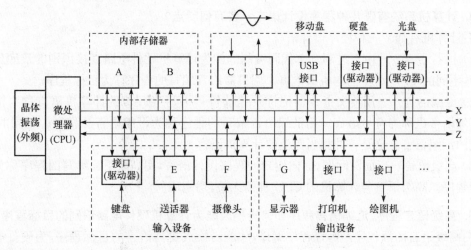

图 8-1-2　题 8-1-11

答：（1）X—地址总线，Y—数据总线，Z—控制总线。

（2）A—ROM，B—RAM，C—A/D 转换器，D—D/A 转换器，E—声卡，F—视频卡，G—显卡。

12. 何谓外频？何谓主频（时钟频率）？它们之间有什么关系？

答：外频——是计算机的基准频率，即为 CPU 片外、石英晶体振荡器的振荡频率，因它在 CPU 芯片之外，故称外频。计算机系统中大多数的频率都是在外频的基础上乘以一个倍数或除以一个倍数获得的。

主频——也称为时钟频率，这是用来表示 CPU 运算速度的一个主要参量，外频与主频的关系如下：

在早期的计算机系统或大多数单片机系统中,主频常小于或等于外频:

$$主频＝外频×(0.1\sim1)$$

在近代的计算机系统中,主频均比外频值大许多:

$$主频＝外频×(1.5\sim23)$$

13. 近代微型计算机系统采用什么样的先进技术?

答:主要采用如下 4 种先进技术。

(1) 高速缓冲存储(Cache)技术——这是为了很好地解决计算机 CPU 速度高,内部主存储器速度低(容量大的 DRAM)之间不匹配的问题,使计算机的运行速度得以提升。高速缓冲存储通常为一级或两级,其位置大都在 CPU 内,也有的在 CPU 之外。

(2) 流水线技术——将每条指令分解成多步,由不同的电路实现,如此可使不同指令的各个部分有可能重叠操作,实现能在一个时钟周期内执行一条或多条指令的操作,使指令执行的时间大大缩短。

(3) 精简指令集计算(Reduced Instruction Set Computing,RISC)使指令格式统一,长度固定,可使指令译码与指令执行同时进行,加快指令执行的速度。

(4) 双核与多核技术——将大规模并行处理器中的 SMP(对称多处理器结构)集成到同一芯片内,各个处理器能并行执行不同的进程(多线程和多任务处理),且多核处理器可在处理器内部共享缓存,从而提高缓存利用率。

14. 计算机系统有哪几种程序设计语言? 各有何特点?

答:计算机有如下三种程序设计语言。

(1) 机器语言——由二进制 0、1 代码编制的能为计算机硬件电路直接识别的最底层计算机语言,不同的 CPU 有不同的机器语言。用机器语言编写的程序称为目标程序。

(2) 汇编语言——用英文指令助记符及地址符号书写(编制)的计算机语言称为汇编语言。汇编语言也称为符号语言。用汇编语言编写的程序称为汇编语言源程序。不同的 CPU 有不同的汇编语言。这是一种相当专业的计算机语言。

(3) 高级语言——面向问题、面向用户的程序设计语言,用高级语言编写的程序称为高级语言源程序。高级语言与计算机的 CPU 种类无关,均通用。

15. 高级语言程序、汇编语言程序如何转换成能为计算机硬件电路识别的目标程序?

答:高级语言的源程序经编译程序编译,才能转换成机器语言的目标程序,为硬件电路所接受。

汇编语言的源程序经汇编程序汇编,才能转换成机器语言的目标程序,为硬件电路所接受。

16. 何谓软件、系统软件、应用软件?

答:软件——能指挥计算机工作的程序与程序运行时所需的数据,以及与这些程序和数据有关的文字说明和图表资料。

系统软件——指能管理、监控和维护计算机系统工作(包括硬件和软件)的软件,常见的系统软件有操作系统,各种语言处理程序、各种工具软件等。

应用软件——指系统软件以外的所有软件,如各种信息管理软件、办公自动化系统、各种文字处理软件、各种辅助设计软件(CAD、CAM、CAI 等)及各种数据包。

17. 何谓计算机病毒？其有何特点？

答：计算机病毒是一种人为特制的有害程序，具有自我恢复能力。它能隐藏在可执行程序和数据文件中，影响和破坏正常程序的执行和数据安全，具有相当大的破坏力。

计算机病毒的特点：寄生、潜伏、传染、可激发和破坏。它既可破坏计算机的软件系统，也可破坏硬件系统。

18. 何谓操作系统？它有何功能？

答：计算机的操作系统是紧挨裸机（硬件电路）的第一层软件，它提供主机与用户（程序）之间的接口，使计算机能正常运行，为人们工作。

操作系统的主要功能：管理微处理机，管理内存储器，管理外部设备，管理文件与作业。它既管理软件，又管理硬件。

19. 常见的操作系统有哪些？

答：常见的操作系统有以下 5 种。

（1）DOS——属于单用户、单任务、字符界面和 16 位的操作系统，支持众多的通用软件，故在早期的计算机系统中应用甚广。

（2）Windows 操作系统——是一种窗口式多任务系统，它使 PC 开始进入图形用户界面，使计算机的使用提高到一个新的阶段。它不仅可以用来管理各种文件和硬件设备，还可用它所带的应用软件上网、聊天、杀毒、播放音（视）频盘片等。

（3）UNIX 操作系统——最初应用于中小型计算机，后来被移植到 PC 上，称为 XENIX，其特点是运行速度快，系统开销小。

（4）Linux 操作系统——是一种全世界源程序公开、自由免费的软件系统，功能强大，具有完备的网络功能，且性能十分稳定。如今嵌入式系统常常移植这一系统。

（5）OS/2 操作系统——具有多任务功能，也采用图形界面，是 32 位系统，也可运行 16 位 DOS 和 Windows 软件。

20. 何谓总线？计算机系统有哪三类总线？各有何特点？

答：所谓总线就是模块间（电路间或单元间）或系统间（如主机与外设间）实现互连的一组公共信号线，它是传送信息（数据）的公共通道，PC 自诞生以来就采用总线结构。计算机内按功能可分为如下三大总线。

（1）地址总线——单向三态总线，其位数（根数）多少决定 CPU 对外寻址范围。例如，16 根地址总线的最大寻址空间为 $2^{16}=64KB$，20 根地址线的最大寻址空间为 $2^{20}=1MB$，36 根地址线的最大寻址空间为 $2^{36}=2^{10}\times2^{10}\times2^{10}\times2^{6}=1GB\times64=64GB$。

（2）数据总线——双向三态总线，其位（根）数多少决定 CPU 与外部一次传输（处理）数据的多少。数据总线的位数越多，计算机的运行速度越快。在有些计算机中，数据线也可作地址线复用，此时须先用锁存器将地址信息锁存起来。

（3）控制总线——双向三态总线，传送各种控制指令。

21. 存储器的主要作用是什么？计算机系统中的存储器分几大类？

答：存储器是用来存储二进制信息的部件，这样计算机才有记忆功能。世界上第一台数字式计算机的理论基础就是"存储程序"概念。

计算机系统的存储器可分内存储器和外存储器两种。

（1）内存储器——一般为半导体存储器组，常由动态 RAM（DRAM）组成，其速度一般低于 CPU，由高速缓存(Cache)来缓冲匹配，内存容量越大，计算机的运行速度越快，性能越好。

（2）外存储器——硬磁盘(硬盘)、软磁盘(软盘)、磁带、光盘、移动存储设备(移动硬盘、USB 等)均属此类。特点是容量大，速度较慢。外存储器中的信息必须经过 I/O 接口调至内存储器才能被 CPU 处理。

22. 常用的半导体存储器可分几类？

答：半导体存储器种类很多，分类方法也很多，这里只对常用的 7 种进行介绍。

（1）RAM——随机存取存储器，也称为可读可写存储器。常用于计算机的内存，也用于显示卡、声卡、打印机等设备中，充当设备缓冲存储。RAM 中的信息在断电时丢失。

（2）ROM——只读存储器，在设备出厂时已将信息写入芯片。在用户使用过程中，其所存信息只能读出，不能写入。在断电后，其所存内容不丢失。在 PC 中，ROM 常用来存储 BIOS程序。

（3）E^2PROM(EEPROM)——电可擦可写(可编程)只读存储器。可在线擦除任意单元内的信息或按页擦除，故它兼有 RAM 和 ROM 的优点，但其操作时间比 RAM 长，其擦除/写入次数为 10 万次左右。

（4）SRAM——静态随机存取存储器，其特点参考第 23 题。

（5）DRAM——动态随机存取存储器，其特点参考第 23 题。

（6）Flash Memory——闪速存储器(简称为闪存，即 U 盘)，可在线快速擦除整体或部分内容，擦除次数为 10 万次左右。此闪存的特点：集成度高，容量大，功耗低、抗干扰能力强、价格低，可带电插拔，即插即用，目前被广泛采用。

（7）EPROM——紫外线可擦可写(可编程)只读存储器，可用紫外光将盘片中信息全部擦除，操作不便，已极少采用。

23. 对比静态 RAM(SRAM)和动态 RAM(DRAM)的特点。

答：SRAM——特点是速度快，状态稳定，内容无须刷新，但集成度不高，功耗稍大，容量不大。常用于容量小速度快的电路，如作高速缓冲存储器。

DRAM——特点是电路简单，集成度高，容量大，功耗低，但速度稍慢，内容须定时刷新。常用于容量较大的地方，如作计算机的内存储器(内存条)。

24. 目前，计算机内存条上通常使用的是什么存储器？

答：使用的是随机存储器(RAM)，进而言之是 DRAM。目前，流行以下 3 种。

（1）SDRAM——同步动态随机存储器，它与系统总线的时钟同步工作，在一个时钟周期内只传输一次数据，且只在时钟脉冲的上升沿传输。

（2）DDR SDRAM——倍速(Double Data Rate)同步动态随机存储器，它可以在时钟脉冲的上升沿和下降沿都传输数据，故速率增加为 2 倍。

（3）DRDRAM——总线式动态随机存储器，特点是速度快、容量大。

25. 已知存储器组成的示意图如图 8-1-3 所示。试完成以下各题：

（1）填写未标框图名称。

（2）若 $N=20$，则此存储器的最大容量为多少字节？

（3）若存储器的起始地址为 00000H，则最高地址为多少？

答：（1）A—行地址译码器，B—列地址译码器，C—读写控制及 I/O 接口。

(2) $N=20$(即有 20 根地址线时,存储器的最大容量为 $2^{20}=2^{10}\times10^{10}=1\mathrm{MB}$)。

(3) 最高地址为 FFFFFH$=2^{20}-1$。

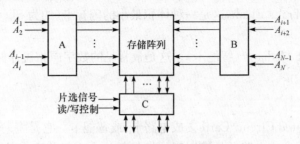

图 8-1-3　题 8-1-25

26. 已知微型计算机系统中内外存储器三层(级)结构的组成如图 8-1-4 所示。

(1) 有哪三类存储器?

(2) 高速缓冲存储器起何作用?

(3) 按速度快慢,上述三类存储器哪种最快?哪种最慢?

(4) 按容量大小,上述三类存储器哪种最大?哪种最小?

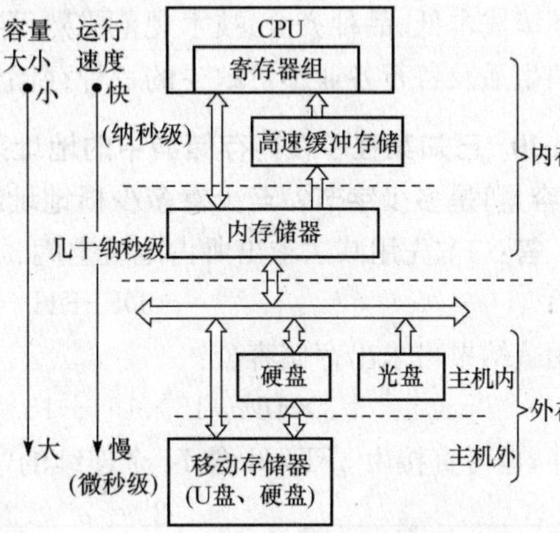

答:(1) 有高速缓冲存储器、内存储器(主存储器)、外存储器三大类型。

(2) 主要对高速的 CPU 与低速的(相对 CPU 而言)内存储器间作缓冲匹配(二者速度差一个数量级)。

(3) 如图中竖箭头所示。

(4) 如图中左侧竖箭头所示。

图 8-1-4　题 8-1-26

27. 半导体存储器的主要性能指标有哪些?

答:衡量半导体存储器的指标很多,如存储容量、存储速度、功耗、可靠性、供电方式、封装形式、价格等。主要的性能有两种:

(1) 存储容量——存储芯片所能存储的二进制的位数(bit),但在不少场合,存储容量是以字节(Byte)数为单位的,如 1MB$=8$Mbit。

(2) 存储速度——常用存取时间的长短来衡量,内存储器的存取时间一般在几纳秒(ns)至几十纳秒。

28. 何谓 CF 卡、MMC 卡、SD 卡、MS 卡、TF 卡和 SM 卡?

答:CF 卡——全称是 Compact Flash,是一种闪存卡,1994 年问世,容量较大,性能较好,但体积稍大,重量稍重。

MMC 卡——全称是 Multi Media Card,是一种小型多媒体卡,重量轻,体积小,被广泛应用于移动电话、数码相机、数码摄像机、MP3 等多种媒体。

SD 卡——全称是 Secure Digital,意为"安全数码"。这是一种高级别的闪存(Flash Memory),1999 年问世。特点是性能好,存取速度快(可达 10Mbit/s),近年来推出的小型 SD 卡主要用于手机、PDA、掌上电脑等设备中。

MS 卡——Memory Stick 卡,遵从 SDMI 标准,但受专利权的限制,价高,应用不广(仅在索尼产品中应用)。

TF 卡——全称 Trans Flash,这是一种体积最小的闪存卡(约为 SD 卡的 1/4),价格甚高,主要应用于手机中。

SM 卡——Smart Media 卡(智能卡)。这是最常见的数字照相机存储卡。其内核为 Flash Memory,其性价比高。

29. 何谓 IC 卡?

答:IC 卡(Integrated Circuit Card 集成电路卡)或智能卡。它是将一片或几片具有数据存储、加密及处理能力的集成电路芯片镶嵌于一塑料基片中再封装而成的。IC 卡是 20 世纪 70 年代由法国人发明的。

IC 卡具有防磁、防静电、防破坏、防伪造、数据存储量大、安全性能高、应用设备及系统网络环境成本低、品种齐全、技术规范成熟等特点,已在多个领域取代磁卡及其他数据卡片,成为人们生活及各行各业不可缺少的一种存储介质。

30. 已知某程序在内存储器中的地址范围为 0A000H～0DFFFH,则此程序所占的内存空间(容量)是多少字节? 至少需多少根地址线访问?

答:(1) 先用减法求出所占地址空间:
$$0DFFFH-0A000H=03FFFH$$
由相减结果可求出存储容量:
$$3\times16^3+15\times16^2+15\times16^1+15\times16^0=16384B=16KB$$
另外,也可直接由 3FFFH 含 14 个连续的"1"求出所占的存储容量:
$$2^{14}=2^{10}\times2^4=1KB\times16=16KB$$

(2) 地址线的数目:由相减结果可知至少需 14 根地址线。

31. 下列 RAM 芯片至少需要多少条地址线进行寻址? 多少条数据线?

(1) 512×4 位,(2) $1M\times4$ 位,(3) $32K\times32$ 位,(4) $16K\times16$ 位。

答:(1) $2^9=512$,故需 9 根地址线、4 根数据线。

(2) $2^{20}=1M$,故需 20 根地址线、4 根数据线。

(3) $2^{15}=32K$,故需 15 根地址线、32 根数据线。

(4) $2^{14}=16K$,故需 14 根地址线、16 根数据线。

32. 何谓接口? 它与总线有什么关系?

答:接口就是计算机模块间或系统间,主机与外设间信号(数据)传输连接(转接)的电路,即输入输出接口。由于主机与外设在数据传输速率、电平高低、数据格式、信号状态、信号波形等方面不同,故必须有专门的电路,即接口电路加以转接(转换)。因而有什么样的总线就应有什么样的接口,接口应是总线的终端(或始端)。

实际上,计算机的机外总线指的是计算机外设的接口,即总线接口的一种标准,故经常将总线标准说成是接口标准。

33. 在微型计算机中,常用的串行接口(或总线)有哪几种?

答:常用的串行接口较多,下面就其中 10 例作一说明。

(1) PS/2——这是计算机键盘和鼠标常用的接口。

（2）USB——Universal Serial Bus 的缩写，意为"通用串行接口"。

（3）IEEE 1394——微型计算机常用的一个高速串行接口。

（4）SPI——Serial Peripheral Interface 的缩写，意为"同步串行双向外设接口"（同步串行），其速度不高，功耗较低，在须保存少量参数的智能化传感系统中应用广泛。

（5）ISP——In-System Programming 的缩写，意为"在线下载或在系统编程"，为同步串行传输方式，且符合 SPI 协议。

（6）MIDI——Musical Instrument Digital Interface 的缩写。详见后续 39 题。

（7）RS-232C——异步串行接口，为常用的信号传输接口。

（8）RS-485——异步串行接口，传输速率较高，通信距离较远。

（9）I^2C 总线——Intel IC Bus 的缩写，意为"集成芯片间串行传输总线"。

（10）CAN 总线——其本身是一种汽车工业标准总线，为通信不分主从的多主总线。它采用非破坏的仲裁技术，不会出现总线瘫痪问题，故比 RS-485 总线更可靠。CAN 总线的数据传输速率可达 1Mbit/s（对应通信距离为 40m），它与微处理器的接口十分简单。

34. 在微型计算机中，常用的并行接口（或总线）有哪几种？

答：常用的并行接口（或总线）较多，下面就其中 7 种作一说明。

（1）PCI——Peripheral Component Interface（Interconnect）的缩写，意为"外围设备互连接口"。

（2）AGP——Accelerated Graphics Port 的缩写，意为"加速图形端口"或"图形加速接口"。它可以直接为图形分支系统的存储器提供高速、宽带传输，大幅度提高计算机对 3D 图形的处理速度和信息传输速度，已逐步取代 PCI 总线，成为显卡的总线接口。

（3）Centronics——并行打印机接口。通过专用电缆连接，该电缆与打印机连接的是 36 针插头、与计算机连接的是 25 针插头。

（4）IEEE 1284——并行接口，常用于视频设备中。

（5）SCSI——Small Computer System Interface 的缩写，意为"小型计算机系统接口"，常用于小型机、工作站和服务器的外围设备接口。特点是传输速度快，可靠度高，并且可以连接多台外部设备，但传输距离不远（不足 25m）。

（6）LPT——并行接口，一般用来连接打印机和扫描仪，其默认的中断为 IRQ7。采用 25 脚的 DB-25 接头，其双向半双工传输的数据速率可达 2Mbit/s。

（7）IDE——Intelligent Drive Electronics 的缩写，意为"智能化驱动器接口"，又名 AT BUS 接口，常用于计算机硬盘的连接（40 芯扁平电缆），其智能程度可与 SCSI 接口相比，具有较高的性能价格比。

35. 微型计算机接口（I/O）的主要功能是什么？

答：（1）完成数据速率的匹配——能使高速的主机（CPU）与低速的外设协同工作，主要方法是设置数据寄存器或数据缓冲区，以暂存数据，等待取用（即快存慢取）。

（2）完成电平匹配（转换）——计算机主机中的 0、1 电平与外设中的 0、1 电平经常不一样，有时相差较大；另外，也可能有正负逻辑差别，故必须用接口电路来解决这一个问题。

（3）完成数据格式的转换——计算机主机内的数据是以并行方式传递的，而多数外设与网络则以串行方式进行数据传输，故接口电路须完成并串转换或串并转换。

（4）完成时序上的匹配——使外设与主机能在时序上步调一致，有序工作。

（5）完成地址译码工作——每一外设均有设定的地址，接口电路完成地址译码工作。

（6）中断管理及 DMA 管理。

（7）A/D 及 D/A 转换——能将外部的模拟信号转换成数字信号，输入计算机，也可将主机内的数字信号转换成模拟信号，送至外部设备。

36. 计算机的微处理器与外部设备间有几种数据传输方式？

答：主要有四种传输方式：

（1）直接程序传输——也称为同步传输，此方式中 CPU 与外设间的数据传输是同步完成的，这是最常用、最简单的数据传输控制方式。

（2）查询程序传输——也称为异步传输，是指 CPU 通过查询 I/O 设备（外设）的状态（"忙"或"闲"）决定是否进行数据传输的方式。

（3）中断控制传输——由外设主动向 CPU 提出中断请求，使 CPU 中断正在执行的程序，转而执行为外设服务操作的一种数据传输方式。

（4）直接存储器传输（DMA）——外部设备直接对存储器进行读写操作，而无须执行 CPU 的指令（此时 CPU 让出控制权）的一种数据传输的方式，从而大大提高数据传输速率。就中断而言，DMA 的级别最高，且为非屏蔽中断。

37. 何谓 USB 接口？它有何特点？

答：USB 意为"通用串行总线"，这是当今最常用的一种数据传输接口。USB 的主要特点有以下 5 种。

（1）传输速度快，USB 2.0 版本的数据传输速度可达 480Mbit/s。

（2）具有热插拔，即插即用功能：插入与拔出不必关断主机电源，使用极为方便。

（3）具有"级联"功能：理论上允许一个 USB 主机可连接 127 个外设，两外设间信号线的距离可达 5m。

（4）内置电源供应：能向低功耗 USB 设备提供 5V、500mA 电源。

（5）适用于低速外设的连接：用于键盘、鼠标、电话、数字音响、打印机、扫描仪、电子照相机等多种外设。

38. 何谓 RS-232C 接口标准？试简述之。

答：RS-232C 是常用的异步串行通信接口，其正式名称为"数据终端设备和数据通信设备之间串行二进制数据交换接口"，是美国电子工业协会公布的串行总线标准，其连接采用 9 芯（针）插头座。

RS-232C 采用负逻辑：即逻辑"1"为低电平（$-5\sim-15$V），逻辑"0"为高电平（$+5\sim+15$V）。

RS-232C 的通信距离不远，一般不大于 15m；数据传输速率也不高，约为 20kbit/s，新型 RS-232C 的传输速率可达 110kbit/s。

为使 RS-232C 与 TTL 电平接口对接，须进行电平转换，常用的转换芯片有 MAX 232。

39. 何谓 MIDI？简述之。

答：MIDI 意为"音乐设备数字接口"。MIDI 通常是计算机音乐的代名词，实质上是一种不同电子乐器之间，以及电子乐器与计算机之间的统一交流协议，从广义上可以理解为电子合成器或计算机音乐，包括协议、设备等相关内容。MIDI 文件是一种描述性质的"音乐语言"，将所要演奏的乐曲信息以字节方式记录下来，文件很小。

40. 何谓 IEEE 1394 接口？试简述之。

答:这是一种串行接口,其数据传输速率很高,可达 1.2Gbit/s(分 100Mbit/s、400Mbit/s、1.2Gbit/s 三挡),适于连接高速外设,如数字照相机等。目前,微型计算机主机箱上均设置这种接口。一个 IEEE 1394 接口可同时支持 63 个外设工作。一般的 IEEE 1394 接口通过一条 6 芯电缆与外设连接,有的也用 4 芯电缆,两者的区别在于 6 芯电缆随机提供电源。

IEEE 1394 接口支持即插即用和热插拔操作。它将取代 SCSI 和 IDE 成为硬盘接口。

41. 何谓 I²C 总线？试简述之。

答:这是一种同步串行双向传输总线。I²C(Inter IC BUS)的含义为"集成电路内部总线"。在标准模式下,I²C 总线的数据传输速率可达 100kbit/s,高速模式可达 400kbit/s。注意:I²C 不是 I/O 接口,它是一种总线标准。

I²C 总线只有两根传输线,即时钟线 SCL 和数据线 SDA,两者均为双向传输线。I²C 总线上的数据传输必须符合一定格式:每次数据传输均始于主控器发生的启动信号,然后为寻址字节,包括 7 位被控器地址和 1 位方向位,方向位为"0"代表主控器对被控器进行写操作,为"1"则代表主控器对被控器进行读操作。在正确寻址后,被控器发出应答位,紧接着的是按指定读或写操作的一个或多个字节数据及应答位。在数据传输完成后,主控器发出"停止"信号来结束数据传输过程并复位被控器。

42. 何谓 PCI 总线？试简述之。

答:PCI 为"外围设备互连(接口)",是计算机内部广泛应用的一种总线,计算机主板上许多插槽均用此类接口。为了减小总线的根数,它采用数据总线与地址总线复用的结构,以降低成本,节约空间。

PCI 总线为双排 188 条引脚的扩展槽口,该标准共定义 100 条信号线但常用的不足 50 条,总线位数通常为 64,最大速率可达 266Mbit/s。

43. 在微型计算机系统中,常见的可编程接口芯片有哪些？

答:主要有如下 5 种。

(1) 8250 或 8251——串行接口芯片,40 引脚,+5V 供电,全部信号均与 TTL 电平兼容。另外,常用的串行通信的接口芯片还有 16450 和 8151A 等。

(2) 8255A——并行通信接口芯片,40 引脚,+5V 供电,全部信号均与 TTL 电平兼容。

(3) 8253 或 8254——可编程定时/计数器,24 引脚,+5V 供电,所有信号均与 TTL 电平兼容。

(4) 8259A——可编程中断控制器,28 引脚,+5V 供电。

(5) 8237A——DMA 控制器,40 引脚,+5V 供电。DMA 是"直接存储器存取"之意,可实现绕过 CPU 直接在存储器与外设间进行数据传输,从而大大提高数据存取速度。

44. 何谓显卡？试简述之。

答:显卡是"显示卡"或"显示适配器"的简称。它是显示器与计算机主机(主板)之间的接口,主要作用是将计算机的数字信号转换成视频图像信号,再送显示器显示出图像信息。显卡插在机内主板相应的插座上,其背后有一个 9 针 D 形插座,用来与显示器相连。常见的显卡多为 3D 显卡。

当前,显卡的总线接口类型主要是 PCI(外围控制器接口)类型和 AGP 类型,且前者正逐步为后者所取代。AGP 也称为图形加速接口,为新型接口标准,能大幅度提高计算机对 3D 图形的处理速度和数据传输速度。

目前,显卡的工作频率可达150MHz以上,板载显存容量可达32MB以上,图像分辨率能满足1920×1140dpi高清晰度要求。

45. 简述显卡的主要类型。

答:主要有如下5种类型。

(1) CGA——彩色图形显示卡,可显示彩色图像,显示分辨率为320×200dpi或640×200dpi,颜色为16色中的4种。

(2) EGA——增强型图形适配卡,显示的分辨率为640×350dpi,颜色为64色中的16种。

(3) VGA——视频图像阵列,显示的最高分辨率为640×480dpi,颜色为256种。

(4) SVGA——超级视频图像阵列,显示的最高分辨率为1024×768dpi,颜色为256种。

(5) 3D显卡——当今的主流显示卡,其主流产品在单位时间内处理数据的位数有32位、64位和128位,均用AGP总线(扩展槽)与计算机主板连接。

46. 显卡上的输出端口有哪几种?各输出什么信号?

答:以AGP型显卡为例,其输出端口及输出信号有3种。

(1) D-Sub接口——输出三基色模拟视频信号R、G、B及行/场同步信号。

(2) S-Video接口——输出分离的亮度/色度(Y/C)模拟信号。其中,色度信号C是红色差(R-Y)的平衡调幅波与蓝色差(B-Y)平衡调幅波的矢量和。此为视频信号接口,用于连接普通音视频设备(监视器、录像机)。

(3) DVI接口——直接输出数字视频信号,可直接送至液晶显示器(LCD)、数字电视机等数字视频设备。

47. 何谓声卡?试简述之。

答:声卡也称为音频卡,它是计算机主机与外部音频设备间的接口。声卡是多媒体计算机(MPC)必备部件。按照功能区分,声卡可分为单声道声卡、准立体声声卡、立体声声卡、四声道环绕声卡、5.1声道声卡等多种。

按照对音频信号采样的二进制位数区分,可分为8位声卡、16位声卡、32位声卡。在多媒体计算机中,用16位声卡即可。

对音频信号的采样频率一般为22.05kHz、44.1kHz、48kHz三个等级,44.1kHz采样频率的音质可达到CD水平。

典型的PCI总线声卡的输入、输出端口较多,有如下4种。

(1) 话筒(麦克风)接口——输入接口,输入音频模拟信号。

(2) 线路接口——输入接口,能将CD机、DVD机等音响设备的音频信号输入声卡内(单声道或立体声模拟信号)。

(3) 音频信号输出接口——包括前置、中置、后置环绕立体声输出接口。

(4) MIDI接口——音乐设备数字接口,连接外部音响设备,既可输入,也可输出。

48. 怎样才能在计算机上收看电视广播节目?又怎样才能在电视机上观看计算机显示屏上的画面?

答:(1) 须通过TV Tuner卡的转换才能达到目的。这种视频卡内装置高频调谐器(俗称高频头),它能将PAL制或NTSC制的高频电视广播信号进行选频(选台)、放大和一系列的频率变换和处理,将模拟信号转换成相应的数字信号输出,再和其他电路配合(如视频叠加卡),就可以在计算机上收看电视广播节目。

(2)须通过电视编码卡的转换。这种视频卡能将计算机的 VGA(视频图像阵列)信号转换成标准的视频信号,从而能在电视上收看计算机显示器上的画面。这类电视编码卡有内插板卡型(用于台式计算机,须占一个扩展槽口)和外接式盒型(既可用于台式计算机,也可用于笔记本电脑)。

49. 简述微型计算机用的摄像头和视频捕获卡(视频采集卡)。

答:微型计算机所用的摄像头有模拟式和数字式两种类型。

数字摄像头中已设置视频捕捉卡(视频采集卡),已将摄像头采集到的模拟视频信号转化成数字视频信号,可以直接与计算机的 USB 接口相连,安装十分简便。除了不带存储功能,不自带电池之外,数字摄像头与数字照相机无多大区别。数字照相机也是通过 USB 接口将所摄照片信息传送至计算机进行保存、处理和显示的。

模拟式摄像头必须配接视频捕捉卡一起使用,以便将模拟视频信号转换成数字视频信号,才能为计算机所接收。

摄像头可以与 Windows 操作系统的许多软件配合,实现网络实时视频通信,成为网络电话、视频聊天的工具。

50. 何谓网卡(NIC)? 试简述之。

答:网卡的全称是"网络接口卡"(Network Interface Card,NIC),也称为网络适配器。它是计算机作网络信息传输的重要连接设备,一般插在 PC 主板的扩展槽中(PCI 总线槽),与网络操作系统配合,可实现网上的信息发送与接收,既可以接收网上传来的数据包,解包(拆包)后,将数据通过主板上的总线传送给主机,也可以将本地计算机上的数据(信息)打包后送入网络。

在接口方面,常用的 100M 和 1000M 网卡一般为单口卡(RJ-45 接口),采用 RJ-45 连接器与网络连接,作"全双工"通信,网卡与计算机则是通过 PCI 总线互连。另外,也有 PCMCIA 接口的笔记本电脑专用的网卡产品。

51. 何谓调制解调器(Modem)? 试简述之。

答:调制解调器由 Modulation(调制)和 Demodulation(解调)两个单词的字头组合而成。顾名思义,调制解调器的基本功能就是调制和解调,它是计算机作网络通信不可缺少的设备。

调制的作用是将计算机主机送出的数字信号转换(调制)成已调信号。调制方式常采用差分相移键控(DPSK)或正交调幅(QAM)。

解调的作用是将网络送来的已调信号解出(还原出)原数字信号,送计算机处理。

调制解调器有有线和无线两种类型。

52. 何谓集线器(Hub)? 试简述之。

答:集线器是计算机网络中连接多个计算机或其他设备的连接装置,是对网络进行集中管理的最小单元,是各分支的汇集点。Hub 是一种共享设备,也是一种中继器,具有对信号进行放大和中转的功能。它能将一个端口输入的全部信号向所有端口分发,也可能在分发之前对弱信号进行放大再加以重发。另外,也可将信号进行排列,按序为各端口提供同步信息。

Hub 主要用于星状以太网,是解决从服务器到 PC 最经济的方案。

53. 试简述微型计算机的工作过程。

答:计算机接通电源后开始工作,直到显示屏上显示出所需结果的主要工作过程如下所述。

（1）启动过程——在启动程序的帮助下，CPU对主板上各电路进行初始化操作，使之完成准备工作。

（2）待机状态——CPU作必要的初始化工作，使系统进入等待用户操作的状态。

（3）调用程序——由键盘或鼠标给计算机输入操作指令，CPU根据指令将程序从硬盘调入内存以便处理。

（4）执行程序——CPU从内存中按序逐条读出指令（程序由成千上万条指令组成），并进行高速处理。

（5）输出结果——将处理结果按用户要求经显卡等接口电路送显示器显示出图形或数据；按用户要求将处理结果送外部设备打印或绘制图表。

54. 试简述微型计算机中CPU的工作过程。

答：CPU是按照预定程序进行工作的。工作时，按序从存储器中读出指令，并按指令的要求进行工作，具体过程概述如下。

（1）CPU从片内指令输入接口，接收来自内存储器的指令，并进行暂存。

（2）按顺序将指令送入指令译码单元进行译码。

（3）经指令译码后，将其内容送执行单元。

（4）执行单元输出所要求的动作（CPU中的执行单元包含移位寄存器、运算逻辑单元（ACU）等部分）。

程序是由成千上万条指令组成的，CPU就是按上述过程对每条指令执行

取指令——→分析指令（如指令译码）——→执行指令

的重复工作，由于CPU的工作速度非常快（每个微操作可低至几纳秒），故很多复杂的工作（程序）能很快完成。

55. 上电复位后，CPU执行一条指令的步骤是什么？

答：设某一程序（机器语言代码）已存在（或已调入）内存储器中（它包括操作码与操作数）。

（1）系统上电复位后，CPU进入取指令周期，程序计数器自动提供存储程序的存储器的首地址0000H，并自动增1，指向下一存储单元0001H。

（2）CPU将0000H地址码经地址总线送地址译码器译码，选中内存的0000H单元。

（3）CPU将0000H单元中的内容（指令中的操作码）读出，通过数据总线送至指令寄存译码器，经译码后，CPU得知该指令的功能（如将下一存储单元中的内容作为操作数取进累加器A中）。

（4）CPU进入取指令的操作数周期：将程序计数器提供的0001H地址码送地址译码器，然后自动增1，指向下一存储单元0002H。

（5）地址译码器经译码，选中0001H存储单元。

（6）CPU将0001H单元中的内容（操作数）读出，通过数据总线送累加器A进行操作（如相加、相减等工作）。

至此已完成一条指令的操作：取操作码，取操作数并按操作码要求执行操作等工作，CPU依次再执行下一条指令。

56. 试简述程序的几种结构。

答：主要有下述四种基本结构形式，通过它们的组合可实现某种功能，解决某种问题。

（1）顺序结构程序——最为简单,计算机执行这类程序时是"从头至尾",按序执行每条指令语句。每条指令必须执行一次,且只执行一次,直至程序结束。

（2）分支结构程序——按照给定的条件进行判断,然后根据不同的结构(条件成立与否)使程序发生转移,完成不同的处理。

（3）循环结构程序——强制CPU重复执行某一指令系列(程序段)的一种程序结构形式。循环程序一般由初始化部分、循环体部分、循环控制部分、结束处理部分组成。

（4）子程序调用结构程序——如果在一个程序中的多个地方(或多个程序)中的多处用到同一程序,则可将这程序抽取出来单独存放在某一存储区域,每当执行这段程序时,就可用调用指令转到这段程序中,执行完毕后再返回原来的程序。

57. 何谓中断？中断的基本过程有哪几步？

答:在某种紧急情况、异常故障或外部设备请求的情况(中断请求)下,计算机的CPU即停止当前工作(执行完当前一条指令),保存断点,转而为上述请求服务(中断服务)。服务完成后,再返回原来的断点(中断返回),继续原来主程序的操作,这一工作称为中断。

中断的基本过程:中断请求、中断排队、中断响应、中断处理(服务)、中断返回。

58. 中断控制有什么优点？

答:中断控制是计算机系统中的重要工作方式,其主要优点有以下3个。

（1）实现并行工作,分时操作。

（2）实时处理紧急情况和异常故障——CPU在执行完当前一条指令后会立即响应中断请求,转而为其服务,解决问题。

（3）实现多程序、多任务工作——CPU在执行某中断服务时,还可接受更高一级的中断申请(如停电故障)并为其服务,称为中断嵌套。

59. 何谓硬件中断？何谓软件中断？

答:硬件中断——又称外部中断,是由外部设备的请求而引起的中断,又分为非屏蔽中断(不受中断允许标志(IF)状态控制的中断)及可屏蔽中断。系统可以有多个可屏蔽中断源。

软件中断——是由CPU内部原因引起的中断,这类中断是非屏蔽型的。

CPU在上电或复位时,即禁止响应可屏蔽中断请求。

60. 何谓寻址？何谓寻址方式？

答:寻址是指在指令中给出操作数的值或给出操作数所在位置的信息;寻址方式就是寻找操作数的值或描述操作数所在位置信息(地址)的方式。也就是解决操作数的值是多少或者它放在什么地方,以及操作结果送到哪里的问题。

应当指明的是,不同CPU的寻址方式会稍有不同,但绝大部分是一致的,本书所涉及的寻址方式是以8086～80X86为例。

61. 何谓立即寻址？试举例说明。

答:操作数直接存放在指令中,并紧跟在操作码之后,这种操作数即称为立即数,寻址方法可称为立即数寻址,如

MOV AX,3100H;　　　　　　　表明将立即数3100H送往16位寄存器AX中

62. 何谓直接寻址？试举例说明。

答:指令中直接给出操作数的有效地址,在指令书写时应将此有效地址用方括号括起

来,如

MOV AX,[3100H]；　　　　将有效地址为 3100H 内存单元中的内容送至寄存器 AX 中

63. 何谓寄存器寻址？试举例说明。

答：指令中指定某些 CPU 的寄存器存放操作数，这些寄存器可能是通用寄存器(8 位或 16 位)、地址指针或变址寄存器，以及段寄存器等，如

MOV DX,AX；　　　　　　将 AX 中的内容送至寄存器 DX 中，若[AX]=1234H，则指令执
　　　　　　　　　　　　　行后，DX 中的内容为 1234H，即[DX]=1234H

64. 何谓寄存器间接寻址？试举例说明。

答：指令中操作数的有效地址(EA)直接从寄存器(BX、BP、SI、DI 之一)中获得(有效地址即偏移地址)，操作数本身存于存储器中，如

MOV AX,[BX]；　　　　　将 BX 寻址的内存单元中的内容送至(复制)寄存器 AX 中
MOV [BP],DL；　　　　　将 DL 中的内容送至 BP 寻址的内存单元中

65. 何谓变址寻址？试举例说明。

答：指令指定某寄存器作为变址寄存器，指令的地址码部分给出一个形式地址，变址寄存器的内容与形式地址相加，即可获得操作数的有效地址，如

MOV AX,[DI+100H]；　　将 DI+100H 所指存储单元内的字送寄存器 AX
MOV AX,10H[SI+10H]；　将 SI+10H 所指存储单元内的字送 AX

66. 执行下述两条指令后，寄存器 AX 中的内容先后各是什么？

(1) MOV AX,2010H；

(2) MOV AX,DS:[2010H]；

答：(1) 执行后，AX=2010H；

(2) 执行后，AX 中的内容是地址为 2010H 内存单元中所存的内容。

67. 执行下述指令后，累加器 A 中的内容依次是什么？

(1) MOV A,OF8H；　　　　使 A=OF8H

(2) SUB 14H；　　　　　　完成 F8H-14H=E4H，即 A=E4H

(3) ADD OECH；　　　　　完成 E4H+OECH=1D0H，即 A=1D0H

答：(1) 执行后，A=F8H；

(1)、(2) 执行后，A=E4H；

(1)、(2)、(3) 均执行后，A=1D0H。

二、填空题

1. 世界上第一台数字电子计算机"埃尼阿克"(ENIAC)于_____年在_____国诞生。

2. 各类计算机均遵循_____的概念(思想)设计，这一概念最早由_____提出。

3. 计算机系统由_____和_____两大系统组成，两者缺一不可。

4. 计算机硬件系统由_____和_____两大部分组成。

5. 计算机软件系统由_____和_____等部分组成。

6. 计算机的主机主要是由_____、_____等关键部分组成。

7. 计算机的中央处理单元(CPU)主要是由_____、_____、_____等几大部分组成。

8. CPU 的控制器主要是由_____、_____、_____等几大部分组成。

9. CPU 的运算器主要是由_____、_____等几部分组成。

10. 计算机的三大总线分别是_____、_____、_____。

11. 计算机的编程语言有_____、_____、_____等三大类。

12. 计算机中一般有三种信息在流通,它们分别是_____、_____、_____。

13. 计算机的外部设备主要有_____、_____、_____等几大类。

14. 计算机的存储容量是_____与_____的乘积,通常此容量以_____表示。

15. 半导体存储器通常是由_____、_____、_____、_____等几大部分组成。

16. 虚拟存储器主要由_____和_____两级存储系统构成。

17. 高速缓冲存储(Cache)是 CPU 的重要指标之一,其重要作用是弥补_____与_____的速度差异。

18. 高速缓冲存储设立的目的是提高计算机的_____,其存取速度比 CPU _____,比主存储器_____。

19. 双核或多核微处理器将_____物理处理器核心整合到_____的微处理器,使其性能得到大幅度提升。

20. RISC 的中文含义是_____,其主要作用是提高计算机的_____。

21. 计算机的主频也称为_____,用来表征 CPU 的_____。在近代的微行计算机系统中,主频常常是外频的若干倍。

22. 计算机的外频(一般指 CPU 芯片外的晶振频率)就是 CPU 的_____,此外频决定计算机整个主板的_____。

23. 计算机的字长是 CPU 能同时处理_____,它与字节的位数_____。

24. 操作系统对计算机的_____和_____进行管理,以尽可能提高计算机及用户的工作效率。

25. 常见的计算机操作系统有_____、_____、_____、_____等多种。

26. 指令是 CPU 完成各种动作(操作)的命令,每条指令均包含_____和_____两种信息。

27. 指令系统是 CPU 所定义的全部指令代码的_____;不同的 CPU,其指令系统是_____。

28. 在 PC 中,指令周期是 CPU 完成_____所用的时间,它通常由_____个总线周期组成,总线周期一般也称为机器周期。

29. 在 PC 中,总线周期(有时也称为机器周期)是 CPU 完成_____所用的时间,它通常由_____时钟周期组成。

30. 在 PC 中,时钟周期是 CPU 完成_____所用的时间,它是 CPU 基本时间的计量单位,其值为时钟频率的_____。

31. 计算机的程序是用_____描述的,它是完成某一任务并可执行的指令的_____。

32. 计算机的软件是_____、_____及_____的完整集合。

33. 计算机系统中的软件开发过程可简单归纳为分析、设计、_____、_____、_____等步骤。

34. 高级 C/C++程序可与汇编语言程序有机结合,取长补短,两者的接口通常有两种方法,即_____和_____。

35. 计算机的中断源有两大类,即_____和_____。

36. 计算机系统的中断过程依次为中断申请、_____、_____、_____。

37. 计算机按键去抖动的措施常用_____、_____两种方法。

38. 采用软件去按键抖动的办法是在检测到有键位按下时,先执行一个_____的子程序,然后再确认该键位的电平是否仍保持_____。

39. 计算机主机与外设间接口电路的主要作用是要解决内外数据速率不一致、_____、_____等问题。

40. 通常计算机的内(主)存储器常用动态 RAM(DRAM),其主要特点是电路简单,集成度高,容量大,功耗低;缺点是速度_____,内容须_____。

41. 静态 RAM(SRAM)的主要特点是内容无须刷新,状态稳定,速度_____,集成度稍低,功耗_____。

42. 闪存(Flash Memory)的特点是功耗低,体积小,价廉,抗干扰能力_____,读写灵活,掉电后所存内容_____。通常 U 盘即为一种闪速存储器。

43. 在 C 语言中,函数是_____和_____两大部分构成的。

44. 在 C 语言中,主函数体可以分成两个部分,即_____和_____。

45. 在 C 语言中,语句 int a[3][5]中,a 数组有_____个元素,其结构可看成是_____行、_____列的表格。

46. 简单而言,数据结构就是一门研究在非数值计算机中如何表示_____和_____的新兴课程。

47. 计算机网络技术是_____和_____的有机结合。

48. 按网络的地域覆盖范围分类,计算机网络可分为_____、_____、_____三大类型。

49. 常用的计算机的网络操作系统有_____、_____、_____、_____等多种。

50. 计算机接入网络的设备是_____,Internet 各网络间的连接设备是_____。

51. Intranet 网是采用 Internet 技术的_____。它可通过_____自然向外延伸。

52. 属于窄带上网的方法有_____、_____等多种。

53. 属于宽带上网的方法有_____、_____、_____等多种。

54. ISDN 的中文含义是_____,有时也称为_____。

55. ADSL 的中文含义是_____。

56. Internet 常用协议是_____,其中文含义是_____。

57. 按目前的 IPv4 标准,计算机网络能容纳的地址最大容量为_____个;现在正在制定的 IPv6 标准,其地址容量为_____,数量巨大。

58. CAD 的中文含义是_____,CAM 的中文含义是_____。

59. CAI 的中文含义是_____,CAT 的中文含义是_____。

三、是非题

1. 没有软件系统的计算机为裸机,它不可能作任何有用的操作。　　　　　　　（　　）

2. 在计算机系统中,字与字节的长度是相等的,均为 8 位二进制位。　　　　（　　）

3. 在计算机系统中,存储数据(信息)的最小单位是二进制的字节,一字节为 8 位二进制。　　　　　　　　　　　　　　　　　　　　　　　　　　　　（　　）

4. 所谓 32 位计算机即表明此计算机的字长为 32 位,数据总线的宽度也为 32 位。　　（　　）

5. 在某意义上来讲,Flash Memory 可作计算机的硬盘使用。 （　　）

6. 计算机中的地址总线、数据总线、控制总线均为双向三态总线。 （　　）

7. 在计算机中,存储器的物理地址是唯一的,它的多少是由 CPU 的地址总线的数量决定的。 （　　）

8. 在计算机中,逻辑地址一般是由段地址和偏移量组成,逻辑地址也是唯一的。 （　　）

9. 计算机系统中的堆栈操作原则是先进先出。 （　　）

10. 计算机通电后,CPU 等部件均复位,复位几乎都由外部电路来完成,复位时间一般都在 10ms 以上。 （　　）

11. 计算机系统中时钟频率即为主频,时钟周期即为主频周期,它是 CPU 执行一个微操作所需的工作时间,主频也是 CPU 的基准频率。 （　　）

12. 时钟周期短于总线周期(机器周期),更短于指令周期。时钟周期越短,表明计算机运算速度越快。 （　　）

13. 计算机的总线周期是 CPU 完成一个基本操作(如存储器的读操作或写操作)所需的时间。通常一个总线周期等于多个时钟周期。 （　　）

14. 计算机的指令周期是 CPU 执行一条指令所需的时间,各条指令的执行时间是相同(等)的。 （　　）

15. 在 CPU 中,程序计数器的作用是保存当前正在执行的指令的首地址。 （　　）

16. 在 CPU 中,地址寄存器的主要作用是保存当前正在访问(执行)的存储单元的地址。 （　　）

17. 在单核处理器的计算机系统中,CPU 内部总线是交替工作的,即相当于串行按序方式工作。 （　　）

18. 计算机系统中的流水线技术能使多条指令同时执行,在整体上减少了指令的执行时间,提高了计算机的运行速度。 （　　）

19. 计算机进入 DMA 操作时,数据传输不经过 CPU 内部的寄存器,因而大大加快了数据传输速率,缩短了对存储器的读写时间。 （　　）

20. 在 DMA 方式时,CPU 与 DMA 控制器同时对地址总线、数据总线、控制总线进行控制。 （　　）

21. 在微型计算机工作时,可用 DMA 方式取代中断方式。 （　　）

22. CPU 在作中断响应时,主程序的断点(即当前所执行的指令的地址)必须进栈保存,以便在中断返回时继续主程序。 （　　）

23. 计算机复位或上电时,也可响应可屏蔽中断的请求。 （　　）

24. CPU 在作中断处理(中断服务)过程中,仍可响应其他任一类的中断请求,并为其服务,称为中断嵌套。 （　　）

25. 计算机并行接口的特点是速度快,但接线多;串行接口的特点是速度慢,但接线少。 （　　）

26. 在数据传输中,UART 的中文含义是"通用异步收发器"。 （　　）

27. 计算机的串行 I/O 接口既能作数据(信号)的异步收发,也能作数据的同步收发,且后者收发的效果更好。 （　　）

28. RS-232C、RS-485、USB 接口均为异步串行接口标准。 （　　）

29. SPI、I²C 总线均为同步串行数据接口(总线)标准。 （　　）

30. 在计算机中,CPU 的速度可以达到很高值,而总线速度往往达不到。 （　　）

31. 一台计算机只有一个操作系统,且只能有一个操作系统。 （　　）

32. Windows NT 是计算机的操作系统,Windows XP 则是计算机网络操作系统。 （　　）

33. 操作系统只能管理计算机内部的软件,不能管理其硬件工作。 （　　）

34. 在汇编语言程序中,如果某程序段重复出现,则可将此程序段定义成宏指令,以便宏调用。 （　　）

35. 高级语言 C/C＋＋程序与汇编语言程序之间不可相互调用,取长补短。 （　　）

36. Pentium Ⅱ/Ⅲ/4 的 CPU 均为 32 位机,地址总线为 36 根,最大寻址空间为 64GB。 （　　）

37. Pentium D、Pentium EE 和 Core Duo 的 CPU 均为 64 位机,地址总线为 36 根,最大寻址空间为 64GB。 （　　）

38. WWW(万维网)是另一种 Internet。 （　　）

39. WWW 是 Internet 的一个子集。 （　　）

40. Internet 是广域网,它的特点是通信距离远,地址多,但安全性能稍差。 （　　）

41. 一个 C 语言源程序只能有一个主函数,即 main 函数,它可以调用其他各种函数。 （　　）

42. C 语言程序中的主函数 main 只能置于程序的开始位置,程序执行应从主函数开始。 （　　）

43. 在 C 语言中,设有输入、输出语句,其功能借助其他函数来实现。 （　　）

44. 在 C 语言中,每行只能写一条语句。 （　　）

45. 在 C 语言中,实参不可为一般表达式,只能是一变量。 （　　）

46. 在 C 语言中,标准函数即库函数是由系统提供的,用户不必定义这些函数,可直接使用。 （　　）

47. 在 C 语言的循环体中,可以包含另一个循环体结构,称为循环嵌套,且可多层嵌套。 （　　）

48. 在 C 语言中,指针是一个特殊变量,它就是变量的地址。 （　　）

49. 在 C 语言中,下述形式成立:ipstu＝8 stuctent。 （　　）

50. 在 C 语言中,下述形式不成立:ipstu＝8 stul。 （　　）

51. 在 C 语言中,对普通参数传递的是参数本身,对于数组传递的是其指针。 （　　）

52. 在 C 语言中,下述写法是合法的:int array [2][]; （　　）

53. 在 C 语言中,下述数组定义是正确(合法)的:int a[5]＝{0,1,2,3,4,5}; （　　）

54. 在 C 语言中,下述数组定义是正确(合法)的:char a[]＝{0,1,2,3,4,5}; （　　）

四、选择题

1. 电子计算机从诞生到现在都遵从"存储程序"的概念,最早提出这一概念的科学家是（　　）。

    A. 冯·诺伊曼　　　　B. 贝尔　　　　　　C. 帕斯卡　　　　　　D. 艾仑·图灵

2. 世界上第一台数字式计算机诞生的年份与国家是（　　）。

    A. 1936 年,美国　　B. 1946 年,美国　C. 1946 年,德国　　D. 1950 年,美国

3. 我国研制成第一台数字式计算机的年份是（　　）。

A. 1950 年   B. 1957 年   C. 1959 年   D. 1965 年

4. 我国研制成第一台晶体管数字计算机的年份是(　　)。
     A. 1950 年   B. 1957 年   C. 1959 年   D. 1965 年

5. 我国历史上的什么著作反映了二值逻辑的思想(　　)。
     A. 八卦图   B. 周易   C. 九章算术   D. 论衡

6. 计算机能自动连续进行数据处理的主要原因是(　　)。
     A. 采用了二进制   B. 采用了开关电路
     C. 采用了半导体器件   D. 采用了"存储程序"的理念

7. 计算机中存储数据的最小单位是(　　)。
     A. 字节(8 位二进制)   B. 字长   C. 二进制位(比特) D. ASCII 码

8. 一个完整的计算机系统应包括(　　)。
     A. 计算机主机与外设   B. 系统软件与应用软件
     C. 硬件系统与软件系统   D. 微处理器与存储器

9. 计算机运算速度的单位是 MIPS,其含义是(　　)。
     A. 每秒钟处理百万字节   B. 每秒钟处理百万条指令
     C. 每秒钟处理百万个二进制位   D. 每秒钟处理百万个字长

10. 中央处理单元(CPU)中最核心的部件是(　　)。
     A. 运算器与控制器   B. 运算器与寄存器
     C. 控制器与寄存器   D. 运算器与计数器

11. 计算机中能为硬件电路接受并执行的计算机语言是(　　)。
     A. 高级语言   B. 机器语言   C. 汇编语言   D. 机器语言与汇编语言

12. 计算机中与 CPU 有关的计算机语言是(　　)。
     A. 高级语言   B. 高级语言与汇编语言
     C. 高级语言与机器语言   D. 汇编语言与机器语言

13. 面向问题、面向用户,且与计算机硬件(CPU)无关的计算机语言是(　　)。
     A. 高级语言   B. 高级语言与汇编语言
     C. 高级语言与机器语言   D. 汇编语言与机器语言

14. 由什么样的计算机程序设计语言所编写的程序才称为目标程序(　　)。
     A. 高级语言   B. 机器语言   C. 汇编语言   D. 机器语言与汇编语言

15. 由什么样的计算机程序设计语言所编写的程序才称为源程序(　　)。
     A. 高级语言与机器语言   B. 机器语言与汇编语言
     C. 高级语言与汇编语言   D. 机器语言

16. 高级语言、汇编语言程序经怎样的转换才能成为目标程序,且为计算机硬件电路所接受?(　　)
     A. 经汇编程序转换
     B. 经编译或解释程序转换
     C. 前者经编译或解释程序转换,后者经汇编程序转换
     D. 与 C 相反

17. 对于同一问题,用不同计算机语言编写的程序中,所占存储器容量最少,使计算机运行时间最短的是(　　)。

A. 高级语言   B. 汇编语言

C. 高级语言或汇编语言   D. 机器语言

18. 同上题,所占存储器容量最多,使计算机运行时间最长的计算机程序语言是(　　)。

19. 虚拟存储器为了使用能运行比主储存器容量大得多的程序是须在硬件之间进行动态调度,这种调度是由什么完成的?(　　)

A. 操作系统   B. 硬件电路   C. BIOS   D. 操作系统与硬件电路

20. 8086 微处理器、Pentium 4 处理器的最大寻址空间依次为(　　)。

A. 1MB,1GB   B. 1MB,32MB   C. 1MB,64GB   D. 1GB,64GB

21. Pentium 4 处理器、Core 2 DUO(双核)处理器是多少二进制位的?(　　)

A. 均为 16 位   B. 均为 32 位

C. 均为 64 位   D. 前者为 32 位,后者为 64 位

22. Core 2 DUO(双核)处理器的外部数据总线和地址总线各为多少位(或根)?(　　)

A. 均为 36   B. 均为 64

C. 数据总线为 64,地址总线为 36   D. 与 C 相反

23. 一容量为 32K×32 位的 RAM 芯片,其地址线与数据线的根数为(　　)。

A. 均为 32 根   B. 地址线为 15 根,数据线为 32 根

C. 地址线为 32 根,数据线为 15 根   D. 地址线为 16 根,数据线为 32 根

24. 某计算机的内存容量为 4GB,字长为 32 位,则其地址线与数据总线的宽度为(　　)。

A. 二者均为 32 位   B. 前者是 30 位,后者是 32 位

C. 前者是 26 位,后者是 30 位   D. 前者是 32 位,后者是 30 位

25. 在微型计算机中,CPU 访问高速缓存(a)、主存储器(b),硬盘(c),外部设备(d)的速度,按由高至低排列的顺序是(　　)。

A. b>a>c>d   B. a>c>b>d   C. a>b>d>c   D. a>b>c>d

26. 在微型计算机中,时钟周期(T_1)、总线周期(T_2)、指令周期(T_3),三者按由短至长排列的顺序为(　　)。

A. $T_1>T_2>T_3$ B. $T_1<T_2<T_3$ C. $T_1>T_3>T_2$ D. $T_2>T_1>T_3$

27. 微型机中 CPU 响应中断的时刻应在(　　)。

A. 执行完正在执行的程序后   B. 执行完正在执行的某条指令后

C. 执行完正在执行的机器周期后   D. 执行完一个时钟周期后

28. 已知一个 8 位 A/D 转换器的量是 0～6.4V,当输入电压为 5V 时,经 A/D 转换后的十六进制数值应为多少?(　　)

A. FFH   B. 64H   C. C8H   D. 7DH

29. 指令中的地址字段给出的是操作数本身,而不是操作数地址的寻址方式是(　　)。

A. 立即寻址   B. 直接寻址   C. 寄存器寻址   D. 寄存器间接寻址

30. 指令中的地址字段给出的是操作数地址(内存中的某单元),而不是操作数本身的寻址方式是(　　)。

A. 立即寻址   B. 直接寻址   C. 寄存器寻址   D. 寄存器间接寻址

31. 用于对 CPU 某个寄存器中操作数的寻址方式是(　　)。

A. 立即寻址   B. 直接寻址   C. 寄存器寻址   D. 寄存器间接寻址

32. 指令中指定 CPU 中某寄存器存放操作数的有效地址(内存中的某单元)的寻址方式

是（　　）。

    A. 立即寻址　　　B. 直接寻址　　　　C. 寄存器寻址　　　D. 寄存器间接寻址

33. 奇偶校验所能发现的数据错码位数是多少？（　　　）

    A. 1 位　　　　　　B. 2 位　　　　　　C. 3 位　　　　　　D. 4 位

34. 循环码校验所能发现的数据错码位数及可能纠正出错位数是多少？（　　　）

    A. 均为 1 位　　　　　　　　　　　B. 均为 2 位

    C. 前者为 1 位,后者为 2 位　　　　D. 前者为 2 位,后者为 1 位

35. 数据作奇校验时,若数码有奇数个 1,则对数码处理是（　　　）。

    A. 在数码前加 0,使数码 1 的个数为奇数

    B. 在数码前加 1,使数码 1 的个数为奇数

    C. 在数码后加 0,使数码 1 的个数为奇数

    D. 在数码后加 1,使数码 1 的个数为奇数

36. 数据作奇校验时,若数码有偶数个 1,则对数码的处理是（　　　）。

    A. 在数码前加 0,使数码 1 的个数为奇数

    B. 在数码前加 1,使数码 1 的个数为奇数

    C. 在数码后加 0,使数码 1 的个数为奇数

    D. 在数码后加 1,使数码 1 的个数为奇数

37. 数据作偶校验时,若数码有奇数个 1,则对数码的处理是（　　　）。

    A. 在数码前加 0,使数码 1 的个数为偶数

    B. 在数码前加 1,使数码 1 的个数为偶数

    C. 在数码后加 0,使数码 1 的个数为偶数

    D. 在数码后加 1,使数码 1 的个数为偶数

38. 数据作偶校验时,若数码有偶数个 1,则对数码的处理是（　　　）。

    A. 在数码前加 0,使数码 1 的个数为偶数

    B. 在数码前加 1,使数码 1 的个数为偶数

    C. 在数码后加 0,使数码 1 的个数为偶数

    D. 在数码后加 1,使数码 1 的个数为偶数

39. 数据 10 1111,10 1101 分别作奇校验后的表述为（　　　）。

    A. 101 1110,101 1011　　　　　　B. 101 1111,101 1011

    C. 010 1111,010 1101　　　　　　D. 110 1111,110 1101

40. 数据 10 1111,10 1101 分别作偶校验后的表述为（　　　）。

    A. 101 1110,101 1011　　　　　　B. 101 1111,101 1010

    C. 010 1111,010 1101　　　　　　D. 110 1111,110 1101

41. 数码检错和纠错的条件是数据的码距应（　　　）。

    A. 大于等于 1　　　B. 大于等于 2　　C. 大于等于 3　　　D. 大于等于 4

42. 栈进出,列队进出的基本原则是（　　　）。

    A. 均先进先出,后进后出　　　　　B. 均为先进后出,后进先出

    C. 栈是先进先出,列队是先进后出　D. 栈是先进后出,列队是先进先出

43. 以下程序的输出为（　　　）。

```
int a,b,c;
```

```
        a=10;
        b=50;
        c=30;
        if(a>b);
        a=b,b=c;
        c=a;
        printf("a=%d,b=%d,c=%d",a,b,c);
```
    A. a=10,b=50,c=10　　　　　　　　B. a=10,b=30,c=10
    C. a=50,b=30,c=10　　　　　　　　D. a=50,b=30,c=50

44. 以下程序段中 while 循环执行的次数为(　　)。
```
    int k=0
        while(k=1)
        k++;
```
    A. 一次也不执行　　　　B. 执行一次　　　　C. 执行二次　　　　D. 执行无限次

45. 以下程序的输出结果是(　　)。
```
    int f()
    {
        static int i=0;
        int s=1;
        s+ =i;
        i++;
        returns;
    }
    main()
    {
        int i,a=0;
        for(i=0;i<5;i++
        a+ = f();
        printf("%d\n");
    }
```
    A. 20　　　　　　B. 24　　　　　　C. 25　　　　　　D. 15

46. 已知数组 int array[3][10]和 int array[][10]两者是否合法、等价? (　　)
    A. 均合法且等价　　　　　　　　B. 均合法但不等价
    C. 均不合法,但等价　　　　　　　D. 均不合法,不等价

47. 以下数组的表述,哪个是合法的? (　　)
    A. int a[]="string";　　　　　　　B. int a[5]={0,1,2,3,4,5};
    C. char a="string";　　　　　　　D. char a[]={0,1,2,3,4,5};

48. 若定义 int a=511,* b=8ca;则 printf("%d\n,"* b);的输出结果是(　　)。
    A. 无确定值　　　B. a 的地址　　　C. 511　　　　　　D. 512

49. 以下哪一个是不合法的数组定义? (　　)

```
```

A. int array[3][8];　　　　B. int array[][];
C. int array[][10];　　　　D. char a[]={0,1,2,3,4,5};

五、填空题、是非题、选择题答案

（一）填空题

1. 1946，美

2. "存储程序（程序存储）"或"程序控制"，冯·诺依曼

3. 硬件，软件

4. 主机，外部设备

5. 系统软件（操作系统等），应用软件

6. 中央处理单元（CPU），内存储器

7. 运算器，控制器，寄存器组

8. 程序计数器，指令寄存器，指令译码器

9. 算术逻辑运算单元（ALU），寄存器组

10. 地址总线，数据总线，控制总线

11. 机器语言，汇编语言，高级语言

12. 控制信息（即操作指令），数据信息，地址信息

13. 输入设备，输出设备，外存储器

14. 存储器的单元数，每个存储单元所存二进制位数，字节（B）

15. 存储体，地址寄存器，译码器，输入输出控制电路

16. 主存储器，辅助存储器

17. CPU，内（主）存储器

18. 运行速度，慢，快（快一个量级）

19. 两个或多个，一个内核中

20. 精简指令集计算机，运行速度

21. 时钟频率，运行速度

22. 基准频率，运行速度

23. 二进制数据的位数，即数据总线的宽度；不一定相等

24. 硬件系统（主机及外设），软件系统

25. DOS，Windows，UNIX，Linux

26. 操作码，操作数

27. 集合，不同的

28. 一条指令，一个或多个

29. 一个基本操作，多个（如 3 个，4 个）

30. 一个微操作，倒数

31. 程序设计语言，有序集合

32. 程序，数据，相关文档

33. 编程，测试，调试

34. 内嵌模块法，外调模块法

35. 硬件中断，软件中断

36. 中断响应，中断处理（服务），中断返回

37. 硬件，软件

38. 延时 10ms，闭合状态的电平

39. 内外电平不一致，内外数据格式不一致

40. 稍慢，刷新

41. 快，稍大

42. 强，不丢失

43. 说明部分，函数体

44. 说明部分程序段，执行部分程序段

45. $3\times5,3,5$

46. 存储数据，操作数据

47. 计算机技术，通信技术

48. 广域网（WAN），城域网（MAN），局域网（LAN）

49. Windows NT，UNIX，Linux，Netware

50. 网卡，路由器

51. 企业内部网，Internet

52. Modem，ISDN

53. LAN，ADSL，Cable Modem

54. 综合业务数字网，一线通

55. 非对称用户线路

56. TCP/IP，传输控制协议/网际协议

57. $2^{32}\approx40$ 亿，$2^{128}=2^{32}\times2^{32}\times2^{32}\times2^{32}$

58. 计算机辅助设计，计算机辅助制造

59. 计算机辅助教学，计算机辅助测试

（二）是非题

1. √　2. ×　3. ×　4. √　5. √　6. ×　7. √　8. ×　9. ×　10. √

11. √ 12. √ 13. √ 14. × 15. × 16. √ 17. √ 18. √ 19. √ 20. ×
21. × 22. √ 23. √ 24. × 25. √ 26. √ 27. √ 28. √ 29. √ 30. √
31. × 32. × 33. √ 34. √ 35. √ 36. √ 37. √ 38. √ 39. √ 40. √
41. √ 42. √ 43. √ 44. × 45. × 46. √ 47. √ 48. √ 49. × 50. √
51. √ 52. × 53. × 54. √

（三）选择题

1. A 2. B 3. C 4. D 5. A 6. D 7. C 8. C 9. B 10. A
11. B 12. D 13. A 14. B 15. C 16. C 17. D 18. D 19. D 20. C
21. D 22. C 23. B 24. A 25. D 26. B 27. B 28. C 29. A 30. B
31. C 32. D 33. A 34. D 35. C 36. D 37. D 38. C 39. A 40. B
41. B 42. D 43. A 44. D 45. D 46. A 47. D 48. C 49. B

第二部分　单片机、嵌入式及其他

一、问答题

1. 何谓单片型计算机(又称单片机)？它有何特点？

答：将微处理器 CPU 及部分存储器、部分 I/O 接口，以及连接它们的总线集成在一个芯片上，并具有较完整的计算机功能的计算机即称为单片机。

随着计算机技术及半导体工艺的飞速发展，近年来推出的单片机中还扩充了其他功能单元，如 A/D 转换器、D/A 转换器、调制解调器、DMA 控制电路、浮点运算单元、网络接口驱动单元等，其功能已越来越强大。

单片机的特点是体积小，系统精简，功耗低，可靠性高，功能强大，价格低廉，便于开发利用。

单片机常用于智能化仪表、智能化家电、手持电子设备、工业控制系统、数据采集与处理系统、音视频等设备中。目前，其应用已相当普遍。

2. 单片机常分几大类？各有何特点？

答：单片机常分为两大类，下面分别说明。

（1）按芯片的制造工艺划分为两种类型。

① HMOS 工艺型单片机——如 8051、8751、8052、8032 等。特点是无节电工作方式，如 8051 的功耗在 630mW，较大。

② CMOS 工艺型单片机——如 80C51、87C51、87C31、80C32、80C52 等。特点是集成度高，运行速度快，功耗低，具有节电工作方式(待机工作和掉电工作两种节电方式)，如 80C51 的功耗只有 120mW，比 8051 低 5 倍多。

（2）按片内不同容量的存储器配置划分两种型号。

① 51 子系列型单片机——片内带有 4KB ROM/EPROM、128B RAM、两个 16 位定时器/计数器和 5 个中断源等。主要芯片有 8051、8751、80C51、87C51 等。

② 52 子系列型单片机——属增强型产品，片内带有 8KB ROM/EPROM、256B RAM、3 个 16 位定时器/计数器和 6 个中断源。主要芯片有 8052、8032、80C32/80C52 等。

3. 各类 51 系列单片机是否相互兼容？

答：80C51 单片机是在 8051 的基础上发展起来的更低功耗的单片机，两者外型完全相同，其指令系统、引脚信号、总线等也完全一样（完全兼容），即在 8051 上开发的软件完全可以在 80C51 上应用。反之，在 80C51 上开发的软件也可以在 8051 上应用。

但是，89C51 不支持 ISP（在线更新程序）功能，使其应用受到一定限制。89S51（如 AT89S51）单片机除了增加 ISP 在线编程功能外，还增加许多新的功能，如进一步提高工作频率；内部集成看门狗计时器，大大提高程序的保密程度，而价格甚至更低。89S51 向下完全兼容 MCS-51 全部子系列产品。

4. MCS-51 单片机的内部主要由几大部分组成？

答：主要由如下八大部分组成。

（1）中央处理器（CPU）——这是单片机的核心，完成运算与控制功能。

（2）内部数据存储器——一般有 256B RAM，用于存储读/写数据。

（3）内部程序存储器——一般有 4KB ROM，用于存储程序或原始数据。

（4）定时/计数器——一般有 2 个 16 位定时/计数器，以实现定时或计数功能。

（5）可编程 I/O 接口——一般有 4 个 8 位 I/O 接口。

（6）串行接口——一般有 1 个全双工串行接口，以实现单片机与其他设备间的串行数据传输。该串行口功能较强，既可作全双工异步通信收发器使用，也可作同步移位器使用。

（7）中断控制系统——一般有 5 个中断源：2 个外中断源，两个定时/计数中断源和 1 个串行中断源。

（8）时钟电路——时钟频率越高，单片机的运行速度越快。单片机的时钟振荡频率一般在几兆赫至几十兆赫。

5. 单片机的最小系统应包括哪些部分？试画图说明。

答：主要包括单片机芯片和片外的复位电路、时钟振荡电路及 I/O 接口等，其电路组成如图 8-2-1 所示。

5V 供电，高电平复位，高电平的持续时间应在 10ms 以上。

时钟振荡的片外电路由石英谐振荡器和两个小电容组成。C_1、C_2 的容量一般约为 30pF。

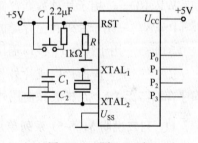

图 8-2-1 题 8-2-5 解

6. 给定图 8-2-1 中的复位电路。试完成以下各题：

（1）是什么电平复位？为什么？

（2）根据 R、C 的数值，使 RST 复位端保持 3V 以上高电平的时间大致是多少？

（3）复位时间（本例为高电平保持时间）与时钟振荡频率是否有关系？是什么关系？

答：（1）为高电平复位，电路通电后，由于电容 C 上的电位不能突变，故 +5V 电压通过电容直接加至电阻 R 上。

（2）随着通电后时间的增长，C 上的电位逐步增长，RST 端的电位随之降低。由 5V 降至 3V 所需的时间约为一个 RC 时间常数，即

$$RC = 10^3 \times 22 \times 10^{-6} = 22 \times 10^{-3} = 22 \text{(ms)}$$

（3）复位所需时间与时钟振荡频率高低有关：时钟频率越高，复位时间越短，反之则越长。

7. CHMOS 单片机有哪几种运行方式？

答：主要有两种运行方式。

（1）正常运行方式——在+5V 供电、12MHz 时钟频率下,耗电 16mA。

（2）节电方式：

① 待机方式——CPU 停止工作,而 RAM、定时/计数器、串行 I/O 接口、中断系统继续工作。在+5V 供电,12MHz 时钟频率下,耗电 3.7mA。

② 掉电方式——时钟振荡停振,CPU 停止工作,+2V 供电,耗电 50nA。

两种节电方式可由软件控制硬件电路来实现。

8. MCS-51 系列单片机有多少根地址总线？最大寻址空间是多少？

答：MCS-51 系列单片机地址总线的宽度是 16 位（即 16 根地址总线）,最大寻址空间为

$$2^{16}=65536 \text{ 字节}=64\text{KB}$$

此 16 位地址总线的组成如下所述。

（1）P_2 接口——提供地址的高 8 位。

（2）P_0 接口——提供地址的低 8 位,此接口与 8 位数据总线分时复用,由地址锁存器对此低 8 位地址信号作锁存待用。

9. MCS-51 系列单片机有多少位数据总线？此总线是双向的,还是单向的？

答：MCS-51 系列单片机的数据总线宽度一般是 8 位,由 P_0 接口提供,此端口的信息还与地址总线复用。MCS-51 单片机的数据总线是双向三态式的。

10. MCS-51 系列单片机有哪些控制线？各起什么作用？

答：主要有 $\overline{WR}$、$\overline{RD}$、$\overline{PSEN}$、$\overline{ALE}$、$\overline{EA}$ 等控制线,均低电平有效。

$\overline{WR}$、$\overline{RD}$——用于片外数据存储器（RAM）的读/写控制。

$\overline{PSEN}$——用于片外程序存储的"读"控制（此处不用上述的 $\overline{WR}$ 控制信号）。

$\overline{ALE}$——用于锁存 P_0 接口输出的低 8 位地址数据的控制（下降沿起控）。

$\overline{EA}$——用于选择片内或片外程序存储器,当 $\overline{EA}=0$ 时,只访问外部存储器（与片内有无程序存储器无关）。在扩展并使用外部存储器时,必须使 $\overline{EA}$ 接地。

11. 列表说明 MCS-51 系列单片机四个 I/O 接口 P_0、P_1、P_2、P_3。

答：四个 I/O 接口的有关情况如表 8-2-1 所示。

表 8-2-1　四个 I/O 接口情况

接口	内部是否接上拉电阻	片外是否接上拉电阻	主要用途	串并方式	备注
P_0	无	是	作 8 位数据总线,作低 8 位地址线（复用）	8 位并行 I/O	不作外部扩展时可给用户使用,为三态双向口
P_1	有	否	留给用户	8 位并行 I/O	供用户用的 I/O 接口,准双向口
P_2	有	否	作地址高 8 位	8 位并行 I/O	不作外部扩展时,可给用户使用,为准双向口
P_3	有	否	留给用户	8 位并行 I/O	其中 $P_{3.0}$、$P_{3.1}$ 作串行接口使用；$P_{3.2}$、$P_{3.3}$ 作外部中断源口,此为准双向口

12. MCS-51 系列、AT89 系列单片机的程序存储器与数据存储器各起什么作用？各用什么类型的存储器？

答：程序存储器的作用及类型——存储已编制好的程序（程序的机器代码）、常数、表格等。通常在计算机上编写好程序,再用编程器（烧录器）将程序写入程序存储器中。程序存储器应为只读存储器（ROM）,早期常采用 EPROM,近期则采用 E^2PROM 或 Flash 存储器（内存）。

数据存储器的作用及类型——用来存放 CPU 读/写的数据及运算、处理的中间数据、结果等内容,作为数据的缓冲空间。数据存储器应为随机存储器（RAM）,即可读写存储器。

13. MCS-51 系列、AT89 系列单片机的程序存储器与数据存储器的结构组成是怎样的？图示说明。

答：两者的结构情况如图 8-2-2 所示。

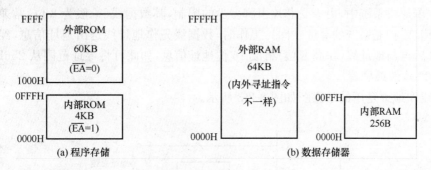

(a) 程序存储　　　　　　(b) 数据存储器

图 8-2-2　题 8-2-13 解

14. MCS-51 系列、AT89 系列单片机的程序存储器和数据存储器的容量是多少？片内片外是如何分配的？

答：程序存储器的容量为 64KB——包括片内 4KB（地址为 0000H～0FFFH）、片外 60KB（地址为 1000H～FFFFH）。两者的地址是不重叠的,故访问的指令是相同的：当 $\overline{EA}=1$ 时,访问的是内部程序存储器；当 $\overline{EA}=0$ 时,访问的是外部程序存储器。

数据存储器的容量——内部为 256B（地址为 0000H～00FFH）,外部为 64KB（地址为 0000H～FFFFH）。两者的地址在低端是重叠的,其区分是由指令的不同来解决的,如 MOV 指令是用来访问内部 RAM 的,而 MOVX 则是用来访问外部 RAM 的。

15. MCS-51 单片机、AT89 系列单片机可对多少位二进制作怎样的处理？

答：MCS-51 系列单片机、AT89 系列单片机针对 8 位二进制进行多种处理：

（1）能作加、减、乘、除四则运算和"与"、"或"、"非"、"异或"等逻辑运算；

（2）能对数据进行传送、移位、判断和转移等操作；

（3）具有独特的位处理功能,即对一位二进制数进行处理的功能,如置位、清零、取反、转移、检测、判断、位逻辑运算等。

16. MCS-51 系列单片机主要有哪几种寻址方式？

答：主要寻址方式如下：

（1）立即寻址——指令直接给出 8 位或 16 位操作数的寻址方式,如 MOV A,# 0F0H；将立即数 F0H 直接送累加器 A 中,凡以字母 A～F 开头的十六进制的立即数及存储单元的直接地址,均在前面加 0,♯ 是立即寻址方式的特定标志。

（2）直接寻址——指令直接给出操作数地址方式,这一寻址方式所指向的操作数的存储

空间为片内数据存储器,如

  MOV SP,#23H; 将立即数 23H 送堆栈指针 SP 中,堆栈指针 SP 是目的操作数

  (3) 寄存器寻址——操作数存放在某一寄存器中,指令指出相应的寄存器的寻址方式,如

  MOV A,R1; 将寄存器 R1 中的内容送到累加器 A 中,若(R1)=51H,则指令执行后,A 中的内容为 51H,即 A=51H

  (4) 寄存器间接寻址——以指令指定的某寄存器中的内容作为参与操作的数据地址的寻址方式,如

  MOV A,@R1; 以寄存器 R1 中的内容作为地址的某存储器中的数据送累加器 A 中

  另外,还有变址寻址、相对寻址、位寻址等多种寻址方式。

17. 何谓地址复用? 试举例说明。

  答:在单片机系统中,由于受芯片引脚多少的限制,其数据线(一般为 8 位)常兼作低 8 位地址线复用,以扩充系统的寻址空间。工作时,数据线先作地址线送出地址信息,经锁存器锁存备用,其后再与地址线(作高 8 位)组成 16 位地址信息,如此可将寻址范围从 256B(2^8)扩展到 64KB(2^{16}),效果显著。

  数据线作地址复用的示意图如图 8-2-3 所示。

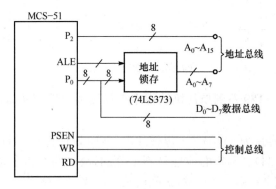

图 8-2-3 题 8-2-17 解

18. Keil 51 软件有何作用?

  答:这款软件是由德国 Keil 公司开发的 51 系列单片机编程软件,采用目前流行的集成化开发环境,集编辑、编译和仿真于一体,界面友好,易学易用。在该软件中,用户可以编写汇编语言或 C 语言的源程序,并可利用该软件将源程序编译,生成单片机能够运行的文件(二进制代码的目标程序)。

19. Proteus 软件有何作用?

  答:这款软件是由英国 Labcenter Electronics 公司研发的模拟电路、数字电路、模/数混合电路的设计与仿真平台。它真正实现了在计算机上完成从原理图与电路设计、电路分析与仿真、单片机系统测试与功能验证到形成 PCB 完整的电子设计、研发过程。Proteus 新的中文版主要特点如下。

  (1) 实现了单片机仿真与 SPICE 电路仿真的结合。

  (2) 支持主流单片机系统的仿真,目前支持的单片机类型有 68000 系列、8051 系列、AVR 系列、PIC12 系列、PIC16 系列、PIC18 系列、Z80 系列、HC11 系列等,以及各种外围芯片。

  (3) 能提供软件调试功能:具有全速、单频/步、设置断点等调试功能。

(4) 具有很强的原理图绘制功能:可快速、方便绘制出单片机应用系统的原理图。

20. A51 编程器有何作用?

答:可以将在实验板上仿真无误的程序代码下载(烧录)至单片机芯片中,这是单片机开发中的一道主要工序。

A51 编程器支持目前最为经典的由 Atmel 公司生产的 51 系列单片机产品:AT89C51、AT89C52、AT89C55、A89C1051、AT89C2051、AT89C4051 和 AT89S51、AT89S52 等。A51 编程器的主要特点:

(1) 使用串行通信,能自动判别芯片,编程过程中的擦除、烧录、检验等各种操作完全由编程器上的监控芯片 AT89C51 控制,不受 PC 配置及其主频高低的影响。

(2) 采用 57600bit/s 高速码率进行数据传输,编程速度极快。

(3) 体积小,可直接使用 USB 端口的 5V 电源,价格低,携带方便。

(4) 功能完善,具有编程、读取、检验、空检查、擦除、加密等系列功能。

(5) 可烧写 40 脚单片机芯片和 20 脚单片机芯片。

(6) 反复烧写次数可达 1000 次以上,内部数据至少保存 10 年。

21. MCS-51 系列单片机的定时器/计数器能起什么作用?

答:MCS-51 系列单片机有两个定时器/计数器(T_0 和 T_1),均为 16 位计数器,最大计数容量为 $2^{16} = 65536$,定时器/计数器的主要任务是计数、定时,这在单片机系统中是十分重要的。

计数——能对单片机芯片 P_3、P_4 脚输入的脉冲信号进行脉冲计数,当计数到设定值(最大计数值为 65536)时,计数器溢出,并送给 CPU 一个信号,使 CPU 停止当前正执行的操作,而去执行程序规定的其他任务。

定时——能对时钟振荡器产生的时钟信号(如 12MHz)进行分频(如 12 分频,得 1MHz 脉冲),并对分频后的脉冲信号进行计数,计到某一设定值时(最大值为 65536 个计数脉冲的周期,本例为 $65536\mu s$)溢出,并送给 CPU 一个信号,使 CPU 停止当前正执行的操作,而去执行程序所规定的其他任务。

定时器/计数器工作时并不影响 CPU 的其他工作,即前者不占用后者的时间,它们可同时工作。

22. 单片机与外部设备间常采用什么通信方式? 试简述之。

答:常采用串行通信方式,即将数据一位一位顺序传送的通信方式。这种通信方式的特点是连线简单(只有两根线),适合远距离通信,缺点是通信速度稍低。

串行通信又有两种基本方式,即异步串行通信方式和同步串行通信方式。

(1) 异步串行通信方式——为使收发双方协调通信,事先必须设定好通信的数据速率(波特率),如 1200bit/s,2400bit/s 等。传送的每个字符要有起始位和停止位作为字符的开始与结束标志,故传输效率较低。

(2) 同步串行通信方式——在待传送的数据块开始加同步字符,并要求由时钟信号来实现发送端与接收端的同步。此类通信方式的硬件电路较为复杂,故单片机系统中较少采用。

23. 已知 AT89S51 单片机与微型计算机(PC)的通信电路如图 8-2-4 所示。试完成以下各题:

(1) 芯片 MAX232 起什么作用?

(2) 单片机与 PC 间采用什么方式通信?

(3) 复位电平是高电平,还是低电平? 复位电路的时间常数是多少?

(4) 8 个发光二极管起什么作用?

答: (1) MAX232 起串行数据的电平转换作用,使转换后输出至 PC 的数据符合 RS-232 标准。

(2) 采用串行通信方式。

(3) 复位电平,即引脚 RET 上的电平为高电平,复位电路的时间常数约为
$$RC = CR = 10 \times 10^{-6} \times 2 \times 10^3 = 2 \times 10^{-2} \text{s} = 20 \text{(ms)}$$

(4) 8 个发光二极管用于指示接收到的数据。

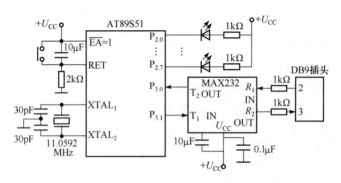

图 8-2-4 题 8-2-23

---

24. 单片系统(SoC)ADUC824 有何主要特点?

答: ADUC824 是一种高集成度、高性能、高精度的单片系统。它的主要特点有:

(1) 内含温度传感器、基准电压源、恒流源、定时器/计数器和时间间隙计数器。

(2) 内含两个独立的 A/D 转换器(主为 24 位,辅为 16 位)、12 位的 D/A 转换器。

(3) 片内有 8052 微控制器(MCU)内核,故其指令集与 51 系列单片机兼容,便于应用、开发。

(4) 内含 640B 数据存储器,又可外扩 16MB 外部数据存储器(24 根地址线)。

(5) 内含 8KB 程序存储器,还可外扩至 64KB 外部程序存储器。

(6) 外部振荡用 32.768kHz 低频振荡电路,经内部 384 次倍频,可获得 12.582912MHz 高频时钟信号,作为 MCU 的时钟频率,如此可降低由外部晶振而产生的高频干扰。

(7) 有完善的外部接口,即有异步串行接口(UART),基于 SPI 总线并且能与 I²C 总线兼容的同步串行接口。

(8) 具有下载调试模式和单端在线仿真(ICE)模式,也可进行在线编程和在线仿真。

(9) 低压供电,低功耗,电源电压范围为 2.7～5.5V,通常采用 +3V 或 +5V 供电;3V 供电时的功耗低于 10mW,在掉电模式下可降至 5μW。

(10) 具有自校准功能,可对老化的传感器进行修正。

(11) 芯片内设看门狗电路和电源监视电路。

(12) 体积甚小,52 引脚扁平封装,可直接安装在传感器、变送器或电缆连接器中。

25. 简述单片系统 MSC120/Y2/Y3/Y4/Y5 的主要特点。

答: 这是美国 TI 公司生产高集成度、高性能、高精度、低噪声的单片系统。其主要特点有:

(1) 具有 8 个输入通道。

(2) 内含多路转换器(MUX)。

(3) 内含 24 位 A/D 转换器。

(4) 内含 32KB 闪速存储器(闪存)。

(5) 内含增强型 8051 微控制器(MCU),32 位累加器。

(6) 具有电源管理及电压监控电路。

(7) 具有与 SPI 总线兼容的串行接口。

26. 已知 ADUC824 单片机外程序存储器的接口电路如图 8-2-5 所示。试完成以下各题:

(1) 此单片机片内程序存储器的容量是多少? 地址范围是什么?

(2) 此单片机片外(外部)程序存储器的容量是多少? 地址范围是什么?

(3) 片内片外程序存储器的选择由什么条件决定?

答:(1) 片内程序存储器的容量为 8KB,地址范围为 0000H～1FFFH。

(2) 片外程序存储器的容量为 56KB,地址范围为 2000H～FFFFH。

(3) 当引脚 $\overline{EA}=1$ 时,选择片内存储器;当 $\overline{EA}=0$ 和 PSEN=0 时,选择片外(外部)程序存储器,这一点与 51 系列单片机类同。片内片外程序存储器的地址不重叠。

27. 已知 ADUC824 单片机片外数据存储器的接口电路如图 8-2-6 所示。试完成以下各题:

(1) 此单片机片内数据存储器的容量是多少? 地址范围是什么?

(2) 此单片机片外数据存储器的容量是多少? 地址范围是多少?

(3) 片内片外数据存储器的选择由什么条件决定?

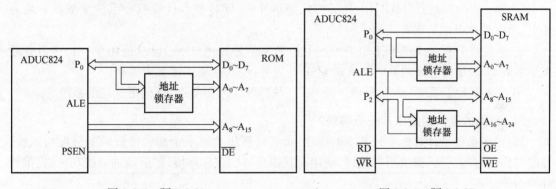

图 8-2-5 题 8-2-26　　　　　　图 8-2-6 题 8-2-27

答:(1) 内存数据存储器的容量为 640B,地址范围为 0000H～0280H。

(2) 片外数据存储器的容量为 16MB,地址范围为 000000H～FFFFFFH。

(3) 由不同的指令来决定。

28. 何谓嵌入式系统? 它有何特点?

答:嵌入式系统有多种定义,尚缺权威的统一说法,下面介绍常见的两种定义。

(1) 嵌入式系统是以应用为中心,以计算机技术为基础,软件、硬件可裁剪,适用于系统对功能、可靠性、体积、功耗等严格要求的专用计算机系统。这是从技术角度来定义的。

(2) 嵌入式系统是将硬件电路与软件紧密耦合在一起并能完成较复杂功能的计算机系统。这是从系统角度来定义的。

广义而言,单片机系统、FPGA 系统、DSP 系统都可以认为是嵌入式系统;相反,嵌入式系统也可认为是单片机系统。

嵌入式系统的主要特征:系统内核小、专业性强、系统精简、有高实时性的系统软件,采用多任务操作系统,软件开发标准化。

29. 何谓嵌入式最小系统? 画出它的组成框图。

答:一个嵌入式处理器是不能独立工作的,必须给它供电,加上时钟振荡信号,并提供复位信号;如果处理器芯片内设有程序存储器,则还要加上存储系统。所有这些提供给嵌入式微处理器运行所必须条件的电路与嵌入式微处理器共同构成嵌入式处理器的最小系统。图8-2-7为这个系统的组成框图:存储器系统是可选的,因为大多数嵌入式微处理器(微控制器)均在内部设计了程序存储器和数据存储器;调试测试接口有时也不是必需的,因为许多微处理器芯片均有此接口,此接口在开发工程中作用巨大。

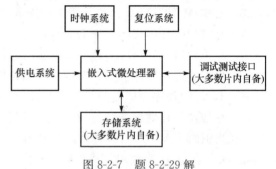

图 8-2-7 题 8-2-29 解

30. 什么是嵌入式微处理器的基本要求? 嵌入式系统是如何分类的?

答:(1) 有四项基本要求——性能优秀,耗能很低,体小质轻,价格低廉。

(2) 基本分成四类:

① 嵌入式微处理器(EMPU)——将通用的 CPU 用于专用的电路板上,并备有必需的 ROM、RAM、总线接口、外设等器件,增强某些功能,如抗干扰、可靠度等。

② 嵌入式微控制器(MUC)——又称此为单片机,即将整个计算机小系统集成在一块芯片上,所以单片机也是嵌入式的一种。

③ 嵌入式 DSP 处理器(EDSP)——目前,数字信号处理(DSP)已从通用单片机中以普通指令实现 DSP 功能过渡到采用嵌入式 DSP 处理器,使其性能指标大大提高。

④ 嵌入式片上系统(SoC、SoPC)——在一块硅片实现更复杂、性能更优越的系统。

31. 常见的嵌入式操作系统有哪些?

答:操作系统是计算机中最基本的程序,负责计算机系统中全部软件资源的分配与回收、控制与协调等的活动;提供用户接口,使用户获得良好的工作环境;扩展新的系统功能,提供软件平台等。

实时操作系统(RTOS)是一段在嵌入式系统启动后首先执行的背景程序。常见的嵌入式操作系统有以下5种。

(1) 嵌入式 Linux——μclinux 是完全符合 GNU/GPL 公约的操作系统,其代码完全开放,μclinux(微控制领域中的 Linux 系统)。它的主要优点是:稳定性好,有良好的移植性,优秀的网络功能,对各种文件系统有很好的支持作用,有标准丰富的 API 等。

(2) Windows CE——这是可开放、可升级的 32 位嵌入式操作系统,是基于掌上电脑的电子设备操作系统,是精简的 Windows 95。Windows CE 是所有源代码全部由微软自行开发的嵌入式新型操作系统。

(3) OSE——数据处理能力强,特别适合开发复杂的分布式系统。

(4) μC/OS-Ⅱ——这是源代码公开、可移植、可固化、可裁剪及占先式的实时多任务操作系统,其绝大部分代码是用 ANSIC 写成的。

（5）Vxworks——稳定性好、可靠性高、实时性强、可裁剪性好、在对中国销售解禁后，中国用户已在增加。

32. 何谓片上系统(SoC)？试举例说明。

答：SoC 是 System on Chip 的缩写，意为"片上系统"，也称为"系统级芯片"或"系统芯片"。这是 21 世纪初问世的一项尖端技术产品，它能在一个芯片上集成一个可灵活应用的计算机小系统，其集成度在 2010 年已达到 10^9 个晶体管$/cm^2$ 的水平。SoC 处理器具有 CPU 内核并内置多个外设模块，如可编程通用计数器，可编程中断控制器，DMA 控制器及以太网接口，如此内含使 SoC 可构建各种应用系统，而不需要附加的外部设备，大大减少了终端产品的尺寸和费用。

从某种意义上来讲，片上系统其实也是一种更高性能的单片机系统，嵌入式系统也属此类。

SoC 可以分为通用和专用两大类。通用系统包括 Infineon 的 Tricore、motorola 的 M-Core、某些 ARM 系列器件（ARM7、ARM9、ARM10 等）；专用 SoC 常用于某些专用产品中，属定制器件。

常用或常见的单片机 SoC 芯片有 ADI 公司的 ADUC×××系列产品，如 ADUC812、ADUC816、ADUC824、ADUC834、ADUC836 等高精度单片芯片。以 ADUC824 为例，它内部集成温度传感器，高分辨的双通道 16 位/24 位 A/D 转换器，闪速/电擦除(FLASH/EE)存储器（即闪存）、8052 微控制器(MCU)内核、12 位 D/A 转换器、SPI 总线及 I^2C 总线兼容的串行接口、看门狗定时器及电源监视器，具有下载调试及单端在线仿真等功能。

美国 TI 公司的产品 MSC120/Y2/Y3/Y4/Y5 等也是性能佳的低噪声单片 SoC 系统。

33. 何谓片上可编程系统(SoPC)？它有何特征？

答：SoPC 是 System on Programmable Chip 的缩写，意为"片上可编程系统"。这是一种特殊的嵌入式系统，用可编程逻辑技术将整个系统集成到一块硅片上，即由单个芯片完成某一整个系统的主要逻辑功能，利用可编程功能，使设计方法灵活，且可裁减、可扩充、可升级，并具备硬件在系统可编程的功能。SoPC 结合 SoC、PLD、FPGA 等各自的优点。它的基本特征如下所述。

（1）至少包含一个嵌入式微处理器内核，低功耗，微封装，体小质轻。

（2）具有小容量片内高速 RAM 资源。

（3）有丰富的 IP Core 资源可供选择及足够多的可编程逻辑资源可供利用。

（4）有处理器调试接口和 FPGA 编程接口。

（5）可能包含部分可编程模拟电路。

与 ASIC 相比，SoPC 具有成本低、产品设计周期短、应用灵活、风险小等优点，故 SoPC 常称为"半导体产业的未来"。

34. 何谓 ARM？

答：ARM 是 Advanced RISC Machines 的缩写，意为"微处理机行业中的一家知名企业，该企业设计了大量廉价、高性能、低能耗的 RISC 处理器和相关软件"。ARM 处理器是第一款面向高性能、低预算、低能耗的 RISC 微处理器。

应当指明的是，ARM 虽是微处理机行业中一家企业名称，但目前已有很多人将它与嵌入式等同，从而使之成为嵌入式的代名词。在一些教材中，常将两者结合在一起，以 ARM 嵌入式系统命名。

35. 简述 ARM7 系列。

答：ARM7 系列包括 ARM7TDMI、ARM7TDT-S、带有高速缓存处理器宏单元的 ARM720T 和 ARM7EJ-S。该系列处理器提供 Thumb 16 位压缩指令集。其内部具有：

（1）实时仿真和跟踪的 16/32 位微处理器；16KB SRAM；64/144 引脚。

（2）外部为 8 位、16 位或 32 位总线，外部存储器可配置成 4 组，每组容量可达 16MB。

（3）4/8 路（64/144 脚封装）10 位 A/D 转换器，转换时间低至 $2.44\mu s$。

（4）两个 32 位定时器、PWM 单元（6 路输出）、实时时钟和看门狗。

（5）多个串行接口——两个 UART、高速 I^2C（400kbit/s）、2 个 SPI。

（6）晶振频率范围为 $1\sim30MHz$；通过片内 PLL 可实现最高为 60MHz 的 CPU 操作。

（7）两个低功耗模式——空闲模式和掉电模式。

（8）低电压供电——CPU 为 $1.65\sim1.95V$；I/O 操作为 $3.0\sim3.6V$。

36. 简述 ARM10 系列。

答：ARM10 系列包括 ARM1020E 和 ARM10 微处理核。其核心在于使用向量浮点单元（VFP10）提供高性能的浮点解决方案，从而大大地提高处理器的整型和浮点运算性能，为用户界面的 2D 和 3D 图形引擎应用奠定了夯实基础，如视频游戏机和高性能打印机等。

二、填空题

1. MCS-51 系列单片机最小系统的显著特点是_____、_____、_____。

2. MCS-51 系列单片机最小系统应包括_____、_____、_____等。

3. MCS-51 系列单片机内置_____位 CPU、_____位程序计数器。

4. MCS-51 系列单片机可扩展成_____位（根）地址线，最大寻址空间为_____。

5. MCS-51 系列单片机内含_____个_____位定时器/计数器，能为系统提供定时和计数服务。

6. MCS-51 系列单片机有_____组_____位 I/O 接口。

7. MCS-51 系列单片机 P_3 I/O 接口中的_____可作串行接口使用，它既可作_____通信，也可作_____通信。

8. MCS-51 系列单片机有_____根数据线，由_____口提供。

9. MCS-51 系列单片机可扩展成 16 根地址线，其低 8 位由_____口提供（经锁存器锁存复用），高 8 位由_____口提供。

10. MCS-51 系列单片机外部的两个中断源占用 P_3 口中的_____、_____两个端口。

11. MCS-51 系列单片机有_____个中断源，中断处理过程主要分三个阶段，即_____、_____、_____。

12. MCS-51、AT89 系列单片机一般为_____引脚集成芯片，供电电压为_____。

13. 单片机串口的同步数据在_____芯片的配合下，可以将_____行的数据转换成_____行数据输出。

14. 单片机在_____芯片的配合下，可将外部的_____行数据转换成_____行输入。

15. 单片机系统可采用_____芯片作电平转换，可实现_____标准的数据传输，与 PC 实现通信。

16. 单片机系统中的串行通信可分为_____传输方式和_____传输方式。

17. 在单片机系统内,目前所使用的串行通信接口有_____、_____、_____、_____等多种,不同的单片机使用的串行通信接口也不同。

18. 80C51 系列单片机内使用的串行通信接口是_____、_____。AT89 系列单片机内使用的串行通信接口是_____。

19. AT89S51 系列单片机相对于 AT89C51 而言,除了增加_____功能外,还增加其他许多新功能,它向下完全兼容_____全部子系列产品。

20. 常用的 AT89S51 为_____引脚双列直插式封装,_____直流供电。

21. ADUC824 单片机内含 8052 MCU 内核,集成温度传感器,并含双通道_____位 A/D 转换器、_____位 D/A 转换器。

22. ADUC824 单片机选择_____低频率石英晶体振荡器,通过片内 384 次倍频,得到_____高频时钟信号。

23. ADUC824 单片机的引脚数为_____,直流供电电压通常为_____和_____。

24. ADUC824 单片机可外接容量为_____的程序存储器、容量为_____的数据存储器(SRAM)。

25. MCS-51 单片机、AT89 系列单片机的石英晶体振荡频率一般为_____至_____,外接振荡电容大致为_____。

26. 单片机小系统的复位通常有_____和_____两种方式。

27. 单片机小系统的复位电平通常为_____,兼顾掉电工作方式的复位,此电平应保持_____以上的时间(两个机器周期以上)。

28. 单片机中程序存储器(计数器)应为_____类半导体存储器。在系统复位后,程序存储器的内容应为_____。

29. MCS-51 系列、AT89 系列单片机约有 100 条指令,其执行时间大都为_____、_____、_____个机器周期,但乘法指令需要更多个机器周期。

30. 在 Intel 80×86/Pentium 指令中,立即寻址中的十进数 100 应写成十六进制_____,而在 51 系列单层机中应写成_____。

31. 在 MCS-51 单片机指令中,EQU 是_____伪指令,DB 是_____的伪指令。伪指令不是指令集中的指令。

32. 51 单片机指令 MOV A, P$_1$;功能是将_____送至_____。

33. 51 单片机指令 MOV P$_1$,20H;功能是将_____送至_____端口。

34. 51 单片机指令 MOV A,# 0F0H;功能是将_____送至_____。注意:在 F0 前加"0"。

35. 51 单片机指令 MOV A,R1;,若(R1)=5AH,则执行该条指令后,_____中的内容应为_____。

36. 51 单片机指令 ADD A,# 7H;是_____寻址方式。该指令执行后,累加器 A 中的内容为_____。

37. 51 单片机指令 MOV SP,# 50H;该指令执行后,堆栈尾地址为_____。存放数据时,地址由_____开始,随着数据的增加,栈指针 SP 值应_____。

38. 在 51 系列单片机中,MOV 指令用于访问_____存储单元,MOVX 指令用于访问_____存储单元。

39. 80C51 单片机的节电方式(低功耗方式)有两种,即_____方式和_____方式。它特别适合低功耗设计。

40. 80C51 单片机在待机(等待)方式工作时,CPU 将_____,但内存 RAM、定时器/计数器,串行 I/O 接口及中断系统将_____。

41. 80C51 单片机在掉电方式工作时,振荡器、CPU 将_____,供电电压将由 5V 降至_____,供电电流降至_____。

42. 80C51 单片机在掉电方式工作时,内存 RAM 中的内容_____,特殊功能寄存器 SFR 中的内容_____。

43. 与 HMOS 型单片机相比,CHMOS 型单片机的主要特点是集成度_____,功耗_____,运行速度_____,并具有较大的噪声容限。

44. 51 系列单片机在+5V 供电时,TTL 电路输入的最高低电平为_____,输入最低高电平为_____;TTL 电路输出的最高低电平为_____,最低高电平为_____。

45. 51 系列单片机在+5V 供电路,CMOS 电路输入的最高低电平为_____,输入最低高电平为_____;CMOS 电路输出的最高低电平为_____,最低高电平为_____。

46. 在 51 系列单片机中,当程序计数器的 PC 值超过_____(4KB)时,CPU 将自动转向访问_____。

47. FPGA 实验板常包括下载单元,可同时支持_____和_____两种模式下载。

48. JTAG 属边界扫描技术,具有_____和_____仿真功能,大大方便了单片机系统的调试工作,此技术也可实现在线编程。

49. ISP(In-System Programming)为"_____"和"_____"之意,但不具备在线仿真功能,通常称为"下载电缆"。

50. ISP 下载基于_____传输方式,且符合 SPI 协议数据的收发是_____进行的。ISP 下载是通过 9 条指令来控制完成的。

51. 为了验证所编程序运行的效果,应先经_____软件编译,通过后,再用_____软件进行仿真。

52. 在嵌入式系统应用中,只有将_____嵌入到系统中,同时又将_____嵌入,才是真正的计算机嵌入式应用系统。

53. 常见的嵌入式操作系统有_____、_____、_____、_____等多种。

54. 嵌入式系统的主要特点是_____、_____、_____、_____。

55. ARM7 TDMI 嵌入式处理有两个指令集,分别是_____位的 ARM 指令集和_____位的 Thumb 指令集。

56. ARM 嵌入式系统的伪指令有 4 条,分别为_____、_____、_____、_____。伪指令不是指令集中的指令。

57. 指令 ADD R0,R1,R2 属于_____寻址;指令执行后,R0 中的内容为_____。

58. ARM 嵌入式微处理器的字长为_____位,数据线宽为_____位,地址线为_____根。

三、是非题

1. 常用单片机芯片内的 CPU 均为 8 位宽度。　　　　　　　　　　　　　　　(　　)

2. 常用单片机芯片内均无 A/D 转换器和 D/A 转换器。　　　　　　　　　(　　)

3. MCS-51 系列单片机均有节电工作方式(待机方式和掉电方式)。　　　(　　)

4. 单片机工作在节电方式时,CPU 不工作,振荡器停振。　　　　　　　(　　)

5. 单片机只有工作在掉电方式时,CPU 不工作,振荡器停振,但 RAM 内容保持不变。

( )

6. 单片机从待机(等待)工作方式退出,既可用软件方式,也可用硬件复位方式解决。

( )

7. 单片机从掉电工作方式退出,只可用硬件复位方式解决。 ( )

8. 单片机从掉电工作方式退出所需的复位时间比通常的复位时间长许多,如 51 系列单片机应不少于 10ms。 ( )

9. 单片机的复位所需时间与 CPU 的时钟频率有关,后者高时,所需的复位时间也短。

( )

10. 单片机在复位之初,芯片 RET 引脚应为低电平,正常工作时应为高电平。 ( )

11. 8051、80C51 均为 40 引脚双列直插式单片机芯片。 ( )

12. 在 80C51 环境下开发的软件完全可在 8051 上应用,反之亦然。 ( )

13. 80C51 单片机既可以用汇编语言编程,也可用 C 语言编程操作。 ( )

14. AT89S51/52 单片机具有 ISP 能力(即在线下载、在线编程能力),而 AT89C51 则没有。 ( )

15. AT89S51 单片机在进行 ISP 编程时,应确保 RST 引脚为低电平,此电平应一直保持到整个编程过程的结束(即此期间不可复位)。 ( )

16. 51 系列单片机系统也具有 DMA 功能。 ( )

17. 51 系列单片机的数据总线、地址总线、控制总线均为双向传输三态总线。 ( )

18. MCS-51 系列单片机的 P_0、P_1、P_2、P_3 接口均应外接上拉电阻,才能保证其正常工作。

( )

19. MCS-51 系列单片机只有 P_0 接口应在片外接上拉电阻,否则不能正常工作。 ( )

20. MCS-51 系列单片机的内部、外部数据存储器的部分地址是重叠的,但访问的指令有区别,故能正确区分。 ( )

21. MCS-51 系列单片机的内部、外部程序存储器的部分地址是重叠的,但访问的指令有区别,故能正确区分。 ( )

22. 各单片机的片外石英晶体振荡频率一般均等于或大于 CPU 的时钟频率。 ( )

23. 单片机通常以串行方式与键盘进行通信。 ( )

24. 液晶显示器(LCD)的驱动模块(LCM)通常是由专用控制芯片构成的,其内含 CPU,单片机与 LCD 间常用并行接口。 ( )

25. AT89S51 系列单片机的端口驱动能力不足以直接驱动 LED 指示灯,故应外加晶体管(一般为 PNP 管)驱动电路。 ( )

26. 液晶显示模块(LCM)1602 是 16 引脚的字符显示模块,可显示 192 个 5×7 点阵字符,它与单片机间常采用串行通信方法。 ( )

27. 常用的编码或键盘控制器芯片 CH451 和 HD7279 等均具有防按键接触抖动功能。

( )

28. 单片机对数码管的连接通常采用 4 位一组的共阴型连接方式。 ( )

29. 单片机通常以并行接口方式向微型打印机传送信息,一些新推出的计算机已经采用 USB 接口取代传统的串行接口或并行接口。 ( )

30. 单片机通常以串行方式($P_{3.0}$、$P_{3.1}$ 端口)输出,经串行转并行芯片(如 74LS164N)转换

（驱动），再送数码管 LED 显示。 （ ）

31. ADUC812、ADUC824 等单片机均为高精度的单片系统。 （ ）

32. ADUC824 单片机外接 32.768kHz 较低频率的振荡电路，故此系统的时钟频率较低，工作速度较慢。 （ ）

33. ADUC824 单片机系统允许将外部地址扩展至 24 根，使寻址空间达到 16MB。
（ ）

34. ADUC824 单片机内部集成了一个 8052 为内核的微控制器（MCU），故它的指令集与 8051 兼容，这给使用带来极大方便。 （ ）

35. ADUC824 单片机系统只能用单电源供电。 （ ）

36. ADUC824 单片机系统能与 SPI 总线接口兼容，并支持 I^2C 串行接口标准。 （ ）

37. ADUC824 单片机系统无看门狗定时装置。 （ ）

38. 51 系列单片机本身不具备 I^2C 接口，但可通过接口线来模拟 I^2C 总线的时序，实现与 I^2C 总线通信。 （ ）

39. 51 系列单片机与 AT89 系列单片机均有 USB 接口。 （ ）

40. 51 系列单片机与 AT89 系列单片机均有 I^2C 接口。 （ ）

41. ARM 的原意是美国微处理行业一家知名企业的名称，与技术及专业无关。 （ ）

42. 嵌入式的架构是面向高预算市场设计的第一款 RSIC 微处理器。 （ ）

43. 嵌入式系统中不可共存其他嵌入式系统。 （ ）

44. DSP 执行的数字信号处理的速度比通用目的处理器处理的速度快得多。 （ ）

45. 单片机系统、DSP 系统、FPGA 系统等均不能称为嵌入式系统。 （ ）

46. ARM 指令集和 Thumb 指令集均为 32 位指令集。 （ ）

47. Thumb 指令集是 ARM 指令集的一个子集，为 16 位的压缩指令集。 （ ）

48. ARM 嵌入式系统在掉电工作时，其 CPU、振荡器等是停止工作的。 （ ）

49. 在单片机系统中，下述两条指令均是合法的： （ ）

    MOV A,# 0F0H;

    MOV A,# F0H;

50. 嵌入式系统执行 SUB R0,R1,R2;指令的含义是寄存 R1 中的值减去寄存器 R2 中的值，并将结果存入寄存器 R0 中。 （ ）

51. 单片机执行 MOV SP,# 50H;指令后，堆栈底的地址变为 50H，其存放数据即由 51H 地址单元开始。 （ ）

四、选择题

1. MCS-51 系列、52 系列单片机是几位单片机（即数据线宽度）？（ ）

    A. 均为 8 位　　　　　　　　　　B. 均为 16 位

    C. 前者为 8 位，后者为 16 位　　　D. 与 C 相反

2. MCS-51 系列、52 系列单片机片内的存储器容量为（ ）。

    A. 均为 4KB ROM、256B RAM

    B. 均为 8KB ROM、256B RAM

    C. 前者为 4KB ROM、256B RAM，后者为 8KB ROM、256B RAM

    D. 与 C 相反

3. 8051 系列、80C51 系列单片机的功耗为（　　　）。

    A. 8051 为 630mW，80C51 为 120mW   B. 8051 为 120mW，80C51 为 630mW

    C. 均为 120mW   D. 均为 630mW

4. 有关 8051 系列、80C51 系列单片机的开发软件，下列叙述哪个是正确的？（　　　）

    A. 两者均不能用 C 语言编程

    B. 两者均能用 C 语言编程

    C. 8051 可用 C 语言编程，80C 51 则不可能

    D. 两者的汇编语言开发软件完全兼容、通用

5. MCS-51 系列、52 系列单片机有几个中断源？（　　　）

    A. 均为 5 个   B. 均为 6 个

    C. 前者为 5 个，后者为 6 个   D. 前者为 6 个，后者为 5 个

6. MCS-51 系列、52 系列单片机有几个定时器/计数器？（　　　）

    A. 前者为 3 个 16 位，后者为 2 个 16 位   B. 前者为 2 个 16 位，后者为 3 个 16 位

    C. 均为 3 个 16 位   D. 均为 2 个 16 位

7. 有关 89C51 与 89S51 单片机的下列叙述哪条是不正确的？（　　　）

    A. 89C51 不支持在线编程（ISP）   B. 89S51 支持在线编程（ISP）

    C. 89C51 片内不含 Flash ROM   D. 两者均为 40 引脚、+5V 直流供电

8. MCS-51 系列、AT89 系列单片机有几组 8 位 I/O 接口？（　　　）

    A. 6 组   B. 5 组   C. 4 组   D. 3 组

9. MCS-51 系列单片机片内片外（可扩展）的地址线为（　　　）。

    A. 均为 8 根   B. 均为 16 根

    C. 片内 8 根，片外扩展至 12 根   D. 片内 8 根，片外扩展至 16 根

10. MCS-51 系列单片机内部、外部（可扩展）的数据存储容量为（　　　）。

    A. 内部 256B，外部扩至 60KB   B. 内部 256B，外部扩至 64KB

    C. 内部 4KB，外部扩至 60KB   D. 内部 4KB，外部扩至 64KB

11. MCS-51 系列单片机内部、外部（可扩展）的程序存储器容量为（　　　）。

    A. 内部 256B，外部扩至 60KB   B. 内部 256B，外部扩至 64KB

    C. 内部 4KB，外部扩至 60KB   D. 内部 4KB，外部扩至 64KB

12. 51 系列单片机内部数据存储器和外部数据存储器所用的操作指令及地址情况为（　　　）。

    A. 指令相同，地址部分重叠   B. 指令相同，地址不重叠

    C. 指令不同，地址部分重叠   D. 指令不同，地址不重叠

13. 51 系列单片机内部程序存储器和外部程序存储器所用的操作指令及地址情况为（　　　）。

    A. 指令相同，地址部分重叠   B. 指令相同，地址不重叠

    C. 指令不同，地址部分重叠   D. 指令不同，地址不重叠

14. 51 系列单片机片内片外数据存储器的地址部分是重叠的，故其运行的操作指令为（　　　）。

    A. 片内为 MOV，片外为 MOVX   B. 片内为 MOVX，片外为 MOV

    C. 均为 MOV   D. 均为 MOVX

15. 在 51 系列单片机系列中,引脚$\overline{EA}=1$ 和 $\overline{EA}=0$ 时,程序存储器的寻址情况为( )。

    A. $\overline{EA}=1$ 时对片内 4KB 程序存储器寻址,$\overline{EA}=0$ 时对片外 64KB 程序存储器寻址

    B. $\overline{EA}=1$ 时对片内 4KB 程序存储器寻址,$\overline{EA}=0$ 时对片外 60KB 程序存储器寻址

    C. $\overline{EA}=1$ 时对片内 64KB 程序存储器寻址,$\overline{EA}=0$ 时对片外 64KB 程序存储器寻址

    D. $\overline{EA}=1$ 时对片内 60KB 程序存储器寻址,$\overline{EA}=0$ 时对片外 4KB 程序存储器寻址

16. 在 51 系列单片机的 4 组 I/O 接口中,既作数据线又兼作地址线(复用)的接口是( )。

    A. P_3 口   B. P_2 口   C. P_1 口   D. P_0 口

17. 在 51 系列单片机的 4 组 I/O 接口中,片内无上拉电阻,应用时,片外在接上拉电阻的接口是( )。

    A. P_3 口   B. P_2 口   C. P_1 口   D. P_0 口

18. 在 51 系列单片机的 4 组 I/O 接口中,可作地址高 8 位的接口是( )。

    A. P_3 口   B. P_2 口   C. P_1 口   D. P_0 口

19. 在 51 系列单片机和 AT89 系列单片机中,用作串行接口的 I/O 是( )。

    A. $P_{3,0}$,$P_{3,1}$ B. $P_{3,2}$,$P_{3,3}$ C. $P_{3,4}$,$P_{3,5}$ D. $P_{3,6}$,$P_{3,7}$

20. 在 51 系列单片机和 AT89 系列单片机中,可作外部两个中断源的 I/O 接口是( )。

    A. $P_{3,0}$,$P_{3,1}$ B. $P_{3,2}$,$P_{3,3}$ C. $P_{3,4}$,$P_{3,5}$ D. $P_{3,6}$,$P_{3,7}$

21. 8051 系列、80C51 系列单片机是否都有节电工作方式?( )

    A. 均无节电工作方式

    B. 均有节电工作方式

    C. 8051 无节电工作方式,80C51 有节电工作方式

    D. 8051 有节电工作方式,80C51 无节电工作方式

22. 单片机片外晶体振荡频率(外频)与片内时钟频率(主频)的关系为( )。

    A. 两者相等   B. 外频大于主频

    C. 外频小于主频   D. 上述 A,B,C 均有可能

23. MCS-51 系列单片机、ADUC824 单片机的片外晶体振荡频率(f_1)与片内时钟频率(f_2)的 关系为( )。

    A. 前者 $f_1 \geqslant f_2$,后者 $f_1 < f_2$ B. 前者 $f_1 < f_2$,后者 $f_1 > f_2$

    C. 两者均 $f_1 \geqslant f_2$ D. 两者均 $f_1 = f_2$

24. 单片机在复位开始与复位结束时,RESET(RST)端口的电平为( )。

    A. 开始为高电平,结束时为低电平   B. 与 A 相反

    C. 开始为低电平,结束时为高电平   D. 均为低电平

25. 51 系列单片机系统在复位有效期间,引脚 ALE(地址锁存信号)、PSEN(程序存储器取指信号)端口的电平为( )。

    A. 均为低电平   B. 均为高电平

    C. 前者为高电平,后者为低电平   D. 与 C 相反

26. 单片机处于复位状态时,对内存 RAM 和程序计数器(PC)的影响是( )。

    A. 均无影响   B. 均有影响

    C. 对 RAM 无影响,使 PC 清零   D. 使 RAM,PC 均清零

27. 51 系列单片机在待机方式和掉电方式工作时,其 CPU 的状态为( )。

    A. 均工作   B. 均停止工作

C. 待机时工作,掉电时不工作　　　　　　　D. 与 C 相反

28. +5V 供电的 51 系列单片机在待机(等待)方式和掉电方式工作时,其供电电压和供电电流的变化情况为( )。

　　A. 前者为+5V、几毫安电流,后者为+5V、几百微安电流

　　B. 前者为+5V、几百微安电流,后者为+5V、几百纳安电流

　　C. 前者为+5V、几毫安电流,后者为+2V、几微安电流

　　D. 前者为+5V、几十毫安电流,后者为+2V、几十纳安电流

29. 单片机在执行下述两条指令后,累加器 A 中的内容先后为( )。

```
MOV  A,#6H
ADD  A,#0FH
```

　　A. 6,21　　　　　　B. 不确定　　　　　　C. 6,9　　　　　　D. 6,90

30. ARM 家族嵌入式处理器的字长(数据线)为( )。

　　A. 8 位　　　　　　B. 16 位　　　　　　C. 32 位　　　　　　D. 64 位

31. ARM 结构嵌入式的地址空间为( )。

　　A. $2^8=256B$　　　　B. $2^{16}=64KB$　　　　C. $2^{32}=4GB$　　　　D. $2^{34}=16GB$

32. ARM7 嵌入式支持 Thumb 压缩指令的位数为( )。

　　A. 8 位　　　　　　B. 16 位　　　　　　C. 32 位　　　　　　D. 64 位

33. 系统复位后,NiosⅡ处理器进入的状态模式是( )。

　　A. 超级用户模式　　B. 调试模式　　　　　C. 用户模式　　　　D. 主动模式

34. 指出下列 ARM 指令中合法的常量是( )。

　　A. O_x1010　　　　B. O_x00102　　　　C. $O_xFF1000$　　　　D. $O_x00110000$

35. ARM7 TDM1 嵌入式处理器具有多少级流水线?( )

　　A. 3　　　　　　　　B. 4　　　　　　　　C. 5　　　　　　　　D. 6

36. 嵌入式系统可以选用下列哪种部件充当硬盘?( )

　　A. 内存条　　　　　B. 寄存器　　　　　　C. EEPROM　　　　D. Flash

37. 在嵌入系统的存储结构中,取存速度最快的是( )。

　　A. 寄存器组　　　　B. 内存　　　　　　　C. Flash　　　　　　D. Cache

38. 若内存地址空间为 2000H~23FFH,每个存储单元可存放 16 位二进制数,该内存区使用两片存储芯片,则该内存所用的每一存储芯片的容量至少为( )。

　　A. 1024×16　　　　B. 512×16　　　　　　C. 256×16　　　　　D. 512×8

五、填空题、是非题、选择题答案

(一) 填空题

1. 体积小,成本低,功能强　　　　　　　　　2. 微处理器,复位电路,片外振荡电路

3. 8,16　　　　　　　　　　　　　　　　　　4. 16,64KB

5. 2,16　　　　　　　　　　　　　　　　　　6. 4,8

7. $P_{3,0}$,$P_{3,1}$,同步串行,异步串行　　　　8. 8,P_0

9. P_0,P_2　　　　　　　　　　　　　　　　10. $P_{3,2}$,$P_{3,3}$

11. 5,中断响应,中断服务,中断返回　　　　12. 40,+5V

13. 74LS164,串,并　　　　　　　　　　　　14. 74LS165,串,并

15. MAX232,RS232

16. 同步串行,异步串行

17. UART,I²C,SPI,USB

18. UART,SPI,UART

19. ISP(在线下载),MCS-51

20. 40,+5V

21. 16/24,12

22. 32.768kHz,12.582912MHz

23. 52,+3V,+5V

24. 64KB,16KB

25. 几兆赫,几十兆赫,30pF(20~80pF)

26. 自动复位,按键复位

27. 高电平,10ms

28. ROM,0000H(或厂商指定的内容)

29. 1,2,3

30. 64H,♯64H

31. 赋值,定义字节

32. P₁端口的外部数据,累加器 A 中

33. 将地址为 20H 内的存储单元中的数据,P₁

34. 立即数 0F0H,累加器 A 中

35. 累加器 A,5AH

36. 立即,A 中原有内容与 7H 之和

37. 50H,51H,增加

38. 内部,外部 64KB

39. 待机(等待),掉电

40. 停止工作,继续工作

41. 停止工作,+2V,几十纳安

42. 不会改变,会改变

43. 更高,更低,更快

44. 0.8V,2V,0.8V,2.4V

45. 1.5V,3.5V,0.01V,4.99V

46. 0FFFH,外部程序存储器

47. JTAG,AS

48. 下载,在线

49. 在线下载,在线编程

50. 串行,同步

51. Keil,Proteus

52. CPU,操作系统

53. 嵌入式 Linux,Windows CE,μs/os-Ⅱ, VxWorks

54. 功能强,耗能低,体小质轻,价廉

55. 32,16

56. ADR,ADRL,LDR,NOP

57. 寄存器,R1+R2

58. 32,32,32

(二) 是非题

1. × 2. × 3. × 4. × 5. √ 6. √ 7. √ 8. √ 9. √ 10. ×
11. × 12. × 13. √ 14. √ 15. √ 16. × 17. × 18. × 19. √ 20. √
21. × 22. × 23. √ 24. √ 25. √ 26. × 27. × 28. × 29. √ 30. √
31. √ 32. × 33. √ 34. √ 35. × 36. √ 37. √ 38. √ 39. × 40. ×
41. √ 42. × 43. × 44. √ 45. × 46. × 47. √ 48. √ 49. × 50. √
51. ×

(三) 选择题

1. A 2. C 3. A 4. D 5. C 6. B 7. C 8. C 9. D 10. B
11. C 12. C 13. B 14. A 15. B 16. D 17. D 18. B 19. A 20. B
21. C 22. D 23. A 24. A 25. B 26. C 27. B 28. D 29. A 30. C
31. C 32. B 33. A 34. D 35. A 36. D 37. A 38. A

第九章　电子测量

第一部分　基 础 知 识

一、问答题

1. 什么是电子测量?

答:广义而言,凡是利用电子技术来进行的测量都是电子测量。自然界中许多物理量都可设法通过相应的传感器变换成电信号,然后进行电子测量。

狭义而言,电子测量是电子学与电子技术中有关电子量值的测量,如电压、电流、信号特性、元器件参量、电路与系统的性能指标等。

2. 电子测量的显著特点是什么?

答:与其他测量方法相比,电子测量的显著特点有如下 6 点。

(1) 测量准确度高——即测量精度高,如对频率与时间的测量,其误差可减小到 $10^{-13}\sim$ 10^{-14} 量级。

(2) 测量速度快——电子测量是通过电子运动和电磁波的传播来进行工作的,故其测量结果瞬间即得。

(3) 测量的频率范围极宽——低端从直流(零频)开始,高端可达 100GHz 或更高。

(4) 测量的量值极宽——被测量的大小相差甚大,量程可宽达7~10 多个量级,如电子计数器的量程甚至可达 17 个数量级,这是其他测量方法所无法达到的。

(5) 易于进行遥控遥测及长期不间断的测量。

(6) 易于与计算机连接——进行自动测量,连成网络进行多点测量。

3. 什么是真值? 什么是测量误差?

答:能如实反映被测对象真实大小的量值即为测量真值,也可认为真值是在一定时空条件下被测量的一个客观存在的确定数值。

由于种种原因,在测量时人们所得的测量值往往与被测对象的真值不同,这个差别就是测量误差。

4. 在实际的电子测量中,如何能得到被测量的真值?

答:通常有两种方法:

(1) 常用高一等级计量标准(仪器)所测得的量值作为实际值(真值)。

(2) 可用已修正过的多次测量的算术平均值作为真值使用。

由此可见,被测对象的真值是相对准确的,而不是绝对准确的。

5. 测量误差通常有几大类? 并作简单解释。

答:通常可分为绝对误差、相对误差和引用误差三大类,以下详细说明。

(1) 绝对误差——即被测对象所测得值 x 与其真值 x_0 的差值 Δx 即为绝对误差,为 $\Delta x = x - x_0$。例如,某一信号频率的真值为 1MHz,所测得的值为 1.01MHz,则其绝对误差为

$$\Delta f = f - f_0 = 1.01\text{MHz} - 1\text{MHz} = 0.01\text{MHz} = 10\text{kHz}$$

（2）相对误差——有时也称为相对真误差，它是绝对误差与真值的比值，即

$$r = \frac{\Delta x}{x_0} \times 100\% \approx \frac{\Delta x}{x} \times 100\% \text{（在 } x \text{ 接近 } x_0 \text{ 时）}$$

例如，上述的信号频率的相对误差为

$$r = \frac{\Delta f}{f_0} \times 100\% = \frac{10\text{kHz}}{1\text{MHz}} \times 100\% = 1\%$$

对于真值为较大或很大时，绝对误差已无多大意义，相对误差就显得很有价值，故后者是经常采用的。

（3）引用误差（满刻度相对误差）——使用指针式仪表测量时，在某一测量量程内，被测量往往有不同的数值，即上述的 $x(x_0)$ 会不同，故相对误差有差别。为了计算和划分测量仪表的准确度，通常规定仪表量程的满刻度值 x_m 作为相对误差公式的分母，此时算得的误差称为引用误差，也称为满刻度相对误差，计算式为 $Y_m = \frac{\Delta x}{x_m} \times 100\%$。

6. 根据测量误差的性质与特点，测量误差分几大类？

答：主要分为系统误差、随机误差和粗大误差三大类。

（1）系统误差——在相同条件下，多次测量同一量值，如果得到的误差绝对值和符号保持不变或在测量条件改变时，将按某种确定规律而变化的误差，称为系统误差。系统误差一般可归纳为若干个因素的函数。

（2）随机误差——在实际相同条件下，多次测量同一量值时，如果误差的绝对值和符号是变化的，但又没有确定的变化规律可循，这种误差称为随机误差。

（3）粗大误差——也称为过失误差。这是一种在规定条件下，测量值偏离真值很大的一种误差。

7. 系统误差、随机误差、粗大误差是由什么原因造成的？

答：（1）系统误差造成的原因——测量仪器不准，设备安装，放置位置不当；测量时仪器仪表未校准（如零点基点未对准等）；测量方法不完善，所依据的理论不严格；测量环境有变化（如温度、湿度、电源电压变化等）。

（2）随机误差造成的原因——主要是由一些互不相关的诸多因素造成的，如热扰动、噪声干扰、电磁场的变化，大地的微振等。这些因素往往是不可控的。

（3）粗大误差造成的原因——这是由于测量人员粗心大意，测错、读错、记错或计算错误而引起的误差。另外，由于使用仪器不当，仪器仪表未定期计量而造成的误差等也在其例。

8. 什么是有效数字？试举例说明。

答：为了将某个测量结果表示得确切，通常只能取一个近似值，此近似数表示所产生的误差不得超过其末个单位数字的一半。有效数字规定从近似数左边第一个非零数字起，直至右边最后一个数字止。利用有效数字记录测量结果时，应注意以下 4 点。

（1）在第一位非"0"数字左边的"0"不是有效数字，而非"0"数字之间的"0"则是有效数字，如 0.0103kHz 左侧的两个"0"不是有效数字，1 与 3 之间的"0"是有效数字，此数值为 3 位有效数。

（2）数值的末位为"0"时，此"0"不可随意删除，它与测量精度有关，例如：

4.30A——表明测量误差不超过 0.005A,误差小,精度高。

4.3A——表明测量误差不超过 0.05A,误差大,精度低。

(3) 采用"10"的方幂表示数字时,它前面的数字都是有效数字,例如:

$1.80 \times 10^3 \text{Hz}$——1800Hz,表明有效数字是 3 位。

$1.8 \times 10^3 \text{Hz}$——1800Hz,表明有效数字是 2 位。

(4) 有效数字的位数不会因采用单位的改变而改变,例如:

$5\text{A} = 5 \times 10^3 \text{mA}$——两者精度相同,有效数字均为 1 位。

$5\text{A} \neq 5000\text{mA}$——两者精度不同,前者的有效数字为 1 位,后者的有效数字为 4 位。

$5.000\text{A} = 5000\text{mA}$——两者精度相同,有效数字均为 4 位。

9. 在实验数据处理中,数字的舍入规则是什么？试举例说明。

答:舍入规则——以保留有效数字的末位为单位,它后面的数大于 0.5 的,则向左进 1 位；小于 0.5 的舍去,则不进位；恰为 0.5 的,其左侧为奇数时进 1,为偶数不进位。此规则的特点是克服传统的四舍五入中保留数字末位后面的数为 0.5 时,只入(进)不舍的缺点。例如,将下列各数据保留 3 位有效数字的结果是:

68.65→68.6   68.651→68.7(因 0.051＞0.05)   68.55→68.6

68.0→68.0   38050→380×10²   38150→382×10²

38251→383×10²

例如,下列各数据保留 4 位有效数字的结果是:

6.738501→6.739(因 0.000501＞0.00050,故进位)   6.73850→6.738

6.73750→6.738   6.73805→6.738   6.73350→6.734

上述的舍入原则可简单归纳为:有效数字后面的数小于 5 的舍,大于 5 的(如 51、50 等)入;等于 5 的前面为奇数时进 1,为偶数时不进位(舍)。

10. 何谓测量值的数学期望？何谓测量值的方差？

答:(1) 测量值的数学期望——当测量次数 $n \to \infty$ 时,它的各次测量值的算术平均值即为数学期望。此期望只反映测量的平均情况。数学期望可近似表述,即

$$M(x) = \frac{1}{n} \sum_{i=1}^{n} x_i \quad (当 n \to \infty)$$

(2) 测量值的方差——用来描述测量值的离散程度或者随机误差对测量影响的数值,其数学表述为

$$\sigma^2(x) = \frac{1}{n} \sum_{i=1}^{n} [x_i - M(x)]^2 \quad (当 n \to \infty)$$

方差表述的特点是对较大误差的反应比较灵敏。

11. 何谓正弦信号的峰峰值、半峰值(幅值)、有效值、平均值(均值)？它们间有什么关系？试用图形或数学式说明。

答:(1) 峰峰值——其定义如图 9-1-1 所示,即图中 U_m 至 $-U_m$ 之间的电压差值,常以 U_{pp} 表示。

(2) 半峰值——也称为幅值,为正弦半个波之最大值,如图 9-1-1 中的 U_m,即 $U_m = \frac{1}{2} U_{pp}$。

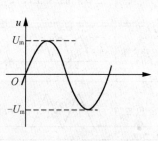

图 9-1-1　题 9-1-11 解

（3）有效值——是信号在一周期内,通过某纯电阻负载所产生的热量与一个直流信号在同一负载电阻上所产生的热量相等时,该直流电压的数值就是该交流电压的有效值。在数学上,有效值与均方根值是同义词,可表述为

$$U_\sim = \sqrt{\frac{1}{T}\int_0^T u^2(t)\,\mathrm{d}t}$$

对于正弦波而言,其有效值与半峰值 U_m 之间的关系为

$$U_\sim = \frac{U_\mathrm{m}}{\sqrt{2}} = 0.707U_\mathrm{m}$$

或

$$U_\mathrm{m} = \sqrt{2}U_\sim$$

（4）均方根值——与上述的有效值相同,数学表述也一样。

（5）平均值——简称均值,其数学上的定义为

$$\bar{U} = \frac{1}{T}\int_0^T u(t)\,\mathrm{d}t$$

对于纯粹的交流电压而言,如正弦波电压,其 $\bar{U}=0$,所以从周期交流电压测量观点来看,平均值一般是指经过检波（全波整流）后的平均值,为

$$\bar{U} = \frac{1}{T}\int_0^T |u(t)|\,\mathrm{d}t$$

对于正弦信号而言,其平均值与有效值之关系为

$$\bar{U} = \frac{U_\sim}{K_\mathrm{F}} = \frac{U_\sim}{1.11} = \frac{0.707}{1.11}U_\mathrm{m} = 0.637U_\mathrm{m}$$

12. 试列出正弦波、三角波、方波、正弦半波常用信号的半峰值、有效值、平均值的关系。

答:此关系如表 9-1-1 所示。

表 9-1-1

名称	波形图	有效值($U_\sim$)	平均值($\bar{U}$)	波形因数 $K_\mathrm{F}=\dfrac{U_\sim}{\bar{U}}$	波峰因数 $K_\mathrm{p}=\dfrac{U_\mathrm{m}}{U_\sim}$
正弦波		$U_\sim=\dfrac{U_\mathrm{m}}{\sqrt{2}}$ $=0.707U_\mathrm{m}$	$\bar{U}=\dfrac{2U_\mathrm{m}}{\pi}$ $\approx0.637U_\mathrm{m}$	1.11	$\sqrt{2}=1.414$
正弦半波		$U_\sim=\dfrac{U_\mathrm{m}}{2}$ $=0.5U_\mathrm{m}$	$\bar{U}=\dfrac{U_\mathrm{p}}{\pi}$ $\approx0.318U_\mathrm{m}$	1.57	2
正弦全波		$U_\sim=\dfrac{U_\mathrm{m}}{\sqrt{2}}$ $=0.707U_\mathrm{m}$	$\bar{U}=\dfrac{U_\mathrm{m}}{\pi}$ $\approx0.637U_\mathrm{m}$	1.11	$\sqrt{2}=1.414$
三角波		$U_\sim=\dfrac{U_\mathrm{m}}{\sqrt{3}}$ $=0.577U_\mathrm{m}$	$\bar{U}=\dfrac{U_\mathrm{m}}{2}$	1.15	$\sqrt{3}=1.732$

名称	波形图	有效值($U_\sim$)	平均值($\bar{U}$)	波形因数 $K_F=\dfrac{U_\sim}{\bar{U}}$	波峰因数 $K_P=\dfrac{U_m}{U_\sim}$
方波		$U_\sim=U_m$	$\bar{U}=U_m$	1	1
矩形波		$U_\sim=\sqrt{\dfrac{\tau}{T}}U_m$	$\bar{U}=\dfrac{\tau}{T}U_m$	$\sqrt{\dfrac{T}{\tau}}$	$\sqrt{\dfrac{T}{\tau}}$

13. 已测得三角波的峰峰值为 **10V**,其有效值和均值各为多少伏?

答:

$$U_\sim=\frac{U_m}{\sqrt{3}}=0.577U_m=0.577\times\frac{10}{2}=2.885(\text{V})$$

$$\bar{U}=\frac{U_m}{2}=\frac{5}{2}=2.5(\text{V})$$

14. 已测得一方波的峰峰值电压为 **10V**,则其有效值和均值各为多少伏?

答:

$$U_\sim=\bar{U}=U_m=\frac{10}{2}=5(\text{V})$$

15. 已测得一正弦全波的峰值(幅值)为 **10V**,则其有效值与均值各为多少伏?

答:

$$U_\sim=0.707U_m=7.07(\text{V})$$

$$\bar{U}=0.637U_m=6.37(\text{V})$$

16. 何谓信号的功率电平和电压电平?

答:在阻抗匹配的条件下(即当信号源的输出电阻等于负载电阻时),功率电平及电压电平的定义为:

功率电平为

$$P_W=10\lg\frac{P_x}{P_o}(\text{dBm})$$

电压电平为

$$P_V=20\lg\frac{u_x}{u_o}(\text{dBv})$$

式中,P_x 为负载所获得的功率;P_o 为所规定的基准量,如 1mW,即当 $P_x=1\text{mW}$ 时,$P_W=0\text{dBm}$;u_x 为负载两端的电压(正弦有效值);u_o 为所规定的基准量,如 0.775V,即当 $U_x=0.775\text{V}$ 时,$P_V=0(\text{dBv})$。

目前大多数信号,尤其是电平振荡器,常用 1mW 为功率电平的基准量,取 0.775V 为电压电平的基准量。

17. 已知一信号的功率电平为 **30dBm**,其基准量为 **1mW**,负载电阻为 **50Ω**,问负载上所获得的功率是多少? 负载两端的电压是多少?

答:(1) 负载所获得的功率为 $P_x=1\text{W}$,因为功率电平为

$$P_W=10\lg\frac{P_x}{P_o}=10\lg\frac{1000\text{mW}}{1\text{mW}}=10\lg10^3=30(\text{dBm})$$

（2）负载 50Ω 上的电压 U_x 为

$$U_x = \sqrt{P_x R_L} = \sqrt{1 \times 50} = 7.07(\text{V})$$

18. 已知一信号的功率电平为 40dBμ，其基准量为 1μW，负载电阻为 50Ω。问负载上所获得的功率是多少？负载两端的电压是多少？

答：（1）负载所获得的功率为 $P_x = 10\text{mW}$，因为功率电平为

$$P_w = 10\lg\frac{P_x}{P_o} = 10\lg\frac{10^4\mu\text{w}}{1\mu\text{w}} = 40(\text{dB}\mu)$$

（2）负载 50Ω 上的电压 U_x 为

$$U_x = \sqrt{P_x R_L} = \sqrt{0.01 \times 50} = \sqrt{0.5} = 0.707(\text{V})$$

19. 什么是信号的非线性失真？正弦信号的非线性失真系数是如何计算的？

答：一般而言，使正弦信号产生新频率成分（主要是各次谐频）的失真则称为非线性失真，这里主要是指谐波而引起的失真。一个正弦信号若只有基波而无任何谐波成分，则此信号无非线性失真。据此非线性失真的计算式为

$$D = \frac{\sqrt{U_2^2 + U_3^2 + \cdots}}{U_1} \times 100\%$$

式中，U_1 为基波电压有效值；U_2，U_3，…为该信号所含二次谐波、三次谐波……的有效值。

20. 已知某脉冲信号发生器输出脉冲宽度的绝对误差计算式为 $\Delta\tau = \pm10\%\tau \pm 0.025\mu s$（$\tau$ 为脉冲宽度）。试完成以下各题：

（1）公式的前后两项分别代表什么误差？

（2）若输出脉冲宽度分别为 0.1μs 和 1μs 时，其绝对误差是多少？

（3）上述计算结果能说明什么问题？

答：（1）公式的第一项为相对误差，与脉冲宽度有关；第二项为绝对误差，与输出脉冲宽度无关。

（2）输出脉冲宽度为 0.1μs 时，其绝对误差为

$$\Delta\tau = \pm10\% \times 0.1\mu s \pm 0.025\mu s = \pm 0.0375\mu s$$

输出脉冲宽度为 1μs 时，其绝对误差为

$$\Delta\tau = \pm10\% \times 1\mu s \pm 0.025\mu s = \pm 0.125\mu s$$

（3）上述计算表明：输出窄脉冲时，误差的绝对部分起主要作用；输出宽脉冲时，误差的相对部分起主要作用。

21. 为测量一个 10V 左右的电压，用量程为 150V、±0.5 级的电压表和量程为 15V、±1.5 级电压表分别测量，其所测结果是不一样的？为什么？

答：（1）用 150V、±1.5 级电压表测 10V 电压的绝对误差和电压值分别为

$$\Delta U \leqslant U_m \times 5\% = 150 \times (\pm0.5\%) = \pm 0.75(\text{V})$$

$$U = 10\text{V} \pm 0.75\text{V}（即在 9.25 \sim 10.75 \text{ 的范围内}）$$

（2）用 15V、±1.5 级电压表测 10V 电压的绝对误差和电压值分别为

$$\Delta U \leqslant U_m \times 5\% = 15 \times (\pm1.5\%) = \pm 0.225(\text{V})$$

$$U = 10\text{V} \pm 0.225\text{V}（即为 9.775 \sim 10.225 \text{V}）$$

（3）上述计算表明，用指针式仪表测量某一参量时，为减小测量误差，除选用精度高的仪

表外,更为重要的是选择合适的量程。在一般情况下,应使被测量的数值尽可能在仪表满刻度的 2/3 以上。

二、填空题

1. 测量误差通常分为_____和_____两大类。

2. 根据测量误差的性质与特点,可将测量误差分为_____、_____、_____三大类。

3. 粗大误差本身可以是_____误差,也可以是_____误差,或为_____。

4. 随机误差在足够多次测量的总体上服从_____规律,其误差分布接近_____分布。

5. 多次测量所得绝对误差的算术平均值就等于测量的_____误差;在取平均值之后,_____误差的影响可以消除。

6. 测量误差的合成方法主要有_____合成法和_____合成法。

7. 测量值的数学期望就是当测量次数_____时,为各次测量值的_____。

8. 数值 45.75,若保留 3 位有效数字,其值为_____,数值 45.25 若保留 3 位有效数字,其值为_____。

9. 数值 45.15,若保留 3 位有效数字,其值为_____;数值 45.25 若保留 3 位有效数字,其值为_____。

10. 数值 $1.80 \times 10^3 \Omega$ 的有效位数为_____位,$0.088 \times 10^3 \Omega$ 的有效位数为_____位。

11. 数值 38.15,保留 3 位有效数后可写成_____,数值 38050 保留 3 位数后可写成_____。

12. 某一信号源输出信号的误差计算式为 $\Delta f = \pm 10^4 f_0 \pm 10 Hz$,等式的第一项为_____误差,等式的第二项为_____误差。

13. 已知某信号源的绝对误差为 100Hz,对于标称频率(近似为真值)为 100MHz 的信号,其相对误差为_____;对于 100kHz 的信号,其相对误差为_____。

14. 对于指针式仪表,一般情况下应使被测量的数值尽可能在仪表满刻度的_____以上。这样可使测量的_____。

15. 用一正弦有效值刻度的峰值电压表测量一方波信号电压,若读数为 10V,则此方波的峰值为_____ V,有效值为_____ V。

16. 已知正弦半波整流信号的峰值为 10V,则其有效值为_____ V,平均值为_____ V。

17. 已知正弦全波整流信号的峰值为 10V,则其有效值为_____ V,平均值为_____ V。

18. 已知方波信号的幅值为 10V,则其有效值为_____ V,平均值为_____ V。

19. 已知三角波信号的峰值(幅值)为 10V,则其有效值为_____ V,平均值为_____ V。

20. 已知正弦信号的峰峰值为 20V,则其有效值为_____ V,平均值为_____ V。

21. 在电声系统中,常用 0.775V 作为电压零分贝(0dB)的基准电平(参照电平)。此 0.775V 来源于信号在_____负载电阻上产生 1mW 时的电压值。

22. 已测得某信号电压为 7.75V,若零分贝的电平为 0.775V,则其电压电平为_____,其功率电平(在 600Ω 负载上)为_____。

23. 数字电压表(DVM)的量程下限可低至_____级,上限可达_____量级。

24. 数字电压表(DVM)的基本量程多半为_____ V 或_____ V,也有 2V 或 5V 等。

25. 常见的 $3\frac{1}{2}$、$4\frac{1}{2}$、$5\frac{1}{2}$ 数字电压表中的 $\frac{1}{2}$（也称半个字）表示该表具有_____能力，如某 10.000V 量程的最大显示值为_____。

26. 数字电压表的分辨力是其显示被测信号 U 的_____，即显示器末位跳一个字所需的_____。

三、是非题

1. 在电子测量中，被测量的真值是一个客观存在的确定数值，它不随外界条件变化而变化。　　　　　　　　　　　　　　　　　　　　　　　　（　　）

2. 在电子测量中，相对误差是没有量纲的。　　　　　　　　　　　（　　）

3. 测量中的准确度一般可称为精确度，有时也称为正确度。　　　（　　）

4. 对于绝对误差大的系统，其相对误差也一定大。　　　　　　　（　　）

5. 多次测量所得绝对误差的平均值就等于测量的系统误差。　　　（　　）

6. 多次测量在取均值后，随机误差的影响可以消除。　　　　　　（　　）

7. 噪声可作为一种测试信号，最适于用来模拟线性系统的实际工作状态。（　　）

8. 在电子测量中，所得的任意奇异数值均应剔除。　　　　　　　（　　）

9. 2.000A 与 2000mA 的有效位数是不一样的。　　　　　　　　（　　）

10. 8.080 与 8.08 的有效数字位数均为 3 位。　　　　　　　　　（　　）

11. 5A 的有效位数为 1 位，5000mA 的有效位数为 4 位。　　　　（　　）

12. 用电压表的不同量程测量同一电压，测得的结果相同的。　　（　　）

13. 分贝（dB）的测量实质上就是电压或功率的测量，只是其显示以分贝表示而已。　　　　　　　　　　　　　　　　　　　　　　　　　　　　（　　）

14. 信号的平均值与有效值是同一概念（数值）的不同说法而已。（　　）

15. 信号的电压均值（平均值）是某一信号电压在一个周期内积分的平均值，数字上的定义为 $\overline{U} = \frac{1}{T}\int_0^T u(t)\mathrm{d}t$。　　　　　　　　　　　　　　　（　　）

16. 正弦波形的平均值一般是指信号经过检波（整流）后的平均值，且在不特别注明时，都是指全波平均值。　　　　　　　　　　　　　　　　　　　（　　）

17. 交流电压的有效值是指在一个信号周期内，通过某纯电阻负载所产生的热量（能量）与一个直流电压在同一负载上产生的热量相等时，该直流电压值就是交流电压的有效值，其数学上的定义为 $U_\sim = \sqrt{\frac{1}{T}\int_0^T u^2(t)\mathrm{d}t}$。　　　　　　　（　　）

18. 有效值电压表是测量噪声电压最理想的电表。用它可方便直接读数。（　　）

19. 由于噪声功率正比于系统的带宽，故选用的电压表的带宽应远大于被测系统噪声带宽，否则会使测量结果偏小。　　　　　　　　　　　　　　　　（　　）

20. 方波信号的峰值（幅值）电压也等于有效值的 $\sqrt{2}$ 倍。　　　（　　）

21. 三角波信号的峰值（幅值）电压是有效值的 $\sqrt{3}$ 倍。　　　　（　　）

22. 逻辑分析仅可以用二进制状态来显示，但不可用八进制、十进制、十六进制等不同数制显示。　　　　　　　　　　　　　　　　　　　　　　　　　　（　　）

四、选择题

1. 在实际测量中,有关被测量的真值,下列叙述哪一个是错误的?(　　)

    A. 被测量的真值是一个客观存在的确定数值,它与时空条件有关

    B. 被测量的真值是一个客观存在的确定数值,它与时空条件无关

    C. 常将高一等级的计量标准所测得的量值作真值使用

    D. 可以用修正过的多次测量的算术平均值来代替真值使用

2. 关于随机误差,下列哪种说法是错误的?(　　)

    A. 测量中的随机误差是无法预知的

    B. 随机误差在足够多次测量的总体上服从统计规律

    C. 多次测量的随机误差的分布形式接近于正态分布

    D. 多次测量的随机误差不可以抵消

3. 下列几个数据有效位数哪一个表述是不正确的?(　　)

    A. 2.0A 为 2 位有效数　　　　　　　　B. 2000mA 为 4 位有效数

    C. $4.7\times10^3\Omega$ 为 4 位有效数　　　　D. 0.0047kΩ 为 2 位有效数

4. 6.910×10^4Hz 是几位有效数字?(　　)

    A. 4 位　　　　　B. 5 位　　　　　C. 3 位　　　　　D. 6 位

5. 0.01020kHz、0.1020MHz 各有几位有效数字?(　　)

    A. 均为 4 位　　　　　　　　　　　　B. 均为 5 位

    C. 前者为 3 位,后者为 5 位　　　　　D. 前者为 4 位,后者为 6 位

6. 某一石英晶体振荡器标称频率(真值)为 100MHz,实际测量的所得的频率范围为 99.99～100.01MHz,则此振荡器的相对误差为(　　)

    A. $\pm10^{-4}$　　　　B. 2×10^{-4}　　　　C. 10^{-4}　　　　D. $\pm2\times10^{-4}$

7. 给定数值 18.851、8.085、0.3175,按舍入原则,则它们的 3 位有效数字为(　　)。

    A. 18.9，8.08，0.318　　　　　　B. 18.8，8.08，0.32

    C. 18.9，8.09，0.318　　　　　　D. 18.9，8.09，0.32

8. 4.3A 与 4.30A 的测量误差最大值为(　　)。

    A. 均不超过 0.05

    B. 切不超过 0.005

    C. 前者不超过 0.05,后者不超过 0.005

    D. 前者不超过 0.01,后者不超过 0.001

9. 要测量某电路中负载电阻 R_L 上的电压、电流值,有两种电表连接的方式,如图 9-1-2 所示,则如此测电流、电压的下列叙述哪一个是正确的?(　　)

    A. 均不合理,会引起(增加)测量结果中的随机误差

    B. 均不合理,会引起(增加)测量结果中的系统误差

    C. 图 9-1-2(a)合理,图 9-1-2(b)不合理

    D. 图 9-1-2(b)合理,图 9-1-2(a)不合理

10. 已知测某电阻 R_L 上电压、电流的两种连接方法如图 9-1-2 所示,下列哪种叙述是正确的?(　　)

    A. 图 9-1-2(a)测电流更准确

B. 图 9-1-2(b)测电压更准确

C. 图 9-1-2(a)中电压表内阻越大,测电压越不准确

D. 图 9-1-2(b)中电流表内阻越小、电压表内阻越大时,测电流越准确

11. 已知测某电阻 R_L 上电压、电流的两种连接方法如图 9-1-2 所示。下列哪种叙述是不正确的?(　　)

    A. 电阻 R_L 越大,图 9-1-2(a)中测得的电压越准确

    B. 电阻 R_L 越大,图 9-1-2(a)中测得的电流越不准确

    C. 电阻 R_L 越大,图 9-1-2(b)中测得的电压越不准确

    D. 电阻 R_L 越大,图 9-1-2(b)中测得的电流越不准确

12. 在图 9-1-3 中,用指针式三用表测直流电路中的分压,其测得值为(　　)。

    A. 均约 9V

    B. 图 9-1-2(a)约为 9V,图 9-1-2(b)约为 2V

    C. 图 9-1-2(a)约为 7V,图 9-1-2(b)约为 5V

    D. 图 9-1-2(a)约为 6V,图 9-1-2(b)约为 4V

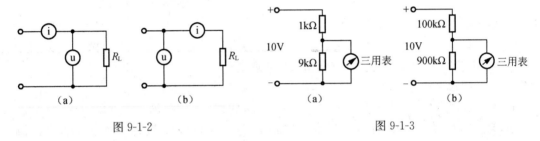

图 9-1-2　　　　　　　　　　　　　　　图 9-1-3

13. 在图 9-1-3 中,若用数字电压表(DVM),则测量结果会怎样?(　　)

    A. 均为 9V

    B. 图 9-1-3(a)约为 9V,图 9-1-3(b)约为 2V

    C. 图 9-1-3(a)约为 9V,图 9-1-3(b)约为 8.8V

    D. 图 9-1-3(a)约为 9V,图 9-1-3(b)约为 6V

14. 已知某交流信号为 $u(t)$,其周期为 T,有关此信号有效值与平均值的下述说法哪种是正确的?(　　)

    A. 两者相等,为同一概念的两种不同的说法

    B. 两者的表达式为 $\overline{U} = \dfrac{1}{T}\int_0^T u^2(t)\mathrm{d}t$

    C. 两者的表达式为 $U = \sqrt{\dfrac{1}{T}\int_0^T u^2(t)\mathrm{d}t}$

    D. 有效值的表达式为 $U_\sim = \sqrt{\dfrac{1}{T}\int_0^T u^2(t)\mathrm{d}t}$,平均值的表达式为 $\overline{U} = \dfrac{1}{T}\int_0^T |u(t)|\,\mathrm{d}t$

15. 相同幅值的正弦波、方波、三角波、正弦全波整流中有效值最大者为(　　)。

    A. 正弦波　　　　　B. 方波　　　　　　C. 三角波　　　　　　D. 正弦全波整流

16. 相同幅值的正弦波、方波、三角波、正弦全波整流中平均值最大者为(　　)。

    A. 正弦波　　　　　B. 方波　　　　　　C. 三角波　　　　　　D. 正弦全波整流

17. 在正弦波、方波、三角波、正弦全波整流过四类信号中,其幅值与有效值、平均值相等

者为(   )。

    A. 正弦波   B. 方波   C. 三角波   D. 正弦全波整流

18. 设正弦波、方波、三角波、正弦全波整流的幅值均为 1V,其有效值依次为(   )。

    A. 均为 0.707V   B. 0.707V,0.707V,0.577V,0.707V

    C. 0.707V,1V,0.577V,0.707V   D. 0.707V,1V,0.707V,0.5V

19. 设正弦波、方波、三角波、正弦全波整流的幅值均为 1V,其平均值依次为(   )。

    A. 0.707V,0.707V,0.637V,0.707V   B. 0.707V,1V,0.637V,0.637V

    C. 0.637V,1V,0.5V,0.637V   D. 0.637V,1V,0.637V,0.637V

20. 峰峰值为 20V 的方波,其在 10Ω 负载上产生的功率为(   )。

    A. 10W   B. 5W   C. 40W   D. 20W

21. 幅值为 10V 的正弦全波整流,其在 10Ω 负载上产生的功率约为(   )。

    A. 10W   B. 5W   C. 4.06W   D. 3.33W

22. 幅值为 10V 的正弦半波整流,其在 10Ω 负载上产生的功率约为(   )。

    A. 10W   B. 5W   C. 4.06W   D. 2.5W

23. 峰峰值为 20V 的三角波,其在 10Ω 负载上产生的功率为(   )。

    A. 10W   B. 5W   C. 4.06W   D. 2.5W

五、填空题、是非题、选择题答案

(一) 填空题

1. 绝对误差,相对误差   2. 系统误差,随机误差,粗大误差

3. 系统,随机,此两者的结合   4. 统计,正态

5. 系统,随机   6. 代数,几何

7. $n \rightarrow \infty$,算术平均值   8. 45.8,45.2

9. 45.2,45.2   10. 3,2

11. 38.2,380×10^2 12. 相对,绝对

13. 10^{-6},10^{-3} 14. 2/3,误差小(更准确)

15. 14.14,14.14   16. 5,3.18

17. 7.07,6.37   18. 10,10

19. 5.77,5   20. 7.07,6.37

21. 600Ω 22. 20dB,$10\lg \dfrac{P_x}{1mW} = 10\lg \left(\dfrac{7.75}{0.775} \right)^2 = 20dB$

23. 纳伏,千伏   24. 1,10

25. 超量程,19.999V   26. 最小变化量,最小输入电压值

(二)是非题

1. ✗ 2. ✓ 3. ✓ 4. ✗ 5. ✓ 6. ✓ 7. ✓ 8. ✗ 9. ✗ 10. ✗

11. ✓ 12. ✗ 13. ✓ 14. ✗ 15. ✓ 16. ✓ 17. ✓ 18. ✓ 19. ✓ 20. ✗

21. ✓ 22. ✗

(三)选择题

1. B 2. D 3. C 4. A 5. A 6. A 7. A 8. C 9. B 10. D

11. A 12. B 13. C 14. D 15. B 16. B 17. B 18. C 19. C 20. A

21. B 22. D 23. D

第二部分 测量技术与仪器

一、问答题

1. 指针式三用表中测量电阻的电路如图 9-2-1 所示。试完成以下各题：

（1）三用表的表头应如何选用？

（2）电位器 R_P 起何作用？

（3）被测电阻很大或很小时，电阻 R 应如何选择？S 开关起何作用？

（4）三用表的红表笔是电池的正端还是负端？

答：（1）表头 A 应选用量程小的微安电流表，其内阻应越小越好。

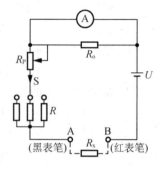

图 9-2-1 题 9-2-1

（2）R_P 为满量程调节电位器，即当输入两端（两表笔）短接时，仪表头指示为满量程（满刻度）。

（3）被测电阻 R_x 阻值大时，R 选用小电阻挡；被测电阻 R_x 阻值小时，R 选用大阻值挡。

（4）红表笔为电池的负端，黑表笔为电池的正端。用三用表测半导体二极管的正反向电阻时，认清正负端是很重要的。

2. 什么是指针式仪表（如三用表）的机械零点和电气零点？

答：所谓机械零点是指在输入端开路时，表头指针是否位于起始的零点、仪表的面板上设置了专门的微调旋钮来解决这一问题；所谓电气零点是指在测电压、电流时输入端短路后，表头是否置于零点，仪表面板上也设有专门旋钮作调零之用。

3. 用指针式三用表的大电阻挡或小电阻挡测普通晶体二极管的正向电阻，其结果是否一样？为什么？

答：用三用表小电阻挡检测二极管的正向电阻时，所得电阻值大一点，因为三用表小电阻挡的回路电流小（图 9-2-1 中回路的阻值大），二极管的工作点低，故正向电阻大。

用三用表大电阻挡测二极管的正向电阻时，所得电阻值小一点，因为三用表大电阻挡的回路电流大，二极管的工作点高，故正向电阻小。

4. 与指针式三用表相比，数字万用表有何特点？

答：主要有如下 5 点。

（1）数字万用表为数字显示，显示直观，读数准确，分辨率高。

（2）性能指标高：如其电阻测试范围零至几百兆欧姆。而指针式三用表仅为零至数兆欧姆；又如其既可测交流电压，又可测交流电流，而大多数指针式三用表均不能测交流电流；再如数字万用表测电压时的输入电阻可达 $10M\Omega$，而指针式三用表测电压时的输入电阻仅在数十千欧姆量级，故前者对被测电路的影响比后者小得多；另外数字万用表的测量误差很小，为 $0.5\% \sim 5\%$，比指针式三用表小得多。

（3）功能完善，用途广泛：如上述数字万用表除了能检测电阻、交直流电压、直流电流外，还能测交流电流、电容、二极管、三极管等参数，而指针式三用表无如此多的功能。

（4）耗电省，体积小，重量轻。

（5）与指针式三用表一样，数字式万用表测交流信号的频率也不高，其范围为 45～

400Hz。它们对音视频信号是不宜测量的。

5. 一个数字电压表若对 1mV～5V 频率为 0～10MHz 的模拟信号电压进行测量,且最小分辨率为 0.5mV 电压。问其内部的 A/D 转换芯片应如何选择?

答:选择 A/D 芯片有两个最主要的指标:一是转换成的二进制位数,二是转换时间(即转换速率)。

(1) 二进制位数最少为

$$\frac{5V}{0.5mV} = \frac{5000mV}{0.5mV} = 10000 \text{ 等级}$$

而 14 位、16 位二进制能区分的等级分别为

$$2^{14} = 16384, \quad 2^{16} = 65536$$

因此,最好选 14 位二进制,若留有余量选 16 位 A/D 芯片则更好。

(2) 转换时间:先计算采样频率,再计算采样周期,即

$$f \geqslant 2f_{max} = 20MHz$$

$$T \leqslant \frac{1}{f} = 0.05\mu s = 50ns$$

故 A/D 芯片的转换时间应小于 50ns。

6. 已知某电表的误差等级及使用量程,如何确定被测电压的误差,试举例说明。

答:(1) 被测电压的绝对误差仅与所用量程与电表误差等级有关,其计算式为

$$\text{绝对误差} = \text{量程值} \times \text{误差等级}$$

(2) 设电表等级为 2 级(即误差为 ±2%),被测信号为 10V,使用 15V 量程,则被测信号的绝对误差为

$$\Delta U = 15V \times (\pm 2\%) = \pm 0.3V$$

故测得该信号的电压值为

$$U = 10V \pm 0.3V = 9.7 \sim 10.3V$$

在测某一信号电压时应特别注意两点:

(1) 被测电压的绝对误差仅与所选量程及电表误差等级有关,而与被测电压大小无关。

(2) 若量程选得不合适,则所得误差要加大,本题若选用 150V 量程,则被测信号的绝对误差为

$$\Delta U = 150V \times (\pm 2\%) = \pm 3V$$

故测量时,所选量程应使被测电压值位于全量程的 2/3 以上的位置,如 10V 电压应选 15V 量程,120V 电压应选 150V 量程等。

7. 按信号波形划分,信号发生器(信号源)主要分几大类?

答:按波形区分主要有以下 4 类。

(1) 正弦波信号发生器——也称为正弦波信号源,主要输出正弦波信号,也输出调幅信号、调频信号等。

(2) 张弛信号发生器——也称为脉冲信号源,主要输出方波、矩形波、锯齿波、三角波等脉冲信号。

(3) 载频信号发生器——为通信设备中的多路载波系统提供测试信号的信号源。

(4) 函数发生器——可以产生正弦波、方波、矩形波、锯齿波等多种波形输出的信号源,也

是最常用的一种信号源。

8. 按频段区分,信号发生器(信号源)的种类主要有哪些?

答:主要有以下 5 种。

(1) 低频信号发生器(信号源)——频率在赫兹级至几兆赫。

(2) 高频信号发生器(信号源)——频率在 30kHz～30MHz(同时可产生几种调幅波)。

(3) 甚高频信号发生器(信号源)——频率在 30kHz～300MHz。

(4) 超高频信号发生器(信号源)——频率 300MHz 以上。

(5) DDS 信号发生器(信号源)——0.003Hz 至百兆赫,这是近十多年来出现的新型信号源,应用已十分广泛。

9. 正弦波信号发生器(信号源)若按输出信号的频率由低至高排列,其顺序应该是怎样的? 其频率稳定性能又是怎样的?

答:其排列顺序如下所述。

(1) RC 信号源——频率为 Hz 级～MHz 级,频率稳定性能(频率准确度)最低,为 $10^{-2}～10^{-3}$。

(2) 变压器耦合 LC 信号源——频率为几十千赫至几十兆赫,频率稳定性能稍低,约为 10^{-3}。

(3) LC 三点式信号源——频率为几十千赫至几百兆赫。频率稳定性能较高,为 $10^{-3}～5\times10^{-5}$ 量级。

(4) 石英晶体信号源——频率为几十千赫至几百兆赫。频率稳定性能最高,为 $10^{-4}～10^{-12}$,应用十分广泛。

(5) 锁相式信号源——频率为几十千赫至几百兆赫,频率稳定性能与石英晶体信号源相同。

(6) 直接数字合成式(DDS)信号源——频率为 0.003Hz 至几百兆赫,几乎涵盖低、中高各主要频段,其频率稳定性能与石英晶体信号源相同,甚高。

10. 正弦波信号发生器(信号源)的主要性能指标有哪些?

答:主要有如下 6 项性能指标。

(1) 输出信号的频率范围。

(2) 频率稳定度——在指定的时间间隔内(如 1 分钟、1 小时、1 天或 1 年等),振荡源的频率准确度的变化值。就实质而言,此处的频率稳定度实际上是信号频率的不稳定度。

(3) 输出电平(电压)的范围——表征信号所能提供的最大和最小输出电平的可调范围,如输出 $1\mu V～10V$ 电压。

(4) 输出电平(电压)的频响——指在信号输出有效频率范围内变化时,信号幅值变化的情况。

(5) 信号源的输出阻抗——由输出端向信号源内部看进去的交流等效阻抗。低频信号的输出阻抗一般为 75Ω、150Ω 和 600Ω 几种;高频信号源的输出阻抗为 50Ω 或 75Ω 不平衡输出。

(6) 输出信号的频率纯度——输出正弦波失真的大小。一般信号源的非线性失真应小于 1%,质量较高的信号源应优于 0.1%。

11. 何谓频率的准确度? 何谓频率的稳定度(不稳定度)? 试举例说明。

答:(1) 频率准确度——为振荡源的实测频率 f_x 对其标称值 f_0(真值)的相对偏差与标称值之比(实为相对误差),其表达式为

$$\alpha=\frac{f_x-f_o}{f_o}=\frac{\Delta f}{f_o}$$

如 $f_o=100\mathrm{MHz}$ 的振荡器；而测得的频率 $f_x=100.01\mathrm{MHz}$，则其频率准确度为

$$\alpha=\frac{100.01-100}{100}=\frac{0.01}{100}=10^{-4}\times100\%=0.01\%$$

（2）频率稳定度——见第 10 题的说明。例如，若所得的频率 f_x 是在 1 天（24 小时）内所测频率的平均值，则其频率稳定度（实际为频率不稳定度）称为日频率稳定度（即中期频率稳定度）为 $10^{-4}/$日。

一般时间间隔为秒、分者为短期频率稳定度；时、天者为中期频率稳定度；月、年者为长期频率稳定度。

12. 已知某标准信号源输出的衰减电路如图 9-2-2 所示，已知输入电压为 **1V**。试完成以下各题：

（1）电位器 P_2 起什么作用？

（2）B、C、D、E 各点的电压是多少？为什么？

（3）为什么要作这样的分压？

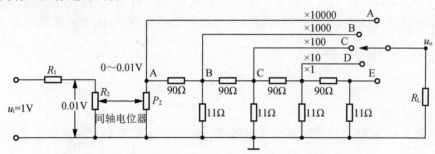

图 9-2-2　题 9-2-12

答：（1）P_2 为同轴电位器，能连续微调各输出挡的输出电压幅值，如可使 A 点的电压的调节在 $0\sim0.01\mathrm{V}$ 之间变化，故此为输出电压调节旋钮。

（2）各挡的输出电压为：

A——$0\sim0.01\mathrm{V}=0\sim10000\mu\mathrm{V}$　　　　　B——$0\sim0.001\mathrm{V}=0\sim1000\mu\mathrm{V}$

C——$0\sim0.1\mathrm{mV}=0\sim100\mu\mathrm{V}$　　　　　　D——$0\sim0.01\mathrm{mV}=0\sim10\mu\mathrm{V}$

E——$0\sim0.001\mathrm{mV}=0\sim1\ \mu\mathrm{V}$

（3）因为直接对微伏级输出电压进行测量比较困难，故用此电阻分压的方法可以较好地解决这一问题。

13. 图 **9-2-2** 信号源各挡的输出电阻大致为多少？如何能达到设计所需值（如 **50Ω** 或 **150Ω**）？

答：（1）各输出挡的电阻大致为 10Ω（均为 11Ω 并联一个较大的电阻）。

（2）只要在各输出端串入一个合适的电阻即可，如需 50Ω 输出电阻时应接 40Ω 电阻；需 150Ω 输出电阻时应串接 140Ω 电阻。

14. 已知锁相环式频率合成器信号源的电路原理组成框图如图 **9-2-3** 所示。试完成以下各题：

（1）填出未标框图的名称和作用。

(2) 若 C 为分频器(设分频系数为 N),试求输出信号频率 f_x 的表达式。

(3) 若 C 为倍频器(设倍频系数为 N),试求输出信号频率 f_x 的表达式。

(4) 说明此类信号源的特点。

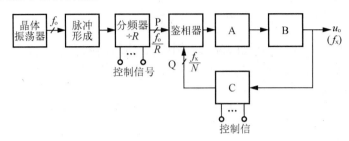

图 9-2-3　题 9-2-14

答:(1) A 为低通滤波器,也称为环路滤波器,作用是要滤除锁相环路(PLL)中不需要的信息。低通滤波器是 PLL 中关键的部件,指标优劣直接影响系统的技术性能。

B 为压控振荡器,是系统中两个振荡器之一。

C 为分频器或倍频器:若为分频器,则称为倍频式锁相环;若为倍频器,则为分频式锁相环。

(2) 锁相环路在锁定后,鉴相器两输入信号的频率必定相等,由此可求出输出 f_x 的表达式。$\dfrac{f_o}{R}=\dfrac{f_x}{N}$($C$ 为分频器),故

$$f_x=\frac{N}{R}f_o$$

(3) 根据 P 点和 Q 点信号频率相等的原理 $\left(\dfrac{f_o}{R}=Nf_x\right)$ 可得 $f_x=\dfrac{1}{NR}f_o$。

(4) 此类信号源的特点——频率稳定,其相对频率稳定度与晶体振荡器相同,输出信号的步进值(点与点之间的频差)可直接受控,为

$$\Delta f=\frac{N}{R}(倍频式锁相)$$

或

$$\Delta f=\frac{1}{NR}(分频式锁相)$$

15. 已知 DDS(直接式数字频率合成器)信号发生器的组成原理框图如图 **9-2-4** 所示。试完成以下各题:

(1) DDS 模块是由哪几大部分组成的? 各起什么作用?

(2) DDS 模块输入什么样的信号?

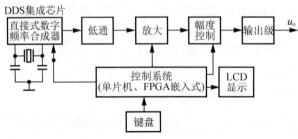

图 9-2-4　题 9-2-15

(3) DDS 模块能输出什么样的信号？

(4) DDS 信号源有什么特点？

答：(1) DDS 模块通常由如下 4 个部分组成。

相位累加器——能对控制系统送入的频率控制字 K 进行累加，以获得相位序列 $f(n)$，并以此为地址对波形存储器进行寻址取数，而输出相应的波形幅值码。

波形存储器——常为只读存储器，它存储了经量化后的正弦波形幅度序列 $f(n)$。由于存储器的容量有限，通常对相位累加器所生成的 N 位序列作截断处理。

D/A 转换器——将代表信号幅度的数字序列转换成类似于阶梯波的正弦波形，完成数/模转换。

低通滤波器——滤除 D/A 转换后阶梯波中的高频成分，将其平滑成良好的正弦波形。

(2) DDS 输入的控制信号通常为数十位二进制（如 AD9850 需 40 位）序列，以对 DDS 的输出信号进行控制，其中包含信号频率、波形、调制方式等。

(3) DDS 信号源能输出正弦信号、方波信号、调频信号、宽频带扫频信号、FSK 信号、ASK 信号、PSK 信号等。

(4) 主要特点——输出信号的频率范围宽，0.003Hz 至百兆赫；频率稳定性能好（与晶振相同）；输出信号种类多；输出信号频率几乎能连续可调；电路简单、调控方便、体积小、成本低。

16. 已知阴极射线示波管(CRT)示波器的电路组成原理框图如图 9-2-5 所示。试完成以下各题：

(1) 填出未标框图的名称，并说明其主要作用。

(2) 若 X 扫描轴上的信号为 0，而 Y 轴上加ⓐ不含直流的正弦波信号，ⓑ含直流的正弦波信号，则显示屏上会显示出什么样的图形？

(3) 若 X 轴所加信号不含直流或含有直流，而 Y 轴信号为 0，重复回答上一问。

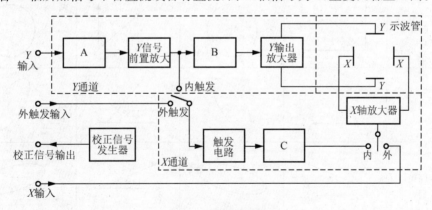

图 9-2-5 题 9-2-16

答：(1) A 为衰减器——能对 Y 轴输入信号作多挡调节，如垂直灵敏度可从 5V/格调至 5mV/格，可分 20 挡等。

B 为延迟线——使加至 Y 偏转板上的信号比同步触发信号滞后一定的时间，以保证荧光屏上可观察到被测脉冲的前沿。

C 为扫描信号产生电路——应产生线性良好并能与 Y 轴信号同步的锯齿波形，经放大后加至示波管的水平扫描偏转板上。

（2）①种情况应在屏幕当中显示出一条垂直亮线；②种情况是在屏幕上方或下方的当中显示出一条垂直亮线（视直流的极性而定）。这是波形垂直（Y 轴）位移的依据。

（3）若 X 轴所加信号不含直流，则在屏幕当中显示一条水平亮线；若 X 轴所加信号含有直流，则显示的水平亮线则偏左或偏右（视直流的极性而定）。这是波形水平（X 轴）位移的依据。

17. 在图 9-2-5 中，若 B 电路的输入与输出间短路，则对观察正弦信号和脉冲信号有何影响？

答：观察正弦波信号无影响；观察脉冲信号时，由于没有 B 电路的时延，Y 轴信号有可能稍前于 X 轴扫描信号到达偏转板，如此脉冲的前沿就难以观察到。

18. 在示波器中，何谓内触发、外触发？外触发信号与被测信号应有什么关系？为什么？

答：内触发——由被测信号经衰减，放大后用来控制触发电路，使示波器 X 轴的扫描信号与 Y 轴被测信号同步。

外触发——用外接信号来控制触发电路，但此信号周期必须与被测信号有一定的关系，否则所显示的波形不能稳定。外触发常用在被测信号不适宜作触发信号或在比较两个信号时间关系的情况下使用。

19. 示波器中示波管的 X 轴应加什么样的信号？若 X 轴与 Y 轴输入频率相同，幅值相等，但相位差 0°、90°、180°、270°时，显示屏上会显示什么样的图形？若两者幅值不等，则上述所显波形有何变化？

答：（1）X 轴外接信号可为任何波形，此信号与 Y 轴信号共同决定示波管屏幕上光点的位置，构成一个 X-Y 图示仪。正常使用时，此 X 轴常加线性良好的锯齿波信号。

（2）这是著名的李沙育图形问题，其对应关系如表 9-2-1 所示。

表 9-2-1

	相位差为 0°	相位差为 90°	相位差为 180°	相位差为 270°
$U_Y=U_X$ 同频	斜线 45°	圆	斜线 135°	圆
$U_Y>U_X$ 同频	斜线 >45°	竖椭圆	斜线 <135°	竖椭圆
$U_Y<U_X$ 同频	斜线 <45°	横椭圆	斜线 >135°	横椭圆

20. 已知阴极射线示波管偏转电极的示意图如图 9-2-6 所示。试完成以下各题：

（1）若 Y 轴上加 6kHz 正弦波信号，要在显示屏上看到稳定的 1 个、2 个、3 个完整周期的正弦波形。问 X 轴上应加什么样的信号？频率为多少？

（2）若输入信号频率不变，要使显示屏上显示的波形个数由少变多或由多变少，则 X 轴上所加扫描信号的频率应如何变化？

（3）示波器显示屏上的信号波形不停地向左或向右跑动而稳定不下来是什么原因？应调节什么参量（旋钮）才能解决？

答:(1)稳定显示 1 个、2 个、3 个完整周期的正弦波形——需 X 轴扫描信号的频率为 6kHz、3kHz、2kHz 的锯齿波信号。

(2)要使显示的波形个数由少变多——X 轴扫描频率应由高变低;反之,则由低变高。

(3)所显波形左右跑动是 X 轴扫描信号的周期不能为被测信号周期的整数倍或两者相位不同而发生的现象。解决的方法是调节 X 轴扫描旋钮。

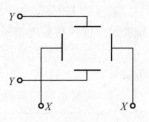

图 9-2-6　题 9-2-20

21. 已知阴极射线示波管偏转电极的示意图如图 9-2-6 所示。试完成以下各题:

(1)若 Y 轴上加 500Hz、1000Hz、10000Hz 的正弦信号,X 轴加 50Hz 的锯齿波,则显示屏上会显示出什么样的图形?

(2)若 Y 轴上加 50Hz 的锯齿波,X 轴加 500Hz、1000Hz、1000Hz 的正弦波,则显示屏上会显示出什么样的图形?

答:(1)Y 轴上加 500Hz 正弦波信号,X 轴加 50Hz 锯齿波时,显示屏上显示 10 个周期的正弦波形;加 1000Hz 信号时,显示 20 个周期正弦波形;加 10kHz 信号时,显示 200 周期的正弦波。由于波形个数太多,人们在显示屏上只能看到密密麻麻的一根根竖线(约 400 根)。

(2)根据相同原理,若在 Y 轴上加 50Hz 锯齿波形,而在 X 轴上加 500Hz、1000Hz、10kHz 的正弦波形,则在显示屏上可看到密密麻麻的一根根水平线(最多约 400 根),这一现象类似于电视机显示屏上光栅的形成(电视机显像管的 Y 轴扫描信号为 50Hz 锯齿波、X 轴为 15.625kHz 或 31.25kHz 或 62.5kHz 锯齿波)。

22. 作为示波器用的阴极射线管(CRT 部分组成示意图如图 9-2-7 所示,其垂直(Y 轴)偏转和水平(X 轴)均为电偏转;K 为能发射电子的阴极;G 为控制栅极,能控制通过电子的多少。试完成以下各题:

(1)示波屏上显示的波形若要上下(垂直方向)平移或左右(水平方向)平移,应采取什么方法? 为什么?

(2)示波屏上显示的波形若太亮或太暗,应如何调整? 为什么?

答:(1)在 YY 轴上串接一直流电压,可使示波管的电子束向上或向下平移。同理,在 XX 轴上串接一直流电压即可使电子束向左或向右平移。

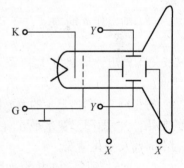

图 9-2-7　题 9-2-22

(2)只要控制阴极(K)与栅极(G)之间的电位差 U_{GK},即可控制通过栅极电子的多少,通过的电子多则屏幕亮;通过的电子少则屏幕暗。

23. 已知示波管的部分组成示意图如图 9-2-7 所示。若 Y 轴加 50Hz 的锯齿波信号,X 轴加 10kHz 锯齿波信号,且二者同步。试完成以下各题:

(1)若阴极与栅极间的电位差不变,显示屏上应显示出什么波形(图形)?

(2)若阴极与栅极间加 100Hz、200Hz 方波信号(且与 Y 轴、X 轴信号同步),显示屏上应显示出什么图形? 画出此图形。

(3)若阴极与栅极间加 20kHz、40kHz 方波信号(且与 Y 轴、X 轴信号同步),显示屏上应显示出什么图形? 画出此图形。

答:(1) 应显示约 200 条(忽略锯齿波回扫的影响)水平亮线。由于亮线太多太密,人眼不易看清。这一现象类似于电视机显像管光栅的形成与显示。

(2) 应显示两对黑白相间(100Hz)或 4 对黑白相间(200Hz)的水平横条,如图 9-2-8(a)所示。

(3) 应显示两对黑白相间(20kHz)或 4 对黑白相间(40kHz)的垂直竖条,如图 9-2-8(b)所示。

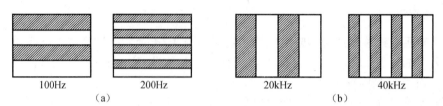

100Hz   200Hz   20kHz   40kHz
       (a)   (b)

图 9-2-8 题 9-2-23 解

24. 以图形方式解释什么是连续扫描? 什么是触发扫描?

答:设被测信号是占空比甚小的脉冲波形,如图 9-2-9(a)所示,则连续扫描——扫描电压(锯齿波电压)是连续的,如图 9-2-9(b)、(c)所示,扫描信号的周期 T_n 可以等于、小于被测脉冲的周期 T_s。触发扫描——需要扫描时才有扫描电压产生的扫描方式,即只有在被测脉冲(信号)出现时才扫描一次。在这种扫描方式下,扫描发生器平时处于等待工作状态。只有送入触发脉冲(对应于被测脉冲到来)时才产生一个扫描电压,其示意图如图 9-2-10(d)所示。

25. 已知被测脉冲是占空比甚小的脉冲波形,其脉宽为 τ,周期为 T_s,具本如图 9-2-9(a)所示。试回答以下各题:

(1) 画出作周期为 $T_n = T_s$ 的连续扫描(图 9-2-9(b))所显示出的波形,并说明此波形的特点。

(2) 画出作周期为 $T_n = \tau$ 的连续扫描(图 9-2-9(c))所显示出的波形,并说明此波形的特点。

(3) 画出作周期为 $T_n = T_s$ 的触发扫描(图 9-2-9(d))所显示出的波形,并说明此波形的特点。

答:(1) 此时,所显示的波形如图 9-2-10(a)所示。所显波形的特点是脉冲波集中在时基线的起始部分,即图形在水平方向上被压缩,以致难以看清脉冲波形的细节,如很难观测它的前后沿时间及变化情况。

(2) 此时,所显示的波形如图 9-2-10(b)所示。这种扫描周期 T_n 等于脉冲底宽 τ 时所显波形的特点是被测脉冲波在水平方向被放大展宽,但基线很亮而波形的轮廓线很暗,这给观测带来很多困难。另外,此扫描的同步也不易实现。呈现此图形的原因是在一个被测脉冲周期内,光点在水平方向完成多次扫描中只有一次能扫描出脉冲图形来。

(3) 触发扫描所显的波形如图 9-2-10(d)所示,这一扫描的特点是只有在被测脉冲到来时才扫描一次,只要选择扫描信号(电压)的持续时间等于或稍大于脉冲底宽 τ,则脉冲波形就可展宽至整个横轴,同时由于在两个脉冲间隔的时间内没有扫描,故不会产生很亮的时间基线。

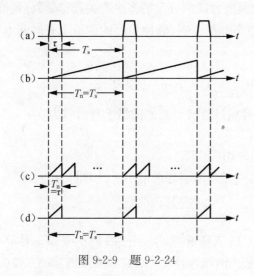

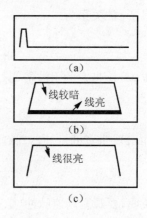

图 9-2-9　题 9-2-24

图 9-2-10　题 9-2-25 解

26. 已知电阻分压电路如图 **9-2-11** 所示,电容 C_{o1}、C_{o2} 是并联在 R_1、R_2 两侧的分布电容,设 $C_{o1}=C_{o2}$。试完成以下各题:

（1）此电路可否作为示波器输入衰减器的 1∶10 分压电路? 为什么?

（2）如何使分压比(1∶10)与输入信号的频率无关(即为纯实数)?

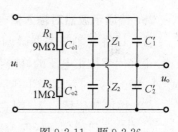

图 9-2-11　题 9-2-26

答:（1）此电路不可作为示波器输入衰减器 1∶10 的分压电路,因为随着输入信号的频率升高,容抗 $\dfrac{1}{\omega C}$ 将减小,如无补偿电容 C_1'、C_2',则分压比 u_o/u_i 将随之改变,不能保证 1∶10 的常数,即

$$f \uparrow \longrightarrow \frac{1}{\omega C} \downarrow \longrightarrow Z_1 \text{ 下降的速度比 } Z_2 \text{ 快} \longrightarrow \text{使 } u_o/u_i > \frac{1}{10}$$

（2）解决办法是在 C_{o1}、C_{o2} 旁分别再并接两个电容 C_1'、C_2',并满足

$$R_1(C_{o1}+C_1')=R_2(C_{o2}+C_2')$$

即

$$R_1C_1=R_2C_2\text{(设 } C_{o1}+C_1'=C_1, C_{o2}+C_2'=C_2)$$

则可获得 $u_o/u_i=1/10$,而与频率无关。证明

$$\frac{u_o}{u_i}=\frac{Z_2}{Z_1+Z_2}=\frac{\dfrac{1}{\mathrm{j}\omega C_2}//R_2}{\dfrac{1}{\mathrm{j}\omega C_1}//R_1+\dfrac{1}{\mathrm{j}\omega C_2}//R_2}=\frac{R_2(1+\mathrm{j}\omega R_1C_1)}{R_1(1+\mathrm{j}\omega R_1C_1)+R_2(1+\mathrm{j}\omega R_2C_2)}$$

用 $R_1C_1=R_2C_2$ 代入上式,即可获得(设 $R_1=9\mathrm{M\Omega}$, $R_2=1\mathrm{M\Omega}$)

$$\frac{u_o}{u_i}=\frac{R_2}{R_1+R_2}=\frac{1\mathrm{M\Omega}}{1\mathrm{M\Omega}+9\mathrm{M\Omega}}=\frac{1}{10}\quad\text{(与频率无关)}$$

27. 不同带宽的示波器对被测脉冲的前沿有什么不同要求? 为什么? 试举例说明。

答:由于示波器的频带宽度是有限的。它对通带外的高频信号会有很大的衰减,甚至不让通过,脉冲信号的前后沿是否陡峭直接与其所含高频分量的多少有关,若高频分量被衰减或缺省,则其前后沿必然会有陡度坡。理论与实际都证明,脉冲信号的前沿上升时间 t_R 与电路上限截止频率 f_H 的关系为

$$t_R = \frac{2.2}{2\pi f_H} \approx \frac{1}{3f_H} \quad (\text{即 } t_R f_H \approx 0.35)$$

对于 40MHz 带宽的示波器,脉冲信号通过后所引起的前沿上升时间为

$$t_R \approx \frac{1}{3 \times 40 \times 10^6} = \frac{10^{-7}}{12} = 8.33\text{ns}$$

而对于 100MHz 带宽的示波器,脉冲信号通过后所引起的前沿上升时间为

$$t_R \approx \frac{1}{3 \times 100 \times 10^6} = \frac{10^{-8}}{3} = 3.33\text{ns}$$

此例说明,要观测高速脉冲(脉宽窄),应选高带宽(即 f_H 大)的示波器。通常,示波器的带宽应为被测信号中最高频率的三倍以上。例如,40MHz 示波器能观测脉冲方波的宽度应大于上述的 8.33ns,脉冲频率应在 10MHz 以下。否则很难判定脉冲前后沿不陡峭的主要原因,故 100MHz 带宽的示波器能观察 30MHz 以下数码速率的脉冲波形。

28. 普通示波器对输入信号进行幅度测量应如何进行?

答:(1)将 Y 轴衰减器微调旋钮置于"校正"位置,调节垂直灵敏度旋钮使垂直刻度每度(格)正好代表校正电压的峰峰值。校正电压由示波器内部产生,通常为 1kHz、峰峰值为 2V 或 5V 或 0.5V 的方波(不同型号示波器各有不同)。校正信号也称为标准输出信号。

(2)将被测信号输入,则它稳定显示在垂直坐标上波形的高度值(刻度值)与上述每度(格)校正时所得值相乘后即为被测信号的峰峰值。

(3)如果用 10∶1 的衰减头,则所测电压的峰峰值还要再乘以 10。

(4)根据波形的种类,再将此峰值转换成半峰值或有效值。

29. 已知双踪示波器的电路组成框图如图 9-2-12 所示。试完成以下各题:

(1)填出未标框图的名称。

(2)垂直方式选择开关 S_1(显示方式选择开关)的作用是什么?

(3)触发方式开关 S_2 的作用是什么?

答:(1) A—延迟线。此方框若输出与输入间信号短路,则很难保证在荧光屏上看到被测脉冲的前沿。B—Y 轴放大电路,即垂直偏转输出级要求输出足够幅值的信号电压。C—触发电路。D—扫描信号发生电路。它产生一个与被显示信号同步的线性良好的锯齿波电压输出。

(2) S_1 的主要作用是显示方式的选择——可选择 CH_1 或 CH_2 作单通道显示;可选择两通道作交替显示(DUAL);可置 ADD 挡,作两通道信号之和的显示(即 $CH_1 + CH_2$ 显示);可作两通道之差的显示(即作 $CH_1 - CH_2$ 的显示)。另外,也可作断续显示(CHOP)。

(3) 触发方式开关 S_2 的主要作用是选择不同的触发方式——可选 CH_1 或 CH_2 输入作触发信号;可选交流市电作触发信号,此称为电源触发(在观测与电源有关的信号时使用);可选用外部信号作触发信号,此时的触发信号与被测信号一定存在某种关系。外触发常用在被测信号不适宜作触发信号或在比较两个信号的时间关系的情况下。

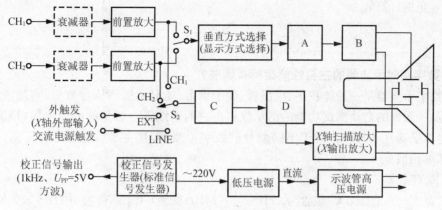

图 9-2-12 题 9-2-29

30. 双踪示波器的主要技术指标有哪些?

答:主要有如下 4 点。

(1) 垂直系统。

频带宽度——分直流耦合(DC)为 0~××MHz;交流耦合(AC)为××Hz~××MHz。

灵敏度——一般为 5mV/div~5V/div,分 10 挡可调,误差为±3%~±5%。

输入阻抗——不带探头时,电阻为 1MΩ±20kΩ,电容为 25pF±2pF;带 1:10 探头时,电阻为 10MΩ,电容一般小于 18pF。

最大允许输入电压——一般为 400~600V(峰峰值)或 300~400V(DC+AC)峰值。

脉冲上升沿时间——与示波器带宽有关,一般 20MHz 示波器约为 17ns,40MHz 示波器约为 8.4ns,60MHz 示波器约为 5.6ns,100MHz 示波器约为 3.33ns。具体分析详见本部分第 29 题。

(2) 水平系统。

频带宽度——分直流耦合为 0~×MHz。交流耦合为 5Hz~×MHz。

扫描时间——例 0.2μs/div~0.5s/div,误差约为±3%,常分 20 挡;可扩展×10 挡,则扫描时间变为 20ns/div~50ms/div,误差为±10%。

(3) 触发方式——常有内触发(单通道、交替触发、电源触发等)、外触发,最大输入电压一般不能超过 50V。

(4) 校准电压——一般为 1kHz±30Hz,0.5V±5mV(或 2V、5V 等)正极性方波。

31. 已知 *RC* 电路如图 9-2-13 所示,现用示波器测定图中 u_o 与 u_i 之间的相位差。试完成以下各题:

(1) 如何操作?

(2) 画出 u_i 与 u_o 信号在荧光屏上的波形?

(3) 如何根据波形的位置算出 u_o 与 u_i 之间的相位差?

答:(1) 选用双踪示波器,将 u_i 信号接至 CH$_1$ 通道,u_o 接至 CH$_2$ 通道,垂直方式开关工作在断续(CHOP)方式。

(2) 波形如图 9-2-13(b)所示。由于电路是低通滤波电路,故 u_o 落后于 u_i 一个相位角 φ。

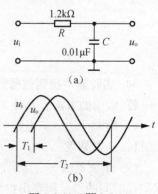

图 9-2-13 题 9-2-31

（3）φ 角的计算式为

$$\varphi = \frac{T_1}{T_2} \times 360°$$

32. 数字实时示波器的主要性能指标有哪些？

答: 数字示波器是一种体积小、重量轻、便于携带,能显示被测信号波形,直接读出信号频率、幅值及一系列的自动测试功能的图示仪器。它的示波管一般是液晶显示器(LCD)而不是常用的电真空器件(CRT)。对于不同型号的数字示波器,其主要功能也略有不同,但主要技术指标基本相似。

（1）垂直系统

频带宽度——直流(DC)耦合为 0Hz～××MHz;交流(AC)耦合为 10Hz～××MHz(×× 可为 60MHz、100MHz 等)。频带宽度在此也称为频响。

垂直灵敏度(V/格)——一般为 2mV/格～5V/格,直流增益误差约为±3％。

最大允许输入电压——约 300V。

输入阻抗——电阻约为 1MΩ,电容约为 2pF。

上升时间——小于 5.8ns,视不同型号而有差别。

（2）水平系统

扫描时间——5ns/格～5s/格

采样速率(次/秒)——50 次/秒～1G 次/秒(60MHz 型)

记录长度——每个通道获取 2500 个采样点(60MHz 型)。

33. 画出数字实时示波器的组成框图。

答: 此类示波器的典型原理组成框图如图 9-2-14 所示,为双通道型。控制系统可用单片机、FPGA、嵌入式、DSP 等核心器件。

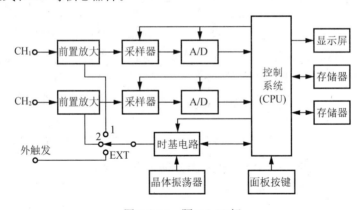

图 9-2-14 题 9-2-33 解

34. 实验室中检测信号频率(或周期)的常用方法有哪些？

答: 常用的方法有两种。

（1）频率计法——用频率计直接测量信号的频率。特点是精度高,被测信号的频率范围为 0.01Hz 至吉赫级。

（2）示波器法——用示波器显示被测信号波形,然后可直接读出(数字存储示波器)或根据扫描时间的设定而算出被测信号的周期或频率值(普通模拟示波器)。

35. 如何用扫频仪检测网络的幅频特性？画出检测时的连接图。

答：其连接图如图 9-2-15 所示。

（1）扫频仪输出的是宽频带等幅调频信号。

（2）虚线框为包络检波电路。当被测网络输出级带检波器时，此检波头不用；若不带检波器，则一定接入检波头，将调幅调频信号的包络（反映幅频特性）检出来（恢复出来）。

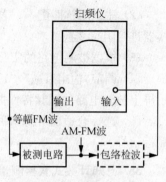

图 9-2-15　题 9-2-35 解

36. 已知传统扫频仪（BT-3 型）的电路组成框图如图 9-2-16 所示。试完成以下各题：

（1）扫频仪输出给被测电路的信号 u_A 是什么波形？对此信号有何要求？

（2）被测电路输出信号 u_B 是什么样的波形？检波头输出信号 u_C 是什么波形？

（3）检波头（虚线框内）在什么情况下使用？什么情况下不使用？

（4）频标发生电路起什么作用？

答：（1）u_A 为宽频带等幅扫频信号，即宽带等幅调频信号。

（2）u_B 为宽频带调幅扫频信号，即宽带调幅-调频信号；u_C 为 u_B 的包络信号，此信号反映被测网络的幅频特性。

（3）检波头在被测网络不带检波电路时使用（如测放大电路等的幅频特性），它的作用是将调幅-调频波 u_B 中的包络变化解调出来；在被测网络输出有检波电路时，则不必使用检波头，改用开路电缆即可。

（4）频标信号发生电路的作用是产生一个与扫频信号关联（同步）的 1MHz、10MHz、50MHz 等标准点频信号，与检波头输出的信号一起经垂直放大器加至示波管的垂直偏转板，使显示出的幅频特性上有频率标志，以决定幅频特性的频带宽度。

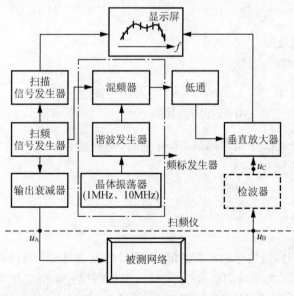

图 9-2-16　题 9-2-36

37. 用 BT-3 扫频仪检测电路幅频特性的主要步骤是什么？

答：（1）根据被测电路是否有检波电路，以决定是用检波头，还是用开路电缆作输出连线。

（2）注意阻抗匹配——若被测电路的输入阻抗不是 75Ω，为减小测量误差，应采用阻抗变换器进行阻抗变换。

（3）根据被测电路的实际情况，选定频率范围，初步调好频标。

（4）调节"输出衰减"、"Y 轴增益"和"Y 轴衰减"等旋钮，旋动"中心频率"旋钮，可观测显示屏上被测电路的幅频特性曲线。

（5）选择合适的频标，即可粗略测读出曲线上各点的频率值，欲精确测量频率，可用外接频标信号。

38. 已知计数式直接测量信号频率的电路组成框图如图 **9-2-17** 所示。设被测信号的频率为 f_x（周期为 T_x）闸门信号周期为 T_s。试完成以下各题：

（1）画出 A、B、C 三点信号的波形图（需上下对应）。

（2）忽略石英晶体振荡器频率的误差，试求本电路测频的相对误差。

（3）本方案测频有何问题？为什么？

答：（1）A 点为被测信号进行放大整形后的方波波形；B 点为频率较低、周期较长的方波波形；C 点是 A、B 两信号相"与"的结果。此三点的波形如图 9-2-18 所示。可以认为 B 点信号是开门信号，它打开主控门之后，每次能输出多少个输入被测信号，再送后级计数、显示，即可得所测结果。

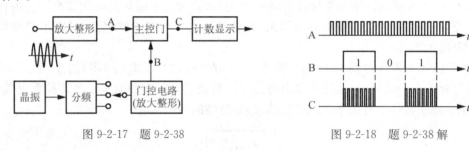

图 9-2-17　题 9-2-38　　　　　　　　图 9-2-18　题 9-2-38 解

（2）测频的相对误差为

$$\frac{\Delta f_x}{f_x}=\pm\frac{T_x}{T_s}=\pm\frac{f_s}{f_x}$$

若被测信号频率为 $f_x=1\text{MHz}$，开门信号频率为 $f_s=1\text{kHz}$，则 $\dfrac{\Delta f_x}{f_x}=\pm\dfrac{10^3}{10^6}=\pm\dfrac{1}{1000}=\pm1\%$。

（3）主要问题是被测信号频率降低，即低频时，测频的相对误差会增大，如当 $f_s=1\text{kHz}$ 时，若 $f_x=100\text{kHz}$，则 $\dfrac{\Delta f_x}{f_x}=\pm\dfrac{1}{100}=\pm1\%$；若 $f_x=10\text{kHz}$，则 $\dfrac{\Delta f_x}{f_x}=\pm\dfrac{1}{10}=\pm10\%$；若 $f_x=1\text{kHz}$，则 $\dfrac{\Delta f_x}{f_x}=\pm\dfrac{10}{10}=\pm100\%$。

39. 如果被测（被计数）信号的频率过低，则用什么方法能检测其频率值？

答：第 38 题已表明，如果被测信号频率过低，则检测误差也随之增大，故检测方案应有所改变——检测原理与电路组成框图仍如图 9-2-17 所示，不同点在于用被测信号（可作放大整形、分频等处理）作为门控（开门）信号，而本地（本机）的时钟脉冲（晶振信号经分频或倍频等处理）作为计数脉冲，这一点正好与上述高频被测信号的测频法相反，故也称此法为测周期法，其误差等分析与第 38 题相同，不赘述。

二、填空题

1. 三用表(万用表)的表头常用_____量程的电流表,其内阻应越_____越好。

2. 常用三用表的准确度有 1.5 级和 2.5 级之分,其对应的相对允许误差为_____和_____。

3. 指针式三用表测交流信号的频率范围(频率响应)为_____。

4. 数字式三用表测交流信号的频率范围(频率响应)为_____。

5. 4 位数字电压表 10V 量程的最大显示值为_____,最小显示值为_____。

6. $4\frac{1}{2}$ 位数字电压表 10V 量程的最大显示值为_____,最小显示值为_____。

7. 5 位数字电压表 10V 量程的最大显示值为_____,最小显示值为_____。

8. $5\frac{1}{2}$ 位数字电压表 10V 量程的最大显示值为_____,最小显示值为_____。

9. 电子实验中常用的串联调整式直流稳压电源的内阻为_____级,输出电压中所含的交流纹波电压为_____级。

10. 测电阻时,三用表的红表笔代表内部电池的_____极,黑表笔代表_____极。

11. 正弦波信号源输出信号幅度的功率电平通常是以基准量_____时的_____(dBm)值。

12. 正弦波信号源输出信号幅度的电压电平通常是以基准量_____时的_____(dBv)值。

13. 数字电压表的固有误差通常包含_____和_____两大部分。

14. 在实验室中,检测一放大电路或滤波器的幅频特性通常有_____和_____两种方法。

15. 扫频仪的功能是_____,频谱分析仪的作用是_____的仪器。

16. 用扫频法检测一放大器的幅频特性时,扫频仪送给放大器的信号是_____;经被测放大后,变成_____。

17. 扫频仪(BT-3 型)的输出阻抗约为_____,输出电压的幅值约为_____有效值。

18. 扫频仪(BT-3 型)的组成通常可归纳为_____、_____、_____三大部分。

19. 被测信号频率较高时,可用_____法测量信号的频率;闸门信号是由_____提供的。

20. 被测信号频率较低时,可用_____法测量信号的频率;闸门信号是由_____经方波形成(转换)电路获得的。

21. 对于频率为 1MHz 的信号,测频时,若选用闸门的开通时间为 1s,则测频的相对误差 $\frac{\Delta f_x}{f_x}$ 为_____,绝对误差为_____。

22. 用示波器观测大幅度信号时,衰减头应置于_____挡位置,信号被衰减_____倍。

23. 示波器上的波形左右跑动,很难稳定,应调节_____旋钮。

24. 示波器上的波形若上下移动,应调节_____旋钮,其实质是调节加至示波管_____。

25. 已知通用示波器显示屏上显示两个完整的稳定正弦波形,其 Y 轴上的高度为 6 格 (度),X 轴上为 8 格。已知 Y 轴灵敏度旋钮置于 0.5V/格挡,X 轴扫描时间(时基)为 $0.1\mu s$/格,则此被测信号的幅度有效值为_____ V,频率为_____ MHz。

26. 通用示波器的扫描通常分_____和_____两种方式。

27. 用通用示波器观察占空比较小的窄脉冲波形时,应使用_____方式扫描,使其灵敏度更高;在观测周期信号时,最好选用_____方式扫描。

28. 通用示波器中若不加延迟线,则加至 Y 偏转板上的被测信号有可能比加至 X 偏转板上的同步触发扫描信号_____,如此可能不会看到被测脉冲的_____。

29. 示波器的校准信号通常是频率为_____、峰峰值为_____的方波(幅值视各型号而不同)。

30. 通用示波器使用正常,但观测被测信号波形时,仅出现一条水平亮线,其主要原因是_____,应先检查_____和相关旋钮。

31. 通用示波器观测被测信号波形时,信号波形总显示在屏幕的某一角落处,应调节_____和_____旋钮。

32. 通用示波器所显示的信号波形过亮或过暗时,应调节_____旋钮,其实质是调节示波管内_____。

33. 示波器的探头应与示波器配套使用,两者的阻抗应_____,否则应进行_____调节。

34. 数字示波器的输入电阻约为_____,输入电容约为_____。

35. 数字示波器的触发方式通常有_____、_____、_____等多种。

36. 数字示波器的自动触发方式允许在有效触发时,测量功能_____;正常触发只执行_____;单次触发取决于_____,如取样或峰值检测等。

37. Q 表的功能是检测_____值及其_____值。

三、是非题

1. 数字式三用表交流电压挡的频率响应比指针式三用表宽得多。 ( )
2. 可以用指针式三用表检测音频放大器的输入电压和输出电压。 ( )
3. 可以用数字式三用表检测音频放大器的输入电压和输出电压。 ( )
4. $4\frac{1}{2}$ 位数字电压表的最大显示值应为 4 位数字电压表最大显示值的 2 倍,故为超量程显示。 ( )
5. 电压表的输入电阻越大越好,这样可减少它对被测电路的影响。 ( )
6. 数字式电压表的输入电阻比指针式电压表的输入电阻大得多。 ( )
7. 数字式电压表直流挡与交流挡的输入电阻均很大,两者相差不多。 ( )
8. 高频信号源的输出电阻一般比低频信号源的输出电阻低。 ( )
9. 高频信号源的输出电压幅值一般比低频信号源的输出电压幅值小。 ( )
10. 用三用表大电阻挡测得的半导体二极管的内阻值比用小电阻挡所测得的电阻小。 ( )
11. 用数字频率计检测信号频率的精度远远高于用示波器测信号频号频率的精度。 ( )

12. 不能用示波器检测两同频信号间的相位差。（　　）

13. 为了提高测量低频信号的准确度，即减小±1误差的影响，常将测频法改为测周期法。
（　　）

14. 数字频率计测频时，若控制系统设定的闸门时间不变，则被测信号的频率越高，所得频率的误差就越小，反之则越大。（　　）

15. 数字频率计测周期时，若控制系统的计数脉冲的频率不变，则被测信号的频率越高，所得频率的误差就越小。（　　）

16. 数字频率计测高频信号的测频法和低频信号的测周期法所用的闸门信号都是由控制电路提供的。（　　）

17. 不能用纯电阻分压式探头观测高频或脉冲信号的波形，那样会使信号产生失真。（　　）

18. 用普通示波器的直流（DC）挡观察不带直流分量的正弦信号波形与带直流分量的正弦信号波形，显示屏上的水平基线是不同的（上下位置不同）。（　　）

19. 用示波器的交流（AC）挡观察不带直流分量的正弦信号波形与带直流分量的正弦信号波形，显示屏上的水平基线是相同的。（　　）

20. 为了将被测窄脉冲波形（即占空比很小的脉冲）在示波器显示屏的水平方向上展开，应采用连续扫描方式。（　　）

21. 若用连续扫描挡观测占空比很小的窄脉冲波形时，当扫描周期与脉冲信号周期相等时，则显示屏上的信号示波形将在水平方向上被压缩，故很难看清脉冲波形的细节（如前后沿的时间等）。（　　）

22. 若用连续扫描挡观测占空比很小的窄脉冲波形时，若扫描周期与脉冲信号的脉宽相等，则显示屏上的信号波将在水平方向上展开，但此时所显示的波形较暗，而时基线很明亮。
（　　）

23. 若用触发扫描挡观测占空比很小的窄脉冲波形时，若扫描电压的连续时间等于或稍大于脉冲的长宽，则可将整个窄脉冲在显示屏上左右展开，且不会产生很亮的水平基线。
（　　）

24. 观察占空比很小的窄脉冲波形，只能用触发扫描。（　　）

25. 不论是连续扫描，还是触发扫描，扫描信号均应与被测信号同步。（　　）

26. 示波器的外触发信号不一定与被观察信号有关系（同步等关系）。（　　）

27. 改变示波器 X 轴放大器的增益，可以使显示屏上的光迹在水平方向上得到若干倍的扩展。（　　）

28. 通用示波器的 X 轴既可以加连续扫描的锯齿波电压，也可加触发扫描的锯齿波电压；可外接一个任意波形信号，它与 Y 轴输入的信号共同决定在显示屏上各个光点的位置，构成一个 X-Y 图示仪。（　　）

29. 加至示波器 X 轴偏转板上的扫描信号必须与加至 Y 轴偏转板上的信号同频同相，所显示出的信号波形才能稳定可靠。（　　）

30. 示波器上加至 Y 轴上被测信号的频率一定要低于或等于加至 X 轴偏转板上信号的频率，这样才能正确显示被测信号的波形。（　　）

31. 当双踪示波器的工作方式开关置于 ADD 位置时，显示屏上显示的是 A、B 两通道输入信号的波形之和。（　　）

32. 某示波器上的"扫描因素"按钮置于×5扩展或×10扩展的位置时，若按下此钮，则扫

描时间将为 Time/DIV 开关指示数值的 5 倍或 10 倍。 （　　）

33. 单通道示波器不可能改造成双通道(双踪)示波器。 （　　）

34. 若要将被观测的输入信号数据保留一段时间,应采用数字存储示波器。 （　　）

35. 通用示波器在对被测信号进行定量测量时,"灵敏度"、扫描速度"微调"旋钮应置于"校正"位置。 （　　）

36. 实验室中检测某一电路的幅频特性时,只能借助于扫频仪才能解决。 （　　）

37. 用扫频仪检测某一电路的幅频特性时,须在被测电路输出端后加接检波头,再将信号送回扫频仪处理与显示。 （　　）

38. 扫频仪送给被测电路的信号一定是宽频带等幅调频信号,被测电路输出的一定的是调幅-调频信号。 （　　）

39. 网络分析仪是用来测量线性系统振幅传输特性与相移特性的一种测量仪器。 （　　）

40. 逻辑分析仪是一种分析数字系统和计算机软硬件系统数据域先进的电子测量仪器。
（　　）

四、选择题

1. 不带衰减头的模拟示波器的输入电阻约为(　　)。
　　A. 100MΩ　　　　B. 10MΩ　　　　　C. 1MΩ　　　　　　D. 100kΩ

2. 不带衰减头的模拟示波器的输入电容为(　　)。
　　A. 20~30pF　　　B. 30~40pF　　　C. 40~50pF　　　D. 10~20pF

3. 带衰减头的模拟示波器的输入电阻约为(　　)。
　　A. 100MΩ　　　　B. 10MΩ　　　　　C. 1MΩ　　　　　　D. 100kΩ

4. 带衰减头的模拟示波器的输入电容为(　　)
　　A. 20~30pF　　　B. 30~40pF　　　C. 40~50pF　　　D. 10~20pF

5. 数字示波器的输入电阻为(　　)。
　　A. 100MΩ　　　　B. 10MΩ　　　　　C. 1MΩ　　　　　　D. 100kΩ

6. 数字示波器的输入电容约为(　　)。
　　A. 2~10pF　　　　B. 20~30pF　　　C. 40~50pF　　　D. 60~80pF

7. 低频信号源的输出电阻为(　　)。
　　A. 几十欧姆　　　B. 几百欧姆　　　C. 几千欧姆　　　D. 几十千欧姆

8. 高频信号源的输出电阻为(　　)。
　　A. 几十欧姆　　　B. 几百欧姆　　　C. 几千欧姆　　　D. 几十千欧姆

9. 指针式三用表电压挡的输入电阻为(　　)。
　　A. 几千欧姆　　　B. 几十千欧姆　　C. 几百千欧姆　　D. 几兆欧姆

10. 数字式三用表电压挡的输入电阻为(　　)。
　　A. 几千欧姆　　　B. 几十千欧姆　　C. 几百千欧姆　　D. 几兆欧姆

11. 数字式频率计的输入电阻为(　　)。
　　A. 几兆欧姆　　　　　　　　　　　B. 几百千欧姆、
　　C. 50Ω　　　　　　　　　　　　　D. 一个通道为 50Ω,一个通道为 100MΩ

12. BT 系列扫频仪输出信号端的输出电阻为(　　)。
　　A. 几兆欧姆　　　B. 几百千欧姆　　C. 几十千欧姆　　D. 几十欧姆

13. 模拟示波器和数字示波器所能观测信号的最小幅值为（　　）。

　　A. 均为数十毫伏以上

　　B. 均为毫伏级以上

　　C. 模拟示波器能测几毫伏以上，数字示波器能观察几微伏以上

　　D. 与C相反

14. 带宽为 100MHz 的数字存储示波器的扫描时间为（　　）。

　　A. 毫秒～纳秒级　　　　　　　　B. 毫秒～微秒级

　　C. 秒～纳秒级　　　　　　　　　D. 秒～微秒级

15. 若要在模拟示波器上显示出 3 个完整的稳定的正弦波形，则 X 轴（水平轴）所加扫描信号的频率 f_x 与 Y 轴所加输入信号频率 f_s 之间的关系为（　　）。

　　A. $f_s = 3f_x$　　　　B. $f_x = 3f_s$　　　　C. $f_s = 6f_x$　　　　D. $f_x = 6f_s$

16. 通用示波器示波管 X 轴偏转板上所加的信号是什么波形？（　　）

　　A. 正弦波　　　　B. 方波或矩形波　　C. 锯齿波　　　　D. 三角波

17. 如果在示波器示波管的 Y 轴偏转板上加上 50Hz 的锯齿波形，在 X 轴偏转板上加上 5000Hz 的锯齿波，且两者同步，则示波管上显示出什么图形？（　　）

　　A. 水平轴上几个锯齿波　　　　B. 45°的一根斜直线

　　C. 一个圆　　　　　　　　　　D. 水平方向上几百根横亮线

18. 如果在示波器示波管的 Y 轴偏转板上加上 50Hz 的锯齿波形，在 X 轴偏转板上加上 5000Hz 的锯齿波形，在示波管阴极与栅板间加上 100Hz 的方波，且三者同步，则在示波管上显示一幅怎样的图形。（　　）

　　A. 水平方向上 2 对黑白横条　　B. 垂直方向上 2 对黑白竖条

　　C. 水平方向上 1 对黑白横条　　D. 垂直方向上 1 对黑白竖条

19. 如果在示波器示波管的 Y 轴偏转板上加上 50Hz 的锯齿波形，在 X 轴偏转板上加上 5000Hz 的锯齿波形，在示波管阴极与栅极间加上 15kHz 的方波，且三者同步，则在示波管上显示出一幅怎样的图形？（　　）

　　A. 水平方向上 3 对黑白横条　　B. 垂直方向上 3 对黑白竖条

　　C. 水平方向上 2 对黑白横条　　D. 垂直方向上 2 对黑白竖条

20. 设示波器 X、Y 轴输入偏转灵敏度相同，两输入端分别加入同频、同相、同幅值，且同步的正弦波信号，则示波管呈现的图形为（　　）。

　　A. 正弦波形　　　　B. 一个椭圆　　　　C. 一个圆　　　　D. 一条 45°的斜线

21. 设示波器 X、Y 轴输入偏转灵敏度相同，两输入端分别加入同频率、同幅值、但相位差 90°的正弦波信号（两者同步），则示波管呈现的图形为（　　）。

　　A. 正弦波形　　　　B. 一个椭圆　　　　C. 一个圆　　　　D. 一条 45°的斜线

22. 一个带毛刺（干扰噪声）的频率为 10MHz 左右的正弦波信号，为了使被观测到的波形比较光滑（无毛刺），应选用多少带宽的示波器为宜？（　　）

　　A. 10MHz　　　　　B. 20MHz　　　　　C. 40MHz　　　　　D. 100MHz

23. 一个带毛刺（干扰噪声）的频率为 10MHz 左右的正弦波信号，为了使被观测到的波形比较接近原波形（仍带毛刺），最好应选用多少带宽的示波器？（　　）

　　A. 10MHz　　　　　B. 20MHz　　　　　C. 40MHz　　　　　D. 100MHz

24. 示波器"辉度"（亮度）旋钮不起作用，其主要故障部位可能在（　　）。

A. Y 通道   B. X 扫描通道

C. 示波管偏转电路   D. 示波管阴极与栅极间的电路

25. 示波管显示屏上的图形不能作上下、左右平移,其主要故障部位在( )。

     A. Y 通道   B. X 扫描通道

     C. 示波管偏转中的直流供电电路   D. 示波管阴极与栅极间的电路

26. 下述测量仪器中,不能测量电路或系统幅频特性的是( )。

     A. 扫频仪   B. 频谱分析仪   C. 网络分析仪   D. 示波器和信号源

27. 下述测量仪器中,能直接分析信号中频率成分的是( )。

     A. 扫频仪   B. 频谱分析仪   C. 网络分析仪   D. 示波器和信号源

28. 示波器在作探头校准时,显示屏上出现如图 9-2-19 波形的原因是( )。

     A. (a)为过补偿,(b)为欠补偿   B. (a)为欠补偿,(b)为过补偿

     C. (a)为欠补偿,(c)为补偿合适   D. (b)为过补偿,(c)为补偿合适

29. 测放大器的实际放大倍数时,常用图 9-2-20 电路。若信号源内阻 r_0 不可忽略,放大器的输入电阻为 R_i,则实测的放大器的电压增益 $A_v = \dfrac{u_o}{u_s}$ 与其真值 A_{vo} 关系为( )。

     A. 两者相等   B. $A_v > A_{vo}$ C. $A_v < A_{vo}$ D. 不一定,视具体情况而定

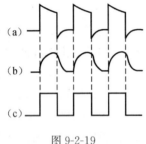

图 9-2-19

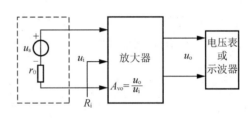

图 9-2-20

30. 同第 29 题,若信号源内阻 $r_0 = 0$,则 A_v 与 A_{vo} 的关系为( )

     A. 两者相等   B. $A_v > A_{vo}$ C. $A_v > A_{vo}$ D. 不一定,视具体情况而定

31. 为了使信号的高频成分基本上不失真地显示,示波器频带宽度 BW 与被测信号中最高频率 f_{max} 的关系是( )

     A. $BW = (1 \sim 5) f_{max}$ B. $BW = (3 \sim 5) f_{max}$

     C. $BW = (5 \sim 7) f_{max}$ D. $BW = (7 \sim 9) f_{max}$

32. 前后沿很陡的方波经示波器的 Y 通道后,其前后沿会由陡变坡,所产生前沿的上升时间 t_R 与示波器带宽 BW 的关系是( )。

     A. $t_R = \dfrac{1}{BW}$ B. $t_R = \dfrac{1}{5BW}$ C. $t_R = \dfrac{1}{3BW}$ D. $t_R = \dfrac{1}{7BW}$

33. 被测方波信号的频率为 10MHz,最好选用频带为多宽的示波器才能较好地观测此方波的波形? ( )

     A. 60MHz   B. 40MHz   C. 20MHz   D. 10MHz

34. 非线性失真测量仪的测量实质是交流电压的测量,其所得的失真系数 D 与被测信号基波幅度 U_1 及各谐波 U_2,U_3,U_4…的关系式为( )。

     A. $D = \dfrac{U_1 + U_2 + U_3 + \cdots}{U_1}$ B. $D = \dfrac{U_2 + U_3 + U_4 + \cdots}{U_1}$

C. $D=\dfrac{\sqrt{U_1^2+U_2^2+U_3^2+\cdots}}{U_1}$ D. $D=\dfrac{\sqrt{U_2^2+U_3^2+U_4^2+\cdots}}{U_1}$

五、填空题、是非题、选择题答案

（一）填空题

1. 微安，小，

2. ±1.5％，±2.5％

3. 40～400Hz

4. 40～400Hz

5. 9.999V，0.0005V

6. 19.999V，0.0005V

7. 9.9999V，0.00005V

8. 19.9999V，0.00005V

9. 几十毫欧至几百毫欧，毫伏至几十毫伏

10. 负，正

11. $P_o=1\mathrm{mW}$，$10\lg\dfrac{p_x}{p_o}$

12. $U_o=0.775\mathrm{V}$，$20\lg\dfrac{u_x}{u_o}$

13. 读数误差，满度误差

14. 逐点检测法，扫频仪扫频法

15. 检测被测电路的幅频特性，检测某一信号所含频率成分（分量）

16. 宽频带等幅调频波，调幅调频波

17. 75Ω，不小于0.5V

18. 宽频带等幅调频信号发生器，频标发生器，示波器

19. 测频，控制电路

20 测周期，被测信号

21. ±10⁻⁶，±1Hz

22. ×10，10

23. 扫描微调与稳定度

24. 垂直位移，Y轴偏转板间所加直流电压的大小

25. 1.06，2.5

26. 连续，触发

27. 触发，连续

28. 滞后一定时间，前沿

29. 1kHz，2～5V

30. 缺少Y信号，Y通道

31. X轴位移，Y轴位移

32. 辉度，栅极与阴极间的直流电压大小

33. 匹配，补偿

34. 1MΩ，2pF

35. 自动，正常，单次

36. 自动运行，有效触发，测量状态

37. 电容、电感，品质因素 Q

（二）是非题

1. ×　2. ×　3. ×　4. √　5. √　6. √　7. ×　8. √　9. √　10. ×

11. √　12. ×　13. √　14. √　15. ×　16. ×　17. √　18. √　19. √　20. ×

21. √　22. √　23. √　24. ×　25. √　26. ×　27. √　28. √　29. ×　30. ×

31. √　32. √　33. ×　34. √　35. √　36. ×　37. ×　38. ×　39. √　40. √

（三）选择题

1. C　2. A　3. B　4. D　5. C　6. A　7. B　8. A　9. B　10. D

11. D　12. D　13. C　14. C　15. A　16. C　17. D　18. A　19. B　20. D

21. C　22. B　23. D　24. D　25. C　26. B　27. B　28. A　29. C　30. A

31. B　32. C　33. A　34. D

第十章　综合应用题

第一部分　电子系统设计

1. 电子电路(系统)是由哪些模块组成的?

答：广义而言,任何电子电路都是由多个电子电路(或光机电)功能模块(单元)有机组合而形成的一个整体。在集成电路工艺突飞猛进的时代,电路与系统的集成度已越来越高,系统的集成化、模块化已成为人们分析、研究、设计电子产品与系统的一个重要手段。

综合分析表明,电子电路与系统的组成框图如图 10-1-1 所示。

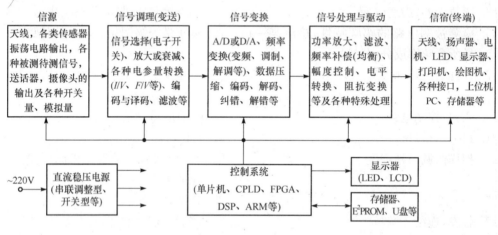

图 10-1-1　题 10-1-1

(1) 信号源——简称信源,如各类传感器输出的电信号、接收天线从空间接收的电磁波信号、振荡电路输出的各种电信号、各种待测信号、摄像机送出的视频信号、送话器送出的音频信号等。

(2) 信号调理——完成诸如多路信号的选择(电子开关)、信号的放大与衰减、信号的转换(I/V、F/V 等)、编码与译码、滤波等工作。信号调理有时也称为信号的变送。

(3) 信号变换——将信号从一种形式变换成另一种形式,如 A/D 转换(模拟信号转换成数字信号)、D/A 转换(与 A/D 相反);数据的压缩与编码、数据解压缩与解码,数据的纠错或解错;信号的频率变换(主要有变频、调制、解调等),这是通信、广播、电视系统中所不可缺少的。

(4) 信号处理与驱动——这部分电路视设备的功能不同,主要的电路有功率放大(在扩音机、电视机、手机、电机等系统中采用);频率补偿,以提高音质(音响系统中)和画质(视频系统中);滤波(滤除不需要的信号与干扰,使信号更加纯洁)等。

(5) 信宿——此为信号系统的终端设备,为用户提供声音、图像、文字、表格等信号的媒体。常见的信宿有扬声器、显示器、打印机、天线(发射机)、各种接口、电机、绘图机等。

(6) 控制系统——这是近代电子设备不可缺少的部件,是指挥、控制整机系统正常运行的核心。这一核心常用单片机、CPLD、FPGA、DSP、ARM 等通用或专用智能化集成芯片,由技术人员按用户需求设计程序(软件),对整个系统进行控制。

(7)存储器——存储信息(数据)的模块,在一般的电子设备中,存储器通常由半导体集成芯片担任,也可在 U 盘上存取。

(8)直流稳压电源——直流稳压电源是将输入的交流市电经变压、整流、滤波、稳压后,变成电压稳定、交流纹波很小的直流电压输出,为系统中各个电路提供能源。在手机、收音机等小型设备中,常由电池作为电路的能源。

2. 电子电路(系统)设计的基本原则是什么?

答:(1)满足产品的功能要求和性能指标要求——这是最基本的原则,也是用户的需求。

(2)系统稳定,可靠度高,抗干扰性能好——保证电子产品在某种规定的环境和条件下(温度、湿度、光照、压力、电压变动、干扰等)正常工作的要求。这一要求也是一项较为重要的原则。

(3)智能化的要求——近代电子产品几乎都离不开微处理机控制,其控制核心可能是单片机,也可以是 FPGA、DSP,或是嵌入式小系统。到底如何选择,视产品指标,设计者水平和市场需求而定。

(4)电路与元器件选择——在满足系统性能指标的前提下,电路应尽可能简单,采用系统集成技术是优化电路设计的最好方法;元器件的选择应注意市场供应和长期生产、维修方便、军民品等级等问题。

(5)结构合理,工艺简单,调试使用方便、外形美观——电子产品的结构工艺设计是否到位、是否优化,这是决定该产品成败的关键因素。只有好的结构工艺,才能生产出优良的电子产品。另外,产品也要使用方便、外形美观、具有人性化的特点。

(6)性能价格比高——性能优良,价格低廉,产品才有市场竞争力。因此,性能价格比应是电子产品设计的最高目标。

3. 电子电路(系统)的设计方法有哪些?

答:(1)传统的电子电路(系统)的设计方法。

这是一种以硬件为主,已逐渐被淘汰的电子电路(系统)的设计方法,是在计算机技术尚未普及时期常用的设计方法,也是一种经验、类比的设计方法。有人(不少资料)片面地称此类方法为自底向上的设计方法,其实不尽然,这种传统方法也是先自顶向下(先选择方案,确定系统组成,画出电路框图,甚至是电路图),再自底向上(选择单元电路、元器件,搭建电路,调整测试到系统联调),且多次反复,多次修改,完成设计。这种设计方法虽有收敛思维强、过早进入具体方案,功能原理分析不充分,不成系统,创新力不足,不易得到最优方案等缺点,但它对电子技术的发展起到巨大的作用。同时,这种方法也是近代电子产品设计的基础。

(2)现代电子电路(系统)的设计方法。

现代电子产品的设计是过去长期传统设计活动的延伸和发展,是随着设计实践经验的积累,由个别到一般、由具体到抽象、由感性到理性,逐步归纳、演绎、综合而发展起来的。现代电子电路设计方法是逻辑系统的设计方法。这种方法目前有两种体系:

① 德国倡导的设计方法学,即用从抽象到具体的发散思维法,以"功能—原理—结构"框架为模型的横向变异和纵向综合,用计算机构造多种方案,再评价选出最优方案。

② 美国倡导的制造型设计学,在知识、手段和方法不充分的条件下,运用创造技能、充分

发挥想象力,进行辩证思维而形成新的构思与设计。

4. 电子电路(系统)的设计流程有哪些?

答:电子电路或电子设备无论大小、繁简,其设计流程大致相同,如图 10-1-2 所示。

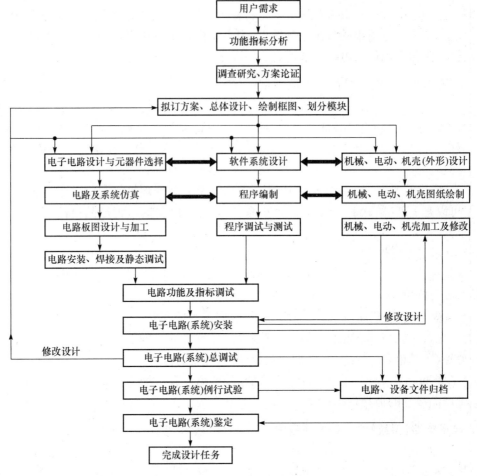

图 10-1-2 题 10-1-4 解

近代的电子电路、电子系统、电子设备的设计已进入一个崭新的阶段,已由传统的纯硬件设计走向软硬结合、以硬为主或者以软为主的方式进行,已由手工计算、手工画印制版图走向由计算机仿真和计算机绘制版图的电子设计自动化(EDA)时代。

由图 10-1-2 可见,电子电路或电子设备的设计可分为如下四大步骤。

1)方案论证与总体设计

任何一种电子电路或电子设备的设计都应根据用户需求,首先要对系统功能与设计指标进行深入细致的分析,并作调查研究,查阅相关资料文献,进行方案比较和论证,确定系统的总体结构,画出系统的组成框图,作必要的计算机仿真。

系统或设备的总体设计又细分为硬件电路设计、软件系统设计、机壳外形设计等。近年来,模块化设计是经常采用的一种设计思想。例如,数据采集系统就是按数据采集模块、信号调理与转换模块、控制模块及终端等多个模块组成的。模块化设计的最大优点是能将设计指标细化,便于设计者分工协作,便于调整测试,便于系统功能的扩展与创新,便于产品的升级换代。设计师应具有较深厚的理论功底、较宽广的知识层面、较扎实的硬件和软件开发能力及良好的团队精神,如此才能使整个项目顺利完成。

2)硬件电路设计

这部分设计是任何一种电子系统和设备不可缺少的,也是费时、费事、费钱的项目主体内容。硬件电路设计主要包括电路方案拟订,元器件选择,电路计算,软件仿真,电路印制版图(单层、双层、多层)的设计、绘制、加工,电路组装、焊接及静态调试(不加电的电路检测及加电不加信号的调试)、动态调试(外加信号的调试)及总装、总调试、例行试验等多道工艺与流程。

近代电子电路与系统的设计大多采用电子设计自动化(EDA)方法,其中的电路软件仿真是一项主要工作。所谓的电路或系统仿真是利用 EDA 工具的模拟功能,对电路环境(含电路元器件及测量仪器的组合)和电路工作过程(从信号输入激励到输出响应的全过程)进行仿真,以获得必要的数据与电路结构。这一仿真由于不需要真实的电路硬件环境介入,因此花费少、效率高,且结果快捷、形象,有时也很准确,已成为电工电子、电路分析、模拟电路、数字电路、通信电路等多种电路与系统的教学、实践与课题开发的重要手段。

利用 EDA 技术及工具能对电路与系统进行直流分析、交流状态分析、瞬态分析、傅里叶分析(幅频特性与相频特性分析)、噪声分析、信号失真分析、转移函数分析、DC 和 AC 灵敏度分析、参数扫描分析、温度扫描分析、转移函数分析、零-极点分析、最坏情况分析、批处理分析、用户自定义分析等,这些分析都是传统设计难以实现的。

EDA 软件起源于板图,特别是印制电路板图(PCB)的设计和计算机辅助分析(CAA),随后向集成化、多功能化、普及化方向发展,出现了许多优秀的仿真软件。

3)软件程序设计

早期的电子产品绝大多数都是非智能的硬件系统,它们与计算机、微控制器无关,而近代的电子系统或设备都已离不开微处理机(器),离不开计算机,如常见的 51 系列单片机控制系统、FPGA 控制系统、DSP 控制系统和嵌入式芯片控制系统。也就是说,在近代的电子系统与设备中,硬件与软件已密切结合,难以区分,电子技术和计算机技术已融入一体,相互依存。而且这些系统或设备的技术含量越来越高,技术难度也越来越大,对设计者的要求当然也越来越高。

4)机械、电动、机壳(外形)的设计

一种电子产品常常是光机电一体化的整体,许多产品均与机械、电机有关,如底板,机座、调节旋钮、接插件、转换开关、散热风扇(电动机)等,因此其设计、选用、安置等均须设计者精心筹划。

机壳与外形的设计更是产品推向市场、走向世界的关键之举。这项设计除了有技术因素外,还与文化、艺术有关,我国许多产品的此项设计常常处于劣势。

图 10-1-2 中由上至下的设计流程也称为自上而下的设计方法,这是电子电路与电子设备中典型的设计方法;图中的修改设计过程也称为自下而上的设计方法,这也是设计中不可缺少的步骤。在电子产品设计过程中,这两种方法常常是交替进行、相互依赖、相互促进、逐步完善的。

5. 电子电路常有哪几种接地方式?

答:按功能不同,电子电路中常见的接地方式有如下 8 种。

(1) 信号地线——一般指传感器输出信号、信号源输出等信号的地线,简称信号地,信号地线应与功率地线分开布局,最后在输出端汇合。这是因为功率地线上有较大的电流通过,会在地线上形成一定电压降,如被引入电路的输入端,就会产生不良影响。

(2)功率地线——特指串联调整稳压电源或开关电源的地线。电源回路对放大器、振荡器等电子线路而言属于强功率,故称其为功率地。

(3)交流地线——交流50Hz电源的接地线,简称电源地。

(4)模拟地线——模拟电路中的公共地线,各模拟电路中的地线应单独接在一起,最后与数字电路的地线一同接至电源的地线。

(5)数字地线——数字电路中的公共地线,各数字电路中的地线应单独接在一起,最后与模拟电路的地线一同接至电源的地线。

(6)屏蔽地线——将屏蔽罩、屏蔽线外层(如屏蔽双绞线、同轴线等)接地的地线,用来抑制(短路)外部电磁干扰,也可防止内部干扰影响外部电路的正常工作。

(7)低频电路接地——低于1MHz的电路,可采用单点接地(将各单级电路的地线接在一起)。

(8)高频电路接地——高于1MHz的电路,可采用多点接地(分地线),以降低地线阻抗,也可避免接地时各个高频电路的相互干扰。印制板上所有有用面积均应布设为地线。

各种地线,尤其是功率地线应选用短而粗的导线连通。接地线的长度应控制在1/4波长以内,即便超过,也不得为1/4波长的奇数倍,否则会在地线上形成驻波,使地线起到发射天线的作用。

6. 在电子电路中,何谓单点接地方式? 何谓多点接地方式? 何谓串联接地方式? 何谓并联接地方式?

答:(1)单点接地方式——又分串联和并联两种方式,其示意如图10-1-3所示。

图(a)为串联接地示意图,各电路的接地点按顺序连接在一条公用地线上,然后接地。很显然,右侧地线汇集了1、2、3个电路信号电流之和,由于左侧电路信号较弱,影响小;右侧电路信号强,影响大,其地线最好短而粗,以减小地电阻,削弱其对其他电路的影响。这种连接方式,每个电路的地线都会受到其他电路的干扰,噪声也会通过公共地线相互耦合,故此种连接方式不太合理,不适合高频场合应用,但其连接方式简单,在低频电路(低于1MHz)中仍有采用。

图(b)为单点式并联接地示意图。这种方式把各电路的地线接在一点上。当几个电路的接地点相距较近时可采用这种接地法,由于地线较短,它们间的电位差小,故各级地线间的相互干扰也小。缺点是当电路数量较多时,这种接法不易实现。

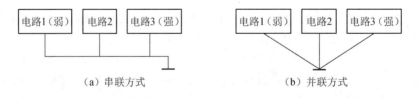

图10-1-3 题10-1-6解(1)

(2)多点接地方式——将各电路的地线都各自接到离它最近的接地线上,即就近接地。这种接地结构能够提供较低的接地电阻,且每条地线可以做得很短。由于多根导线并联能够降低接地引线的总电感量,使相互间干扰减小,因而在高频电路与系统中(大于1MHz时)大多采用多点接地。为了降低地电阻(阻抗),所用地线应尽可能短(宽)粗一些,高频旁路电容的接地线也要尽量短粗。为实施就近接地,高频(射频)电路的 PCB 板图上常采用大面积铺地方式,多层 PCB 电路板设有一层完整的地平面,特别要求的 PCB 板还作镀银处理,使地电阻进一步降低。多点接地的示意图如图 10-1-4 所示。

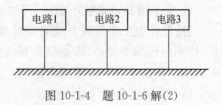

图 10-1-4　题 10-1-6 解(2)

应当说明,在实际电路与系统中,上述接地方式常常是混合使用的,有时很难绝对分开。

(3) 屏蔽双绞线与同轴电缆的接地方式——应根据所传输信号的频率高低来确定接地方式。其接地示意图如图 10-1-5 所示。

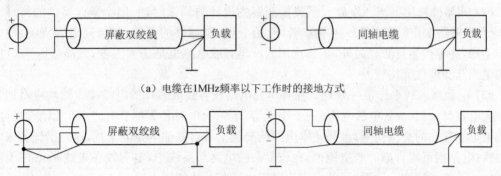

(a) 电缆在1MHz频率以下工作时的接地方式

(b) 电缆在1MHz频率以上工作时的接地方式

图 10-1-5　题 10-1-6 解(3)

当信号频率低于 1MHz 时,可采用单点接地,如果采用两点和多点接地,屏蔽层上就会有电流流过并形成压降,成为干扰源,但需注意,屏蔽层必须接地良好,否则不仅失去了屏蔽效果,且会因寄生耦合的作用,其干扰程度会更加严重。在单片机、A/D 转换电路、光电转换系统、光电开关等较长距离的信号线,采用屏蔽双绞线会有很好的效果。注意:单点接地应在输出负载端,不可在输入端。

在信号频率高于 1MHz 时,应采用多点接地方式。其示意图如图 10-1-5(b)所示,此时对屏蔽双绞线而言,在高频趋肤效应的作用下,干扰电流仅在屏蔽屏的外表面流动,并被导入地中,而信号流在屏蔽层内传输,二者互不影响;对于同轴电缆线,采用多点(输入、输出端),还可改善在高频状态下的磁屏蔽性能。

(4) 数字电路地与模拟电路地的混合接地方式

二者应分别接地,再分别连至各自的地线端,最后再接至电源的地线上,其具体方式如图 10-1-6所示。

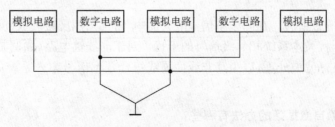

图 10-1-6　题 10-1-6 解(4)

7. 电子电路或系统不稳定,产生自激的主要原因是什么?

答:在作电子电路或系统的设计与调试中,经常会遇到信号的不稳定或电路产生自激的现象,特别是在频率较高,增益很大和较为复杂的系统中,这一现象更为普遍,更为严重,解决起来也很麻烦。这种不稳定或自激的产生原因有多种多样,这里摘其重点作讨论。

(1) 电路或系统设计不很合理。系统的电路结构、电路形式、分离元器件与集成芯片的搭配,印刷电路板的层数及每层的设置等的不合理,或不优化等均可能使电路不稳,甚至自激。设计时可用共 e-b、共 s-g 组合电路使系统更加稳定、频率特性更好,使系统的输入级与信号源作功率匹配(阻抗匹配)或噪声匹配设计,使系统能获得较强的信号,较好的噪声指标。另外系统的输出级也应作阻抗匹配设计。

(2) 元器件选用不当。作放大器或振荡器的设计与调试时,所用半导体器件的特征频率 f_T 应大于电路工作频率的 5~10 倍。若 f_T 值较低,则器件的参数(如极间电容)就会使电路工作不稳,甚至产生自激。另外,正确选用滤波电容或电感也是一大因素,低品质因素 Q 的电容和电感其滤波性能均较差。

(3) 电源接入线未作很好处理。在各单元电路或各集成芯片的电源接入端均应对地并接一个大电容(10~100μF 电解电容)一个小电容(0.01~0.1μF 无感瓷片电容),以滤除供电电源线上可能存在的交流信号,也防止本电路的交流信号对其他电路的干扰,这一措施若未作很好设置,电路很可能自激。严格地说,在较复杂的电路与系统中,电源线在走线 1cm 以上就应再增加一级低通滤波。注意,滤波电容应紧靠电路或芯片的接入端。

(4) 布局布线不合理或地线接法不妥。电路与系统的设计未考虑电磁兼容问题,如果系统中的电路成环状布设,输出级或强信号级未远离弱信号的输入级,使强信号线靠近弱信号线,则电路会不稳定,甚至自激。另外,电感线圈、变压器的位置、方位布置不当,地线、电源线又太细(或面积太小)、太长等均可引起电路的不稳和自激。

(5) 电路中的引接线过长过乱。这是经验不多的青年学生和电子技术人员经常出现的一个问题,尤其是在中高频电路设计与调试时几乎时常遇到。电路中引接线过长过乱会产生较强较多的电磁耦合,形成正反馈,使电路不稳或自激。

一根导线,它存在电阻和电感,实践证明,直导线每厘米长的电感量在 1~8nH,故几厘米长的导线,在工作频率为几十兆赫至几百兆赫时,其感抗就达几欧姆至几十欧姆的量级,此数值是惊人的。所以应牢记,几厘米长的导线在高频工作时绝非是一条短路线,过长过乱的引接线是电路设计与调试的大敌。

(6) 大的负反馈环路未采取防自激设计。大的负反馈环路一定包括多级放大电路,它一定存在附加相移,当此附加相移达到一定值时,此环路对某一频率就形成了正反馈系统而产生自激。故在引入大反馈路时一定要作系统稳定性评估,并采取适当措施(如增加极点)使系统达到稳定条件。

(7) 未做好的屏蔽措施。在高频小信号放大器中,常常采用屏蔽装置(屏蔽盒和隔离板)以切断外界的电磁干扰及本系统相邻级信号的干扰。对于非线性电路(如调制、解调、混频等)更应将其屏蔽并作良好滤波处理,以免其非线性项或组合频率信号窜入系统的前级而引起电路的不稳或自激。

8. 削弱或消除自激振荡的办法有哪些?

答:自激振荡是电子电路或系统的设计与调试中经常遇到的棘手问题,防止、消除或削弱自激振荡是一个十分重要的课题和技术,下面对常用的方法作简述。

（1）直流电源进线端口接滤波电路——在紧靠电路(或集成芯片)的电源端口对地并联两个电容器($0.01\sim0.1\mu$F瓷片电容和$1\sim10\mu$F的电解电容)，以滤除电源进线可能存在的交流干扰，并防止本级交流信号经电源线窜入其他电路。由于电解电容常是卷绕的结构，存在寄生电感，对高频不能真正短路，故须并联一只无感的瓷片小电容。这一滤波措施几乎是所有电路均需采用的，甚至是每级放大电路均要对电源进行滤波。

（2）RC宽频带放大器常采用的失配法——这是一种减小放大管的交直流负载电阻，以降低放大器的增益，破坏自激振荡的幅度条件来消除或削弱自激的一种常用方法，如电视机中放电路每级增益只有10倍左右，其RC放大器的负载电阻仅为几百欧姆。

（3）单调谐或双调谐放大器中的中和法——在放大管输出回路上找一个电压极性与放大管集电极(或FET的漏极)电压极性相反的信号经一个小电容($3\sim7$pF)接至放大管的基极(或FEF的栅极)，以削弱或消除放大管内部输出端至输入端的反馈(二者一个为正反馈，另一个必为负反馈而相互抵消，故称为中和)。例如，图10-1-7(a)中B点交流电压的极性与A点的正好相反，它经C_N反馈至放大管的基极即满足中和要求。假如电源$+U_{CC}$直接由B点接入，则中和信号只能由变压器次级的C点引出，因为根据图中变压器所标的同名端，C点信号的极性一定与A点相反。

（4）电容消除法——图10-1-7(b)，在反馈支路中并联一个小电容C，使较高或甚高频率的信号增益下降，以破坏这些自激频率信号的幅度条件；图10-1-7(c)在输出端对地并联一个小电容C，也能防止或削弱高频段的自激。从理论上讲，这是一种引入极点的方法破坏自激振荡的相位条件或幅度条件，其代价是要牺牲电路的带宽，使上限截止频率f_H下降。

（5）工艺结构与布局布线——电路布局时，强信号的输出级应远离弱信号的输入级，多级放大器最好成"一"字线排列；前后级的电感线圈应成直角放置，以减小其电磁耦合；前后级间信号的传输线应尽可能短，以减小信号的辐射与耦合(注意前后级集成芯片输出输入引脚的位置)；模拟地与数字地分别接在一起，然后再一起接至电源的地线，地线应粗一点，以减小地电阻。

（6）印制电路板的优化设计——要注意电源的退耦与滤波，地线要粗、面积要大，可在放大管的基极，集电极之间插入地线，以减小输出与输入之间分布电容的不良影响。

（7）屏蔽——用铜箔(或印制板)制成屏蔽盒，将放大器或电路屏蔽，以防止外界干扰，减弱级间的空间电磁耦合。在高频电路与系统中，这是一种常用的方法，也是一种很有效的方法。

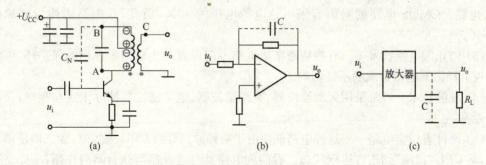

图10-1-7　题10-1-8解

9. 什么是电磁干扰？电子系统存在哪些电磁干扰？

答：广义而言，一切不需要的电磁信号即为电磁干扰，电磁干扰在电子电器设备中的"表现"(影响)是十分明显的，如收音机的"咔嚓、咔嚓"声，电视机屏幕上的雪花点，示波器在观测弱信号(如毫伏级)时的波形变粗有毛刺,像毛毛虫状等均是电磁干扰(噪声)。

电磁干扰主要由两大部分组成(噪声也可以认为是一种电磁干扰,将其列入其中)。

(1) 外部电磁干扰——又分天电干扰和工业干扰等。

天电干扰——如宇宙射线、雷电、大气噪声、各种人造卫星发射的信号等。

工业干扰——如各种电火花、开关接触器通断所产生的瞬间脉冲、电子电器设备产生的电磁辐射,以及供电系统、各类无线电台、通信设备辐射或发射的信号等。这些电磁干扰除了供电系统和无线电台发射的信号属于正弦型外,其他大都是脉冲型的,都含有较多的频率成分,都会影响各类电子设备的正常工作。

(2) 内部电磁干扰——同样包括多种因素。

电源线、强信号线(如功率级电路引线)、各类变压器,电感线圈工作时所产生的电磁辐射干扰。

电路中的电阻、晶体管,集成电路等元器件所产生的各种噪声干扰、各元器件间的电磁耦合及不必要的反馈所产生的干扰等。

外部干扰的防治原则是屏蔽干扰源(治源头)或屏蔽易受干扰的设备或电路,并对电路与系统作良好的设计。

内部干扰的防治措施既有硬件方法,也有软件方法,以往传统的电子系统设计基本上均采用硬件措施,而近代的电子系统设计,则硬件、软件均采用,效果良好。

10. 单片机等测控系统中常采用的硬件抗干扰措施有哪些?

答:在单片机等智能化测控系统中,模拟电路、数字电路、接口电路、显示电路、稳压电源电路等多种电路混合在一起、硬件与软件结合在一起,这一系统不仅容易受到外界干扰,且系统本身也会产生干扰,其抗干扰措施常分硬件措施和软件措施两大类,其硬件抗干扰措施主要有如下 8 点。

(1) 采用抗干扰性能力强的单片机——在保证系统可靠的前提下,选用时钟频率低的单片机以降低系统的噪声。有些单片机的内部采用锁相倍频技术,可将外部时钟频率降至几十千赫,而内部总线速度可提高至几兆赫至几十兆赫。

(2) 采用低噪声元器件——在各种数字集成电路中,CMOS 电路的噪声容限最高(当电路输出状态保持不变时所允许加到输入端的噪声电压最大值称为电压噪声容限,噪声容限越高,其抗干扰能力越强),为了提高整个系统的抗干扰能力,应尽可能采用 CMOS 电路来代替 TTL 电路。CMOS 电路的噪声容限可达电源电压的 40%,而 TTL 电路大约为电源电压的 16%。

(3) 防止漏电流技术——有些精密集成电路专门设置防止极间漏电用的保护环,可消除印制板上轻微漏电所造成的不良影响。

(4) 滤波技术——常采用无源滤波器、有源滤波器、数字滤波器滤除干扰与噪声,获取有用信号。

(5) 硬件看门狗电路——这种电路能使由于某种原因导致 CPU 失控时,能立即使单片机复位,将 CPU"拉回"到正常运行状态。看门狗电路具有监视器与执行器的作用,是提高智能化测控系统可靠度的有效措施之一。

(6) 隔离技术——常采用光电隔离、I/O 接口隔离、内部电路隔离(如 CPU、D/A、A/D、I/O 之间的数字隔离),也有采用变压器隔离、继电器隔离、布线隔离等技术。

(7) 合理布局布线——以切断干扰传播途径为目的印制板图设计,如使强信号级和弱信号级尽量远离;在干扰源与敏感器件间用地线隔离或加屏蔽罩;数字电路与模拟电路之间用地线加以隔离,A/D,D/A 芯片的布线也要加以隔离;单片机与大功率器件的地线要单独接地,以减弱干扰;在 I/O、电源线、电路板连线等关键之处,要使用诸如滤波、屏蔽罩、磁珠、磁环等抗干扰措施;晶振与单片机芯片间的引线应尽量短,并用地线将时钟区域隔离开,晶振的外壳应接地并要紧密牢固。

(8)电源退耦(滤波)电路——在印制板电源进线端并联一大($1\sim10\mu F$)一小($0.01\sim0.1\mu F$)两只电容,以滤除电源线上可能存在的交流干扰,也防止本机干扰窜入其他电路。在电路工作频率低于 $15MHz$ 时,上述小电容用 $0.01\mu F$ 瓷片电容即可。

11. 单片机等测控系统中常采用的软件抗干扰措施有哪些?

答:主要的软件抗干扰措施有如下 5 点。

(1)软件看门狗措施——智能控制系统受到强干扰后可能造成程序失控(跑飞),使 CPU 进入死循环或其他不利状态,软件看门狗技术能不断监视程序运行的时间,一旦超过限定的时间,就确认系统已经"死机"、失控,看门狗立即将 CPU 复位,使程序计数器 PC 返回初始值(如0000H),重新执行正常的程序流程。但软件看门狗技术对高级中断服务程序陷入的死循环无能为力,它只能监视全部中断关闭时的故障。

(2)指令冗余技术——为使跑飞的程序在程序区迅速纳入正轨,可在关键地方插入一些单字节指令 NOP,或将有效单字节指令重写,此称为冗余指令,如此可使跑飞的程序计数器 PC 指向程序运行区,并且必须执行到冗余指令。

(3)软件陷阱技术——用软件陷阱来拦截跑飞的程序,将其迅速引向某一指令位置,在那里有一段专门对程序运行出错进行处理的程序。所谓软件陷阱,就是用引导指令强行将捕捉到已跑飞的程序引向复位入口地址(如 0000H),在此处将程序转向专门对程序出错进行处理的程序,使程序纳入正轨。

(4)多次采样技术——用软件对输入信号进行多次采样,若采样结果一致,则表明是真正的信号,若相邻的采样内容不同,则可能是干扰或噪声,由此可去伪存真,消除干扰。

(5)定时刷新输出端口的信息——主要采取重复输出的办法,可使某些干扰不被输出,避免产生误动作。

12. 印刷电路板图设计的基本原则是什么?

答:对于初学者而言,应注意如下几个方面:

(1)元器件排列——前后级最好呈一字形排列,使输出信号线尽量远离输入信号线,避免其相互干扰,若难以远离,可加宽线间距离,或者两线间加一根地线或直流电源线,以隔离二者影响;电感元件间要呈 L 形置位,以削弱二者的磁力线耦合;发热元件最好置于印刷板的边缘,并远离温度敏感元件,避免温升影响。

(2)在频率较高的高放大倍数的电路印刷板图中,为避免或减弱信号的反馈,可采用环抱地(也称全包地)方式进行隔离,如 BJT 放大管的 b、c 极间,FET 放大管 G、D 极间或两级放大器间,通常用地线将其包围、分隔,印刷板上的空白处及边缘部分均将铜箔作地线保留,如此可加大地线面积,减小地线电阻,又增强了极间的屏蔽与隔离作用。

(3)同一台电子设备的各块印制电路板,其直流电源线、地线和置零线的引出脚应统一,以便于连接与测试,电流大的引出线可几个引脚并用。

(4)印制导线的宽度——应与所流过电流的大小有关,电流大则导线宽。电源线和地线在允许的条件下应尽可能加大宽度,如铜箔厚度为 0.05mm 时,线宽为 $1\sim1.5$mm,通过 2A 电流,温升不会超过 3℃。设计时可按每通过 1A、线宽 $1\sim3$mm 处理。一般认为线宽的毫米数等于所流过电流的安倍数,导线的线宽可为 $0.5\sim1.5$mm。

（5）印制导线的间距——此间距主要由线间绝缘电阻和击穿电压所决定,一般选 $1\sim1.5$mm 即可满足此要求。在集成电路、数字电路中,由于供电电压较低,导线间的距离可小至 0.2mm,但初学者不必如此选用。

（6）焊盘面积——引线孔及其周围的铜箔称为焊盘,其面积直径为 $1\sim3$mm,单面印制电路板焊盘外径一般此引线孔径大 1.3mm 以上(高密度板约 1mm 即可),双面板的焊盘要比单面板的小一些,焊盘面积太小不利于焊接。

13. 印制电路板的抗干扰设计有些什么原则(考虑)?

答:主要有如下 6 点考虑。

（1）缩短并加粗元器件、电路间的引线尺寸,以减小印制导线的阻抗。这点在高频、脉冲工作时更为重要。

（2）良好的地线设计:对于单层(面)电路板或双层(面)板,可以将地线连成网格,这种结构可以减小电流的环流面积,降低接地电位。在设计接口电路板时,应注意数字电路地与模拟电路地分开,并采用单点接地,以减小相互干扰。

对于多层电路板,可以将其中一层或几层平面整体用作地线,这种大面积地线可以使地线电阻减至最小。同时,此类平面接地还可以在电路间起到屏蔽、隔离作用。

（3）加接电源接入端的滤波电路,以滤除电源线可能引入的干扰,也可防止本级交流信号窜入电源对其他电路产生不良影响,此电容为一大一小,大的容量为 $1\mu F\sim$ 几十微法,小的容量为 $0.01\sim0.1\mu F$,所并联的电容应尽量靠近集成芯片,引线应尽可能短,且每块集成芯片的电源到地均应接此电容。

（4）尽量避免长距离的平行走线,尽可能加大线与线间的距离。对于干扰特别敏感的信号线,尤其是微弱信号走线,可在其两侧设置地线以屏蔽干扰。

（5）注意电路终端阻抗匹配网络的设计,以减少由于阻抗不匹配而引入的信号反射干扰。

（6）在 CMOS 器件的印制电路板上增加保护措施,以防止 CMOS 器件(电路)输入端悬空而可能引起的电压阻尼振荡。通常可在 CMOS 电路的输入端至 U_{SS} 之间接一只 $100k\Omega\sim1M\Omega$ 的电阻,也可在输入端串入限流电阻或小电感,以防阻尼振荡。

14. 电子系统(电路)的调试主要分哪几个步骤?

答:主要分如下 6 个步骤。

（1）电路板、元器件、连接线的检查。在电路与系统加电前应先细致查看电路板上所用各元器件的参数、型号、器件引出线(特别是晶体管)、电解电容的正负极、各接插件,各连接线是否正确;查看是否有缺件、缺焊、连焊、虚焊、缺线等错误。

（2）静态检测。用三用表检测电源引入端、各晶体管、集成芯片电源接入端对地电阻、观察是否有短路或半短路现象;用三用表检测主要点间(如晶体管基极对地、电路输入与输出间等)是否短路,观察其电阻大致值。

（3）直流静态检测。经过上述(1)、(2)步骤后,可加直流电压,加电后,应细致观察电路有无异常,如有无火花,元器件是否不正常发热等。再用三用表检测各关键点(如电源接入点对地、晶体管各电极的直流电位等)的直流电位并与设计值对比。

（4）交流动态检查与调试。这一步骤的目的是使各电路与系统能正常工作，并使技术指标达到设计要求。为此常借助信号源、示波器、频率计、逻辑分析仪、电压表等仪器设备，其具体检查与调试方法因电路不同而不同。

（5）智能系统的动态检查与调试。这一检查与调试包括硬件与软件两部分，且二者密切相关。通常借助仿真器提供的调试手段，不同的仿真器有不同的调试命令。

智能系统的程序调试运行可分为单步、跟踪、断点、连续四种方式。在系统的动态调试过程中，往往根据具体情况选择不同的调试方式。

（6）例行试验。产品投产后，还要抽检一定量产品作高低温、高低电压、加湿、振动、运输等试验，以考验它的质量指标是否合格。

15. 电子系统(电路)设计报告或设计论文的主体内容应如何安排？

答：电子系统(电路)的设计报告或论文有多种形式，也有多种写法，但万变不离其宗，就其主体内容而言，应涵盖如下几个方面，这是作者数十年来指导本科生、研究生、大学生电子设计竞赛论文写作辅导的体会，仅供参考。

（1）摘要——任何技术论文均有摘要，几千字的论文，摘要的字数约为100，万字以上的论文摘要不会超过二三百字。摘要应简略说明本文(本设计)的目的、意义及用什么方法(什么技术、什么理论)解决什么问题。关键词应是本文所涉及核心问题的词条，其数不应超过 6 个，每个关键词的汉字不应超过 6 个。

（2）目录——几千字的报告或论文应无目录篇，万字以上的文章最好有章、节、目三层结构，以利于读者查阅。

（3）绪论或前言——主要叙述本设计的背景、开发的意义和价值；设计所涉及的相关理论、相关技术、国内外相关的水平与进展；应介绍本论文各章节的安排与主体内容。

（4）方案的选择与论证——应先指明设计的要求及相关技术指标(即用户需求)，再介绍有几种方案(2～3 种方案)能实现这一需求，要简略介绍这些方案，并对其优缺点作评价；最后要重点论述本设计所选的方案，文中应有本方案的系统框图及相关说明，也应有所用软件系统的特点。

（5）硬件系统(电路)的设计——应有较为详细的电路组成框图，最好有整机的电路图；应论述设计原理与理论根据，同时要有关键电路的设计；要有相关的数学分析和数学计算(这一部分往往是弱点)；要有关键元器件的选用。硬件设计有时也包含 PCB 的设计(根据不同需求，PCB 的设计也可能成为一个专题)。

（6）软件系统(程序)的设计——应列出系统对软件的需求(用户需求)，进而分析需求，画出程序流程图，说明设计思想，应重点介绍在程序设计中的难点与解决问题的方法，最好有关键问题的程序段落。

（7）方案的实现或系统的软硬件调测——主要应包括硬件电路的调整测试、软件程序的调整与运行，通常这两种调测是同时进行的，缺一不可。这一部分有实验数据、表格、曲线、截屏，应有实验数据的分析、误差的分析、出现问题的分析。另外，应将实验所用的仪器名称、型号一一列出，以供备查。这一部分是全文的重点。

（8）结论——这是对全文的总结，内容应有本设计(本文)用什么方法解决什么问题，有什么亮点，有什么体会，有什么问题尚未解决，今后的设想与展望是什么等。结论不可太长，千字以内即可。

（9）致谢——应为真情流露，不可成为俗套。

（10）参考文献——应在 4 篇以上，中外文均可；技术参考文献应以近几年为主，文献书写形式应参阅正规教材书后文献的标准。

16. 简述电子电路（设备）中常用的保护电路（方法）和保护元器件。

答:保护电路有多种，主要有如下几大类：

（1）过电流保护电路——常用电流负反馈和过电流保护两大措施，前者在功率放大电路和串联调整稳压电源中应用甚广；后者利用保护元件实现，如保险管、自恢复保险丝（RF）、熔断电阻器、负温度系数热敏电阻（NTC），正温度系数热敏电阻（PTC），过电流检测电阻等。

（2）过电压保护电路——常用半导体二极管对大的干扰信号进行限幅和泄放，对继电器、电机等感性负载可能产生瞬态的高额电动势构建能量泄放通路。另外，常用瞬态电压抑制器（TVS）、压敏电阻（VSR）、晶闸管（SCR）、双向触发二极管（DIAC）、稳压管、火花放电器（SG）、续流二极管、RC 吸收电路等元器件进行过电压保护。

（3）过热保护电路——如用散热器（散热片）、温度继电器、散热风扇、温度控制集成电路、负反馈控制电路等诸多措施。

（4）集成电路内设保护电路——如内设极限电流限定电路、超高温关断电路、关断/自动重启电路、欠电压锁定电路、可编程状态控制电路等。

17. 已知过电流保护电路如图 10-1-8 所示，对本电路进行简略解说。

答:过电流保护措施:一种是用负反馈控制方法；另一种是自恢复保险丝的方法。图 10-1-8 是负反馈电流保护式的三种常见电路。

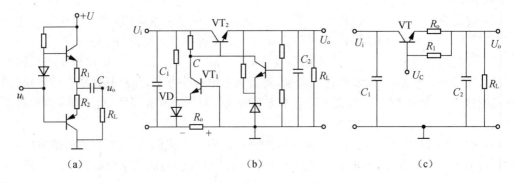

图 10-1-8　题 10-1-17

（1）在图 10-1-8(a) 中，OTL 功率放大器的输出功率的计算式为

$$P_o = \frac{\left(\frac{1}{2}U - U_{ces}\right)^2}{2R_L} \approx \frac{U^2}{8R_L} \text{（设放大管的饱和压降 } U_{ces} = 0 \text{）}$$

由 P_o 的计算式可见，若负载短路（$R_L = 0$），则 $P_o \to \infty$，两放大管必然会突然增大电流以使 P_o 增大，当此电流超过管子最大允许的电流时，放大管可被损毁。解决这一问题最简单最常用的办法是在两放大管的发射极串入电阻（R_1、R_2），当电流突然增大时，在 R_1、R_2 上的电压也随之增大，而此电压正好使放大管 be 结的反向偏置加大，结果迫使放大管的电流减小，这一电流串联负反馈的作用使放大管的电流得到稳定，当然 R_1、R_2 的接入也要消耗功率，使电路的功率增益下降，效率降低。

（2）在图 10-1-8(b)、(c) 中，串联调整型稳压电路的过流保护也是采用电流串联负反馈的方法解决。

图(b)中,当负载短路或加重时(即 $R_L \to 0$),回路电流增大,在采样电阻 R_o 上的压降 U_{R_o} 随之增大,结果使 VT_1 更加导通,使 C 点电位降低,迫使调整管 VT_2 的电流减小,U_{ce} 加大,起到保护 VT_2 管的作用。

图(c)中,R_o 的作用与上述相同,不赘述。

R_o 的阻值一般为 $0.5 \sim 2\Omega$,视电路的电流大小而定,电流大者取值小,反之则大,其功率容量应按计算值的一倍以上取用,R_o 的存在会使电路效率降低。

18. 简述自恢复保险丝(RF)过流保护的工作原理及相关知识。

答: 过电流保护措施有多种,常用的方法是自恢复保险丝,在电路发生短路故障或负载突然加重时,电流急骤增大,保护元件的电阻值迅速增大几个量级,使电路接近开路状态而快速切断电流或使电流减至极小值,一旦短路故障被排除,此保护元件会很快恢复至低阻状态,使电路正常工作。

自恢复保险丝也具有正温度系数的电阻(PTC)特性,但它与正温度系数热敏电阻有着本质区别,后者不适合做保险丝使用。

自恢复保险丝被广泛应用于测控系统、计算机设备、通信设备及开关电源中,起过流自动保护作用。需特别指出的是,自恢复保险丝一般只用作低压过流保护,不能接 220V 交流电压。例如:在自动报警系统的每个单元模块中,均需加过流保护或过热保护电路;在电视机的电源上常常串接一条自恢复保险丝,过流时,其电阻值呈高阻状态,能有效保护电视机不被损坏,故障排除后,电视机恢复正常。

表 10-1-1 中列出几种自恢复保险丝的类型及应用。

表 10-1-1

类型	工作电流/A	工作电压/V	安装形式	应用
RCE	3.0~24	<16	插件	一般电路
RXE	0.1~3.75	<60	插件	一般电路
RUE	0.9~9	<30	插件	一般电路
SMD	0.3~2.6	15/30/60	表面安装	计算机、一般电路
miniSMD	0.14~1.9	6/13.2/15/30/60	表面安装	计算机、一般电路
SRP	1.0~4.2	<24	片状	电池组
TR	0.08~0.18	<250/600	插件	通信电路

19. 已知集成过电流保护器件组成的过流保护电路如图 10-1-9 所示,请对其进行解说。

答: 这是一种新型的保护器件,有较多产品,其应用也存在不同,下面举例说明:

(1) LTC4213 集成电路——由凌特(LT)公司最新推出的电子电路断路器(ECB)适用于低压供电系统的过电流保护,工作时它通过外部 MOSFET 的通断状态来检测(检测场效应管的通态电阻 R_{DS} 上的电压)负载上的电流大小,然后根据设定值,决定在多大的电流值时,使 MOSFET 的栅极电压降低而关断此管,切断负载通路。

图 10-1-9 是一种典型应用电路,在图中所设置的情况下:

MOSFET 的通态电阻 $R_{DS} = 0.015\Omega$,MOSFET 的管压降 $U_{CB} = 15\text{mV}$,负载正常工作时

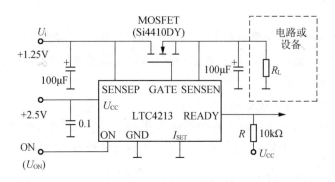

图 10-1-9 题 10-1-19

的电流 $I_L=1A(15mV/0.015\Omega=1A)$，其轻度过载时的 $U_{CB}=25mV$，故电流为 $25mV/0.015\Omega=1.67A$；严重过载时的 $U_{CB}=100mV$，其相应的电流为 $100mV/0.015\Omega=6.67A$。

有关 LTC4213 芯片各引脚的功能与不同设置请参阅产品手册，限于篇幅，这里不再展开。

LTC4213 的最大特点是功耗低（例片外的 MOSFET 管的功耗不足 1mW），价格低、电路设计简单、工作可靠，特别适用于低压供电系统的过电流保护。

（2）AAT4610A 型 USB 接口过电流保护器件。

在 USB 设备热插拔的过程中会产生瞬间夹峰电流和浪涌电流，因此需要对 USB 接口、USB 集线器及计算机外设等进行限流保护。

AAT4610A 是美国 2005 年推出的一种过电流保护电路，适用于 USB 接口的各种计算机外设及便携式系统，其同类产品还有美国另一公司生产的 SiP4610A，这类产品的特点是：集成度高、功耗极低、瞬态响应速度极快（400ns），故能对 USB 接口及计算机外设作有效过流保护，一旦故障排除，立即恢复导通状态。另外，这类芯片还有欠电压闭锁、过热保护等功能，并能承受 4kV 的人体静电放电（ESD）电压，产品安全性甚好。

20. 已知用半导体二极管作限幅或泄放的过电压保护电路如图 10-1-10 所示，请对各电路作简略说明。

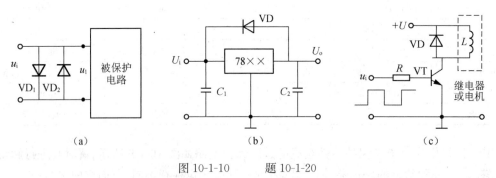

图 10-1-10 题 10-1-20

答：图（a）用两只二极管作双向限幅，常用在小信号工作的输入电路或设备中。对于强干扰大电压的输入（如雷电干扰），则两个 VD 管起双向限幅，使被保护电路输入信号 u_1 的最大值限于 $\pm 0.7V$；而对正常输入的小信号（如几毫伏至几十毫伏），两只二极管均导通甚微，管子的阻值甚大，近于开路，故正常的小信号能顺利无阻的通过，几乎不受影响。

（2）图（b）是三端集成直流稳压电路的过载保护电路。当输入电压 U_i 为零时，输出大电容 C_2 上的电压（几伏至几十伏）就会直接反向加至三端集成芯片 78XX 上，如此会造成芯片中调整管 be 结的击穿,使芯片损坏,VD 二极管的作用是使 C_2 上的电压有一个泄放的通路而起保护作用。

(3) 图(c)是常见的过电压保护电路。虚线框中的电感可以是继电器的线圈,也可以是电机的绕阻。当输入 U_i 由低电平升至高电平时,VT 管导运饱和,此时 L 上的电动势是上正下负,当输入 U_i 由高电平跳至低电平时,VT 管截止,VT 管的电流迅速由大至小突变,此时 L 上的电动势必为下正上负,且瞬时值甚高,此电压很可能使 VT 管击穿,加接 VD 二极管后,就给 L 上下正上负的电动势有一个泄放的通道,很好保护了 VT 管。

21. 何谓瞬变电压抑制二极管 TVS 的过电压保护?

答:(1)TVS 管是一种新型的过电压保护器件,其特点是响应速度快(约 1ns),钳位电压稳定,所能承受的瞬态脉冲电流大(几十至几百安培)、体积小、价格低,因此可用于各种自控装置,仪器仪表电路中的过电压保护,也可用来保护 MOS 功率器件以及其他对电压敏感的半导体器件。

TVS 是一种硅 PN 结器件,其外形与塑料硅整流二极管相似,其电路符号与伏安特性曲线如图 10-1-11 所示。

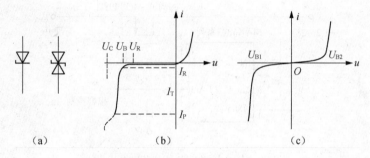

图 10-1-11　题 10-1-21 解

图 10-1-11(a)是 TVS 管的电路符号,其中一个为单向瞬态电压抑制管,另一个为双向瞬态电压抑制管,图(b)、(c)分别是它们的伏安特性曲线(反向或正反双向抑制)。

(2) TVS 管的主要参数如图中所示,其中:

U_B——反向击穿电压(即钳位电压),一般为 0.7~3kV,范围很宽,视不同管型而不同。

U_R——导通前加在器件上的最大额定电压,一般为几伏至 200V,视不同管型而不同。

I_R——最大峰值漏电流,通常为微安级(μA 级),一般为 5~50μA。

U_C——在 1ms 时间内器件可承受的最大峰值电压,其值比 U_R 大 30%~40%。

I_P——瞬时脉冲峰值电流,常为安培数(1.7~40A)。

另外,还有一些参数:

P_P——峰值脉冲功率,其值在几十瓦至几千瓦范围中,视不同型号而不同。

t——钳位时间,极短,常为纳秒级(一般低于 1ns)。

(3) 双向瞬态电压抑制器件能同时抑制正向、反向两种极性的大幅值干扰信号,常用于交流电路中。

单向 TVS 产品有 TVP5XX 系列、SE、5KP、P6KE、BZY、BZT 等系列,双向 TVS 产品有 P6KE20、P6KE250 等多种。

22. 对集成过电压保护器件作简略说明,并举应用实例。

随着纳米制造工艺的进展,许多新型集成电路的工作电压越来越低,芯片承受的过电压能力也随之下降,因而对过电压保护要求越来越高,故新型过电压保护器件也应运而生。

其中应用较多者为美国安森美(Onsemi)的 NCP345 集成芯片和 MAXIM 公司的 MAX9890(此二类芯片属同类)、MAX4843 系列集成电路等。

NCP345 可接在 AC/DC 电源适配器与负载之间,它能检测过电压状态并迅速切断电源,保障电子设备的安全。

MAX4843 系列过压保护器的过压阈值(U_{ov})有 7.4V、6.35V、5.8V 和 4.65V 之分,视不同类型而不同,当输入电压大于过压阈值时,可将外部的 MOSFET 关断,以避免被保护器件或电路的损坏;当输入电压低于欠压阈值时,芯片将进入低电流待机状态,电源电流仅为 $10\mu A$。MAX4846 的欠压阈值为 2.5V,MAX4843/4844/4845 的欠压阈值为 4.15V。此系列芯片可承受 $\pm 15kV$ 的静电放电电压,工作温度范围为 $-40\sim +85℃$,外形尺寸为 $1.5mm\times 1mm$。

MAX4843 系列保护芯片的典型应用电路如图 10-1-12 所示。

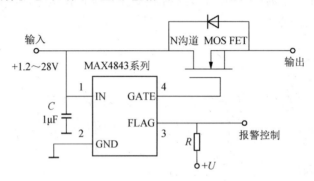

图 10-1-12　题 10-1-22 解

图中:被监视的输入电压为 1.2~28V;C 为旁路电容($1\mu F$ 陶瓷为佳);R 为故障报警输出端的上拉电阻,阻值在 $10k\Omega$ 上下调节。

23. 简述人体静电电荷的产生及人体静电放电(ESD)对电子电路及元器件的影响与保护。

答:(1) 人体静电电荷的产生与人体静电放电(ESD)。

人们穿戴着各色衣着,在地面行走,会相互摩擦及其他因素的影响,会在体表积累很多电荷,产生静电,此静电可达几千伏至上万伏,十分可观。当人体与电子电路或电子元器件接触时,即会通过他们对地放电,此放电过程时间极短,一般为几十至几百纳秒(ns),而所产生的电流很大,视情况不同,其范围为 50mA~6A,故此放电很容易损坏电路或电子元器件,尤其是对 MOS 场效应管器件危害更大。

人体静电放电模型有多种表述,其中一种是采用一个 $1.5k\Omega$ 的人体电阻与一个 100pF 人体电容相串联的电路来模拟,由此可由实验测得人体在静电放电时的电流波形曲线如图 10-1-13 所示。

图中:I_P 为峰值静电电流;t_1 为人体静电放电电流的上升时间,为 2.0~10ns;t_3 为人体静电放电电流的下降时间,为 130~170ns;

峰值静电电压与峰值静电电流的关系大致

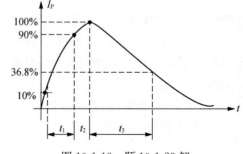

图 10-1-13　题 10-1-23 解

如下：

0.1kV——60～73mA	2kV——1.2～1.46A
0.25kV——0.15～0.19A	4kV——2.4～2.94A
0.5kV——0.30～0.36A	8kV——4.8～5.86A
1kV——0.60～0.73A	

上述数据表明，峰值静电电压每增大一倍，峰值静电电流随之增大一倍左右。

（2）人体静电放电的电路（元器件）保护措施——接地措施。

① 人体在接触电路或元器件之前，首先对地放电，使人体电位尽可能接近地电位（零电位）。

② 工作时，使用接地金属手环，使人体始终与地同电位，以防人体体表积累静电电荷。这是电子设备（电路）生产，调测车间经常采用的一种防静电放电影响的有效措施。

（3）集成 ESD 器件的静电放电保护措施。

① 单路 ESD 的保护器件——这是一种新型集成化的静电放电保护器件，典型产品有 MAXIM 公司生产的 DS9502、DS9503。这类器件可等效为 7.5V 的齐纳稳压二极管（其电路符号与稳压二极管类似），当输入电压超过 9V 触发电压时，就被钳位到 7.5V 上，只要输入电压不低于 5.5V，就能维持在反向击穿状态。DS9503 与 DS9502 的区别只是前者要在正极和负极端均串入一只 5Ω 的隔离电阻，具体电路如图 10-1-14 所示。

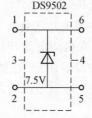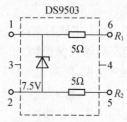

图 10-1-14 题 10-1-23 解

DS9502、DS9503 的泄漏电流只有 30nA，触发电流约为 600mA，维持电流约为 30mA，最大峰值电流可达 2.0A，最高可承受 27kV 的瞬态电压，这些参数是普通稳压器件所无法达到的。

这类器件能与采用 5V 电源的各种逻辑电路兼容，特别适合对 SRAM 存储模块（芯片）进行 ESD 保护。其外形尺寸很小，约为 3.7mm×4.0mm×1.5mm，工作温度范围为−40～+85℃。

② 多路 ESD 的保护器件——常用的有双路（MAX3207）、四路（MAX3208E），六路（MAX3205E）等高速 ESD 保护集成电路，它们内部均集成了由高压瞬态电压抑制器（TVS）构成的 ±15kV ESD 保护器件，能够满足高速、单端或差分输入的需求，可广泛用于计算机、显示器、USB 接口、投影仪、手机、高清晰度电视 HDTV、机顶盒等的 ESD 保护，它们可将人体 ±15kV 放电时的峰值电压限制在 ±25V，将接触放电时 ±8kV 的峰值电压限制在 ±60V，将故障放电时 ±15kV 的峰值电压限制在 ±100V。

MAX3207E 适用于 USB1.1 和 USB2.0（传输速率为 480Mbit/s），MAX3208E 适用于以太网的保护，MAX3205E 适用于手机连接器或 SVGA 视频连接器等的 ESD 保护。

上述 ESD 器件每个通道的输入电容约为 2pF，各通道的输入电容的偏差仅有 0.05pF。此类器件的供电电压为 0.9～5.5V，电源电流仅为 1nA（典型值），工作温度范围为−40～+125℃。

24. 使用集成运算放大器时应注意哪几个问题？

答：主要应注意下述几个问题：

（1）正确选用合适的集成芯片——应根据设计指标，特别是工作频率的要求，供电电压的要求，信号强弱的要求选型。例如，作小信号放大时（如 μV 级），应选用失调量及噪声系数均很小的运放，如 ICL7650。在无特殊要求的中低频段，可选用双运放 LM358 和四运放 LM324 等芯片。

（2）注意电源供电方式——集成运放常有单电源供电或双电源供电两种方式，不同的供电方式对输入信号的要求不同：在对称双电源供电时，信号可直接接到运放的两输入端，其输出电压可达正负对称电源电压值；而单电源供电时，为了保证运放内部各电路单元有合适的静态工作点，一定要在运放的一个输入端加入直流电压（通常在正端）。

（3）调零问题——为保证在输入信号为零时，输出信号也为零的要求，常用的方法是芯片的内部调零和外部调零。对于性能良好的运放，这一问题已得到很好解决，不用使用者操心。

（4）自激振荡问题——由于运放通常是一个高放大倍数的多级放大电路，使用时，外部又加接了深度的大反馈环路，故很容易产生自激振荡，使系统无法正常工作。为此采取了多种措施解决这一问题：如在供电电源的接入端一定要加接一大（$1 \sim 10 \mu F$）一小（$0.01 \sim 0.1 \mu F$）两个滤波电容，以对各种高低频干扰信号进行滤除；又如要外加一定的频率补偿网络（如输出端对地接一个小电容，在输出端与输入端的负反馈支路中并接一个小电容，在输入引线上串一个小电感等措施）；另外在频率稍高的放大电路，元件的布局布线要十分合理，引线要尽可能短，输出信号线应远离输入的弱信号线，且接地线要符合要求。对于电路防自激问题，本章已有专题讨论，不重述。

（5）集成运放的保护问题——主要有电源保护（通常是串入二极管，防止正电压或负电压接反）；输入保护（常用两二极管作双向限幅电路，以防过高的输入电压对运放输入级的破坏）；输出保护，即防止运放输出负载短路或输出电流过大对运放的损害，常在输出线上串接一个$200 \sim 500 \Omega$的电阻来解决，由于这一个电阻是在放大器的大反馈环中，故它的接入不会对电路指标产生不良影响。

25. 简述集成电路的封装形式。

答：主要有下述几种：

（1）BGA 封装（Ball Grid Array）：这是一种球形触点式表面贴装型的封装，在印制基板的背面按阵列方式制作出球形凸点代替引脚，在印制基板的正面装配 LSI 芯片，然后用模压树脂或灌封方法进行密封而成。此类封装芯片的引脚数一般超过 200，多至 500，相邻引脚中心距为 1.5mm 或低至 0.5mm。应由专用设备进行安装，手工焊接不易。

（2）COB 封装（Chip On Board）：板上芯片安装是裸芯片贴装技术之一，即将半导体集成芯片直接贴装在印制电路板上，并以树脂覆盖而成。这种封装常用在简单的集成电路中，如音乐芯片等。

（3）DIP 封装（Dual In-line Package）：此为双列直插式封装，引脚从封装体的两侧引出。这是一种最常用的封装，常以插座形式安装在电路板上，调试、更换十分方便，引脚数常为 6～64，相邻引脚中心距为 2.54mm，封装宽度通常为 15.2mm，也有宽度为 7.52mm 和 10.16mm。另外，也有形状与 DIP 相同，但引脚中心距为 1.778mm 的 SDIP（引脚数达 14～90）等多种类型的封装。

（4）PGA 封装（Pin Grid Array）：PGA 阵列引脚封装是一种插装型封装，其底面的垂直引脚呈阵列状排列。集成电路引脚从封装的四侧伸出，引脚中心距通常为 2.54mm，引脚数为 64～447，除陶瓷封装外，也有环氧树脂替代的 64～256 引脚塑料封装。

表面贴装型 PGA 的引脚约 3.4mm，两引脚中心距只有 1.5～2.0mm，比插装型 PGA 小一半，引脚数可达 250～528，通常为大规模逻辑 LSI 使用的封装。

（5）PLCC 封装（Plastic Leaded Chip Carrier）：这是一种表面贴装型封装。引脚从封装的四个侧面伸出，两引脚中心距为 1.27mm，引脚数为 18～84，比 PGA 封装少得多。

PLCC 封装与 LCC（也称 QFN 封装）相似，不同之处是前者用塑料封装，后者用陶瓷封装。

(6) QFNP 封装(Quad Flat Non-leaded Package)(也称 LCC 封装):这是一种四侧无引脚的表面贴装型封装,封装四侧配有电极触点,引脚为 14～100,电极两触点中心距为 1.27mm;另外,还有 0.65mm 和 0.5mm 两种产品,这类封装也称为塑料 LCC、PLCC、P-LCC 等封装形式。

(7)QFP 封装(Quad Flat Package):这是一种四侧引脚扁平封装(表面贴装),两引脚中心距为 1.0mm、0.8mm、0.65mm、0.5mm、0.4mm、0.3mm 等多种规格,0.65mm 中心距中最多引脚为 304。另外:

FQFP——通常是指引脚中心距小于 0.65mm 的 QFP。

CQFP——带保护环的四侧引脚扁平封装。

LQFP——指封装本体厚度为 1.4mm 的 QFP,日本常用。

MQFP——引脚中心距为 0.65mm,本体厚度为 2.0～3.8mm 的标准 QFP,美国标准。

(8)SIP 封装(Single In-line Package):为单列直插式封装,欧洲称其为 SIL 封装。引脚从封装的一个侧面引出,排成一条直线,两引脚中心距通常为 2.54mm,引脚数为 2～23,多数为定制产品。

(9)SOP 封装(Small Out-line Package):为小外形表面贴装型封装,其引脚从封装两侧引出呈海鸥翼状(L 字形)。这是一种应用最为广泛的表面贴装形式,两引脚中心距为 1.27mm,引脚数为 8～44。另外:

SSOP——两引脚中心距小于 1.27mm 的 SOP。

TSOP——装配高度不到 1.27mm 的 SOP。

SONF——不带散热片的 SOP。

26. 常用的硬件描述语言有几种？其各有何特点？

答:常用的硬件描述语言有 VHDL、Verilog 和 ABEL 三大类。VHDL 语言起源于美国国防部的 VHIC 计划,Verilog 语言起源于集成电路的设计,ABEL 语言则来源于可编程逻辑器件的设计。

这三种语言各自特点见表 10-1-2。

表 10-1-2　VHDL、Verilog 和 ABEL 三种语言的特点

比较项目	VHDL 语言	Verilog 和 ABEL 语言
类别	高级硬件描述语言	稍低级硬件描述语言
适用层面	适用于行为级和 RTL 级的描述,最适于电路行为的描述	适用于 RTL 级和门电路级的描述
设计工作量	作电路与系统设计时,可不必了解电路结构细节,设计者的工作量较少	作电路与系统设计时,需了解电路结构细节,设计者需做大量工作
综合过程	几乎不能直接控制门电路的生成,其源程序的综合通常要经过行为级→RTL 级→门电路的转换	它们的源程序综合过程稍简单,便于从 RTL 级到门电路的转化,故易于控制电路资源
对综合器的要求	VHDL 语言的层次高,不易控制底层电路,故对综合器的性能要求较高	对综合器的性能要求较低
支持的 EDA 工具	支持 VHDL 语言的 EDA 工具甚多	支持 Verilog 语言的 EDA 工具很多,但支持 ABEL语言的综合器较少
国际化程度	已成为 IEEE 标准	Verilog 已成为 IEEE 标准,但 ABEL 不行

第二部分 信号转换电路

1. 已知输出电压可调的开关稳压电源的电路组成如图 **10-2-1** 所示。**LM2576** 的第 **2,4** 端口输出的电压为 **1.235V**(基准电压),输出电流可达 **3A**,片内振荡频率(开关频率)为 **52kHz**,转换效率可达 **77%**,输入电压范围为 **7~40V(HV 系列可达 7~60V)**。试完成以下各题:

(1) 电感 L 与二极管 VD 起什么作用?

(2) 若 $R=47\text{k}\Omega$,$R_2=1\sim5\text{k}\Omega$,试求输出电压 U_o 的变化范围。

(3) 为保证上述输出电压范围,求输入电压最大值。

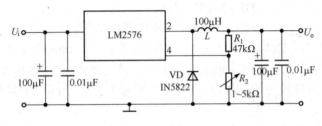

图 10-2-1 题 10-2-1

答:(1) 电感 L 的主要作用是存储能量(变电能为磁能),这是开关电源电路所必需的,VD 为续流二极管,使 L 上的磁能有释放的通路。

(2) 可按下式计算输出电压的大小:$U_\text{o}=1.235\left(1+\dfrac{R_1}{R_2}\right)$,代入参数后得

$$U_{\text{omax}}=1.235\left(1+\frac{47}{1}\right)=1.235\times48=59.28\text{V}$$

$$U_{\text{omin}}=1.235\left(1+\frac{47}{5}\right)=1.235\times10.4\approx12.84\text{V}$$

(3) 输入电压应大于上述 U_{omax},故

$$U_\text{e}>59.28\text{V}$$

由于 U_i 值较大,应选用 HV 系列,否则应限制 R_2 的变化范围。

2. 已知无外接电感元件的降压式双路输出开关电源的电路组成如图 **10-2-2** 所示,请对此电路作简述。

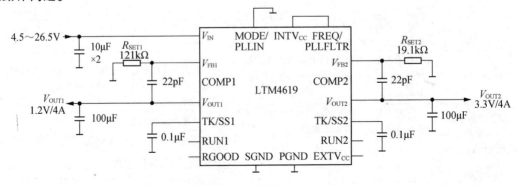

图 10-2-2 题 10-2-2

答：(1) 凌力尔特公司推出的 LTM4619 DC—DC 稳压芯片，片内集成了开关控制器、功率 MOSFET、电感器、补偿等支持元器件，为表面贴小型封装，体积为 15mm×15mm×2.82mm，尤为重要的是片内集成了电感元件，这为电路设计、制造、调测带来很大帮助。

(2) 输入电压范围很宽，为 4.5～26.5V。

(3) 输出有两路，一路为 3.3V，另一路为 1.2V，它们的最大输出电流均可达 4A。每路输出均可用单个电阻为 0.8～5V 调节，前者的调节电阻为 R_{SET2}，后者的调节电阻为 R_{SET1}。

3. 已知 DC—DC 升压转换电路如图 10-2-3 所示，请对本电路作简单解说。

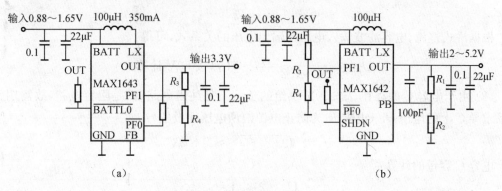

图 10-2-3 题 10-2-3

答：(1) MAX1642/1643 均为 DC—DC 转换芯片，均能将低压转至一稍高的电压，超小 μMAX 封装，8 引脚。

(2) 第 5 引脚 FB 接地时，为固定输出电压 3.3V，误差在 $\pm4\%$；FB 端接分压电阻 R_1、R_2 时，为可调电压输出（2～5.2V）。FB 端的电压一般调至 1.23V。通常 $R_2=100k\Omega\sim1M\Omega$。

(3) R_3、R_4 为反馈支路，在输入电压为 1.5V 时，$R_4=200~k\Omega$，R_3 在 280～900kΩ 的范围内取用。

(4) 电感器的电感取 100μH，其饱和电流为 250～350mA，电流加大时，L 值可取小一点，例 68μH，一般而言，L 的取值为 68～220μH，其直流电阻应越小越好（0.45～2.2Ω），L 均用贴片电感。

(5) 滤波电容一大一小，均选体积小的瓷片电容和钽电解电容，最好不用铝电解电容器。

(6) 本电路的输出电流不很大，在输入电压为 1.2V 时，输出电流可达 20mA，具有电流反向保护。

4. 已知电容降压式 AC—DC 供电电路如图 10-2-4 所示，图中一路输出为 48V、50mA 电流（可供多只 LED 管串联使用），另一路为 5V、20mA 输出。请完成下列各题：

(1) 供给桥式整流电路的交流电压大致是多少伏？

(2) 降压电容 C 的容量与耐压如何计算？其大致值各为多少？

(3) 电路有何优缺点？

答：(1) 计算流过电阻 R_2 的总电流 I（设 12V 稳压管的工作电流为 10mA），则

$$I=50+20+10=80\text{mA}$$

故 C 点的供电电压应为

$$U_c=48\text{V}+R_2 I=48\text{V}+100\Omega\times80\text{mA}=56\text{V}$$

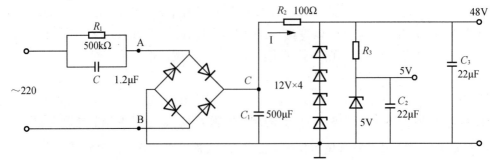

图 10-2-4   题 10-2-4

根据桥式整流、电容滤波输入电压与输出电压的关系式,可得

$$U_{AB} \approx \frac{56}{1.1 \sim 1.2} = 47 \sim 51V(按 50V 计算)$$

（2）由于电容 C 的存在,故 220V 供给的负载不是纯阻电路,而是阻容电路,故需用矢量关系求导 C 上的电压 U_C（电阻 R_1 为防止电源浪涌电压而设置）:

$$U_C = \sqrt{220^2 - 50^2} \approx 214.3V$$

电容 C 容量的计算:

$$X_C = \frac{U_C}{i_C} = \frac{214.3}{80mA} \approx 2.68k\Omega$$

$$C = \frac{1}{\omega x_C} = \frac{1}{6.28 \times 50 \times 2.68 \times 10^3} = 1.19\mu F$$

故电容 C 的耐压应高于 $\sqrt{2} \times 220V = 311V$,容量在 $1.20\mu F$ 左右。

（3）电路的优点——电路简单不用电源变压器,易于实现,成本也很低;电路缺点:在负载电流变化时,需重新计算电容 C 的容量。另外,要注意电路与人身的安全,因为电源插头接反后、地线可能为 220V 的火线。

5. 已知 DC—DC 降压变换器的电路如图 10-2-5 所示,变换芯片各引脚功能如表 10-2-1 所示,请对电路工作作简略说明,有关 MAX8546 的详细资料,请登录 www. maxim-ic. com. cn 网站查询。

表 10-2-1   MAX8545/MAX8546/MAX8548 引脚端功能

引脚	符号	功　　　　能
1	COMP/EN	补偿输入。通过一个集电极开路或漏极开路器件拉低 COMP/EN,可使输出关断
2	FB	反馈输入。连接电阻分压网络设置 V_{OUT},FB 门限为 0.8V
3	V_{CC}	芯片内部电源。通过一个 10Ω 电阻连接 V_{CC} 到 V_L。用至少 $0.1\mu F$ 的陶瓷电容旁路 V_{CC} 到 GND
4	V_{IN}	$V_{IN} > 5.5V$ 时,作为 LDC 稳压器电源;$V_{IN} < 5.5V$ 时,作为芯片电源。用至少 $1\mu F$ 的陶瓷电容旁路 V_{IN} 到 GND
5	V_L	内部 5V LDO 的输出。$V_{IN} < 5.5V$ 时,将 V_L 连接至 V_{IN}。用至少 $1\mu F$ 的陶瓷电容旁路 V_L 到 GND
6	DL	外部低侧 MOSFET 栅极驱动输出。DL 在 V_L 和 GND 间摆动
7	GND	地和电流检测负端输入
8	LX	电感开关节点。LX 同时用于限流和 DH 驱动器的电源返回通路
9	DH	外部高侧 MOSFET 栅极驱动输出。DH 在 BST 和 LX 间摆动
10	BST	DH 驱动器的电源正端。在 BST 和 LX 之间连接一个 $0.1\mu F$ 的陶瓷电容

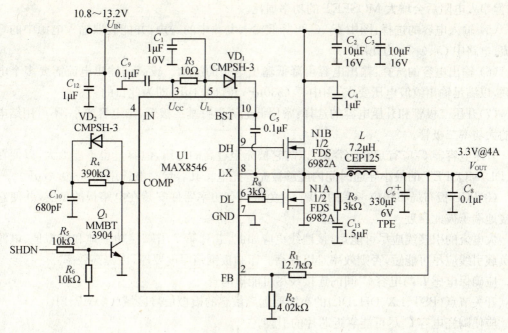

图 10-2-5　题 10-2-5

答: (1) MAX8546 为 10 引脚、采用 μMAX-10 封装形式的集成芯片。同类产品为 MAX8545/MAX8548,它们均为降压型 DC—DC 变换电路,其特点是:具有 2.7～28V 的宽输入范围,无需额外的偏置电压。

输出电压范围可调节到:$(0.8～0.83) \times U_{IN}$,效率可高达 95%,较低输入电压下具有更高的效率,可实现无短路和限流保护,通过监视低侧 MOSFET 的 $R_{DS(ON)}$ 来实现,COMP/EN 引脚用一个集电极开路或低电容的漏极开路器件拉低电位,以关断输出。

MAX8545/MAX8546 工作在 300kHz,MAX8548 工作在 100kHz。它们均可用铝电解电容器配合使用。

(2) 通过 FB(第 2 引脚)外接电阻 R_1、R_2 的分压可使输出电压在下述范围内变化:

$$U_o = (0.8～0.83) \times U_{IN}$$

R_2、R_1 可由下式计算(一般为 1～10kΩ):

$$R_1 = R_2 \left(\frac{U_o}{U_{FB}} - 1 \right)$$

式中,$U_{FB} = +0.8V$,按图中所给 R_1、R_2 值,可求得 $U_o = \left(\frac{R_1}{R_2} + 1 \right) U_{FB} \approx 3.3V$

(3) 电感值由下式计算:

$$L = U_o \times \frac{U_{IN} - U_0}{U_{IN} \times f_0 \times L_{IR} \times I_{Lmax}}$$

式中,L_{IR} 为电感纹波电流与最大连续负载电流之比值,通常为 20%～40%。

电感 L 的磁心损耗应低、直流电阻应尽可能小,通常选铁氧体磁心电感器。

(4) 功率开关管 MOSFET 的选择:为 N 沟道管,导通电阻越低越好,栅极电荷越低越好。

为降低开关噪声所引起的 EMI,可在高侧 MOSFET(上一管子)漏极和低侧 MOSFET(下一管子)源极之间加一 $0.1\mu F$ 的陶瓷电容器,或在 DH 和 DL 间串联一个电阻以减缓开关速度;但串入电阻后会增大 MOSFET 的功率损耗。

(5) 输入电容的选择:图中 C_2、C_3 可降低输入电源中的噪声,并能吸取输入电源中的峰值电流、电路中 C_4、C_{12} 也为此用。

(6) 输出电容的选择:输出电容可降低输出电压的波动。较高的输出电流需要多个电容并联,以满足输出纹波电压要求,图中 C_6(330μF)、C_8(0.1μF)即为此目的。

(7) 升压二极管和升压电容的选择:常用低电流肖特基二极管,结电容要小,不可用结电容大的大功率二极管。

升压电容器 C_5 应有足够的容量,以防它被充至过高的电压,但容量也不能太大,以便在低侧(DL)MOSFET 的最小导通时间内能够被充分充电。其容量一般选用 0.1~0.47μF。

(8)PCB 板布局布线应考虑的问题:避免将所有功率器件安装在电路板的顶层,并使它们的接地端子彼此靠近。

大电流的引接线应尽可能短,接地线更应如此,芯片第 7 引脚接功率地和模拟地、电源线和负载引线应尽可能短,否则效率难以提高。印制板铜箔厚度要厚,以提高效率。

应确保电感 L 与电容 C_5 间的连接线尽可能短而直。

开关节点(BST、LX、DH、DL)的布线要远离敏感的模拟信号区域(COMP、FB)。

应使陶瓷电容 C_1 尽可能靠近芯片的引脚。

芯片 COMP(第 1 引脚)外接的小电容 C_{10} 可使高频信号退耦,使电源的性能更好。

6. 已知 DC—DC 升降压变换器的电路如图 10-2-6 所示,请对本电路作简略说明。有关 MAX669 集成芯片的详细资料请登录 www. maxim-ic. com. cn 查询。

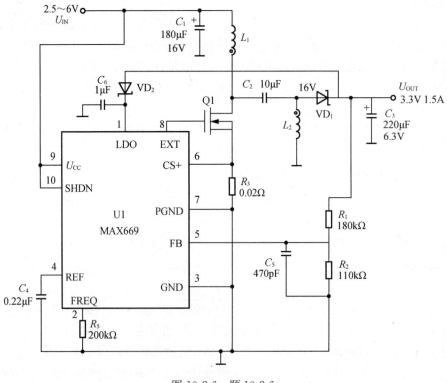

图 10-2-6 题 10-2-6

答:(1) MAX669 采用 μMAX-10 封装,为第 10 引脚集成芯片。

(2) 本电路在输入电压为 2.5~6V 变化时,电路输出电压为 3.3V/1.5A,输入电压大于 3.3V 时,电路输出为 3.3V/1.7A。

(3) 电路中主要元件参数推荐如下:

L_1,L_2——5.4μH·4A。

VD_1——CMSH2—40 或其他 2A 肖特基二极管。

VD_2——CMPSH—3 或其他 100mA 肖特基二极管。

Q_1——NDH833N 或其他 25mΩ、20VNFET。

R_3——Dale WSL2512—R020F 或其他 20mΩ 电阻。

C_1——180μF/16V 钽电容器或相同容量低 ESR 的铝电解电容器。

C_2——10μF 钽电解电容器。

C_3——220μF/10V 钽电解电容器或相同容量低 ESR 的铝电解电容器。

7. 已知简单高效白光 LED 驱动电路(DC—DC 变换电路)如图 10-2-7 所示,请对本电路作简略说明。

答:(1) 这是一种由电荷泵 MAX1595 组成的白光 LED 驱动电路,输入电压为 1.8~5.5V,能产生 3.3/5V 输出电压,且输出电压很稳定(+3%);片内振荡频率为 1MHz;能提供 125mA 的输出电流。

(2) 电路十分简单,片外只需三只电容器(最好用陶瓷电容或钽电解电容),电路中无需电感元件。其静态电流为 220μA,关断电流为 0.1μA,关断状态下,负载被切断。

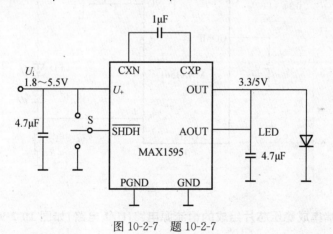

图 10-2-7　题 10-2-7

(3) $\overline{SHDN}$ 端为关断控制端:当它直接接至输入供电电源时(即为高电平 1 时)电路工作,为负载提供电流;它直接至地时(为低电平 0),电路关断,负载被切断;它可接 PWM 脉冲,作 LED 调光之用。

8. 已知高效白光 LED 驱动电路(DC—DC 升压电路)如图 10-2-8 所示,请对本电路作简略说明。

答:(1) MAX1561 为高效白光 LED 的驱动集成芯片,实为 DC—DC 升压变换电路,变换效率为 84%,较高,其内部有耐压 30V 的 MOSFET 器件,输出功率可达 900mW,振荡频率为 1MHz,输入电压范围为 2.6~5.5V,最大输出电压为 26V,并有过电压保护;内部有软启动电路,可防止电流冲击;有关断控制,关断时的电流仅 0.3μA;采用 3mm×3mm 8 引脚 QFN 封装。

（2）输出端可接多个 LED，且各电流相同，发光一致性好，各管亮度可由第 3 脚外接电压控制：当此端外接电压低于 100mV 并大于 8.2ms 时，器件被关断，无输出电压，各 LED 熄灭。在 0.24～1.62V 调节时可控制各 LED 亮度，超过 1.62V 后，各 LED 亮度不再增强。

也可用 PWM 来调光，PWM 的频率范围为 200Hz～200kHz，占空比可在 0～100% 内变化，无需加 RC 滤波器。

（3）电感 L 的取值范围为 10～47μH，但常用 22μH，若输入电压为 5V，则 L 取值大一点好。流过 L 的最大电流在 136mA 左右。

（4）二极管 VD 须选肖特基管，其耐压值为 50V，其电流为 52mA，故取用 100mA/50V 的管子即可。

（5）第 4 脚(CS)端外接的检测电阻 R，用来设置 LED 的电流，此端电压一般调至亮度控制端(第 3 脚)电压的 1/10 或 0.162V。

（6）本电路可用于智能电话、PDA、手持式无线通信装置，便携式计算机等 LCD 屏的背光电路及其他各种电路中。

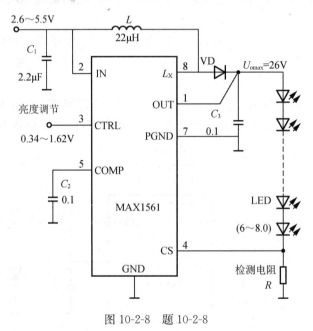

图 10-2-8　题 10-2-8

9. 已知用三端集成稳压芯片组成的恒流源电路(U/I 电路)如图 **10-2-9** 所示，请对本电路作简略说明。

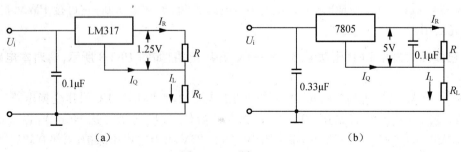

（a）　　　　　　　　　　　　　　（b）

图 10-2-9　题 10-2-9

答:(1) 图(a)电路中三端集成稳压芯片 LM317(CW317)其输出电压可调,范围为 1.2～37V,本例为不可调,输出为 1.25V,十分稳定,由于 I_Q 很小,一般只有 50μA,故输出电流 I_L 的计算式十分简单,为

$$I_L = I_Q + I_R \approx I_R = \frac{1.25V}{R}$$

由于 LM317 最大输出电流为 1.5A,故 R 的最小值在 0.8Ω 左右。

(2) 图(b)电路的恒流原理与上述相同,但 I_Q 略大,在 I_L 值较小时,不可忽略它的影响,在 I_L 较大时可忽略:

$$I_L = I_R + I_Q = \frac{5}{R} + I_Q = \frac{5V}{R}$$

由于 7805 的最大输出电流为 1.5A,故 R 的最小值应在 3.4Ω 左右。

(3) 上述两种恒流电路的特点是:电路简单,元器件少,制作容易,调整方便,且能获得大电流,例如图(b)中,若改用 78T05、78H05、78P05,则可获得 3A、5A、10A 的恒流输出,这是其他恒流电路难以达到的。

10. 已知压控电流源电路如图 10-2-10 所示,请对本电路作简略解说。

答:(1) 电路由运算放大器 OPA277 和仪表放大器 INA121 构成,电路中存在很强的电流串联负反馈,故能稳定输出电流 I_L。R_2 为电流负反馈的取样电阻,此信号经 INA121 的放大,馈至输入级 OPA277 的负端,形成电流串联负反馈。

(2) INA121 的输入电阻很大,达 $10^{12}\Omega$,输入电容为 1pF,输入噪声为 20nV,输入过压保护为 ±40V,直流供电电压为 ±2.25～±18V,电流消耗为 525μA,片外的电阻 R_G 是片内放大器的反馈电阻,作调节放大倍数之用,其增益计算式为:

$$G = 1 + \frac{50k\Omega}{R_G}$$

若 R_G = 100Ω、1kΩ、10kΩ 时,所对应的增益 G = 501、51、6。本系统要求 $G < 10$,则 $R_G > 5k\Omega$。

(3) 负载电流 I_L 的计算式:

$$I_L = \frac{U_i}{G \times R_2}$$

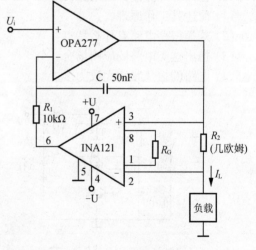

图 10-2-10 题 10-2-10

若 U_i = 1～5V,$G < 10$(例 G = 5),在 R_2 = 2Ω、5Ω、10Ω 时,所对应的输出电流 I_L = 0.1～0.5A,40mA～200mA,20mA～100mA。

注意,I_L 值不应超出 OPA277 的供电能力。

11. 已知输出为 0～5A 可程控的电流源电路如图 10-2-11 所示,请对本电路作简略说明。

答:(1) 本系统由 12 位数/模(D/A)转换器 MAX507,降压型开关集成稳压器 MAX724 和电流检测放大器 MAX472 三大部分组成。D/A 转换器输入的是控制数码:

为 FFFH 时,MAX507 输出电压为 10V,此时系统输出电流为 0mA;为 000H 时,MAX507 输出电压为 0V,此时系统输出电流为 5A。

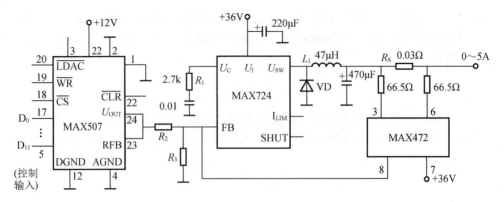

图 10-2-11 题 10-2-11

（2）输出端的 $R_S(0.03\Omega)$ 为反馈信号的取样电阻，所取得的电流变化信号经 MAX472 的检测放大，反馈至开关集成稳压芯片的反馈信号输入端（FB端），控制开关器件，使其输出电流保持稳定，由于是电流负反馈系统，故能稳定系统的输出电流，达到恒流输出的目的。

（3）很显然：控制 MAX724 输入的信号（FB 端）有两部分，一是来源于 MAX507 的 D/A 输出，以确定恒流源输出电流的大小，另一是来源于 MAX472，以确保输出电流的恒定。

（4）VD、L_1、$470\mu F$ 等元件是开关电源必需的片外元件（储能元件等）。

12. 已知脉冲振荡升压电路（或 DC—DC 电路）如图 **10-2-12** 所示，请回答下列各题：

（1）简述其工作原理。

（2）这类振荡电路有什么特点？

（3）指出这类电路的应用场合。

（4）电路的振荡频率大致为多少？

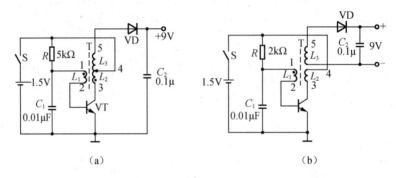

图 10-2-12 题 10-2-12

答：（1）这两个电路的工作原理基本相同，均利用 RC 充放电及变压器形成的正反馈而产生脉冲振荡，经变压器升压，再经二极管整流电容滤波而输出所需的直流电压。下面以图（a）电路为例对其工作原理作简述：

当开关 S 合上后，电容 C_1 被充电，当 C_1 的电位升至一定值后，VT 管导通，集电极电流 I_C 增大，I_C 增大，在 L_2、L_3 上会产生反电动势（5 端正、3 端为负），此反电动势经变压器耦合至基极，使 L_1 的 1 端为负，2 端为正，为 VT 管提供了正反馈，正反馈促使 VT 管的电流迅速增加；当此电流增大至一定程度后，电流增速下降，正反馈减弱 I_C 开始下降，一旦 I_C 下降，L_3、L_2 上的反电势即改变方向，使⑤端变负，③端变正，经耦合，L_2 的①端为正，②端为负，如此即加速 VT

的电流 I_C 减少,使 VT 迅速截止;VT 截止后,电源 1.5V 经电阻 R 对 C_1 充电,当 C_1 上的电位升至 VT 管导通后,下一振荡周期即开始。

(2) 主要特点是电路简单,易于起振,能作 DC—DC 转换,将低压升至所需的高压,如果变压器有抽头,也可以输出多组直流电压;由于振荡频率较高(几千赫至几十千赫),故整流滤波的滤波电容的容量可取得小一点。主要缺点是需要自制一脉冲变压器。

(3) 主要用于照相机的闪光灯电路、电警棍电路等,后者需提高升压变压器的升压比,并用多倍压整流滤波电路,使输出电压达数千伏。

(4) 电路的振荡频率主要由 RC 值所决定,其计算式为

$$f_o \approx \frac{1}{RC_1} = \frac{1}{5 \times 10^3 \times 0.01 \times 10^{-6}} = \frac{10^5}{5} = 20 (\text{kHz})$$

13. 已知 DC—DC 直流高压产生电路如图 10-2-13 所示,请对本电路作简单叙述。

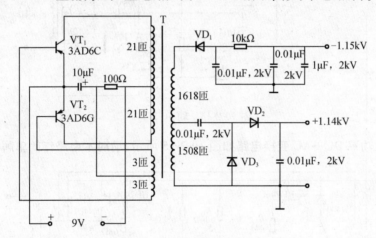

图 10-2-13   题 10-2-13

答:(1) 本电路可将 9V 直流转换成 -1.15kV 和 $+1.14$kV 的直流高压输出。

(2) 左侧电路为变压器耦合振荡电路,所产生的交流信号经变压器升压送至次级电路。

(3) 二极管 VD_1 与电容电阻组成半波整流、阻容滤波电路、输出 -1.15kV 直流电压。

(4) 二极管 VD_2、VD_3 及电容组成二倍压整流滤波电路,输出 1.14kV 直流高压。

(5) $VD_1 \sim VD_3$ 应选择高反压二极管,如 03Z15/05Z15(1500V)、03Z18/05Z18(1800V)、03Z19/05Z19(1900V);03Z20/05Z20(2000V)、1N3286(3000V)或 2CZ55X 等型号。

14. 已知功率可达 100W 的 DC—AC 变换电路如图 10-2-14 所示,请对本电路作简略说明。

答:(1) 图中与非门 IC_1、IC_2 组成低频 50Hz 振荡器,信号经 IC_3、IC_4 反相后加至 VT_1 的栅极,另一路直接加至 VT_2 的栅极。VT_1、VT_2 组成互补功率放大电路。VT_1、VT_2 均为 VMOS 器件,应选择开启电阻 (R_{DS}) 小,漏极电流大 $(>5A)$ 的功率管,如 KWP8N45(WTP8N45)、UFN841、YTF841 或 KWH8N45、MTH7N45 等。

它们的 I_D 均为 8A,R_{DS} 均为 0.8Ω,若 R_{DS} 大则管子的功耗大,在大电流工作时,压降大,结果会造成次级输出电压随负载加重而降低。

(2) 电阻 R_7、R_8 阻值均为 0.1Ω,起电流负反馈作用,可使电路工作稳定,并能使 VT_1、VT_2 管较安全的工作。在放大管电流为 5A 时,R_7、R_8 上的功耗为

$$P = I^2 R = 5^2 \times 0.1 = 2.5 (\text{W})$$

故 R_7、R_8 应选 3~4W 以上的电阻。

（3）T 可选用市售的 220V/12V/0V/12V 变压器，容量为 150VA。如果所需的输出功率小，则可降低变压器的容量。

（4）全国大学生电子线路设计竞赛 2011 年有类似于此的竞赛题。

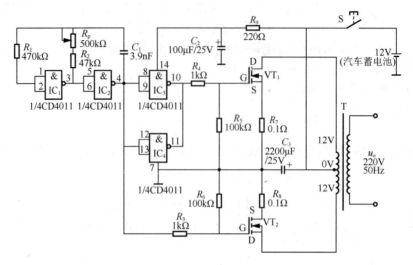

图 10-2-14　题 10-2-14

15. 已知大功率 **DC—AC** 变换电路如图 **10-2-15** 所示，请对本电路作简单解说。

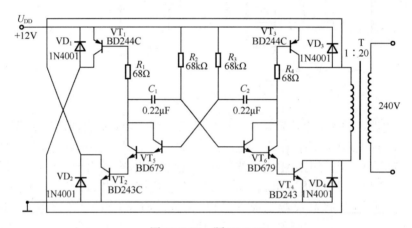

图 10-2-15　题 10-2-15

答：（1）图中变压器的左侧电路为大功率低频振荡器，其振荡频率约为

$$f_\circ \approx \frac{1}{1.4R_2C_1} = \frac{1}{1.4 \times 68 \times 10^3 \times 0.22 \times 10^{-6}} \approx 48(\text{Hz})$$

此频率与交流电网的频率很接近，略加调整（含元件精度），成为 50Hz 当无问题。此振荡电路是较典型的多谐振荡器。当 $U_{DD}=12V$，$R_1=R_4=68\Omega$，$VT_1 \sim VT_4$ 的 $\beta=20$ 时，电路的输出电流可达 3A。

VT_1/VT_3 选用 BD244C、TIP42C 或其他 $I_{CM}=6A$ 以上的大功率 PNP 管；

VT_2/VT_4 选用 BD243C、TIP31C 或其他 $I_{CM}=6A$ 以上的大功率 NPN 管；

VT_5/VT_6 选用达林顿管，如 BD679、D1590 等。

（2）变压器可选用市售的 220V/12V 电源变压器，初级为 12V，次级升至 220~240V。功率容量应为 50～60VA。

(3) 该电路可用于汽车 220V 交流灯具的照明,也可作并网供电之用。

16. 已知电压-电流(V/I)转换电路如图 **10-2-16** 所示。试完成下列各题:

(1) 图中左侧运算放大器起什么作用?

(2) 右侧二个 BJT 管组成什么电路?起什么作用?

(3) 计算输出电流 i_o 与输入电压 u_i 的关系。

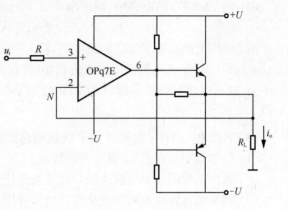

图 10-2-16 题 10-2-16

答:(1) 左侧 OPq7E 是低噪声、低失调电压、低失调电流及低温度系数的运算放大电路,它与外部元件组成同相跟随电路,对输入 u_i 起隔离与缓冲作用。

(2) 右侧二只 BJT 组成互补对称功率放大电路(OCL 电路),其输出信号全部反馈至运放的负端(属电流串联负反馈),目的是稳定输出电流,提高电路的输入阻抗。本系统无电压增益,但电流增益较大。

(3) 根据运放两输入端"虚短"的原则,由此可求得 i_o 与 u_i 之关系式:

$$u_N = u_P = u_i$$

$$i_o = \frac{u_N}{R_L} = \frac{u_i}{R_L}$$

17. 已知电流转电压(I/V)变换电路如图 **10-2-17** 所示。试完成以下各题:

(1) 图(a)运放组成什么电路?起什么作用?

(2) 图(a)中若输入电流为 0～10mA,试求 A 点电位变化及输出电压 u_o 的变化。

(3) 图(b)中,VD 为光电二极管;若 $I_i = 0～10\mu A$ 变化,试求输出 u_o 的变化。

(4) 两电路对运算放大器有什么要求?

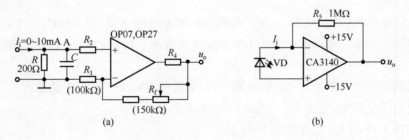

图 10-2-17 题 10-2-17

答:(1) 图(a)电路中,运算放大器起同相放大作用。其放大倍数为

$$A_V = 1 + \frac{R_f}{R_1}$$

(2) 图(a)电路中,A 点的电位及输出 u_o 的变化为(设 $R_1 = 100k\Omega$,$R_f = 150k\Omega$)

$$u_A = I_i R = (0～10mA)200\Omega = 0～2(V)$$

$$u_\mathrm{o} = U_\mathrm{A} \cdot A_\mathrm{V} = (0 \sim 2\mathrm{V}) \times \left(1 + \frac{150\mathrm{k}\Omega}{100\mathrm{k}\Omega}\right) = 0 \sim 5(\mathrm{V})$$

（3）图 10-2-17(b)电路中，输出电压 u_o 的变化为

$$u_\mathrm{o} = -I_\mathrm{i} \cdot R_\mathrm{f} = -(0 \sim 10\mu\mathrm{A}) \times 10^6\Omega = -(0 \sim 10\mathrm{V})$$

（4）两图电路均要求运放的精度高，输入阻抗高，否则会引起较大的测量误差。尤其是在图(b)电路中，由于光电管输出的电流很小（常在几微安至几十微安量级），如果运放的输入阻抗不高，输入电流不接近零，则上述计算会十分不精确。另外，两电路中各电阻最好用高精密电阻。

18. 已知 0～1MHz 宽频带 U/F 转换电路如图 10-2-18 所示。试完成以下各题：

（1）简单指明集成芯片 AD650 的特点。

（2）输出信号的频率与输入信号的关系是什么？

（3）例举电压转换成频率变化的方法及应用。

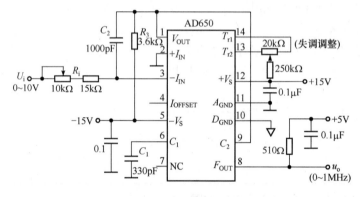

图 10-2-18　题 10-2-18

答：（1）U/F 转换器可实现输入电压至输出信号频率间的线性变换（一般成正比变换）。常见的方法是由专用的集成电路来完成，如 ADVF32、AD537、AD650、AD651，NS 公司的 LM131、LM231、LM331 等。

AD650 的特点：

① 转换的电压范围宽（如 0～10V），转换出的频率范围也宽（0～1MHz）。

② 非线性误差小。在满度 10kHz 时，非线性误差小于 0.002%；在 1MHz 满度时，非线性误差小于 0.07%。

③ 输出端经上拉电阻接 5～30V 电源，可与后续的 CMOS、TTL 电路兼容。

④ 供电电压范围宽，允许 ±9～±18V 供电，功耗较低。

⑤ 可实现 U/F 转换，也可实现 F/U 转换。

（2）输出信号的频率与输入电压 U_i、输入端电阻 R_i、第 6 引脚外接电容 C_1（定时电容）有关，具体关系由下式决定：

$$f_\mathrm{o} = \frac{U_\mathrm{i}/R_\mathrm{i}}{C_1 + 44 \times 10^{-12}F}$$

若 $U_\mathrm{i} = 0\mathrm{V}$，则输出信号的频率为 0Hz；若 $U_\mathrm{i} = 10\mathrm{V}$，$R_\mathrm{i} = 25\mathrm{k}\Omega$，$C_1 = 330\mathrm{pF}$，则 $f_\mathrm{o} = 1.06\mathrm{MHz}$。

（3）在通信、广播、电视系统中，常用变容管法（以电压改变变容管的电容）实现信号的频率变化或 LC 回路的自动调谐，压控振荡器、语音的调频（FM）均常用这类方法。这一方法的特点是

电路简单,很易实现,但所改变的频率范围很窄,频率覆盖一般低于2,只能在高频段使用。

19. 已知频率/电压转换电路如图 **10-2-19** 所示,请对电路作解说。

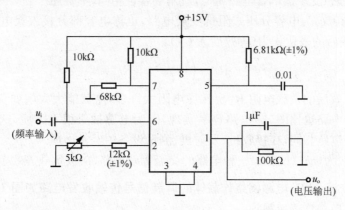

图 10-2-19 题 10-2-19

（1）转换的芯片选用 LM331,此芯片原为电压/频率转换之用,它也可作频率/电压的相反转换。

（2）就外围元件而言,电路输入信号的频率为 10kHz。频率较低,不适用作频率很高的调频信号（FM）解调。

（3）由于频率信号输出所占用的总线量少,易于远距离传输,抗干扰能力也强,故此种变换有许多优点。将数字系统输出的频率信号转换成与频率成正比的模拟电压,可采用 F/U 转换芯片,没有此功能芯片时,可采用 U/F 转换器来解决,一般的集成 U/F 转换器都具有 F/U 转换功能。

20. 已知几种无源阻抗变换电路如图 **10-2-20** 所示,分别求出各负载 $R_L(C_L)$ 等效至 LC 回路两端后的表达式,并试举应用实例。

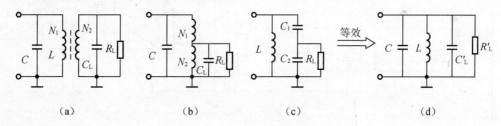

图 10-2-20 题 10-2-20

答:（1）图 10-2-20(a)为理想变压器耦合阻抗变换电路,次级负载 R_L、C_L 等效至初级回路后的表达式为（图(d)）：

$$R_L' = \left(\frac{N_1}{N_2}\right)^2 R_L, \quad C_L' = \left(\frac{N_2}{N_1}\right)^2 C_L$$

公式表明,降压变压比$(N_1 > N_2)$能使等效电阻 $R_L' \gg R_L$,等效电容 $C_L' \ll C_L$,二者一升一降就大大削弱了负载 R_L、C_L 对初级回路的影响。这种电路常用于收音机、电视接收机的中放电路或其他调谐放大电路中。

（2）图 10-2-20(b)为自耦变压器耦合阻抗变换电路,也称电感部分接入电路或电感分压电路,负载 R_L、C_L 等效至 LC 回路两端后的表达式为

$$R'_L = \left(\frac{N_1 + N_2}{N_2}\right)^2 R_L, \quad C'_L = \left(\frac{N_2}{N_1 + N_2}\right)^2 C_L$$

这一结果与理想变压器耦合电路相似,应用场合也相同,不赘述。

(3) 图 10-2-20(c)为电容分压式阻抗变换电路,也称电容部分接入式电路,负载 R_L 等效到对 LC 回路两端后的表达式为(等效后无 C'_L):

$$R'_L = \left(\frac{C_1 + C_2}{C_1}\right)^2 R_L$$

公式表明,等效后的负载电阻 R'_L 要比原电阻大许多,这就能大大削弱负载对 LC 回路的影响。另外,这种电路也比图(b)电路容易实现,因为电感抽头很不方便,这种电路的应用场合也与图(a)、(b)电路相同,在接收机、发射机、测量设备中经常出现。

图 10-2-20(d)为(a)、(b)、(c)三种电路的交流等效电路(次级负载等效至初级回路)。

21. 已知以交流 **220V** 电源网络作载体的调制信号传输收发电路如图 **10-2-21(a)**、**(b)** 所示,分别对此收发电路作简单解说。

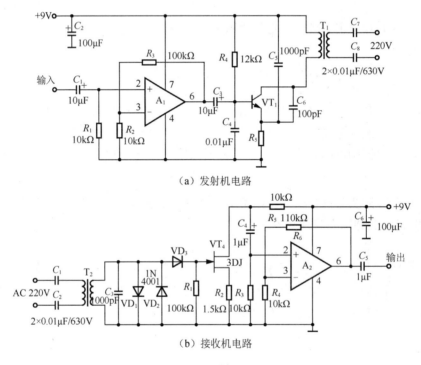

（a）发射机电路

（b）接收机电路

图 10-2-21　题 10-2-21

答:(1) 图(a)电路 A_1 可选用 LM324 集成电路,作输入信号的放大,其电压放大倍数为

$$A_1 = 1 + \frac{R_3}{R_2} = 1 + \frac{100}{10} = 11(倍)$$

(2) 图(a)电路的右侧电路为高频振荡电路,属典型的电容三点式振荡器,VT_1 可选用 9018、β 值在 100 以上,振荡频率约为 200kHz;T_1 可选用收音机的中频变压器(初级电感量在 500μH 左右,匝比约 4:1 的降压变压器)。VT_1 组成的电路兼作调制之用,A_1 送入的低频信号可对 VT_1 产生的高频(载频)进行调制。

(3) 图(b)电路为接收电路,由交流电网输入的信号经 T_2 送至本电路,T_2 也可用收音机的中频变压器担任,由 C_3 与 T_2 次级电感组成选频回路,调整 C_3 的电容量,可改变接收的谐振频率,使接收灵敏度增强,输入信号变大,电路中的 VD₁、VD₂ 两个并接二极管起双向限幅作用,防止大幅度信号对 VT₄ 管的损坏。

(4) VD₃、R_1 及 VT₄ 管的输入电容组成检波电路,可解出(还原出)原调制的低频信号。

(5) A_2 可选用 LM324 集成芯片,对解调后的信号进行同相放大,其放大倍数的计算式与上述公式相同,电压放大倍数约为 12 倍。

第三部分　交流信号的产生与变换电路

1. 设计一个非智能控制的信号发生器,要求输出正弦波、方波或锯齿波信号,信号的频率范围为几赫兹至兆赫级,输出幅度稳定、可调,输出阻抗为几百欧姆。试完成下列各题:

(1) 画出电路(系统)的组成框图,并作必要的解释。

(2) 选用什么样的振荡电路? 为什么?

(3) 如何在本系统中获得方波或矩形波输出? 试在框图中一并示出。

(4) 输出级选用什么样的电路? 为什么?

(5) 若用本振荡器的某一信号作为载频对某一音频信号进行调幅,输出调幅信号。试在上述框图中补画出有关电路。

答:(1) 电路(系统)组成框图如图 10-3-1 所示。

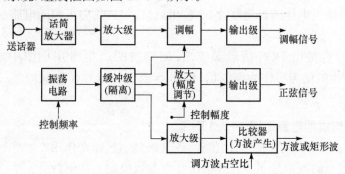

图 10-3-1　题 10-3-1 解

图中缓冲级的作用是隔离后级电路对振荡电路(振荡频率等)的影响,常用射极跟随电路或同相运算放大电路来完成这一工作。

(2) 常选 RC 桥式振荡电路,其频率范围能满足本题要求,电路简单,容易实现;也可选用 MAX038 集成芯片组成的振荡电路(有关电路可参阅本节的第 6 题)。

(3) 正弦波信号经放大和比较器(施密特触发器)即可获方波或矩形波输出;调节比较器的比较电平,即可调节方波的占空比。

(4) 输出级应用射极跟随电路(共集电极电路),使电路的输出阻抗低,输出电压稳定,带载能力强。

(5) 框图的上方是调幅波产生与输出电路,调幅是非线性频率变换电路。有关内容和电路可参阅"高频电路"或"通信电路原理"方面的书籍与资料,本书有关章节也有论述。

2. 设计一个智能控制的信号发生器,要求输出频率十分稳定的正弦波、方波或其他调制类波形,信号的频率范围为赫兹至几十兆赫级,输出幅度稳定、可调,输出阻抗为几十欧姆。试完成下列各题:

(1) 画出电路(系统)的组成框图。

（2）选用什么样的振荡电路？为什么？

（3）输出级选用什么样的电路？为什么？

（4）本方案可否输出调频信号和调幅信号？

答:（1）电路（系统）的组成框图如图 10-3-2 所示。

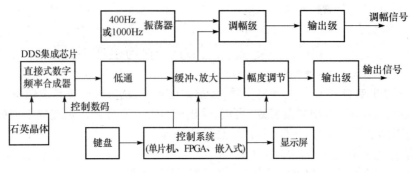

图 10-3-2 题 10-3-2 解

（2）信号源可用 AD9850、AD9853/54 等 DDS 集成芯片实现。这些芯片均可由单片机等发出的数码信息进行控制,可以直接输出正弦波、方波、调频波等信号;输出信号的频率范围可在 0.003Hz 至几十兆赫范围内变化;频率步进可以很小。

（3）为了提高输出电压的稳定度,减小输出阻抗,常选用射极跟随电路或电压负反馈较深的运算放大电路。

（4）调频波可直接由 DDS 信号源输出;调幅波的产生可用框图中的方案:400Hz 或 1000Hz 振荡器产生的信号可作为调制信号,DDS 产生的信号作为载频。二者在调幅级形成调幅波。

3. 已知运放组成的电路如图 **10-3-3** 所示。

（1）运放 A_1、A_2、A_3 各组成什么电路？各电路分别起什么作用？

（2）各输出信号的频率是多少？其值由什么参数决定？如何计算？

（3）图中 R_2/R_1 比值过大和过小会产生什么结果？为什么？

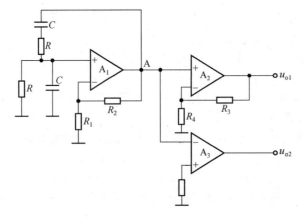

图 10-3-3 题 10-3-3

答:（1）运放 A_1 与外部元件组成典型的文氏电桥式 RC 正弦波振荡电路,产生正弦信号输出;运放 A_2 与 R_3、R_4 组成同相放大电路,对输入信号进行不失真的放大;运放 A_3 组成过零比较电路,能将输入的正弦信号转换成方波输出。

(2) 输出 u_{01}、u_{02} 的频率由 RC 振荡器正反馈支路中的元件 R、C 值决定,其计算式为

$$f_0 = \frac{1}{2\pi RC}$$

(3) R_2/R_1 是决定 A_1 运放负反馈系数大小的,此值越小,负反馈越深,振荡器会停振;此值过大,负反馈太弱,电路中可能有多个频率信号满足振荡条件,结果会使振荡波形失真。对于文氏电桥 RC 振荡器而言,R_2/R_1 的比值应略大于 2。若将 R_1 对地短路或取较小阻值,则 A 点可直接输出方波,这也是常见的一种应用。

4. 已知实际 RC 振荡器的电路如图 10-3-4 所示,运算放大器为单电源供电。试完成以下各题:

(1) 本电路如何解决运算放大器单电源供电所产生的问题?

(2) 运算放大器 A_1、A_2 分别起什么作用?

(3) 计算本电器输出信号的频率范围。

(4) 开关 S_2 打至"1"和打至"2"时,有什么不同? 为什么?

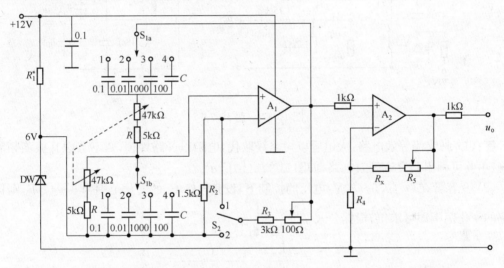

图 10-3-4　题 10-3-4

答:(1) 由 R_1 和 DW 组成二极管稳压电路,给运放 A_1 的负端提供约 1/2 的直流供电电压(+6V),以保证输出信号有正负半周产生,此时电阻 R_2 的值不可过大。

(2) A_1 与四周电路组成 RC 桥式振荡电路,A_2 组成同相放大电路,作用有两个:一是减弱负载对振荡电路的影响,二是可调节输出电压的幅值大小(调 R_5)。

(3) 只要计算开关 S_1 的第 1、第 4 两挡即可得出最低、最高频率值,计算 $f_{\min}$ 时为第 1 挡,电阻 R 取最大值(47kΩ+5kΩ=52kΩ);计算 $f_{\max}$ 时为第 4 挡,R 取小值(5kΩ)。所以

$$f_{\min} = \frac{1}{2\pi RC} = \frac{1}{6.28 \times 52 \times 10^3 \times 0.1 \times 10^{-6}} \approx 30 \, (\text{Hz})$$

$$f_{\max} = \frac{1}{2\pi RC} = \frac{1}{6.28 \times 5 \times 10^3 \times 100 \times 10^{-12}} \approx 318 \, (\text{kHz})$$

(4) 开关 S_2 的作用是输出波形的转换:

S_2 打至"1"挡时:输出 U_o 为正弦波,此时 A_1 中存在较强的正反馈,对正端输入信号的放

大量约大于等于 $3(A_{V1}=1+\dfrac{R_3}{R_2}\approx3)$，正好符合正弦波振荡条件。

S_2 打至"2"挡时，运入 A_{V1} 无负反馈量输入，故有许多信号符合振荡条件，因而输出不再是正弦波，而近似于方波。

5. 已知高频压控振荡(VCO)的电路如图 10-3-5(a)所示，U_T 为调谐电压，VD 为变容二极管，电路的工作频率可达 **200～450MHz**，设 $L=0.1\mu H$；VD 的电容可变范围为 **5～47pF**。试完成以下各题：

（1）画出振荡电路的高频等效电路。

（2）求出变容管受控后，振荡器的频率变化范围。

（3）本电路可作何用？

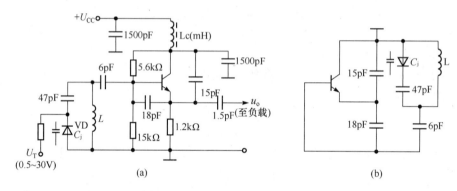

图 10-3-5　题 10-3-5

答：（1）画交流等效电路：大电容以短路线取代，电阻以开路处理，暂不考虑其振荡频率的影响，由此可画出其交流等效电路，如图 10-3-5(b)所示。

（2）变容管在 U_T(0.5～30V)电压的控制下，设其电容 C_j 的变化范围为 5～47pF，则振荡频率的变化范围即可求出，根据公式 $f_o=\dfrac{1}{2\pi\sqrt{LC}}$，

式中

$$C=\cfrac{1}{\cfrac{1}{47}+\cfrac{1}{C_j}}+\cfrac{1}{\cfrac{1}{15}+\cfrac{1}{18}+\cfrac{1}{6}}$$

若 $C_j=5pF$，则

$$C=C_{min}=\cfrac{1}{\cfrac{1}{47}+\cfrac{1}{5}}+3.46\approx4.52+3.46\approx7.98(pF)$$

$$f_{omax}=\cfrac{1}{6.28\sqrt{0.1\times10^{-6}\times8\times10^{-12}}}\approx\cfrac{10^9}{6.28\times0.89}\approx180(MHz)$$

若 $C_j=47pF$，则

$$C=C_{max}=\cfrac{1}{\cfrac{1}{47}+\cfrac{1}{47}}+\cfrac{1}{\cfrac{1}{15}+\cfrac{1}{18}+\cfrac{1}{6}}=23.5+3.46\approx27(pF)$$

$$f_{omin}=\cfrac{1}{6.28\sqrt{0.1\times10^{-6}\times27\times10^{-12}}}=\cfrac{10^9}{6.28\times1.64}\approx97.1(MHz)$$

故振荡器的可调范围为 97.1～180MHz。

（3）本电路可作调频（FM）之用，即 U_T 为调制信号时，输出 u_o 即为调频信号。

**6. 已知由 MAX038 集成芯片构成的 5Hz～5MHz 函数发生器的电路如图 10-3-6 所示。
试完成以下各题：**

（1）简略介绍 MAX038 的特点。

（2）本电路能产生什么样的信号输出？它由电路中的什么因素决定？

（3）电位器 R_{P1}、R_{P2} 分别起什么作用？

（4）输出信号的频率由什么因素决定？大致范围是多少？

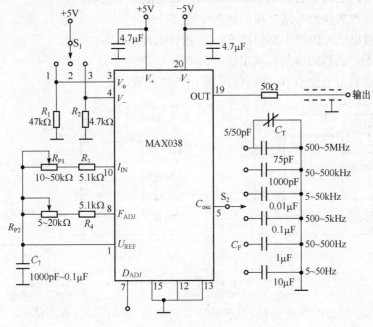

图 10-3-6　题 10-3-6

答：（1）这是经常采用的一款能产生多种信号波形输出的芯片。可产生精度较高的正弦
波、矩形波、三角波、锯齿波输出。输出波形可人工设定，也可由单片机等控制；输出信号的频
率范围甚宽，为 0.1Hz～20MHz，最高可达 30～40MHz。改变振荡电容 C_F 的充、放电电流可
以粗调频率，改变 F_{ADJ} 端口的电位可以细调频率；正弦波的失真度很小，一般为 0.75%，方波
的占空比调节范围为 10%～90%；具有扫频工作方式，扫频电压可由外部设置（如单片机等提
供）；±5V 双电源供电，电源变化允许±5%，功耗约为 400mW；芯片采用 20 脚 DIP 封装。

（2）由 S_1 开关决定输出信号的波形：接至"1"挡时输出三角波；接至"2"挡时输出方波；接
至"3"挡时输出正弦波。S_2 开关决定输出信号的频段，图中共分 6 段，频率低至 5Hz，高
至 5MHz。

（3）F_{ADJ} 端口外接的电阻 R_4、R_{P2} 用于微调（细调）每个频段中的各个频率，此端口可外接电
压，作改变信号频率之用；I_{IN} 端口外的支路允许变化的电流为 2～750μA（10～400μA 时性能最
好）；R_3、R_{P1} 即为改变电流之用，此电流会直接影响输出信号的频率（R_{P1} 为频率粗调电位器）。

（4）输出信号的频率由流入 I_{IN} 端的的电流 I_{IN} 及振荡电容 C_F 来决定（C_F 为外接振荡电
容），即

$$f_o = \frac{I_{\text{IN}}}{C_F} \quad (I_{\text{IN}} \approx 10 \sim 400 \mu A, C_F \approx 20 \text{pF} \sim 100 \mu F)$$

若在基准电源 U_{REF} 与 I_{IN} 端之间接上电阻 R_{IN}，在 F_{ADJ} 端口接入的控制电压为零时，则输出信号的频率为

$$f_o = \frac{2.5}{R_{\text{IN}} C_F} \quad (R_{\text{IN}} \approx 12.5 \sim 500 \text{k}\Omega)$$

在高频挡时，应特别注意电容 C_F 的引线和元件布置，以减小分布参数；低频段的大电容最好为钽电解电容。

7. 已知 555 的应用电路如图 10-3-7 所示。试完成以下各题：

(1) 图(a)是什么样的电路？输出什么样的信号？

(2) 图(a)输出信号的频率如何计算？C_1 用什么样的电容为好？

(3) 图(b)是什么样的电路？输出信号的频率为多少？

(4) 图(b)中调节电位器 R_P，扬声器中输出的声音有何变化？

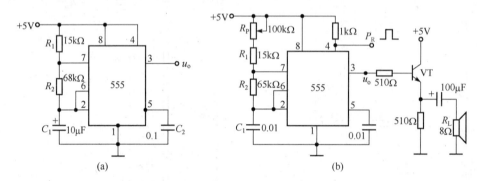

图 10-3-7　题 10-3-7

答：(1) 图(a)为多谐振荡电路，也称脉冲振荡电路，输出 u_o 为方波信号。

(2) 图(a)电路输出信号的频率为

$$f_o = \frac{1}{0.7(R_1 + 2R_2)C_1} = \frac{1.43}{(R_1 + 2R_2)C_1} = \frac{1.43}{(15 \text{k}\Omega + 136 \text{k}\Omega) \times 10 \times 10^{-6}} = \frac{1.43}{1.51} = 0.95 \text{Hz} \approx 1 \text{Hz}$$

此电路可作计时系统(如倒计时系统)中的"秒脉冲"信号使用，即作为时间基准使用，为了使振荡频率尽可能精确稳定，电阻 R_1、R_2 应选误差小、性能稳定的金属膜电阻；电容 C_1 应选用钽电解电容。

(3) 这是一个报警电路，其中 555 组成脉冲振荡电路，输出方波信号，此信号经 VT 的跟随放大，推动扬声器发声。当 555 第 4 脚外接信号 P_R 为高电平时，555 电路工作，有报警声发出；当 P_R 为低电平(接地时)，555 电路停止工作，报警声停止，555 输出信号的频率为

$$f_{o\text{max}} = \frac{1.43}{(15 + 2 \times 65) \times 10^3 \times 0.01 \times 10^{-6}} = \frac{1.43 \times 10^3}{1.45} \approx 1 \text{(kHz)}$$

$$f_{o\text{min}} = \frac{1.43}{(115 + 2 \times 65) \times 10^3 \times 0.01 \times 10^{-6}} = \frac{1.43 \times 10^3}{2.45} \approx 584 \text{(Hz)}$$

(4) 调节电位器 R_P 时，555 输出的信号频率在变化，扬声器中发出声音的频率(音调)也在变化。

8. 用 555 集成芯片组成占空比及频率均可调的多谐振荡器的电路如图 10-3-8 所示,请分别对两电路作说明。

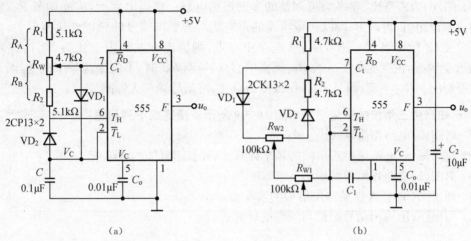

图 10-3-8　题 10-3-8

答:(1) 图(a)为占空比可调的多谐振荡电路,两个二极管用来决定电容的充、放电,电流流经电阻的途径——充电时,VD_1 导通,VD_2 截止,放电时 VD_2 导通,VD_1 截止。方波的占空比计算式为

$$p=\frac{R_A}{R_A+R_B}$$

若取 $R_A=R_B$,则电路可输出占空比为 50% 的方波信号,根据图所给数据,可求得方波占空比的变化范围为

$$p_{min}=\frac{5.1}{5.1+9.8}\approx0.34=34\%$$

$$p_{max}=\frac{9.8}{5.1+9.8}\approx0.66=66\%$$

(2) 关于图(a)振荡频率的计算,在标准的 555 振荡电路中(VD_1 处开路,VD_2 处短路),电容 C 在 $\frac{1}{3}U_{CC}\sim\frac{2}{3}U_{CC}$ 的充放电时间之和即为振荡信号的周期,由此即可求得振荡信号周期与频率的表达式为

$$T=T_充+T_放\approx0.7(R_1+R_2)C+0.7R_2C=0.7(R_1+2R_2)C$$

$$f=\frac{1}{T}\approx\frac{1}{0.7(R_1+2R_2)C}\approx\frac{1.43}{(R_1+2R_2)C}$$

对于图(a)而言,充电时,VD_1 导通,故 R_B 被短路,充电时间常数为 $0.7R_1C$;放电时,VD_2 导通,VD_1 截止,故放电时间常数为 R_2C,由此可求得信号的振荡周期与频率的表达式为

$$T=0.7R_AC+0.7R_BC=0.7(R_A+R_B)C$$

$$f=\frac{1}{T}=\frac{1.43}{(R_A+R_B)C}$$

在 R_W 为中心点时(占空比 50% 时),可算得 f 值约为

$$f=\frac{1.43}{(7.45+7.45)\times10^3\times0.1\times10^{-6}}=960(\text{Hz})$$

若电容 C 取 $0.01\mu F$,则 f 可升至 9.6kHz。通常 555 电路要求 R_A、R_B 应大于 1kΩ,但 R_A

$+R_B$ 应小于 3.3MΩ。

这一电路的缺点在于调信号的占空比时,信号的频率也随之变化,且占空比的范围也有限。

(3) 图(b)为占空比、频率均可调整的多谐振荡电路。接通电源后,应先调节 R_{W1} 使信号的频率达到设定值,再调 R_{W2},以获得所需的占空比。若要求信号的频率变化范围大,可用波段开关改变 C_1 值。当 $R_1 = R_2$,R_{W2} 又调至中心点,则输出方波的占空比为 50%,此时调节 R_{W1},仅改变频率,占空比不变。若 R_{W2} 偏离中心点,再调 R_{W1} 时,不仅振荡频率改变,而且对占空比也有影响。R_{W1} 不变,调节 R_{W2},仅改变占空比,对信号频率无影响。

9. 已知产生三角波的实用电路如图 10-3-9 所示。请完成下列问题:

(1) 对图(a)电路作简单解说。

(2) 写出图(a)电路输出三角波的频率计算式,并算出具体的频率值。

(3) 对图(b)电路作简单解说。

(4) 画出图(b)中 A 点及输出信号的波形图。

(5) 写出图(b)输出信号幅值与频率的计算式。

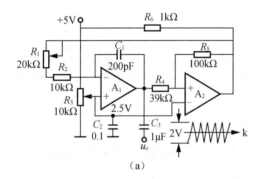

(a)

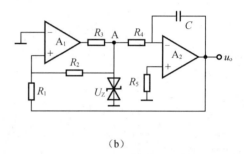

(b)

图 10-3-9 题 10-3-9

答:(1) 图(a)电路中,A_1 为宽频带运放 TLC4502;A_2 为高速精密电压比较器 LM311,其负端比较电平为 2.5V(由 R_3 滑动端调节);经电容 C_3 输出线性良好的三角波,其频率在 150kHz 上下,峰峰值为 2V 左右。

(2) 在 C_2 上端电压(比较电平)为 2.5V 的状态下,输出三角波频率的计算式为

$$f_o = \frac{U_{C2}}{4(R_1 + R_2)C_1}$$

在 $U_{C2} = 2.5V$,$R_1 = 10kΩ$,$R_2 = 10kΩ$,$C_1 = 200pF$ 时,可算得 $f_o \approx 156kHz$。

(3) 图(b)电路中,A_2 组成积分电路;A_1 与外部元件组成方波发生电路,u_A 为方波信号。

(4) 图(b)电路中,u_A 与输出 u_o 的波形如图 10-3-10 所示,前者为方波,后者为三角波。

(5) 方波或三角波的周期计算式为

$$T = \frac{4R_1R_4}{R_2}C$$

三角波的幅值计算式为

$$U_{om} = -\frac{R_1}{R_2}U_Z$$

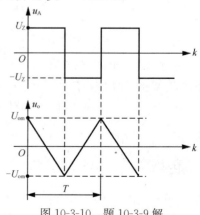

图 10-3-10 题 10-3-9 解

10. 已知用运算放大器作成的多类波形信号发生器的电路如图 **10-3-11** 所示。请回答下列问题：

(1) 运放 A_1 组成什么电路？u_{o1} 是什么波形信号？

(2) 运放 A_2 组成什么电路？u_{o3} 是什么波形信号？

(3) 运放 A_3 组成什么电路？起什么作用？

(4) 若选频电路调谐于 u_{o1} 信号的基波或三次谐波，则 u_{o2} 为什么样的波形信号？

(5) u_{o1}、u_{o2} 输出信号的频率由什么因素决定？写出它的表达式。

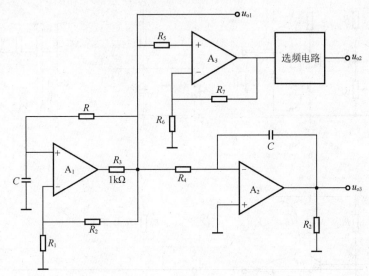

图 10-3-11　题 10-3-10 解

答：(1) 运放 A_1 与相关元件组成比较电路，其正端信号由输出端经电阻 R_2 正反馈而来，故能产生方波信号输出（u_{o1} 属方波）。

(2) 运放 A_2 与相关元件组成积分电路，能对输入的方波信号进行积分变换，故本电路输出的 u_{o3} 是三角波信号。但需说明，其积分时间常数 RC 应大于输入方波的脉冲宽度。改变 R_2 与 R_1 的比值可改变输出信号 u_{o3} 的幅值大小。

(3) 运放 A_3 与相关元件组成同相放大电路，其输入电阻甚大。可隔离或削弱后级（选频电路）对前级（方波发生电路）电路的影响。若与 R_7 串接一电位器，还可以调节 A_3 输出电压的幅值大小，A_3 运放输给选频回路的信号仍是输入的方波。

(4) 选频回路可调谐于输入信号 u_{o1} 的基波或三次谐波，则电路可输出波形良好的正弦波形，选频回路最好用 LC 带通滤波电路，其品质因素 Q 值越高越好。当然用运放作成的高阶带通滤波器也可行。

(5) 方波或三角波的频率由 R、C 值决定，计算式为

$$f_o = \frac{1}{2RC\ln\left(1+\dfrac{2R_1}{R_2}\right)} = \frac{1}{2RC\ln 2.718} \approx \frac{1}{2RC}\quad(R_1/R_2 = 0.859)$$

若 $R=2\text{k}\Omega$，$C=0.1\mu\text{F}$，则 $f_o \approx 2.5\text{kHz}$；$R=1\text{k}\Omega$，$C=0.01\mu\text{F}$，则 $f_o \approx 50\text{kHz}$

若与电阻 R 串接一个 $150\text{k}\Omega$ 的电位器，则可连续调节输出信号的频率，其值范围很宽，在几赫兹至几千赫之间变化。

（6）若从电容两端取出，其电压波形近似于三角波。

11. 已知锯齿波形成电路如图 10-3-12（a）、（d）所示，两电路的输入信号均为矩形波。请回答下列问题：

（1）分别画出（a）、（d）两电路的充放电等效电路和相关的波形图。

（2）简略说明锯齿波的形成过程。

（3）矩形波的产生有些什么方法？

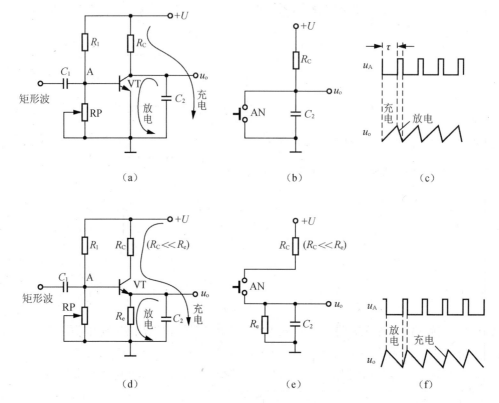

图 10-3-12　题 10-3-11

答：（1）图（a）、（d）两电路的充放电等效电路分别如图（b）、（e）所示，波形图分别如图（c）（f）所示，二者输入均为矩形波。若输入为方波（即占空比为 50％ 的矩形波），则输出 u_o 为三角波。

（2）以（a）电路为例：当输入为矩形波的高电平时，VT 管导通饱和，电容 C_2 上所充的电荷便通过 VT 管迅速释放，两端电压迅速下降，形成了锯齿波的下降沿。当输入矩形波为低电平时，VT 截止，电源电压 $+U_{CC}$ 经 R_C 对 C_2 充电，形成了锯齿的上升沿。为了使锯齿波上升部分的线性较好，$R_C C_2$ 的乘积应与矩形波低电平脉宽 τ 相仿，即

$$R_C C_2 \approx \tau$$

同样图（d）电路中应满足下述条件：

$$R_C \ll R_e, \quad R_e C_2 \approx \tau$$

（3）矩形波的来源可以用 555 芯片产生，可以用门电路组成的脉冲振荡器产生，可以用单片机、嵌入式、FPGA 等小系统产生，可以用 DDS 信号源产生，也可以用正弦波经比较电路产生，方法很多，可视具体情况与要求而定。

12. 已知 **10～20MHz** 压控振荡器(可作调频振荡电路)的实际电路如图 **10-3-13** 所示。请回答下列问题:

(1) 画出本电路的组成框图,并对框图作简单解说。

(2) 画出压控振荡电路的交流等效电路。

(3) 对振荡电路作一简单计算。

(4) 对电路的元器件布局及电路板图作简介。

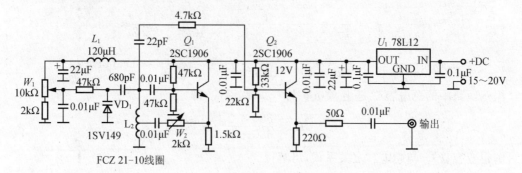

图 10-3-13　题 10-3-12

答:(1) 本电路的组成框图如图 10-3-14(a)所示。晶体管 2SC1906 和相关元件组成压控振荡电路,其振荡频率受变容二极管 VD$_1$ 的结电容控制,此结电容可由电位器 W_1 调节。振荡管基极输出的信号经 Q_2 晶体管的缓冲放大,由其发射极输出,此放大器的特点是输出阻抗低(约 50Ω),带载能力强,并能减弱或切断负载对振荡电路的影响。

(2) 压控振荡器的交流等效电路如图 10-3-14(b)所示,显然这是电感三点式振荡电路(哈特莱振荡器)。

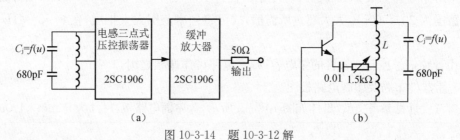

图 10-3-14　题 10-3-12 解

(3) 简单计算:

① 求振荡管的集电极功耗:$P_C = U_{CE}I_C$,

式中　　$I_C \approx I_E = \left(12V \times \dfrac{47k\Omega}{47k\Omega+47k\Omega} - 0.7V\right) \div 1.5k\Omega = 5.3V \div 1.5k\Omega \approx 3.53mA$

$$U_{CE} \approx 12V - 5.3V = 6.7V$$

故　　　　　　　　$P_C = U_{CE}I_C = 6.7V \times 3.53mA = 23.7mW$

② 求缓冲放大器 VT$_2$ 的管耗:

$$I_E = \left(12V \times \dfrac{22k\Omega}{33k\Omega+22k\Omega} - 0.7\right) \div 220\Omega = 4.1V \div 220\Omega \approx 18.6mA$$

$$U_{CE} \approx 12V - 220\Omega \times 18.6mA = 12V - 4.1V = 7.9V$$

故　　　　　　　　$P_C = 7.9V \times 18.6mA = 147mW$

选用管子时应注意功耗这个指标。

（4）振荡频率的计算，根据：

$$f_o = \frac{1}{2\pi \sqrt{LC}}$$

式中，设 $L = L_2 = 1.45\mu H$。

在 $f_o = 10 \sim 20MHz$ 的范围内，回路的总电容为（按 $f_o = 20MHz$ 和 $10MHz$ 两点计算）：

$$C_{min} = \frac{1}{4\pi^2 f_{omax}^2 L} = \frac{1}{4\pi^2 \times 4 \times 10^{14} \times 1.45 \times 10^{-6}} = \frac{10^{-9}}{23.2} \approx 43.4(pF)$$

$$C_{max} = \frac{1}{4\pi^2 f_{omin}^2 L} = \frac{1}{4\pi^2 \times 10^{14} \times 1.45 \times 10^{-6}} = \frac{10^{-9}}{5.8} \approx 173(pF)$$

振荡回路中的总电容 C 是由 $680pF$ 与 C_j 串联而成，即

$$C = \frac{680 \times C_j}{680 + C_j}$$

故可解得变容管 C_j 与总电容之关系式，可解得

$$C_j = \frac{680C}{680 - C}$$

故

$$C_{jmin} = \frac{680 \times C_{min}}{680 - C_{min}} = \frac{680 \times 43.4}{680 - 43.4} \approx 46.2(pF)$$

$$C_{jmax} = \frac{680 \times C_{max}}{680 - C_{max}} = \frac{680 \times 173}{680 - 173} \approx 232(pF)$$

根据上述结果，变容管的电容变化范围应为

$$232pF < C_j < 46pF$$

图中所用变容二极管 1SV149（特性相同者为 1SV100）在控制电压为 $1 \sim 9V$ 时，其结电容的变化范围为 $20 \sim 500pF$，大大超过所需值，故可将频率范围大大扩展，在 $8 \sim 30MHz$ 中变化当无问题。

若用音频信号控制变容管的结电容，则本电路可作调频之用。

（5）元器件布局及印制电路板图。

其参考设计见参考文献，具体如图 10-3-15 所示，为单面电路板，尺寸为 $50mm \times 100mm$。

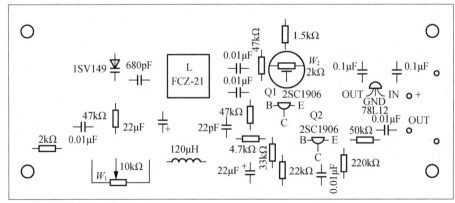

（a）元器件布局图

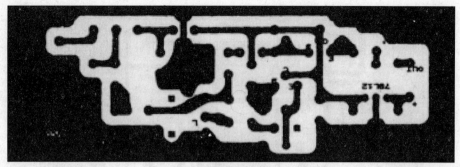

（b）印制电路板图（50mm×100mm）

图 10-3-15　题 10-3-12 解

13. 已知用 ICL8038CC 集成芯片制作成的一个多种信号输出的信号发生器电路和元器件布局图及印制电路板图如图 10-3-16 所示，请对本电路作简单解说。有关 ICL8038CC 的详细资料请登录 www. intersil. com 网站查询，参考电路及印制电路板图可参阅文献(任致程,1999)。

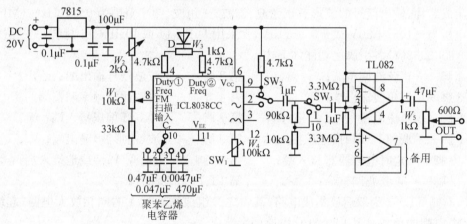

（a）电路原理图

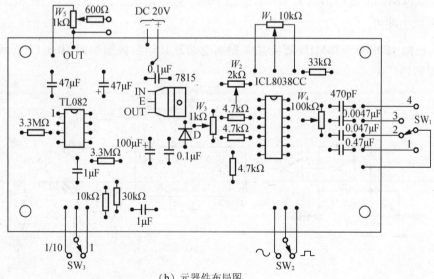

（b）元器件布局图

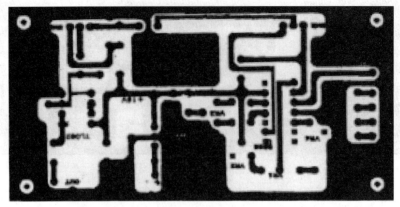

（c）印制电路板图（50mm×100mm）

图 10-3-16　题 10-3-13

答：（1）ICL8038CC 集成电路与 MAX038 不是同一款产品。这是一例专用的函数信号发生器的集成芯片，输出信号的波形有正弦波、方波、三角波，频率范围为 0.001Hz～1MHz。直流供电电压为 +10～+30V 或 ±5～±15V，常采用 DIP-14 或 PDIP-14 封装。

（2）ICL8038CC 各引脚之功能如下述：

第 1 脚——正弦波调整端；　　　　第 2 脚——正弦波信号输出端；

第 3 脚——三角波输出端；　　　　第 4、5 脚——占空比及频率调整端；

第 6 脚——直流电压（+15V）接入端；　第 7 脚——调频 FM 偏压接入端；

第 8 脚——调频 FM 扫描电压接入端；　第 9 脚——方波（矩形波）输出端；

第 10 脚——定时电容器 C 接入端；　　第 11 脚——负电源（V_{EE}）或地接入端；

第 12 脚——正弦波调整端；　　　　第 13、14 脚——空。

（3）右侧 TL082 为双运放集成电路，其中之一组成增益为 1 的同相放大电路，起缓冲与隔离作用，以削弱负载对 ICL8038CC 电路的影响。

（4）本电路的输出电阻约为 600Ω，由图中的串接电阻决定，若要减小输出电阻，只需将此串接电阻减小即可。

14. 已知 100kHz～10MHz 石英晶体振荡电路及其印制板图如图 10-3-17 所示，请对此电路作简略叙述。

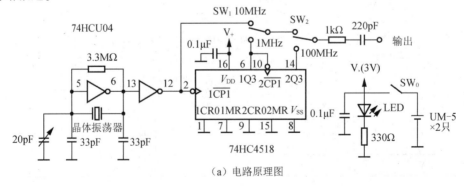

（a）电路原理图

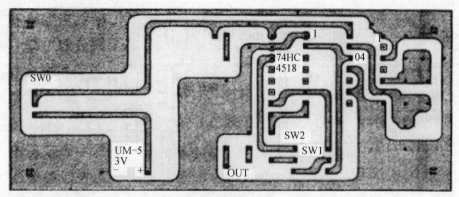

（b）印制电路板图（40mm×100mm）

图 10-3-17　题 10-3-14

答：① 图(a)左侧是由 6 反相器 74HCU04 组成的一石英晶体振荡电路,振荡频率为 10MHz。

② 74HC4518 是双 BCD(二-十进制)分频器(计数器),能对 CP 端输入信号进行 10 分频和 100 分频(两级分频器串接),图中 SW$_1$、SW$_2$ 开关即起此作用,由此可输出 10MHz、1MHz、100kHz 三种信号。

③ 印制电路板的尺寸为 40mm×100mm,单面制作。

15. 图 10-3-18(a)、(b)为两例石英晶体振荡器的具体电路,请分别对这两种电路作简略说明。

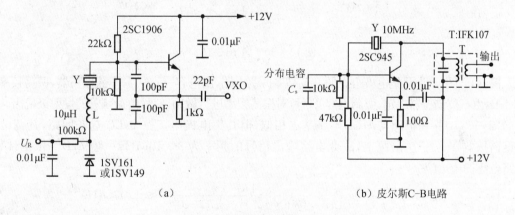

（a）　　　　　　　　　　（b）皮尔斯C-B电路

图 10-3-18　题 10-3-15

答：① 图(a)电路为共集电极组态的石英晶体压控振荡电路,信号由发射极输出。电压 U_R 可改变变容二极管(1SV161)的结电容,达到调频的目的,但频率偏移不会很大。

图(a)电路的交流等效电路如图 10-3-19(a)所示,电路的振荡频率主要由石英谐振器的频率决定,但根据电路所给电感 L(10μH)和电容(2 个 100pF)的数值,此电路的振荡频率为 100kHz～1MHz。电路属电容三点式振荡形式。

② 图(b)电路是采用 2SC945 三极管制作成的石英晶体振荡电路,属共发射极组态,其交流等效电路如图 10-3-19(b)所示,为电容三点式振荡形式。电路的振荡频率为 10MHz,主要由石英谐振器决定,图中 C_S 为振荡管的输入电容(含分布电容)。

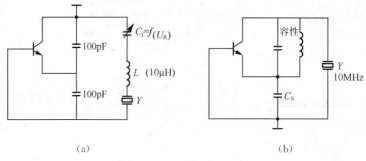

(a)

(b)

图 10-3-19 题 10-3-15 解

16. 图 **10-3-20(a)、(b)**为两例频率可微调的石英晶体振荡器的具体电路,请分别对这两种电路作简略说明。

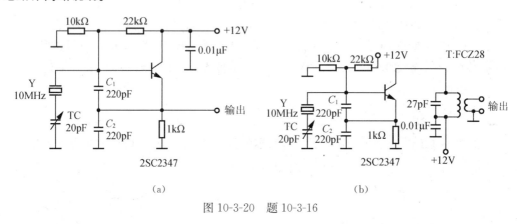

(a)

(b)

图 10-3-20 题 10-3-16

答:(1) 图(a)为共集电极组态的石英晶体振荡电路,属电容三点式考毕兹振荡器,振荡频率为 10MHz,由石英谐振器决定,微调电容 TC 可对振荡频率进行微调,信号由振荡管的发射极输出。

(2) 图(b)振荡电路与图(a)电路基本相似,但其集电极串接一个 LC 选频回路,其调谐在石英谐振器 Y 的三次谐频上,故此电路输出信号的频率为 $3 \times 10\text{MHz} = 30\text{MHz}$。根据计算,回路电感的 L 值为

$$L = \frac{1}{4\pi^2 f_\circ^2 C} = \frac{1}{4\pi^2 \times (30 \times 10^6)^2 \times 27 \times 10^{-12}} \approx 1.03(\mu H)$$

17. 已知锁相式频率合成器(**PLL-VCO**)的电路如图 **10-3-21** 所示,对本电路的工作作简略说明。有关 **MC145163** 芯片的详细资料请登录 **www.motorola.com** 查询,有关印制板图的资料请参阅文献(任致程,1999)。

答:(1) MC145163P 为 PPL(锁相环路)集成电路,属 Freescale 公司的产品。直流供电电压很宽,为 3～9V,在电源电压为 5V 时,工作频率达 30MHz,在电源电压为 9V 时,工作频率可达 80MHz。

(2) 如图 PLL-VCO 电路的振荡频率范围为 40～60MHz,频率步长(分辨率)为 10kHz,频率稳定度与石英晶体振荡器相同,信号波形为正弦波。电源供电电压为 12～15V,+15V 经 78L09 稳压后成为 +9V 供电。

(3) 按照所给电路可以画出它的电路组成框图如图 10-3-22 所示,二者对比可知:
基准振荡器——为石英晶体振荡器,振荡频率为 10.24MHz。

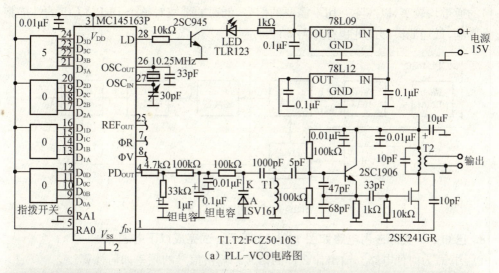

（b）元器件布局图

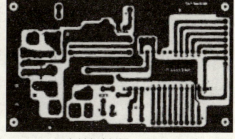

（c）印制电路板图（55mm×95mm）

图 10-3-21　题 10-3-17

1024 分频器——对 10.24MHz 信号进行 1024 次分频，获得 10kHz 频率信号输出，送鉴相器作为基准的步进频率信号（即频率分辨率为 10kHz）。

压控振荡器（VCO）——产生频率为 f_x 的正弦波信号输出。振荡电路由晶体管 2SC1906 及外围元件组成，属改进型电容三点式（西勒型）振荡电路，此电路的频率受低通电路输出的控制信号控制（控制变容管 1SV161 的结电容）。

缓冲放大器——由晶体管 2SK241GR 及外围元件组成，经放大后的振荡信号一路经变压器（耦合线圈）输出，另一路经 10pF 电路反馈至 MC145163P 的内部处理。

÷N 分频电路——在 MC145163P 芯片内部，其分频数由片外的指拨开关设定，如指拨开关的 BCD 码设定为 5000，则 VCD 振荡器输出信号的频率为

$$f_x = N \times 10kHz = 5000 \times 10kHz = 50MHz$$

鉴相器——在 MC145163P 的芯片内部，这是锁相环路频率合成器的核心电路，其主要特点是要对两输入信号进行相位比较，在电路系统稳定（锁定）后，其两输入信号的频率一定相等，由此可求得系统中各频率和各分频系数的关系式

$$\frac{f_o}{R} = \frac{f_x}{N}$$

故得　　　　　$$f_x = N\frac{f_o}{R} = N\frac{10.24MHz}{1024} = N \times 10kHz$$

低通滤波器——由 MC145163P 第 4 脚输出至变容管 1SV161 之间的电路组成，此低通电

路一般的通带均较窄,以滤除一切不需要的信号,低通的带宽对整个 PLL-VCO 的性能指标会有很大影响,低通滤波器此处也称环路滤波器。

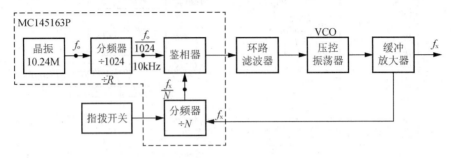

图 10-3-22　题 10-3-17 解

18. 已知 **555** 实际应用电路如图 **10-3-23** 所示。试完成以下各题:

(1) 图(a)为何种电路?输出什么样的信号?输出信号的频率如何计算?

(2) 图(b)为何种电路?输出什么样的信号?输出信号的脉宽如何计算?

(3) 图(b)电路若要将定时时间延迟数十秒应如何解决?

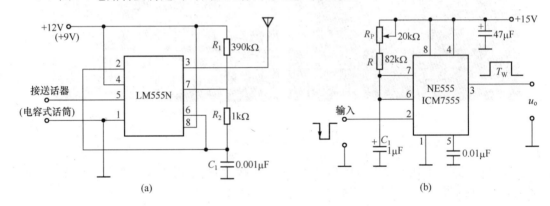

图 10-3-23　题 10-3-18

答:(1) 图(a)是由 555 构成的中波段调幅型(AM)发射机电路,输出为脉冲方波信号,天线用 2~3m 的导线即可。图 10-3-23(a)电路输出信号频率为

$$f_o = \frac{1.43}{(R_1 + 2R_2)C_1} = \frac{1.43}{(390 + 2000) \times 10^{-9}} = 600 (\text{kHz})$$

(2)图(b)为定时电路,触发信号的幅值较大,其值超过电源电压的 1/3 时,触发电路被触发,电容 C_1 被充电,当 C_1 上的电压超过电压的 2/3 时,片内晶体管导通,C_1 即放电,然后等待下次触发。图(b)图电路输出信号 u_o 的脉冲宽度由 R_P 电位器调节,其最窄最宽值为

$$T_{\text{Wmin}} = 1.1(R + R_P)C_1 = 1.1(82\text{k}\Omega + 0) \times 10^{-6} = 9.02 (\text{ms})$$
$$T_{\text{Wmax}} = 1.1(R + R_P)C_1 = 1.1(82\text{k}\Omega + 20\text{k}\Omega) \times 10^{-6} = 11.22 (\text{ms})$$

(3) 可将电阻 R 改为百千欧姆,R_P 改为数百千欧姆至兆欧姆,电容 C_1 改为数十微法至数百微法,并用钽电容。555 芯片选用 CMOS 电路,它允许使用大容量的定时电容。

19. 已知信号的波形变换电路如图 **10-3-24** 所示,输入为频率 f_o 的正弦信号。试完成如下各题:

(1) 运放 A_1、A_2、A_3 分别组成什么电路?各起什么作用?

(2) 若输入 u_i 的幅值为 20mV,求出 u_1 信号的幅值。

(3) 分别画出 u_1、u_2、u_3 信号的波形(对应 u_i)。

(4) 若在运放 A_2 同相端对地串接 $+1V$ 电压,则 u_2、u_3 波形有什么变化?

(5) 若运放 A_3 外接的 RC 乘积不是很大,则对输出 u_3 的波形有什么影响?

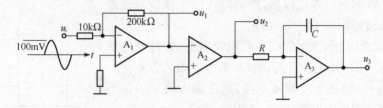

图 10-3-24　题 10-3-19

答:(1) 运放 A_1 与外部元件组成反相比例放大电路,能对输入信号作反相放大作用;运放 A_2 组成过零比较电路,能使输入正弦波转换成方波输出;运放 A_3 组成积分电路,使输入方波转换成三角波输出。

(2) A_1 反相比例放大器输出信号的幅值的计算式及结果为

$$U_{1m}=A_v U_i=-\frac{200k\Omega}{10k\Omega}\times 100mV=-2V$$

(3) u_1、u_2、u_3 的波形如图 10-3-25 所示:u_1 为被放大了的正弦波;u_2 为方波(A_2 单电源供电);u_3 为三角波(RC 足够大时)。

(4) 使 u_2 成为 0、1 宽度不相等的矩形波;使 u_3 成为锯齿波。

(5) 若 RC 乘积不很大,则不能形成很好的积分效果,u_3 波形会成为 u_3';若 RC 乘积很小,则 u_3 波形会变成为 u_3'',此时 A_3 组成的电路只起耦合作用。

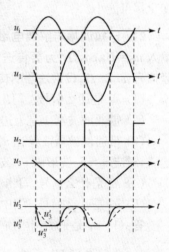

图 10-3-25　题 10-3-19 解

20. 已知电路如图 **10-3-26** 所示,输入 u_i 为正弦交流信号。试完成以下各题:

(1) 运放 A_1 组成什么电路? 起什么作用?

(2) 对应 u_i 画出 u_1 波形,并求出 u_1 的幅值(表达式即可)。

(3) 运放 A_2 组成什么电路? 画出 u_2 的波形。

(4) CR_3 组成什么电路? 设 CR 乘积值较小,画出 u_3 的波形。

(5) VD、R_L 组成什么电路? 画出它的输出 u_o 的波形。

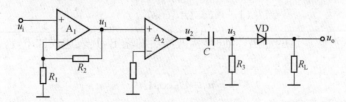

图 10-3-26　题 10-3-20

答：(1) 运放 A_1 与 R_1、R_2 组成同相放大电路，能对输入信号作不失真地放大。

(2) u_1 的波形如图 10-3-27 所示，u_1 的值为

$$u_1 = u_i\left(1 + \frac{R_2}{R_1}\right)$$

(3) 运放 A_2 组成过零比较器，能将输入的正弦信号转换成方波输出，其波形如图 10-3-27 所示。

(4) CR_3 组成微分电路，在 CR_3 乘积较小时，u_3 的波形如图 10-3-27 所示；CR_3 乘积若很大，则 U_3 波形近似为方波。

(5) VD 与 R_L 组成半波整流电路，能让输入信号的正半周信号通过，其波形也画在图 10-3-27 中。

这一输出 u_o 若作为触发脉冲使用，则 A_2 最好选用施密特电路，以保证方波前后沿（即小尖脉冲的位置）时刻不变或变化尽可能小。

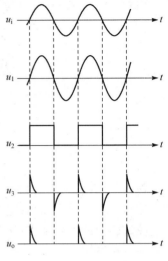

图 10-3-27　题 10-3-20 解

21. 已知调幅与解调电路的组成框图如图 **10-3-28** 所示。输入 $u_\Omega = U_\Omega\cos\Omega t$ 为要传送的调制信号，$u_c = U_c\cos\omega_o t$ 为载频信号，$\omega_o \gg \Omega$，设乘法器的传输系数为 1。试完成以下各题：

(1) u_1 是什么信号？写出它的表达式。

(2) 带通滤波器 1 是上边带滤波，则 u_2 是什么信号？写出它的表达式。

(3) 带通滤波器 2 是让 u_1 信号乘积项全部通过的滤波器，则 u_3 是什么信号，写出它的表达式，对应 u_Ω、u_c 波形画 u_3 波形。

(4) u_4 是什么信号，写出它的表达式，画出它的波形。

(5) u_5 是什么信号，写出它的表达式，画出它的波形。

答：(1) u_1 是平衡调幅信号，即为不带载波的双边带调幅信号，其表达式为

$$u_1 = U_\Omega U_C\cos\Omega t,\quad \cos\omega_o t = \frac{1}{2}U_\Omega U_C\cos(\omega_o + \Omega)t + \frac{1}{2}U_\Omega U_C\cos(\omega_o - \Omega)t$$

(2) u_2 为单边带调幅信号——上边带调幅信号，表达式为

$$u_2 = \frac{1}{2}U_\Omega U_C\cos(\omega_o + \Omega)t = U_2\cos(\omega_o + \Omega)t$$

(3) u_3 为不带载波的双边带调幅信号，其表达式与 u_1 相同，带通 2 要滤除 u_1 中可能存在的不需要的信息，其波形如图 10-3-29 所示。

(4) u_4 为标准调幅信号，即普通调幅信号，表达式如下，波形如图 10-3-29 所示。

$$u_4 = u_C + u_1 = U_C\cos\omega_o t + U_1\cos\Omega t、\cos\omega_o t$$
$$= U_C(1 + m\cos\Omega t)\cos\omega_o t$$

(5) u_5 为调幅波解调后的输出，即同步检波器后的输出，其表达式如下，波形图如图 10-3-29 所示。

$$u_5 = U_5\cos\Omega t$$

即解调出原调制信号（须传输的信号）u_Ω。

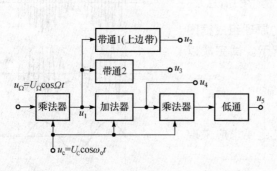

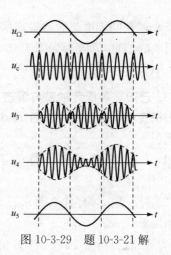

图 10-3-28　题 10-3-21　　　　　图 10-3-29　题 10-3-21 解

22. 已知对某调幅信号 $u_{AM} = U(t)\cos\omega_o t$ 进行混频(下混频)、放大与同步检波的组成框图如图 **10-3-30** 所示,设乘法器的传输系数均为 **1**。试完成以下各题:

(1) u_1 是什么信号。写出它的表达式。对应 u_{AM} 画出它的波形;u_1 与 u_{AM} 有什么相同相异之处?

(2) u_2 是什么信号? 它与 u_1 有什么关系?

(3) 为了不失真地对 u_2 信号进行同步检波,u_3 应是什么信号? 写出它的表达式。

(4) u_4 是什么信号? 写出它的表达式。

(5) u_5 是什么信号? 写出它的表达式,画出它的波形。

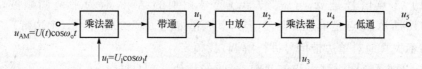

图 10-3-30　题 10-3-22

答:(1) u_1 是输入调幅信号 u_{AM} 进行下混频(取乘积项中之差频)后的输出信号,它与输入 u_{AM} 的差别只是换了一个载频,而信号的变化规律(包络变化、调幅指数、频带宽度)均无改变,其波形如图 10-3-31 所示,表达式为

$$u_1 = K_1 U(t)\cos\omega_i t \quad (\omega_i = \omega_1 - \omega_o)$$

式中,K_1 为电路引入的常数。

(2) u_2 也是调幅波,性质与 u_1 一样,只是幅度被放大了。

(3) u_3 为同步检波中乘法器的参考信号,它的频率与相位应与 u_2 信号的载频同频同相,即二者同步,其表达式为

$$u_3 = U_3 \cos\omega_i t$$

(4)u_4 是 u_2 与 u_3 的相乘结果,表达式为

$$u_4 = u_2 u_3 = K_2 K_1 U(t)\cos\omega_i t \cdot U_3 \cos\omega_i t$$

$$= \frac{1}{2} K_1 K_2 U(t) \quad \text{——所需的解调信号,低频,可用低通滤出}$$

$$+ \frac{1}{2} K_1 K_2 U(t)\cos 2\omega_i t \quad \text{——高频不需要的信号,可用低通滤除}$$

(5) u_5 是同步检波后的输出信号,即为 AM 波的包络所反映的信息,其波形如图 10-3-31 所示,表达式为

$u_5 = KU(t)$　　　($U(t)$ 即为 AM 包络所携带的信息)

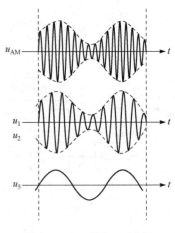

图 10-3-31　题 10-3-22 解

23. 已知某种语音加密与解密系统的原理组成框图及输入语音信号的频谱,如图 **10-3-32** 所示。试完成以下各题:

(1) A 点、B 点是什么样的信号? 画出它们的频谱图。

(2) 对载频 f_{o2} 有什么要求? 为满足此要求应采取什么措施?

(3) C 点、D 点是什么样的信号? 画出它们的频谱图。

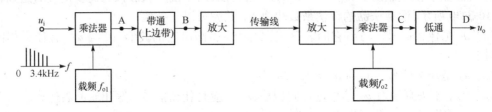

图 10-3-32　题 10-3-23

答: (1) A 点信号是 u_i 与载频(f_{o1})信号相乘的结果,应为平衡调幅波,其频谱如图 10-3-33(b)所示;B 点是单边带调幅信号,其频谱如图 10-3-33(c)所示(上边带)。

(2) 为不失真地对单边带信号进行解调,载频 f_{o2} 应与载频 f_{o1} 同步(频率应严格相等并跟踪,两者相位应相差极小值,为此可在左侧作调制滤波时,保留一点载频,作为导频之用,以作为恢复载频 f_{o2} 的参考信号。)

(3) C 点信号是低频信号与高频($2f_{o2}$)调幅信号之和,其频谱如图 10-3-33(d)所示。

D 点为解调后的原调制信号,即还原成要传送的音频信息,其频谱如图 10-3-33(e)所示,显然它与图 10-3-33(a)频谱相同。

24. 已知电路组成框图如图 **10-3-34** 所示。输入 u_1 为 **0.1V** 峰峰值、频率为 **500Hz** 的正弦信号;u_2 为 **4V** 峰峰值,周期为 **0.5ms** 的三角波,要求 $u_3 = 10u_1 + u_2$;u_4 为 **3V** 峰峰值的正弦波(电路只能用一片四运放)。试完成以下各题:(此题为 **2011** 年全国大学生电子设计竞赛综合评测题题意,本题略作改动)

(1) 系统对正弦信号 u_1 是如何处理的? 由 u_1 至 u_4,对 u_1 的增益是多少?

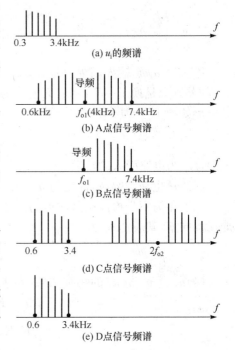

图 10-3-33　题 10-3-23 解

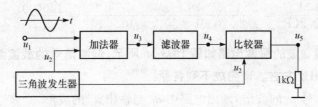

图 10-3-34　题 10-3-24

(2) 系统对三角波 u_2 是如何处理的?

(3) u_3 是什么样的信号?

(4) 系统中的滤波器起什么作用? 它的设计应如何考虑?

(5) 给定的一片四运放应如何分配?

(6) u_4、u_5 分别是什么样的信号?

答:(1) 加法器对 u_1 作 10 倍放大,并与三角波 u_2 线性相加;滤波器对 u_3 中的正弦信号作 3 倍放大送出,故 u_1 经加法器、滤波器的总放大倍数为 30 倍,即

$$u_1 \times 10 \times 3 = u_1 \times 30 = 0.1\text{V} \times 30 = 3\text{V}(u_4)$$

(2) 加法器对三角波 u_2 只作线性相加作用,滤波器对三角波作滤除作用。

(3) u_3 是 1V 峰峰值的正弦信号与 4V 峰峰值三角波信号线性相加的结果。

(4) 本系统中滤波器的作用是要滤除频率为 2kHz 峰峰值为 4V 的三角波信号,要对峰峰值为 1V 频率为 500Hz 的正弦波信号作 3 倍放大,其设计考虑为

① 因为要对 500Hz 的正弦信号进行放大,故应选用有源滤波电路。

② 因为要对 2kHz 的三角波信号进行滤除,且要通过的信号(500Hz)与要被滤除信号(2kHz)的频率相差不是很远,故应选用二阶或二阶以上的有源滤波电路,以获得带外40dB/10倍频程的衰减,此滤波器的上限载频可设计在 580Hz 左右。另外,一般模拟电子技术教材中所介绍的典型有源二阶低通滤波电路的增益不可大于 3,否则电路会自缴,而本系统要求通带内的增益为 3 倍。

(5) 四个运放分别作三角波发生器、加法器、滤波器、比较器各用一个。

(6) u_4 是峰峰值为 3V、频率为 500Hz 的正弦波信号;u_5 是宽度不一的矩形波(即 PWM 脉冲)。

25. 已知脉冲调制电路如图 **10-3-35** 所示,输入 u_i 为 **500Hz** 需调制的方波。请完成下列各题:

(1) 对应输入 u_i,画出输出 u_o 的波形。

(2) 说明电路的工作原理。

(3) 计算出高频载波的频率。

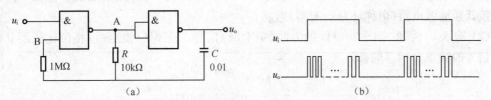

图 10-3-35　题 10-3-25

答:(1) u_o 波形如图(b)所示,它是高频脉冲,其频率应是调制信号 u_i 频率的 10 倍左右。

(2) 工作原理:在 $u_i = 0$ 时,$u_A = 1$,$u_o = 0$;在 $u_i = 1$ 时,电路振荡产生方波输出。

(3) 根据电路所标元件参数,可计算出高频载波的频率为

$$f_o \approx \frac{1}{T} = \frac{1}{2.2CR} = \frac{1}{2.2 \times 0.01 \times 10^{-6} \times 10 \times 10^3} = \frac{100000}{2.2} \approx 45.5(\text{kHz})$$

26. 已知脉冲调制波的解调电路如图 **10-3-36** 所示，调制信号的载波频率在 **50kHz** 左右，调制信号频率在 **500Hz** 左右。请完成下列各题：

(1) 对应输入信号 u_i 的波形，画出电路中 u_B 与输出 u_o 的波形。

(2) 说明电路工作原理。

(3) 说明电路元器件选择依据。

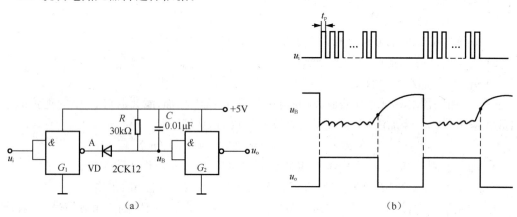

图 10-3-36　题 10-3-26

答：(1) u_B 与 u_o 波形如图 10-3-36(b)所示。

(2) 工作原理：在 u_i 为高频第一个脉冲到来时，$u_i = 1$，则 $u_A = 0$，VD 导通，电容经 VD、G_1 充电，由于充电时间常数很短(比高频脉冲宽度 t_p 短得多)，故 C 被很快充满电荷，使 $u_B = 0$，$u_o = 1$。

在 u_i 的第一个脉冲由高至低变化时，$u_i = 0$，$u_A = 1$，VD 截止，C 通过 R 放电，由于放电时间常数 RC 很大(比高频脉冲宽度 t_p 大)，故 C 上放出的电荷少于充进去的电荷数，结果使 C 上积累的电荷变化不大，使 u_B 仍为低电平，u_o 仍为高电平。

直至 u_i 持续为低电平时，C 经 R 放电，u_B 电位抬高，当此值高于 G_2 的开门电平时，$u_o = 0$。

(3) 二极管 VD 选用开关特性良好的开关管，电阻 R、电容 C 之乘积 RC 应比高频脉冲宽度 t_p 大。在解调频率更高的已调脉冲时，R、C 之乘积应相应减小。

27. 已知高精度 **100** 倍倍频电路如图 **10-3-37** 所示，请对本电路作简略说明。

答：(1) 电路由 CD4046 集成锁相环路和 CD4518 集成化 BCD 同步加法计数器(分频器)及外接低通滤波电路(也称环路滤波器)组成。

(2) 输入 u_i 为频率 $1 \sim 200\text{Hz}$ 的方波(矩形波)信号。在相位锁定后，相位比较器Ⅱ的两输入信号的频率是相等的，即

$$f_1 = f'_2$$

即

$$1 \sim 200\text{Hz} = \frac{100 \sim 20000\text{Hz}}{100}$$

(3) CD4046 片外的 R_3、R_4、C_2 组成低通滤波电路，滤除一切不需要的交流、干扰信号。

(4) 压控振荡器 VCO(CD4046 中的一部分)外 12 引脚开路时，VCO 的振荡频率最低，$f_{\min} \approx 0$。在 $C_1 = 51\text{pF}$ 时，上限频率 $f_{\max} \approx 1.3\text{MHz}$，图中 $C_1 = 2000\text{pF}$，故振荡频率为 100Hz~20kHz。

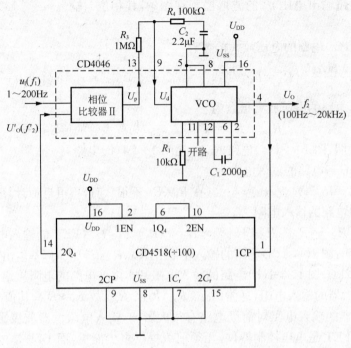

图 10-3-37 题 10-3-27

（5）一片 CD4518 可完成 100 分频，即可将输入信号的周期均匀分成 100 等分，若再用一片 CD4518 与此串接，则可得到 1000 分频或更高次分频（后者受 CD4046 频率特性的限制），若改用 74HC4046 高速 CMOS 锁相环芯片，则两片 CD4046 能获得 10000 次分频，即可得到 10000 倍倍频电路。

第四部分　放大电路

1. 已知 BJT 共发射极放大器与 FET 共源极放大器的基本电路如图 10-4-1(a)、(b)所示，设两者的输入信号相同，幅值相等，u_i 的频率为几十赫兹至十几兆赫。试完成以下各题：

（1）对应输入 u_i，画出两电路的输出信号波形。

（2）求两电路的电压放大倍数，并作说明。

（3）求两电路的输入电阻，并说明此电阻的大小对前级电路的影响。

（4）求两电路的输出电阻，并作说明。

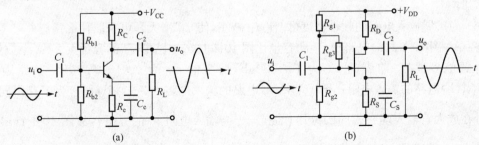

图 10-4-1　题 10-4-1

答:(1) 各电路输出电压 u_o 的波形已画在图中,其相位与输入 u_i 差 $180°$,即输出与输入反相。

(2) 图 10-4-1(a)电路的电压放大倍数为

$$A_V = -\frac{\beta R_L'}{r_{be}} \quad \left(R_L' = R_C /\!/ R_L, r_{be} = r_{bb'} + (1+\beta)r_e = r_{bb'} + (1+\beta)\frac{26\text{mV}}{I_e}\right)$$

图 10-4-1(b)电路的电压放大倍数为

$$A_V = -g_m R_L' \quad (R_L' = R_D /\!/ R_L, g_m \text{ 为放大管的传输跨导})$$

说明:计算表明,图 10-4-1(a)电路的 A_V 比图 10-4-1(b)电路高。

(3) 图 10-4-1(a)电路的输入电阻为

$$R_i = R_{b1} /\!/ R_{b2} /\!/ r_{be} \approx r_{be} \quad (\text{在 } R_{b1}、R_{b2} \text{ 不很大时,不可近似计算})$$

图 10-4-1(b)电路的输入电阻为

$$R_i = [R_{g3} + (R_{g1} /\!/ R_{g2})] /\!/ r_{GS} \approx R_{g3} + (R_{g1} /\!/ R_{g2}) \quad (\text{FET 的输入电阻很大可忽略})$$

上述分析表明:图 10-4-1(a)电路的输入电阻在 R_{b1}、R_{b2} 值较大时,基本由 BJT 的 r_{be} 决定,其值较小,为 $1\sim2\text{k}\Omega$;图 10-4-1(b)电路的输入电阻基本由外电路的电阻决定,设置 R_{g3} 的目的就是为了提高放大器的输入电阻,通常 $R_{g3} \gg R_{g1}$,$R_{g3} \gg R_{g2}$,故 $R_i \approx R_{g3}$,其值为几兆欧姆至十几兆欧姆。放大器的输入电阻对前级电路有很大影响,输入电阻大对前级影响小,反之影响大。也可以认为 FET 是电压控制器件,无须前级提供多少能量,而 BJT 是电流控制器件,须有前级提供激励功率。

(4) 图 10-4-1(a)、(b)两电路的输出电阻均由管外的交直流负载电阻 R_C 或 R_D 决定,因为 BJT、FET 管的输出特性均近似于恒流特性,其等效电阻甚大,均可忽略,故图 10-4-1(a)电路的输出电阻为 $R_o = R_C /\!/ r_{\text{管}} \approx R_C$;图 10-4-1(b)电路的输出电阻为 $R_o = R_D /\!/ r_{\text{管}} \approx R_D$。

一个电路的输出电阻就是下一级电路的信号源内阻。

2. 已知 BJT 共发射极放大器与 FET 共源极放大器的基本电路如图 10-4-1(a)、(b)所示,设两者的输入信号相同,幅值相等,u_i 的频率范围为几十赫兹至十几兆赫。试完成以下各题:

(1) 两电路输入端的耦合电容 C_1 的容量有否差别?为什么?

(2) 两电路的动态范围哪个大?即在输出电压不失真的条件下,所允许输入交流信号的幅值大致是多少?

(3) 两个电路的噪声哪一个小,为什么?

(4) 前级电路的输出电阻(即本级信号源的内阻)的大小对本级的电压放大倍数有否影响?

(5) 图 10-4-1(a)电路中的 C_e,图 10-4-1(b)电路中的 C_S 若开路会对电路中的什么指标产生什么影响?

(6) 为扩展放大电路的频带宽度(即使 f_L 减小,使 f_H 增大),可采取什么措施?

答:(1) 图 10-4-1(a)电路中 C_1 的容量比图 10-4-1(b)电路中 C_1 的容量大 $2\sim3$ 个数量级。对于音频信号而言,前者的 C_1 为 $10\sim20\mu F$,后者的 C_1 为 $0.01\sim0.1\mu F$。其原因在于图 10-4-1(b)电路的输入电阻比图 10-4-1(a)电路的输入电阻大 $3\sim4$ 个量级,为了获得同一频率信号在放大管输入端有相同的分压$\left(\text{容抗} \frac{1}{wC_1} \text{与输入电阻 } R_i \text{ 的分压}\right)$,故图 10-4-1(a)电路只能加大 C_1 的容量,以减小容抗值。

(2) 图 10-4-1(b)电路的动态范围比图 10-4-1(a)电路大得多。主要原因是 BJT 的输入特性是指数型的,而 FET 的传输特性是平方律型的。在工作点合适时,图 10-4-1(a)电路的线性动态范围(使输出电压不失真时)只有几毫伏至十几毫伏,而图 10-4-1(b)电路可达几百毫伏至几伏。

(3) 图 10-4-1(b)电路的噪声比图 10-4-1(a)电路小,原因在于 FET 的噪声比 BJT 小,它不存在分配噪声。

(4) 前级电路的输出电阻(即本级的信号源内阻)对图 10-4-1(a)电路的电压放大倍数影响大,对图 10-4-1(b)电路的影响小。设信号源内阻为 R_S,放大器的输入电阻为 R_i,则考虑到信号源内阻后放大路的电压放大倍数的计算式分别为

图 10-4-1(a)电路:$A_{VS} = \dfrac{R_i}{R_S + R_i} \cdot \left(-\dfrac{\beta R'_L}{r_{be}} \right) \approx -\dfrac{\beta R'_L}{R_S + r_{be}}$ （忽略外电路 R_{b1}、R_{b2} 的影响时,$R_i \approx r_{be}$）

图 10-4-1(b)电路:$A_{VS} \approx -g_m R'_L = A_V$

所以,信号源内阻的大小对 BJT 放大器的 A_V 影响较大(使增益减小),对 FET 放大器几乎无影响。

(5) 两电路中的电容 C_e 或 C_s 若开路,则电路会产生很深的电流串联负反馈,它会对放大器的多项指标产生影响;使电压放大倍数 A_V 减小,且 R_e 值、R_s 值越大,A_V 减小得越多;使工作点更加稳定,温度特性更好;使输入电阻增加(此时计算 R_i 时不可忽略 R_{b1}、R_{b2} 的影响);使放大器的通频带增宽(f_L 下降,f_H 上升)。

(6) 为降低放大器的下限截止频率 f_L,应增大 C_1、C_e、C_s 值,提高输入电阻;为提高放大器的上限截止频率 f_H,应选用 f_T 大的高频管,应减小负载电阻 R_C、R_D,应注意元器件的布局布线,尽量减小引线电感和分布电容的影响。另外,也可引入一点负反馈,以加大频带宽度。

3. 已知 BJT 共集电极放大器(射极跟随器)与 FET 共漏极放大器(源极跟随器)的基本电路如图 10-4-2(a)、(b)所示,设两者的输入信号相同,幅值相等,u_i 的频率范围为几十赫兹至十几兆赫。试完成以下各题:

(1) 对应输入 u_i,画出两电路输出信号的波形。

(2) 求两电路的电压放大倍数,并作说明。

(3) 两电路中各在什么元件上存在什么反馈?这种反馈会对放大器的什么指标产生什么影响?

(4) 求两电路的输入电阻,并作说明。

(5) 求两电路的输出电阻。

(6) 此类电路常作何用?为什么?

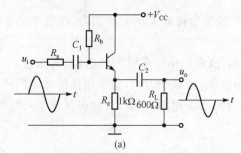

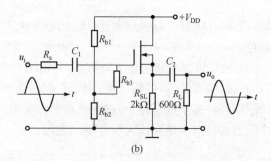

图 10-4-2　题 10-4-3

答:(1) 两电路输出电压的波形已画在图中,输出 u_o 均与输入 u_i 同相,两者无相位差。

(2) 在图 10-4-2(a)电路中,$u_o = u_i - u_{be}$,而 BJT 管 be 结的交流电压降只有几毫伏至十几毫伏,而不是 $0.6 \sim 0.7V$($0.6 \sim 0.7V$ 是 BJT 直流工作点的电压),因此,图 10-4-2(a)电路输出电压的幅值略小于 u_i 值,故电路的电压放大倍数略小于或等于 1,具体计算公式可由 r_{be} 与 $(1+\beta)R'_L$ 两电阻的分压公式求得,即

$$A_v = \frac{(1+\beta)R'_L}{r_{be} + (1+\beta)R'_L}$$

若 $r_{be} = 1k\Omega$,$\beta = 100$,$R'_L = R_e // R_L = 1k\Omega // 0.6k\Omega = 375\Omega$,则

$$A_v = \frac{101 \times 375}{1000 + 101 \times 375} = \frac{37.875}{38.875} = 0.977(与上述分析相符)$$

在图 10-4-2(b)电路中,由于 GS 间的交流信号幅值比 BJT 管 be 结间的信号幅值大,故其电压放大倍数比图 10-4-2(a)电路低,其计算式为

$$A_v = \frac{g_m R'_L}{1 + g_m R'_L}$$

若 $g_m = 5ms$,$R'_L = R_{SL} // R_L = 2k\Omega // 0.6k\Omega \approx 462\Omega$,则 $A_v \approx 0.7$。

(3) 两个电路均在电阻 R'_L 上存在深度的电压串联负反馈,这一反馈对放大器的许多指标均产生重大影响:能稳定输出电压,使电路输出类似电压源,带载能力强;使放大器的输入电阻增大,减少对前级影响;使电路频带宽度增大,大大改善放大器的频率特性;扩大电路的线性动态范围;使放大器的增益小于 1。

(4) 图 10-4-2(a)~(b)电路的输入电阻分别为

$$R_i = R_b // [r_{be} + (1+\beta)R'_L] \quad (此处不能忽略外电路电阻 R_b 的影响)$$

$$R_i = R_{g3} + (R_{g1} // R_{g2}) \quad (MOS 管的输入电阻甚大,可认为开路)$$

两电路的输入电阻均很大,对前级影响很小,故此类电路常用作电路间的缓冲或隔离。

(5) 由于图 10-4-2(a)电路存在很深的电压负反馈,故其输出电阻很小,计算式为

$$R_o = R_e // \frac{r_{be} + R'_s}{1 + \beta} \quad (R'_s = R_b // R_s)$$

例如,$R_e = 1k\Omega$,$r_{be} = 1k\Omega$,$\beta = 100$,$R'_s = 100k\Omega // 1k\Omega \approx 1k\Omega$,则 $R_o \approx 10\Omega$,甚小。

图 10-4-2(b)电路同样存在深度的电压负反馈,故其输出电阻也很低,计算式为

$$R_o = R_{SL} // \frac{1}{g_m}$$

例如,$R_{SL} = 2k\Omega$,$g_m = 5ms$,则 $R_o = 2k\Omega // \frac{1}{5 \times 10^{-3}} = 2k\Omega // 200\Omega \approx 181.1\Omega$。

可见,FETMOS 管共漏极放大器的输出电阻比 BJT 管共射极放大器大许多,其带载能力也稍为逊色。

(6) 由于这类电路的输入阻抗高,对前级影响小,故常用作许多检测仪器(如电压表、示波器、扫频仪、频率计等)的输入级;由于它们的输出阻抗低,带载能力强,故常用作信号源的输出级;另外,在许多集成电路中,这类电路常作为输入级输出级使用;再有,在许多系统中,集成芯片之间也加接这类电路作为缓冲隔离之用。

4. 已知常用的功率放大电路如图 **10-4-3** 所示，输入为正弦交流信号，幅度足够。试完成以下各题：

（1）三种功放电路分别是什么？它们均工作在什么状态？导通角为多少？理想效率是多少？

（2）在电路中，A、B、C、D 点的直流电位是多少？

（3）设放大管的饱和压降为 2V，则负载 R_L 所能获得的最大功率是多少？

（4）为获得上述最大功率，各电路的输入电压幅值应为多少？为什么？

（5）电容 C 的作用是什么？其容量若减小，会对输出信号产生什么影响？

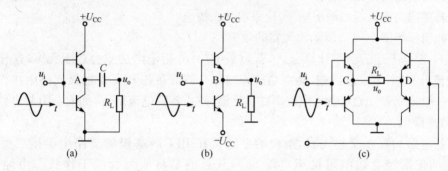

图 10-4-3　题 10-4-4

答：（1）图 10-4-3(a) 为 BTL 功放电路，图 (b) 为 OCL 功放电路，图 (c) 为 BTL 功放电路，它们均工作在乙类工作状态。导通角为 $90°$，理想效率为 78.5%。OCL 为双电源供电，其他均为单电源工作，OTL 外有大电容 C 与负载耦合，其他均为直接耦合。

（2）A、B、C、D 点的直流电位分别为

$$U_A = \frac{1}{2}U_{CC}, \quad U_B = 0V, \quad U_C = U_D = \frac{1}{2}U_{CC}$$

（3）各电路负载 R_L 所获得的最大功率为（设 $U_{CC} = 12V, U_{ces} = 2V, R_L = 8\Omega$）

图 10-4-3(a) 电路：$P_o = \dfrac{\left(\frac{1}{2}U_{CC} - U_{ces}\right)^2}{2R_L} = \dfrac{4^2}{2 \times 8} = 1(\text{W}), (U_{ces} = 0V \text{ 理想时}, P_o = 2.25\text{W})$

图 10-4-3(b) 电路：$P_o = \dfrac{(U_{CC} - U_{ces})^2}{2R_L} = \dfrac{10^2}{16} = \dfrac{100}{16} = 6.25(\text{W}), (U_{ces} = 0V \text{ 理想时}, P_o = 9\text{W})$

图 10-4-3(c) 电路：$P_o = \dfrac{(U_{CC} - 2U_{ces})^2}{2R_L} = \dfrac{8^2}{16} = \dfrac{64}{16} = 4(\text{W}), (U_{ces} = 0V \text{ 理想时}, P_o = 9\text{W})$

（4）由于各放大管均工作在射极跟随状态，故其电压增益接近于并略小于 1，由此可得各电路的输入电压的幅值（设 $U_{CC} = 12V, U_{ces} = 2V$）为

图 10-4-3(a) 电路：$U_{im} = U_{om} = \frac{1}{2}U_{CC} - U_{ces} = 6 - 2 = 4(\text{V})$

图 10-4-3(b) 电路：$U_{im} = U_{CC} = U_{CC} - U_{ces} = 12 - 2 = 10(\text{V})$

图 10-4-3(c) 电路：$U_{im} = U_{om} = U_{CC} - 2U_{ces} = 12 - 4 = 8(\text{V})$

（5）电容 C 的主要作用是作为辅助电源，为下一 BJT 工作时提供电能，另外也起隔断直流，通过交流的作用。C 的容量若偏小，所存电能不够维持 u_i 负半周期时 BJT 的导通，则输出

信号的强度将下降,低频信号分量损失严重,这一现象也可用容抗 $\dfrac{1}{wc}$ 与负载 R_L 的分压来解释(频率低,R_L 上分得的信号份额少)。

5. 已知功率放大电路如图 10-4-3 所示,输入为正弦交流信号,幅度足够。试回答以下各题:

(1) 在负载短路($R_L = 0$)的情况下,怎样保护功放管的安全?

(2) 电路中存在什么样的失真? 通常如何解决?

(3) 如何选用功率放大管?

(4) 若要提高放大器的输出功率,应采取什么措施?

(5) 如何检测图 10-4-3 所示放大器的效率?

答:(1) 根据上述的功率计算公式,若负载 $R_L = 0$,则输出功率会趋于无穷,这样会迫使 BJT 的电流升高;若不采取措施,会将功放管损坏。通常在各 BJT 发射极支路中接入很小的电阻 R_e(一般为 $0.5 \sim 1\Omega$),引入电流串联负反馈,防止各管电流增大,如此会引起电路的功率损耗,使效率降低。

(2) 各电路均存在交越失真,解决的办法常在 BJT 两基极的支路中串接二极管并将此二极管的正端经上拉电阻接至电源 U_{CC},其目的是将放大管的工作状态由纯乙类(B 类)提高到甲乙类(AB 类),以避开放大管刚导通时的非线性。这样的代价是放大器的效率将下降。

(3) 功放管的选用条件:一是耐压,二是最大电流,三是管耗,具体如下。

图 10-4-3(a)电路: $\quad U_{(BR)CEO} > U_{CC}, \quad I_{CM} > \dfrac{U_{CC}}{2R_L}, \quad P_{CM} > 0.2 P_{om}|_{U_{ces}=0}$

图 10-4-3(b)电路: $\quad U_{(BR)CEO} > 2U_{CC}, \quad I_{CM} > \dfrac{U_{CC}}{R_L}, \quad P_{CM} > 0.2 P_{om}|_{U_{ces}=0}$

图 10-4-3(c)电路: $\quad U_{(BR)CEO} > U_{CC}, \quad I_{CM} > \dfrac{U_{CC}}{R_L}, \quad P_{CM} = 0.2 P_{om}|_{U_{ces}=0}$

(4) 最有效的措施是提高直流供电电压,这一点从功率的计算式中得以证明。

(5) 通常用测负载 R_L 上的交流电压 u_o,测供电处的直流电流 I_o,然后以公式计算功放的效率(全国大学生电子线路设计竞赛均用此法):

$$\eta = \frac{P_o}{P_{DC}} = \frac{u_o^2/R_L}{U_{CC} I_o} = \frac{u_o^2}{U_{CC} I_o R_L}$$

6. 已知小功率直流电机线性控制和 **PWM** 控制的电路如图 10-4-4 所示。试完成以下各题:

(1) 电路中的三极管 VT 应工作在何种状态? 电路是如何工作的?

(2) 图 10-4-4(b)电路中,当电位器处于中点,及向上、向下移动时、电机的工作情况如何改变?

(3) 图 10-4-4(c)电路中,运算放大器起什么作用? 它输出什么样的信号?

(4) 简述三种电路的优缺点及适用场合。

答:(1) 图 10-4-4(a)、(b)电路中的三极管 VT 均工作在线性放大区。调节电位器 R_P,即改变 VT 的直流工作点,即改变流经直流电机的电流大小,达到改变电机的转速作用。图 10-4-4(c)电路中的 VT 处于开关状态。

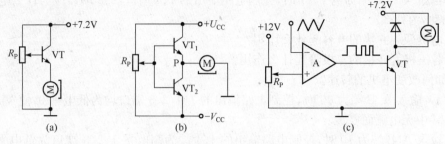

图 10-4-4　题 10-4-6

（2）图 10-4-4(b)电路中，当电位器处于中点时，电路上下完全对称，P 点处于"零电位"，故电机停转。当电位器调至上端时，上管 VT_1 的正向偏置加大，电流也加大；下管 VT_2 的正向偏置减小，电流也减小。这一大一小两电流的共同作用，使电机中由左至右的电流随之增大，结果使电机正转。同理，若电位器 R_P 向下端调节，VT_1 的电流减小，VT_2 的电流增大。这一小一大两电流的共同作用，使电机中由右至左的电流随之增大，结果使电机反转。可见，调节电位器可调电机的正反转及转速。

（3）在图 10-4-4(c)电路中，运放 A 起比较器作用，能对反相端输入的三角波信号与同相端输入的直流参考电平进行比较，输出 PWM 脉冲，调节电位器即调节比较器的比较电平，结果就调节比较器输出 PWM 脉冲的占空比，以达到控制电机转速的作用。

（4）图 10-4-4(a)、(b)电路工作于线性状态，电路简单，无脉冲干扰，但放大管的功耗较大，效率较低，仅适用于数瓦的小电机控制系统；图 10-4-4(c)电路工作在开关状态，放大管损耗极小，效率很高，但存在脉冲干扰，电机旁需并接一个二极管 VD，以得证在电机截止时所产生的反峰电压对放大管的影响。

7. 已知某机器人直流电机控制系统中所用集成控制芯片(设 TA8429H)的内部部分电路如图 10-4-5 所示，输入端输入的是二位二进制 0、1 脉冲作为电机的制动(11)、反转(01)、正转(10)和停转(00)的控制信号。试完成以下各题：

（1）当输入 A、B 端为低电平 00 时，控制电路输出的 1、4 端口，2、3 端口应为什么电平，才能使电机停转？为什么？

（2）当输入 A、B 端为电平 10 时，控制电路输出的 1、4 端口，2、3 端口应为什么电平，才能使电机正转？为什么？

（3）当输入 A、B 端为电平 01 时，控制电路输出的 1、4 端口，2、3 端口应为什么电平，才能使电机反转？为什么？

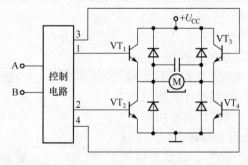

图 10-4-5　题 10-4-7

(4) 当输入 A、B 端为电平 11 时,控制电路输出的 1、4 端口,2、3 端口应为什么电平,才能使电机制动,为什么?

(5) 电机两端并接的电容起什么作用?

(6) 各三极管并接的二极管起什么作用?

(7) 如何改变电机的转速?

答:(1) 输入 A、B 端为 00 时,控制电路输出的 1、4,2、3 端口均为低电平 0,使 $VT_{1\sim4}$ 均截止,电机 M 中无电流而停转。

(2) 输入 A、B 端为 10 时,控制电路输出的 1、4 端为高电平 1,2、3 端口为低电平 0,则三极管 VT_1、VT_4 导通,VT_2、VT_3 截止,使电机中流过自左向右方向的电流而正转。

(3) 输入 A、B 端为 01 时,控制电路输出的 1、4 端为低电平 0,2、3 端为高电平 1,则 VT_1、VT_4 截止,VT_2、VT_3 导通,使电机中流过自右向左的电流而反转。

(4) 输入 A、B 端为 11 时,控制电路输出的 1、4 端与 2、3 端均为高电平 1,则 $VT_{1\sim4}$ 各管均导通,电机中向左向右两方向的电相互抵消,而使其被制动。

(5) 这一陶瓷电容用来吸收电机电刷产生的噪声,使电机稳定工作而不受干扰。

(6) 各三极管并接的二极管为防止电机电感绕组可能产生的反电动势对三极管的损害,以提高电路的工作性能。应当指出的是,在集成芯片中已存在了这四个二极管,为安全起见,在片外有时再加上四个二极管。

(7) 只要控制加给各 VT 输入电压的高低或改变所加 PWM 脉冲的宽窄,即可控制流过电机电流的大小,从而达到控制其转速的目的。

根据上述分析,可以将输入端 A、B 所加的 0、1 控制码与控制电路输出端状态及各 VT 导通情况等列于表 10-4-1 中。

表 10-4-1

A	B	控制电路输出端				导通状态				电机运行状态
		1	4	2	3	VT_1	VT_4	VT_2	VT_3	
0	0	均为低电平 0				均截止				无电流、停转
0	1	0	0	1	1	截止	截止	导通	导通	反转(电流由右流向左)
1	0	1	1	0	0	导通	导通	截止	截止	正转(电流由左流向右)
1	1	均为高电平 1				均导通饱和				电机被制动(电流抵消)

8. 已知高频手术刀设备的高频功率放大器电路如图 10-4-6 所示。输入信号为频率 **500kHz** 的方波,**A、B** 两点的信号相差为 **180°**(即反相),放大器的输出信号经高频脉冲变压器 **T** 输出至次级回路,次级回路接有 **LC** 串并联回路。将 **500kHz** 方波中的基波选出,以正弦波形式送手术刀使用,四个功放管均采用 **VMOS** 场效应管。试回答以下各题:

(1) VMOS 场效应管有什么特点?

(2) 电路是如何工作的?

(3) 电阻 R_1、R_2、R_3、R_4 起什么作用?

(4) VMOS 管栅源间分别并接的稳压二极管(共 $2\times4=8$ 个)起什么作用?

(5) 电路中各个二极管分别起什么作用?

(6) $R_5\sim R_8$、$C_1\sim C_4$ 支路起什么作用?

答:(1) VMOS 场效应管的特色是:

① 工作频率高,开关速度快,开关动态损失小(开关时间一般为 $10^{-7}\sim10^{-8}$ s),故适用于高频脉冲状态下工作。

② 输入阻抗高,驱动电流很小(100nA 量级),故对驱动电路要求低。

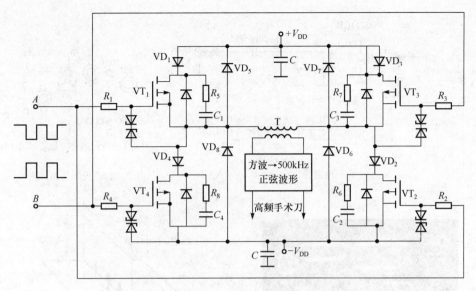

图 10-4-6　题 10-4-8

③ 输出功率大,其输出电流可达数安至数十安培。

④ 线性范围宽,信号失真小。

⑤ 无二次击穿,安全工作区域大,且具有负的电流温度系数,热稳定性能好。

(2) 当 A 点为脉冲高电平时,放大管 VT_1、VT_2 导通、工作,VT_3、VT_4 截止,输出电流自左至右流过变压器 T,输出一脉冲信号;当 B 点为脉冲高电平时,放大管 VT_3、VT_4 导通,VT_1、VT_2 截止,输出电流自右至左流过变压器 T,输出一个极性与上述反相的脉冲信号。

(3) 电阻 $R_1 \sim R_4$ 分别与放大管栅源极间的分布电容组成积分电路(低通电路),能对输入脉冲前后沿的过冲起滤波作用,使陡峭的前后沿由陡变坡,故有时也称此作用为"软化"输入信号,以保证 VMOS 管栅源极的安全。

(4) VMOS 管输入端栅源间常串接两只稳压二极管,其作用是双向限幅,以防止因输入信号幅值过大而将栅源极击穿。

(5) 图中二极管 $VD_1 \sim VD_8$ 均为快速恢复二极管。其中,$VD_1 \sim VD_4$ 起单向导电作用,以防止电流可能的反向流动;$VD_5 \sim VD_8$ 的作用是给感性负载(变压器 T)上的反电动势一个能量泄放电路,以保护各 VMOS 管不被反电动势高压所击穿。

(6) $C_1 \sim C_4$ 与 $R_5 \sim R_8$ 组成阻尼电路(也称吸收电路),以削弱与吸收脉冲波形上的毛刺与尖峰。

电源接入端的电容是为了消除直流电源可能引入的交流干扰,也防止本级交流信号由电源线窜入其他电路而造成不良的影响,这一措施是电子电路常规的设计。

9. 已知频率为 83MHz、带宽为 10MHz 的高频放大电路及其印制电路板图如图 10-4-7 所示,请对本电路作简略说明。较详细资料请参阅文献(铃木宪次,2005)。

答: (1) 放大管 2SK241GR 是 N 沟道的场效应管 FET,其噪声系数 $N_F = 1.7$ dB(典型值),很小,功率增益为 28dB(典型值),反向传输电容很小,为 0.035pF,输入电容为 3pF(典型值),推荐使用的电源电压为 $5 \sim 15$V,范围很宽,其最大允许的功率损耗为 200mW。2SK241GR 的内部实为共源-共栅两管的复合结构,故它的高频特性很好,适合作高频(UHF 频段)放大和调频使用。

(2) 本电路,放大管的源极直接接地,为零偏置的放大电路,根据厂家所提供的 I_D 与 U_{GS}

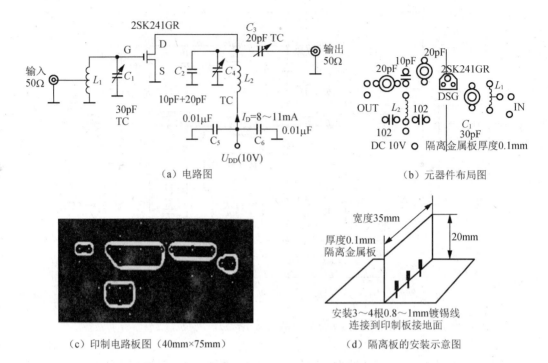

（a）电路图　　　　　　　　　　　　　（b）元器件布局图

（c）印制电路板图（40mm×75mm）　　　（d）隔离板的安装示意图

图 10-4-7　题 10-4-9

的特性曲线可知，在 $U_{GS}=0$V 时，$I_D\approx10$mA，此时若负载电阻 $R_L\approx600\Omega$，则 I_D 的增大与减小相等。即线性最好，且跨导最大，输出信号也最强。

（3）电路输入信号源的阻抗为 50Ω，输出负载阻抗 50Ω，噪声系数为 3dB(max)，最高工作温度为 $60℃$，电源电压为 10V，功率增益为 20dB(min)。

（4）在满足放大管 2SK241GR 信噪比匹配条件下的输入阻抗为 $800\Omega(R_i)$，而信号源的内阻抗只有 50Ω，二者相差很大，依靠电感抽头（约 1∶4 匝比）的部分接入作为调节。为了获得最小信噪比的匹配（噪声匹配），常常牺牲最大功率增益的匹配；前者 $R'_s<R_i$，后者 $R'_s=R_i$，式中 R'_s 为 50Ω 信号源内阻等效至 LC 回路两端的等效值。

输入回路 L、C 之参数为：

$C_1=20$pF，用 30pF 的可变电容作调节；

$L_1=0.18\mu$H，用线径 $\phi0.8$mm 的漆包线间绕 4 匝，在 1 匝处抽头，线圈直径为 12mm，长 7mm。

（5）放大管输出 LC 回路起调谐与阻抗匹配作用，其参数为：

谐振频率 $f_o=83$MHz，回路通频带宽 BW=10MHz，最佳负载电阻 $R'_L=600\Omega$，终端负载为 $R_L=50\Omega$，由此可算得

$$Q=\frac{f_o}{BW}=\frac{83}{10}=8.3$$

$$X_C=X_L=\frac{R'_L}{Q}=\frac{600}{8.3}=72.3(\Omega)$$

$$C=\frac{1}{\omega_o x_c}=\frac{1}{2\pi\times83\times10^6\times72.3}\approx26.6(pF)$$

图中用 $C_2=10$pF 固定电容和 20pF 可调电容 C_4 并联来实现回路调谐。

电感 L_2 与电容 C_3 及负载 50Ω 等效后的感抗值为 $X_L = 72.3\Omega$，可以算得最终的 $L_2 = 0.0944\mu H$，其结构参数为：用线径 $\phi0.8mm$ 的漆包线间绕 3.5 匝，线圈直径为 $10mm$，长 $8mm$。

（6）图(b)为元器件布局图，图(c)为印制电路板图，(d)为隔离板的安装示意图，印制电路的面积为 $40mm \times 75mm$，隔离板高 $20mm$，厚为 $0.1mm$ 的金属板。

10. 已知 **1~50MHz** 宽频带高频小功率放大电路如图 **10-4-8** 所示，请对本电路作简单论述。其有关资料详见文献(铃木宪次, 2005)。

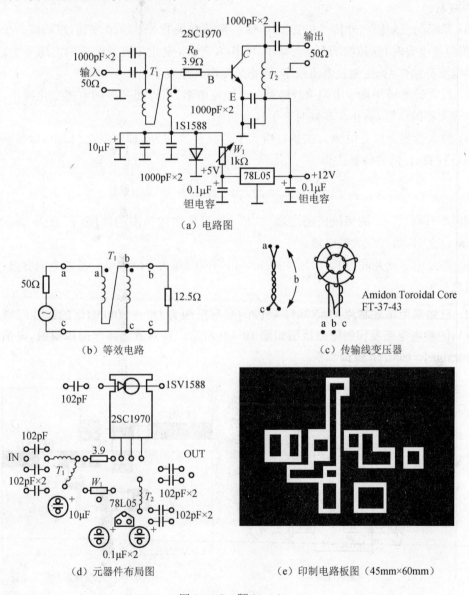

图 10-4-8　题 10-4-10

答:（1）放大管选用 2SC1970，这是一个用于甚高频（VHF）宽频带高频功率放大的 NPN 型半导体三极管，采用 TO-220 封装，功率增益约为 9.2dB(在 $f = 175MHz$, $U_{CC} = 13.5V$, $P_{IN} = 0.12W$ 的条件下)。其输出功率的典型值为 1.3W，最小值为 1W，集电极效率为 50%~60%，频带宽为 1~50MHz。

（2）图(a)电路的工作状态为甲乙（AB）类，＋12V 电压经 78L05 进一步稳压为放大管基极提供一定偏压，调节电位器 W_1，使放大管在静态时集电极电流约为 50mA。

（3）输入回路采用传输线型阻抗变换电路，能将输入端的 50Ω 阻抗变换至放大管输入端的 12.5Ω（4：1 传输线变压器）。此传输线变压器可自制——在环式磁心上，用直径 0.3mm 的漆包线、双线并绕的方法，在磁环上缠绕 5 圈，其结构示意如图 10-4-9(c) 所示。

（4）放大器的输出阻抗为 50Ω，输出功率可达 1W，功率增益约 10dB，放大管集电极效率在 62% 左右。

（5）基极与发射极间外接二极管 1S1588 要贴紧放大管 2SC1970 安装，以构成一个热结合系统，当温度上升时，晶体管的 U_{BE} 会减小，使其 I_C 升高，但此二极管的正向电压也会减小，这样就起温度补偿作用，使偏置电流稳定，防止热崩溃现象发生。

（6）放大管基极串接了电阻 R_B，这是一个恒流电阻，可以使基极的电流变化减小，也可提高功率放大器的线性，防止在高频时产生自激振荡。

（7）放大管集电极处电感 L 的感抗应大于负载 R_L 的 2 倍，即在 100Ω 以上，以最低工作频率 1MHz 计算，L 值的计算式为

$$L = \frac{X_L}{2\pi f} = \frac{100}{6.28 \times 1 \times 10^6} \approx 15.9 (\mu H)$$

在频率升高后，T_2 的感抗将随之增大，故 T_2 起高频扼流圈的作用，T_2 的导线直径应在 $\phi 0.6mm$ 以上，以通过较大的电流。

（8）多只电容器并联（如输出级 2 只 1000pF 并联）是为了增加电容器的电流容量，达到降低阻抗之目的。

11. 已知采用集成芯片 MAX2611 制作的频率范围为 DC～1100MHz 的线性低噪声放大器(LNA)的参考电路及印制电路板图如图 10-4-9 所示。请对本电路作简单解说，详情请登录 www. maxim-ic. com. cn 查询。

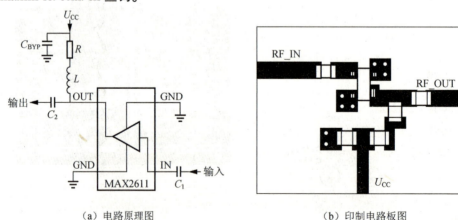

（a）电路原理图　　　　　　　　（b）印制电路板图

图 10-4-9　题 10-4-11

答:（1）本电路由电源＋5V 供电。

（2）电路中的 C_1、C_2 为输入输出隔直耦合电容，其容量的计算公式为

$$C = \frac{53000}{f_{\min}(\text{MHz})}$$

其最低工作频率与电容容量之间的关系如下：

$f_{\min}$	10kHz	100kHz	1MHz	10MHz	100MHz	1000MHz
C	5.3μF	0.53μF	0.053μF	5300pF	530pF	53pF

（3）电感 L_C 为高频扼流圈，其感抗至少应比负载电阻大 2 倍以上。

（4）本电路 3dB 的带宽为 DC～1100MHz，在 500MHz 时，增益为 18dB，噪声为 3.5dB。

（5）图中 MAX2611 芯片为 SOT-143 封装。

12. 已知频带宽度 DC～1000MHz 的高频功率放大器的电路与印制板图如图 **10-4-10** 所示，其在 **900MHz** 时，输出功率约为 1W。有关本电路芯片及设计资料，请登录 www. maxim-ic. com. cn 查询。

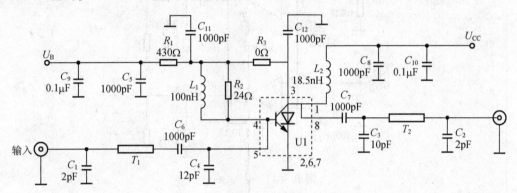

（a）电路原理图

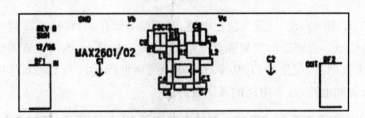

（b）元器件布局图

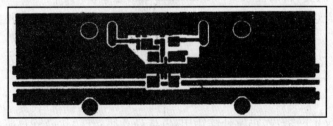

（c）顶层印制电路板图

图 10-4-10　题 10-4-12

答:（1）本电路的放大管为 MAX2601 或 MAX2602，此管可制作成频率范围为 DC～

1000MHz 带宽的功率放大电路。为单电源＋2.7～＋5.5V 直流供电。芯片为 8 引脚，PSO-PII-8 封装。

（2）本电路在 836～900MHz 工作时，输出功率可达 1W（30dBm）。单位 dBm 的含义是以 1mW 为基准功率（参考功率）的功率增益，在输出功率为 1W 时，相当的功率增益为

$$10\lg \frac{P_o}{1mW} = 10\lg \frac{1000mW}{1mW} = 10\lg 10^3 = 30(dBm)$$

13. 已知单芯片左右双声道小功率音频功放大电路如图 **10-4-11** 所示。对本电路作简单说明，有关 **TDA2822** 芯片的有关资料，请登录 **www. st. com** 查询。

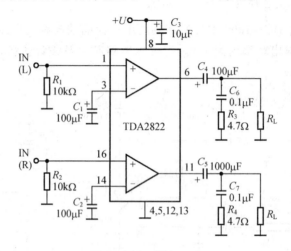

图 10-4-11　题 10-4-13

答：（1）本电路为单电源供电，供电电压应在 12V 左右，若 R_L 为 8Ω 扬声器，则可输出 1W 左右的功率。

（2）图中 C_6、R_3 和 C_7、R_4 分别为校正电路，起相位补偿作用，可防止高频自激。

（3）大电容 C_4、C_5 起辅助电源和隔直流作用，若其容量减小，则输出音频信号的音量将降低，且低频信号失真严重，这是 OTL 功率放大器中的典型问题，TDA2822 芯片内具有改善信号失真的具体方法和电路，故本电路的音质较好。

14. 已知 **20W** 高保真音频功率放大器的电路如图 **10-4-12** 所示，请对本电路作简单说明。有关 **LM1875** 芯片的资料，请登录 **www. national. com** 查询。

答：（1）电路为双电源供电，供电电压应在 ±15V 以上，电源入端应并接容量为一大一小两只滤波电容。

（2）电路中的 R_5、R_4、C_2 组成电压串联负反馈，由它决定整个电路的电压放大倍数：

$$A_V = 1 + \frac{R_4}{R_3} = 21（倍）$$

（3）R_5、C_5 为校正网络，起相位补偿作用，可提高音质，并防止高频自激。

（4）负载（扬声器）电阻由 8Ω 减至 4Ω 时，输出功率将增大一倍。

（5）电容 C_2 可提升本放大电路的高频性能。

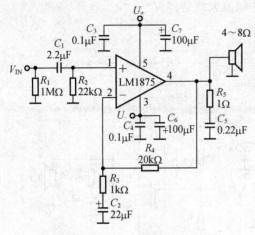

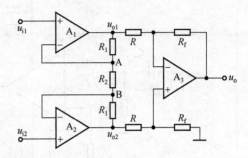

图 10-4-12　题 10-4-14　　　　　　　　　图 10-4-13　题 10-4-15

15. 已知三运放组成的精密放大电路如图 **10-4-13** 所示,设 A_1、A_2 电路上下对称,各元器件数值一致。试完成以下各题:

(1) 求出输出电压 u_o 与两输入电压 u_{i1}、u_{i2} 的关系式。

(2) 若输入为共模信号,即 $u_{i1} = u_{i2}$ 时,输出 U_o 为多少?

(3) 若输入为差模信号,即 u_{i1} 不等于 u_{i2},则输出 U_o 为多少?

答:(1) 根据运放两输入端"虚短"的假设,可直接得到

$$u_A = u_{i1}, \quad u_B = u_{i2}$$

故电阻 R_2 上的电流为

$$i_2 = \frac{u_A - u_B}{R_2} = \frac{u_{i1} - u_{i2}}{R_2}$$

由此可求得 u_{o1} 与 u_{o2} 之差值为

$$u_{o1} - u_{o2} = i_2(2R_1 + R_2) = \frac{2R_1 + R_2}{R_2}(u_{i1} - u_{i2}) = \left(1 + \frac{2R_1}{R_2}\right)(u_{i1} - u_{i2})$$

这一差值信号经由 A_3 组成的反相放大后的值 u_o 为

$$u_o = A_{V3}(u_{01} - u_{02}) = -\frac{R_f}{R}\frac{R_2 + 2R_1}{R_2}(u_{i1} - u_{i2})$$

(2) 若输入为共模信号,即 $u_{i1} = u_{i2}$ 时,电路输出为 $u_o = 0V$。此放大器对共模信号的抑制能力很强,对共模噪声也如此。

(3) 若输入为差模信号,即 $u_{i1} \neq u_{i2}$ 时,电路输出为

$$u_o = -\frac{R_f}{R}\left(1 + \frac{2R_1}{R_2}\right)(u_{i1} - u_{i2})$$

16. 已知由 MOSFET 构成的低频功率放大电路如图 **10-4-14** 所示,TN9NP10 是MOSFET配对互补推挽功率器件(虚线框内)。试完成以下各题:

(1) 电路的输出级是什么类型的功率放大电路? 它实际工作在什么状态?

(2) 这种功放电路有什么特点?

(3) 设 TN9NP10 管的预夹断电压为 1V,试求负载 8Ω 上所获得的最大功率。

(4) 电路中在什么元件上存在什么反馈? 试求电路的最大电压放大倍数。

(5) 在保证上述最大功率输出时,输入信号的幅值大致是多少?

(6) 图中 C_5、R_{12} 起什么作用?

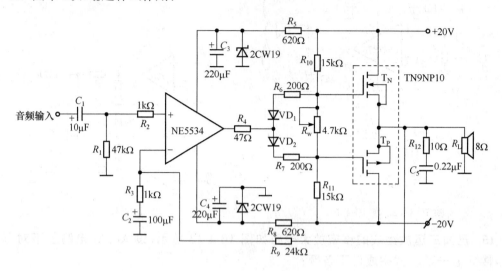

图 10-4-14　题 10-4-16

答:(1) 这是典型的 OCL 功率放大电路。由于 VD_1、VD_2、R_6、R_7 元件存在(给功放管一个工作点),故放大电路工作在甲乙类状态。

(2) 此功放电路的特点是输出功率大,效率较高,无须加保护电路,工作频率较高。由于运放 NE5534 是低噪声器件,故整个功放电路的噪声较低,频带宽,失真小。

(3) 负载 R_L 可获得的最大功率为

$$P_0 = \frac{U^2}{R_L} = \frac{(20-1)^2}{2 \times 8} = \frac{19^2}{16} \approx 22.56(\text{W})$$

(4) 在电阻 R_9、R_3 支路中存在电压串联负反馈,由此可求得电路的最大电压放大倍数为

$$A_V = -\left(1 + \frac{R_9}{R_3}\right) = -\left(1 + \frac{24}{1}\right) = -25 \text{ 倍}$$

(5) 输入信号的幅值为

$$U_i = \frac{U_{om}}{\sqrt{2} \times A_V} = \frac{19}{1.414 \times 25} = 0.5227(\text{V}) = 522.7(\text{mV})$$

(6) C_5、R_{12} 是扬声器的均衡网络,用来抵消扬声器的感性阻抗,即作容性补偿作用。

17. 已知音调(高低音)的调节电路如图 **10-4-15** 所示。试完成以下各题:

(1) 哪一个电位器是调节低音的? 为什么?

(2) 低音的切换频率是多少? 低频段的增益如何计算?

(3) 哪一个电位器是调节高音的? 为什么?

答:(1) R_{P1} 是调节低音的:调至 A 方向——低音加强;调至 B 方向——低音减弱。原因:R_{P1} 调至 A 时,C_1 被短路。此时输入信号的放大倍数为(C_3 对低频似开路)

$$A_{VA} = -\frac{R_{P1} + R_2}{R_1} = -\left(\frac{100}{11} + 1\right) = \approx -11 \text{ 倍}$$

同理,R_{P1} 调至 B 时,C_2 被短路,此时输入信号的放大倍数为

$$A_{VB} = -\frac{R_2}{R_1 + R_{P1}} = -\frac{11}{111} \approx -0.1 \text{ 倍}$$

R_{P1}位置居中时,其左、右的电阻相等,放大倍数为1。

(2)低音频的切换频率及低频段的电压放大倍数的计算式为

$$f_L = \frac{1}{2\pi C_1 R_1} = \frac{1}{2\pi \times 0.05 \times 10^{-6} \times 11 \times 10^3} \approx 292 \text{ (Hz)}$$

$$|A_{VL}| = 1 + \frac{R_{P1}}{R_1} = 1 + \frac{100}{11} \approx 10.1$$

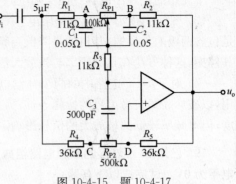

图 10-4-15　题 10-4-17

(3)R_{P2}是调节高音的:调至C点——高音加强;调至D点——高音减弱。原因:同上述(1)。

18. 已知运算放大器电路中消除或防止寄生振荡所采用的电容补偿法的四种实际电路如图 10-4-16所示。试完成以下各题:

(1)说明图(a)电路的应用情况。

(2)说明图(b)电路防自激的工作原理。

(3)说明图(c)电路防自激的工作原理。

(4)说明图(d)电路防自激的工作原理。

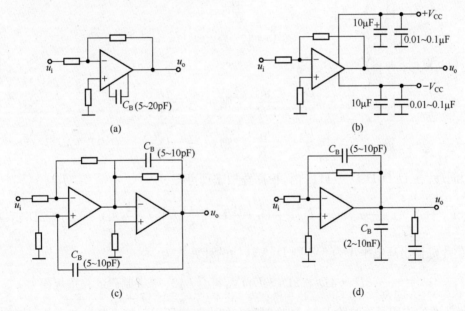

图 10-4-16　题 10-4-18

答:(1)这种方法常用于自带自激补偿端子的集成运算放大电路,补偿电容 C_B 的容量大小视具体情况(自激频率、信号带宽等)由调试决定。

(2)这是最常用的直流供电退耦电路,任一交流放大电路、振荡电路或数字电路,在直流电源接入芯片的端口(应紧靠芯片)均应接入此电路,以防电源线上可能存在的交流信号窜入本电路而产生干扰与自激,也防止本电路的交流通过电源线对其他电路产生不良影响。由于大电容(1~10μF)一般为卷绕的电解电容,存在寄生电感,对交流干扰不能视作短路,故须并联一个无感的瓷片小电容。在实际电路中,容量较大的电解电容有时要并联多个。

（3）图(c)电路中的两个补偿电容 C_B 均起负反馈作用,一个是单级的局部负反馈,另一个是包含两级的负反馈,其目的是降低高频自激分量的放大倍数,破坏该自激的幅度条件,迫使其停振,这种方法在自激频率与被放大信号频率相差不多的情况下不宜采用。

（4）对于图(d)电路中的两个补偿电容,一个接在输入端与反相输入端之间,起负反馈作用,以破坏高频自激信号的振幅条件;另一个接在输出端与地之间,可削弱高频自激的输出幅度,但对频率较低的被放大的信号影响不大。

19. 已知 D/A 转换的原理电路组成如图 **10-4-17** 所示,设单片机输出的高电平为 **5V**,低电平为 **0V**。试完成以下各题:

（1）若 $D_3D_2D_1D_0 = 0001$ 和 1000 时,u_1 为何值?

（2）若 $D_3D_2D_1D_0 = 1111$,则 u_1 为何值?

（3）低通起什么作用?它的上限截止频率 f_H 应如何决定?

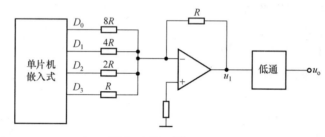

图 10-4-17　题 10-4-19

答:（1）根据:

$$\frac{D_0}{8R} = -\frac{u_{10}}{R}, \quad 则 \ u_{10} = -\frac{D_0}{8}$$

$$\frac{D_3}{R} = -\frac{u_{13}}{R}, \quad 则 \ u_{13} = -D_3$$

（2）同理,在 $D_3D_2D_1D_0 = 1111$ 时,根据叠加定理可得

$$u_1 = u_{13} + u_{12} + u_{11} + u_{10} = -\left(D_3 + \frac{1}{2}D_2 + \frac{1}{4}D_1 + \frac{1}{8}D_0\right) = \frac{-1}{8}(8D_3 + 4D_2 + 2D_1 + D_0)$$

若单片机输出高电平 1 为 5V,则 D/A 转换的计算式为

$$u_1 = -\frac{5}{8}(8D_3 + 4D_2 + 2D_1 + D_0)V, 符合 8421 二进制码的权重规律$$

（3）低通的作用是要滤除 D/A 转换时存在的小阶梯所引起的高频谐波干扰,使输出的模拟信号波形趋于平滑。低通的上限截止频率 f_H 应低于数字信号的频率,等于其一半为宜（因为 A/D 的采样频率应大于或等于被采样信号最高频率的两倍）。

20. 有一个多级电路系统(如多级放大器或接收机等)的电路组成如图 **10-4-18** 所示,设各的功率增益为 A_{p1}、A_{p2}、A_{p3},各级的频带宽度均为 BW_N,各级的噪声系数为 N_{f1}、N_{f2}、N_{f3}。试完成以下各题:

（1）求系统总的功率增益。

（2）求系统总的频带宽度,并作适当的说明。

(3) 求系统的噪声带宽。

(4) 求系统的噪声系数并作适当的说明。

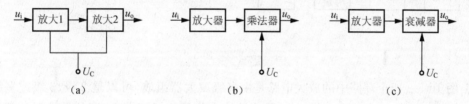

图 10-4-18 题 10-4-20

答：(1) 系统总的功率增益为（以倍数论）

$$A_\mathrm{p}=A_\mathrm{p1}A_\mathrm{p2}A_\mathrm{p3}$$

(2) 系统总的频带宽度（设 K 为频带压缩系数）为

$$\mathrm{BW}=K\mathrm{BW_N}\approx0.5\mathrm{BW_N}$$

为 1 级网络（放大器）时，压缩系数 $K=1$；为 2 级网络时，$K=0.64$；为 3 级网络时，$K=0.51$；为 4 级网络时，$K=0.43$ 等，即级数越多，系统的带宽即越窄。

(3) 系统的噪声带宽要比上述带宽宽，它们的数学关系为

$$\mathrm{BW_N}=\frac{\pi}{2}\mathrm{BW}=1.57\mathrm{BW}$$

(4) 系统总的噪声系数为

$$N_\mathrm{f}=N_\mathrm{f1}+\frac{N_\mathrm{f2}-1}{A_\mathrm{p1}}+\frac{N_\mathrm{f2}-1}{A_\mathrm{p1}A_\mathrm{p2}}+\frac{N_\mathrm{f3}-1}{A_\mathrm{p1}A_\mathrm{p2}A_\mathrm{p3}}$$

所以，多级网络系统的噪声大小主要由系统的第 1 级决定，次为第 2 级。若要系统的噪声小，则希望第 1 级的噪声系数 N_f 要小，第 1 级的功率增益要尽可能大。

第五部分　放大器的增益控制及语音录放电路

1. 已知放大器增益控制的方法如图 10-5-1 所示，请对各类方法作简单说明。

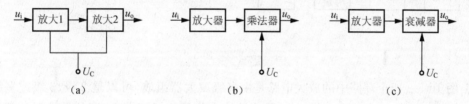

图 10-5-1 题 10-5-1

答：(1) 图(a)中，控制电压 U_C 可控制放大管的直流工作点或负载（如控制二极管的导通电阻等）的大小，达到控制放大器增益的目的，此类方法是最为常见的一种增益控制方法，在收音机、电视机中经常被采用。

(2) 图(b)是放大器与乘法器级联方案，可实现增益控制，如今已有将二者相结合的专用集成电路，以本节第 14、15 题为例，图(b)中 u_o 与 u_i、U_C 的关系为

$$u_\mathrm{o}=KA_1U_\mathrm{C}u_\mathrm{i}$$

式中，A_1 为放大器的电压放大倍数；K 为乘法器的乘法系数。

(3) 图(c)是放大器与衰减器级联方案，其输出电压 u_o 的表达式为

$$u_\mathrm{o}=A_1A_2u_\mathrm{i}$$

式中，$A_2=f(U_\mathrm{C})$，即衰减器的衰减系数受 U_C 控制。

带有可变衰减器实现可变增益放大器的典型芯片有 AD8367 等，其主要技术指标如下：

增益连续可调范围为 $-2.5\sim42.5\mathrm{dB}$，分 9 级，每级 5dB 步进，增益可增可减，3dB 的带宽为 500MHz。

控制电压范围为 50～950mV,增益控制灵敏度为 20mV/dB。

单端输入方式,输入电阻为 $R_i = 200\Omega$。

单电源供电为 2.7～5.5V。

2. 已知多种自动增益控制(AGC)环路的组成框图如图 10-5-2 所示,请分别对各环路作简单说明。

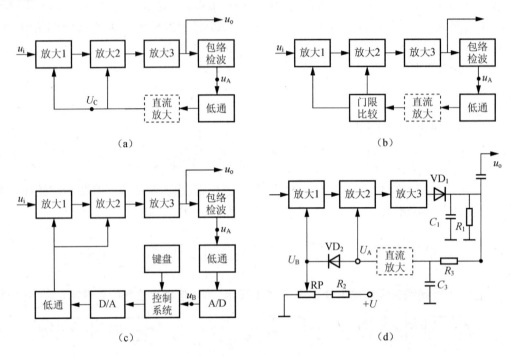

图 10-5-2 题 10-5-2

答:图 10-5-2 四个环路中的放大电路是由多级放大器组成(可以是 2 级、3 级或多级),输出信号经包络(峰值)检波,输出的 u_A 可反映被放大信号的幅值大小(即信号强弱),此信号经低通滤波和直流放大(直放视具体情况而定,在收音机等简单的系统中,一般不用,而在电视机等要求较高的系统中常设置直流放大)后,可控制放大器的电压放大倍数,使输出电压 u_o 在输入 u_i 幅值变化较大的情况下能维持不变或变化不大。自动增益控制(AGC)环路是一个负反馈系统。下面对图中四个环路进行叙述:

(1) 图(a)是一个最简单的 AGC 环路,常用于收音机等电子设备。增益控制为 30～50dB。特点是简捷易行,效果较好。

(2) 图(b)与图(a)相比,增加了一个"门限比较",目的在于当输入 u_i 幅值不是较大的情况下,先对第 2 级放大器的增益进行控制,只有在输入 u_i 幅值较大或很大时才开始对第一级放大器的增益起控,如此设计可保证在小信号输入时,第一级放大器有足够高的增益,使整个系统的噪声系数指标不致因 AGC 而降低。

(3) 图(c)是智能化 AGC 环路,经放大、包络检波、低通、A/D 转换后的反映输入信号强弱变化的 U_B 信号输至控制系统(单片机、嵌入式、FPGA 等小系统),经与设定参数(如要求输出的 U_o 值及被控增益的步长等)进行比较等处理,然后输出数字信号,再经 D/A,低通等电路,形成控制信号 U_C,即可对被控放大器的电压放大倍数进行控制。需指明的是:对于频率不是较高的放大电路(一般低于 100kHz),输出信号 u_o 可不必经包络检波和低通。而直接加至控制系统,对信号幅度进行检测,然后输出控制数码。

(4) 图(d)中画出了包络检波、低通、门限比较(延迟)等具体电路的 AGC 环路。图中 VD_1 和 C_1、R_1 组成包络检波电路,其 VD_1 管常选高频锗二极管,R_1 应在 5～10kΩ 内选择,C_1 视信号频率而定,频率在 500kHz 左右时,C_1 选 0.01～0.1μF,频率在 10MHz 左右时,C_1 选 20～100pF。R_3C_3 为低通滤波器,要滤除检波后信号中尚需滤除的变化信号(一般为频率较低的信号,如接收信号中的衰落信号)。VD_2、R_2、RP 组成门限比较电路,在输入 U_i 幅值较小时,U_A 值较低,当 $U_A < U_B$ 时,VD_2 截止,U_A 只能对第二级放大器起控,当 U_i 幅值较大,U_A 上升,当 $U_A > U_B$ 时,VD_2 导通,U_B 将随 U_A 变化而变化,使第一级放大器的增益也受控。电视机中常用这一门限比较电路(也称延迟电路)。

3. 自动增益控制(AGC)的控制电压 U_{AGC} 是怎样产生的?

为了使在不同强度输入电压 U_i 的情况下,U_{AGC} 能自动控制放大器的增益大小,使放大系统的输出电压保持在一个用户(设备)所需的电平之上,就需 U_{AGC} 能如实反映并能自动跟踪输入 U_i 的变化。U_{AGC} 产生的主要方法如下:

(1) 非智能化的 AGC 系统——广播收音机、电视接收机等接收设备中广泛采用,其组成框图如图 10-5-2(a)、(b)、(d)所示。这种方法的特点是电路简单,调节方便,实现容易;缺点是无法实现增益的分级定量控制。

(2) 智能化的 AGC 系统——组成框图如图 10-5-3 所示,这种方法的最大特点是能按设计需求将增益分成若干等级进行分级控制(如每级 2dB 等)。

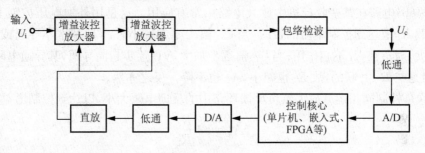

图 10-5-3 题 10-5-3 解

图中 U_C 是包络检波器的输出,它能如实反映输入信号 U_i 幅值变化的情况,控制核心收到 U_C 经 A/D 转换后的信号,并与源设定的参数相比较,即可知道此时刻输入信号的强度,随后根据需要产生控制数码,经 D/A 转换、低通滤波和直流放大(此放大可提高 AGC 控制灵敏度,低挡 AGC 系统可不设直流放大级),即形成了自动增益控制电压 U_{AGC}。

很显然,自动增益控制系统是一个稳定的负反馈系统。这种控制的缺点是控制信号有时延,不能快速跟踪输入信号幅值的变化。

4. 已知以下三种不同方法控制放大器增益(AGC)的单元电路如图 10-5-4 所示。试完成以下各题:

(1) 简单说明图(a)电路实现对放大器增益控制的原理。

(2) 简单说明图(b)电路实现对放大器增益控制的原理。

(3) 简单说明图(c)电路实现对放大器增益控制的原理。

(4) 控制信号 U_C 来自何处?

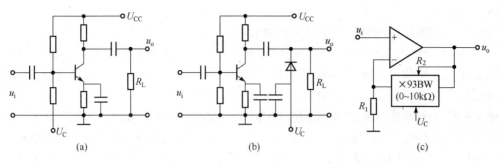

图 10-5-4　题 10-5-4

答:(1) 这是广播、电视接收机中高中频放大器常用的一种自动增益控制(AGC)电路。根据 RC 共发射极放大器电压增益的计算公式 $A_v = -\dfrac{\beta R'_L}{r_{be}}$ 可知,只要能以电压(控制信号)控制 β 值或 R'_L 值,即可达到控制 A_v 的目的。根据晶体管 BJT 的输入特性或传输特性,其 β 值是随管子的直流工作点改变而改变的:工作点过低(向原点非线性区变化)、过高(向非线性饱和区变化),其 β 值均随之减小;只有在工作点适中的线性区,其 β 值才最大,因此只要用一个外加电压改变放大管的工作点,即可改变其 β 值,达到控制增益的目的。图(a)中 U_C 起作用:若 U_C 值减小,放大管的工作点向截止区变化,β 值会随之减小,A_v 下降,反之亦然。这种 AGC 只适用小信号放大电路。

(2) 图(b)电路在某些收音机中放大电路中常有应用。这是用外加电压控制上述增益公式中的负载 R'_L 值达到控制增益的目的:当 U_C 值为零或较小时,VD 基本不导通或导通甚微,故阻值甚大,对负载 R'_L 不起作用;当 U_C 值逐步加大,VD 逐步趋向导通,其导通电阻也随之减小,此电阻是与 R_L 并联的,故 R'_L 也减小,A_v 也下降。反之亦然。

(3) 这是控制同相运算放大器负反馈环路中的反馈电阻大小,以达到控制增益的目的,即

$$A_V = 1 + \frac{R_2}{R_1}$$

改变 R_2,即可实现对 A_v 的控制。

(4) 控制电压 U_C 的来源有两种:①在接收机的闭环系统中,U_C 可由峰值检波(包络检波)器对被放大的信号进行幅度检波而获得,信号强时,检波后的控制电压 U_C 大(或小),反之小(或大),以此形成闭环控制;②是开环系统控制,可由单片机根据用户需求设定控制数码,然后经 D/A 转换,低通滤波,形成控制电压 U_C。

5. 已知接收机中常用的 AGC(自动增益控制)系统的局部电路如图 10-5-5 所示,VT 的工作点设置在线性区的偏高点。试完成以下各题:

(1) 检波二极管应如何选用?

(2) 检波负载 R_3、C_3 应如何取值?

(3) R_2、C_2 组成什么电路?起什么作用?其值应如何取定?画出 C 点受控信号波形。

(4) 说明被控放大器增益受控的原理。

(5) 如果检波二极管反接(接反),则能否使 VT 的增益再受控?为什么?

(6) 如果检波二极管反接(接反),仍要使 VT 的增益受控,则应采取什么措施?

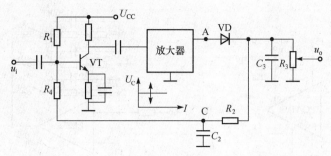

图 10-5-5　题 10-5-5

答:(1) 对于输入频率较高的信号,检波二极管应选高频锗管:高频管的结电容小,直通过去的信号少,锗管的结压小($0.2\sim0.3$V),对输入信号幅值要求小。

(2) 二极管包络检波的原理是利用充电快放电慢的道理解释的,对于不同类型的输入信号,对 R_1、C_1 的要求是不一样的。

若输入 AM 信号的载频在几百千赫时,C_3 常取值几千皮法,R_3 取值几千欧姆;

若输入 AM 信号的载频在几十兆赫时,C_3 常取值几皮法,R_3 取值几千欧姆;

若输入为等幅波,则 C_3、R_3 的取值可大一些或大许多。

(3) R_2C_2 组成低通滤波电路,对检波以后的信号作进一步的滤除作用,如对检波输出中所含的反映包络变化的交流信号,以免此信号影响被控放大器的增益;R_2C_2 的取值比 R_3C_3 大得多。C 点的信号基本为正的直流值,此值将随输入信号(A 点信号)的幅值增大而增大;在接收机中,此点电压幅值将随电台信号强弱而变化。

(4) C 点信号 U_C 经 R_4 加至 VT 放大管的基极,能对其直流工作点起控制作用,当输入信号强、幅值大时,U_C 值也大,VT 正向偏压加大,工作点升高,向饱和区移动,VT 的 β 值下降,使增益 A_V 变小,输出电压幅值下降;反之,若输入信号幅值变小,此值下降,VT 正向偏置减小,工作点下移,向线性区变化,β 值增大,增益 A_V 加大,此称正向 AGC。

(5) 不能使 VT 的增益受控。因为此时在输入信号强、幅值大时,C 点电位 U_C 是负向增大,经 R_4 加至 VT 使其正向偏置减小,工作总下移,β 值增大,增益随之增大,如此使原系统的负反馈成为正反馈。

(6) 只有调整 R_1 使 VT 在正常工作时,直流工作点调至线性区的偏低点,这样在输出信号强时,U_C 值负向增大,经 R_4 使 VT 工作点下移(向截止区变化),β 值减小,A_V 下降,反之亦然,此为反向 AGC。

6. 已知运算放大器增益控制电路如图 10-5-6 所示。试完成以下各题:

(1) 图(a)电路中的 A_0、A_1 需输入什么样的信号才能对放大器的增益进行控制,控制范围大致为多少?

(2) 图(a)电路中的 A_0、A_1 控制信号来自何处? 有何要求?

(3) 按图(b)电路中给定元件值,其各挡增益大致为多少?

(4) 图(b)电路中的电容 C_1、C_2、C_3 起什么作用?

(5) S_1、S_2、S_3 用什么电路实现?

答:(1) A_0、A_1 为 0、1 数字信号(高低电平),其低电平 0 的电压范围为 $-5.6\sim0.8$V;高电平 1 的电压范围为 $2\sim1$V。A_0、A_1 与增益的关系为

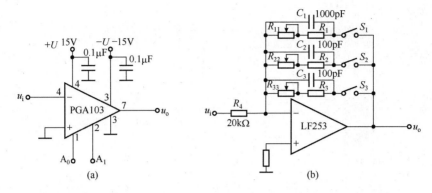

图 10-5-6　题 10-5-6

$$A_0 = A_1 = 0, 增益为 1$$
$$A_0 = 1, A_1 = 0, 增益为 10$$
$$A_0 = 0, A_1 = 1, 增益为 100$$
$$A_0 = A_1 = 1, 无效$$

(2) A_0、A_1 的控制信号可来自人工控制,也可由单片机等控制系统提供。

(3) S_1 挡:若 $R_1 = 4.7\text{k}\Omega, R_{11} = 0.68\text{k}\Omega$(可调),设 $R_{1\Sigma} = 5\text{k}\Omega$,则放大器的增益为

$$A_{V1} = \frac{R_{1\Sigma}}{R_4} = \frac{5\text{k}\Omega}{20\text{k}\Omega} = 0.25(倍)$$

S_2 挡:若 $R_2 = 47\text{k}\Omega, R_{22} = 6.8\text{k}\Omega$(可调),设 $R_{2\Sigma} = 50\text{k}\Omega$,则放大器的增益为

$$A_{V2} = \frac{R_{2\Sigma}}{R_4} = \frac{50\text{k}\Omega}{20\text{k}\Omega} = 2.5(倍)$$

S_3 挡:若 $R_3 = 470\text{k}\Omega, R_{33} = 68\text{k}\Omega$(可调),设 $R_{3\Sigma} = 500\text{k}\Omega$,则放大器的增益为

$$A_{V3} = \frac{R_{3\Sigma}}{R_4} = \frac{500\text{k}\Omega}{20\text{k}\Omega} = 25(倍)$$

故此放大器的增益可调范围为 $0.25 \sim 25$ 倍,约 40dB(100 倍)量级,在每一挡中,调节电位器还可以使增益有较小的变化。

(4) 各电容 C 起补偿作用,以改善频率响应,避免高频自激振荡。

(5) S_1、S_2、S_3 为程控开关,可采用模拟开关芯片 MAX4051/4052/4053 实现。

7. 已知单差动(差分)放大器的增益受控电路如图 **10-5-7** 所示,请对两电路作简单解说。

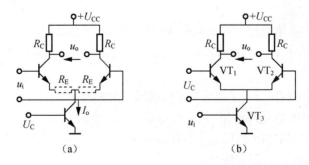

图 10-5-7　题 10-5-7

答:(1) 图(a)中,被放大的信号 u_i 由差动对管两基极输入,增益控制信号 U_C 由射极输入,对电流 I_o 进行控制,根据差动放大电路的计算,可求得输出电压的表达式为

$$u_o = I_o R_C \, \text{th} \frac{u_i}{2U_T}$$

在输入信号幅值 $u_i < U_T \approx 26\text{mV}$ 时, $\text{th} \dfrac{u_i}{2U_T} \approx \dfrac{u_i}{2U_T}$,则有下述线性关系:

$$u_o = I_o R_C \frac{U_i}{2U_T}$$

当 u_i 幅值增大时,输出 u_o 会存在三次谐波等的失真项,为扩大输入信号 u_i 的动态范围,可在发射极加设负反馈电阻 R_E(图中虚线所示),此时放大器的电压增益将随之降低。

(2) 图(b)中,增益控制电压 U_C 与输入信号 u_i 置换了一个位置,由 u_i 控制差动电路发射极放大管 VT_3 的工作电流,使 $I_o = I_{C3} + i_{c3}$,代入上式,得输出电压 u_o 的表达式:

$$u_o = I_o R_C \text{th} \frac{U_C}{2U_T} = (I_{C3} + i_{c3}) \text{th} \frac{U_C}{2U_T} = \left(I_{C3} + \frac{I_{C3}}{U_T} u_i \right) \text{th} \frac{U_C}{2U_T}$$

$$= I_{C3} \left(1 + \frac{u_i}{U_T} \right) \text{th} \frac{U_C}{2U_T} \approx I_{C3} \left(1 + \frac{u_i}{U_T} \right) \frac{U_C}{2U_T} \quad (\text{当 } U_C < 26\text{mV 时})$$

上式表明,控制电压 U_C 的幅值在 26mV 以下时,增益控制呈线性状态,顺便指出:差动放大电路的增益控制,不能保证放大器的宽频带应用,因为晶体管偏置的变化会引起晶体管跨导的改变,如此会使晶体管的特征频率 f_T 发生变化,其相关公式为

$$f_T \approx \frac{g_m}{2\pi c_{be}}$$

8. 已知差动放大电路中,用二极管或 FET 控制发射极负反馈电阻的增益控制电路如图 **10-5-8**所示,请对电路作简单介绍。

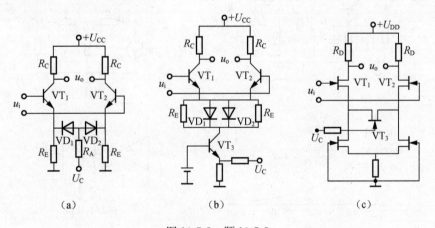

图 10-5-8 题 10-5-8

答:(1) 图(a)中,控制增益的电压 U_C 通过电阻 R_A 加至两个二极管 VD_1 和 VD_2,控制其电阻 r_D 的大小。当 $U_C = 0$ 时, VD_1 、 VD_2 截止, $R_D \approx \infty$,两放大管的发射极各自独立, R_E 上存在电流串联负反馈,放电压增益减至最小,其计算式为

$$A_{V\min} \approx \frac{\beta R_C}{r_{be} + R_E}$$

当 U_C 增大后, VD_1 、 VD_2 导通,其导通电阻后下降,在 $r_D \to 0$ 时, VT_1 、 VT_2 两管的发射极

相连通,其对地电阻为 $R_E /\!/ R_A /\!/ R_E$,由于两差动管的工作电流一个加大、一个减小。其变化值相等。故两管发射极对地无交流信号存在,即无交流负反馈存在,此时放大器的增益升至最大。计算式为

$$A_{V\max} \approx \frac{\beta R_C}{r_{be}}$$

由此可知,控制电压 U_C 可控制两二极管的导通电阻大小,即可控放大器电压增益的大小,其控制范围可达 $40\sim60$dB。

(2) 图(b)与图(a)的差别是控制电压 U_C 通过晶体管 VT$_3$ 起作用,此处两个二极管 VD$_1$、VD$_2$ 各与一个 R_E 相并联,由此控制差动对管各发射极的负反馈电阻大小,达到增益控制的目的,其电压增益的最小与最大值的计算式为

$$A_{V\min} \approx \frac{R_C}{R_E}$$

$$A_{V\max} \approx \frac{\beta R_C}{r_{be}}$$

说明:除了二极管的作用外,差动对管发射极电流 I_o 的减小,还会使 VT$_1$、VT$_2$ 集电极电流的减小,从而使放大管的跨导值(即 β 值)的减小。从而进一步使放大器的增益下降,故这一种控制增益的方法比图(a)更好,控制能力更强。

(3) 图(c)是场效应管差动放大电路,它是以控制 VT$_3$ 可变区的电阻大小而达到控制增益的目的。电路中 VT$_3$ 工作于可变电阻区,此区域的电阻很小,变化很大,且呈线性变化,其控制原理与图(a)类似不赘述。

9. 已知用 PIN 二极管作衰减器的放大器增益可控电路如图 10-5-9 所示,请对电路作解说。

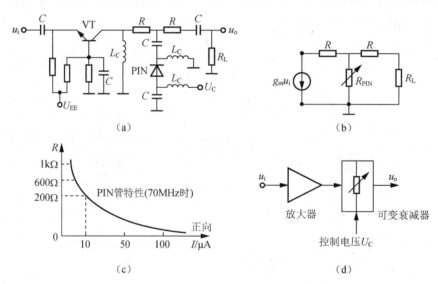

图 10-5-9 题 10-5-9

答:(1) 图(a)是增益可控放大电路的电路图。VT 管组成共基组态的结构,特点是输入阻抗很低,具有电压放大倍数,频率特性甚好,易于与低阻信号源匹配。图中电容 C 均对高频信号短路,电感 L_C 均对高频信号断路,增益控制信号 U_C 经扼流圈 L_C 加至 PIN 管的正电极(阳极),可对 PIN 管的电阻进行控制。图(a)的交流等效电路如图(b)所示,它为 T 形电路、可对

输入信号 g_mU_i 作衰减之用。

（2）PIN 是一种特殊二极管，当工作频率超过 100MHz 时，它即失去二极管固有的整流作用而变成线性电阻，其阻值由外加的直流偏置（图中 U_c）决定，正向偏置时阻值小，接近短路，反向时阻值大，近似开路，因此，PIN 管可作微波电路的开关使用，图中 PIN 二极管是作可变电阻使用，其阻值变化由外加的控制电压 U_c 来决定。PIN 管的正向导通电阻与直流偏置电流的关系如图 10-5-9(c)所示，在 70MHz 频率下，当驱动电流在 $10\sim100\mu A$ 变动时，其动态内阻将由 200Ω 降至 20Ω 左右，也有资料表明，PIN 管的驱动电流由 $50\mu A$ 增加至 $500\mu A$ 时，其动态电阻将由 300Ω 降至 20Ω。

（3）这种先放大后衰减的设计，在大信号输入时可能会产生失真，故也有将衰减器置于放大器之前，先衰减后放大的案例。

10. 已知双栅场效应管带自动增益控制（AGC）的高频放大电路如图 **10-5-10** 所示，请对这种电路作简单说明。

（1）这是电视接收机中常用的高频放大电路，工作频率可为 $50\sim400$MHz，通带宽度为 8MHz，电路放大倍数 $10\sim30$ 倍（均为 LC 选频放大电路）。

（2）放大管均为双栅 MOS 管，它实质上是一只管子的漏极与另一只管子的源极相连而组成的复合管，与外电路结合在一起形成了共源-共栅放大电路（类似于 BJT 的共发-共基放大电路）。这种放大电路的特点是电路稳定、工作频率高，具有电压、电流增益。

（3）图（a）电路的自动增益控制电压由第一管的栅极（g_1）加入，图（b）电路的自动增益控制电压由第二管的栅极（g_2）加入，二者控制增益的原理相同，均是由 U_{AGC} 的变化来改变放大管的直流工作点，以使管子的跨导 g_m 发生变化，从而实现对放大器增益的控制。

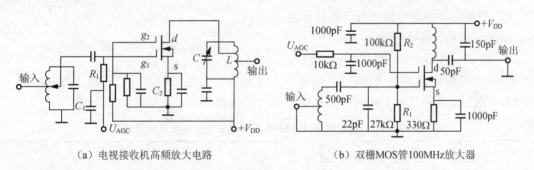

（a）电视接收机高频放大电路　　　　　（b）双栅 MOS 管 100MHz 放大器

图 10-5-10　题 10-5-10

11. 已知用 D/A 转换方法实现对放大器输出电压进行衰减控制的原理电路如图 **10-5-11** 所示，请对其作简单分析。

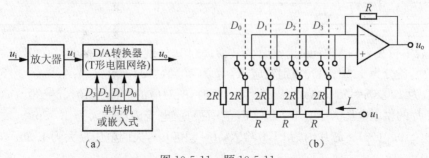

图 10-5-11　题 10-5-11

答:(1) 图(a)是控制整个放大系统总增益的原理组成框图——输入的 u_i 信号经放大后成为幅值较大的 u_i；u_i 送 D/A 转换器,作为它的参考信号。单片机为 D/A 提供数码(如四位 D_3、D_2、D_1、D_0 或更多位),作为 D/A 转换电路的开关信号,控制其输出电压 u_o 的大小。系统中的 u_o 与 u_i 的关系式为

$$u_o = A_1 A_2 u_i$$

式中,A_1 为放大器的电压放大倍数,此放大器可为多级;A_2 为 D/A 转换器的传递函数,其值由单片机或嵌入式输出的数码控制。

(2) 图(b)是倒 T 形电阻网络 D/A 转换器的典型电路,其左侧为数/模转换的控制电路,数码 D_3、D_2、D_1、D_0 作为转换的开关信号,由放大器送来的 u_1 作为转换的参考信号;电路的右侧为反相运算放大电路。u_o 与 u_i 及 D_3、D_2、D_1、D_0 的转换关系式为

$$u_o = \frac{u_i A_1}{2^4}(8D_3 + 4D_2 + 2D_1 + D_0) = \frac{u_i A_1}{16}(8D_3 + 4D_2 + 2D_1 + D_0)$$

u_o 与 D_3、D_2、D_1、D_0 及 u_i 的对应数值如下:

D_3、D_2、D_1、D_0	0000	0001	0101	1000	1100	1111
u_0	0	$\dfrac{A_1 u_1}{16}$	$\dfrac{5A_1 u_1}{16}$	$\dfrac{8A_1 u_1}{16}$	$\dfrac{12A_1 u_1}{16}$	$\dfrac{15A_1 u_1}{16}$

可见,对 u_i 增益的控制等级共有 16 级(2^4),若控制数码为 6 位,则控制等级有 $2^6=64$ 级,余类推。

注意:为提高控制精度,所用电阻应尽可能要高质量,且严格一致。

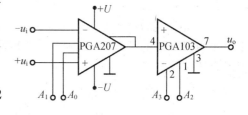

图 10-5-12 题 10-5-12

12. 已知数字控制宽增益放大电路如图 10-5-12 所示,请对本电路作简略分析。

答:(1) PGA206/207 是 TI 公司的产品,为可编程增益可控仪表放大集成芯片,其内部含 3 个运算放大电路、数控网络、输入保护电路等。PGA103 也为此类芯片。上述两类芯片的增益与控制数码的关系如表 10-5-1 所示。

表 10-5-1   PGA207 和 PGA103 构成的放大器的数控增益设置

增益	A_3	A_2	A_1	A_0	增益	A_3	A_2	A_1	A_0
1	0	0	0	0	50	0	1	1	0
2	0	0	0	1	100	1	0	1	1
5	0	0	1	0	200	1	0	0	1
10	0	0	1	1	500	1	0	1	0
20	0	1	0	1	1000	1	0	0	1

(2) 从表中可见:PGA207 的增益分为 1、2、5、10(分别对应 $A_1 A_0$ 为 00、01、10、11)。而 PGA103 的增益分为 1、10、100(分别对应 $A_3 A_2$ 为 00、01、10)。故 $A_3 A_2 A_1 A_0 = 1010$ 时,其所对应的增益为 $100 \times 5 = 500$,$A_3 A_2 A_1 A_0 = 0101$ 时,所对应的增益为 $10 \times 2 = 20$。

(3) 芯片的供电电压为 $\pm 4.5 \sim \pm 18V$,范围很宽,电流消耗最大为 13.5mA,增益设置时间为 $3.5\mu s(\pm 0.01\%)$。芯片内为 FET 输入,$I_B = 100pA$,失调电压最大为 1.5mV,输入过压保护为 $\pm 40V$。

(4) PGA206/207,采用 DIP-16 或 SOL-16 封装。

13. 已知由数控电阻 **X9241** 构成的数控增益放大电路如图 **10-5-13** 所示,请对电路作简单解说。

(1) X9241 是 CMOS 型数控电阻,内部有 4 路数码电阻,滑动阻值由用户输入数据控制,为理解其对运放增益的控制,已将数控电阻画在芯片框图之外。

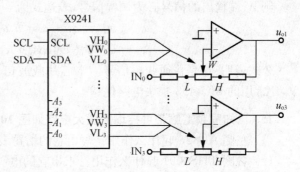

(2) 可同时控制 4 路运放的增益,为简便起见。图中只画出其中 2 路放大电路,它们均为反相比例放大电路,其增益由反馈电阻与输入支路电阻之比值决定。

(3) 片中 $A_3 \sim A_0$ 为 4 位地址输入端;SCL 和 SDA 为 CAN 总线的串行控制

图 10-5-13 题 10-5-13

信号,由此信号控制放大器的增益(即图中电阻滑动端的位置),图中:$(VL_0 \sim VL_3) \sim (VH_0 \sim VH_3)$ 为 4 个数控电阻两端的固定点;$VW_0 \sim VW_3$ 为 4 个电阻的滑动端。

14. 已知用乘法器(如 **AD835** 芯片)作放大器增益控制的原理电路如图 **10-5-14** 所示,请对控制原理及电路作简略说明。

答:(1) AD835 是电压输出四象限乘法器电路,其输出 W 与三输入的关系式为

$$W = XY + Z$$

式中,X、Y 为输入的信号,幅值范围为 $-1 \sim +1\text{V}$,带宽为 250MHz,在 20ns 内可稳定到满刻度的 $\pm 0.1\%$,乘法器的噪声较小,为 $50\text{nV}/\sqrt{\text{Hz}}$。$X$、$Y$ 分别为片内差分放大器的正、负输入信号,故电路的输入阻抗很高;Z 为求和输入,也具有高输入阻抗,Z 端接地时则 $Z=0$。

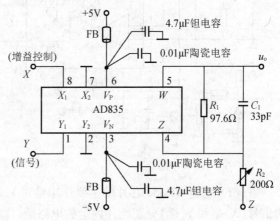

(2) W 为输出端具有低的输出阻抗,输出电压范围为 $-2.5 \sim +2.5\text{V}$,可驱动 25Ω 的负载电阻。

图 10-5-14 题 10-5-14

(3) 电源供电电压为 $\pm 5\text{V}$(也可以 $+9\text{V}$ 单电源供电),为防止干扰的进入,常在电源线入端串接小磁珠或小电感(扼流圈)及一大一小两个滤波电容,其接入点应靠近芯片引脚。

(4) AD835 的封装有 PDIP-8 或 SOIC-8 形式。

(5) 按图中元器件,在 $R_2=0$ 时(即 $Z=0$),电路的增益控制范围为 $0 \sim 12\text{dB}$,(实际为 $-12 \sim +14\text{dB}$),带宽为 50MHz,当 X 端的控制电压为不同值时,其增益大小为

$$U_X = 0.25\text{V} \text{ 时,增益 } G = 0\text{dB}$$
$$U_X = 0.5\text{V} \text{ 时,增益 } G = 6\text{dB}$$
$$U_X = 1\text{V} \text{ 时,增益 } G = 12\text{dB}$$

(6) 若 X 端加调制信号(低频),Y 端(1 端)与 Z 端(4 端)相连,外加载频信号,它们分

别为

$$U_X = U_\Omega = U_\Omega \cos\Omega t$$
$$U_Y = U_C = U_C \cos\omega_0 t$$

则 W 端输出的信号必为调幅信号,表达式为

$$u_0 = u_w = xy + z = u_x u_y + u_y = u_y(1 + u_x)$$
$$= U_C(1 + U_\Omega \cos\Omega t)\cos\omega_0 t$$

公式表明:这是普通调幅信号。本芯片载波信号的最高频率可达 300MHz,电路十分简单,比常用的 MC1495 乘法电路优越。

15. 已知高频宽频带可控增益放大电路如图 **10-5-15** 所示。请完成下列各题:

(1) 左侧 AD835 起什么作用? 写出它的增益表达式。

(2) 右侧 THS3091 起什么作用? 求出它的电压增益。

(3) 本电路如何实现电压增益的控制?

(4) 本电路的主要技术指标大致如何?

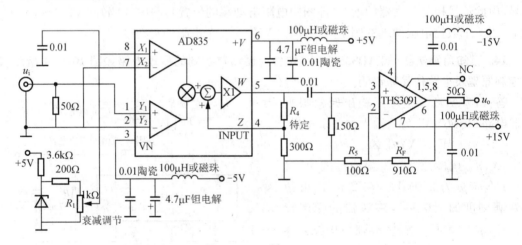

图 10-5-15　题 10-5-15

答:(1) 左侧 AD835 芯片的主要作用是对 Y_1 端输入的交流信号进行宽频带放大。输入的两信号(X_1 端和 Y_1 端)分别经片内运放电路后,作相乘运算,相乘结果再与 Z 端输入信号作相加处理,然后作放大(一倍)输出。X 端输入的是可控的直流信号,Z 端输入的是本芯片输出经分压后的反馈信号,调节 R_4(100Ω 左右)可改变此放大器的增益。

(2) 右侧运放 THS3091 对输入信号作同相放大。±15V 供电(也可 ±5V),小信号输入时,其工作频率可达 $150\sim235$MHz(不同增益时),大信号输入时,其工作频率可达 135MHz(增益 $G=5$,$R_F=1k\Omega$,$V_o=4V_{pp}$)。

(3) 调节电位器(衰减调节),即控制 AD835 的 X 端输入电流信号的大小即可调节整个放大器的电压增益,另外调节分压电阻 R_4 也可调节电压增益,本电路左侧 AD835 的电压增益计算式为

$$A_1 = \frac{(X_1 - X_2)(Y_1 - Y_2)}{U} + z$$

式中,U 为系数,其值为 $0.95\sim1.05$V,若设 $U=1$V,则

$$A_1 \approx (x_1 - x_2)(y_1 - y_2) + z$$

故调节芯片 x_1、x_2 端的输入信号(直流控制电压)的大小,即可控制放大器的增益,根据器件资料,可知 AD835 的最大增益可达 50dB。

右侧 THS3091 组成的放大器其增益的计算式为

$$A_2 = 1 + \frac{R_F}{R_5} \qquad \left(A_2 = 1 + \frac{910}{100} = 10.1 \text{ 倍}\right)$$

由上述计算式可求得图 10-5-15 放大器的总增益为

$$A = A_1 A_2 = \left[(x_1 - x_2)(y_1 - y_2) + z\right] \times \left(1 + \frac{R_F}{R_5}\right)$$

最大增益可达 70dB 左右。

(4) 本电路的主要技术指标如下:

总电压增益为 60~70dB,当输入 1mV 小信号时,输出可在 1V 以上;频带很宽:上限可达 130MHz(大信号)~150 MHz(小信号)。

噪声系数甚小,动态范围甚宽,工作可靠。

注:有关 AD835 和 THS3091 芯片的具体情况和相关参数,请读者参阅芯片手册。

16. 已知宽频高频放大电路如图 10-5-16 所示,其中心频率约为 35MHz,通带宽度为 **8MHz,增益为 60~80dB,受正向 AGC 控制,输入电压约为 mV 级。试回答下列各题:**

(1) 图中前三级和末级是什么类型的放大电路? 各有何特点?

(2) 结合本电路说明双调谐放大器的特点。

(3) 估算前二级放大器的电压增益。

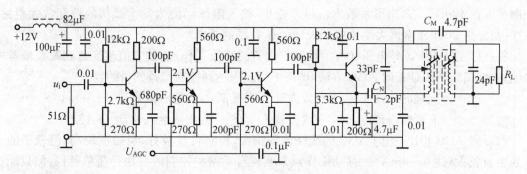

图 10-5-16　题 10-5-16

答:(1) 图中前三级为 *RC* 共发射极宽带放大电路,特色是电路简单,制作调整均很方便,同时也便于 AGC 控制,电路的输入电阻约 50Ω(由输入端对地并接的 51Ω 电阻决定)。电路中的第四级,即末级放大器是电容耦合双调谐放大器,以保证电路的 8MHz 通频带和良好的选频能力。本电路曾作为早期多种牌号黑白电视接收机的中放电路,性能稳定,工作可靠,其设计思想很有参考价值。

(2) 双调谐放大电路的特点是通频带宽,选择性好,但调整较麻烦,但电容耦合双调谐放大器则调整较方便,故常用在收音机与电视接收机中,临界耦合双调谐放大器的通带频宽度是单调谐放大器的 $\sqrt{2}$ 倍,其选择性 $K_{0.1} \approx 3.16$,若耦合加强则通带更宽,选择性更好($K_{0.1}$ 更小),故用此电路能实现本题 8MHz 带宽及 $K_{0.1}$ 较小的要求。

(3) 先估算第一级,设管子的 $\beta = 50$,$r_{bb'} = 150\Omega$(高频管的 $r_{bb'}$ 值低于低频管)。根据第一级直流偏置的参数,可以算出放大管的工作点电流为 5~6mA,由此可估算出放大管的

r_{be} 为

$$r_{be1} = r_{bb'} + (1+\beta)r_e = 150 + (1+50)\frac{26}{5.5} \approx 400(\Omega)$$

而放大器的交流负载 R'_L 为本级 R_C 与下一级输入电阻相并联的值：

$$R'_L = R_C /\!/ R_L = 200\Omega /\!/ (560 /\!/ r_{be2}) \approx (100 \sim 120\Omega)$$

由此可计算第一级放大器的电压增益为

$$A_V = -\frac{\beta R'_L}{r_{be1}} = -\frac{50 \times (100 \sim 120\Omega)}{400\Omega} \approx -(12.5 \sim 15) \text{ 倍}$$

按图所给元器件参数，可大致估算出各级的电压放大倍数，前三级的增益均在 10 多倍量级，故全电路的总电压放大倍数可达 $1000 \sim 10000$ 倍（$60 \sim 80$dB）。

本系统为了能在数十兆赫的频率下工作，频带宽度（BW）又很宽，故只有降低放大器的增益，为此各级放大器集电极负载只有几百欧姆，这在低频放大电路中少见。

17. 已知高频放大电路如图 10-5-16 所示，其中心频率为 **35MHz** 左右，通带宽度为 **8MHz**，电路的总增益均为 **60~80dB（1000~10000 倍）**，受正向 **AGC** 控制，输入信号电压为 **PUV 级**。请回答下列各题：

（1）本电路是如何实现自动增益控制（AGC）的？这种控制对放大器有何要求。

（2）自动增益控制电压 U_{AGC} 来自何处？

（3）电路中应如何防止自激振荡？

（4）可否将本电路改造成中心频率为 15MHz，带宽为 ± 150kHz，增益为 60~80dB，AGC 控制范围在 40dB 左右，矩形系数 $K_{0.1}$ 尽可能小，输入电压幅值为几十微伏的选频放大电路。（这一指标是 2011 年全国大学生电子设计竞赛 D 题的要求）

答：（1）这是用 AGC 电压（U_{AGC}）控制放大管的直流工作点，使 β 值改变达到改变增益的目的，本电路指明的是正向 AGC 方法，即按下列过程达到控制增益的目的：

$$u_i \text{ 强时} \rightarrow \text{使 } V_{AGC} \uparrow \rightarrow \text{放大管 } I_e \uparrow \rightarrow \beta \downarrow \text{（向饱和区靠近）} \rightarrow A_V \downarrow$$

$$u_i \text{ 弱时} \rightarrow \text{使 } V_{AGC} \downarrow \rightarrow \text{放大管 } I_e \downarrow \rightarrow \beta \uparrow \text{（向线性区移动）} \rightarrow A_V \uparrow$$

与反向 AGC 相比，正向 AGC 的线性范围稍大，控制特性较好，灵敏度较高，但管子的工作点电流较大（达 $6 \sim 8$mA）。移动工作点来实现自动增益控制的方法是简单易行，但只能在小信号放大器中实施，否则会引起信号的波形失真。本电路是前两级放大器同时受控，控制范围较大。

（2）自动增益控制电压 U_{AGC} 可来自本电路的闭环系统——本电路的输出信号经包络检波、低通滤波及 AGC 直流放大（经常不用放大），即可获得反映输入信号强弱的控制信号；另外也可由单片机等智能系统设定数码，再经 D/A、低通、放大，形成控制信号 U_{AGC}。

（3）由于电路的增益高，工作频率也高，并受 AGC 作用，因此电路很易自激，故防止自激振荡是个关键问题，具体措施有：

① 电源滤波——电源进线端一定要加低通滤波，每级放大管的供电端最好再接一大一小两只滤波电容。

② 第四级放大器外加中和电容 C_N（$1 \sim 2.2$pF），以抵消管内电容反馈所造成的不良影响。

③ 良好的印制板图的设计——电路元器件最好排成一字形，尽可能减弱后级强信号对前级弱信号的影响；板图上的地线面积尽可能大，可用地线将放大管的集电极与基极隔离开，以减弱其间的耦合；各引线应短而粗，以减小地线电阻。

④ 电路外加屏蔽盒,以减弱电磁干扰的空间耦合。

⑤在增益与带宽允许的条件下,在电路的适当之处对地加接电容,以消除某些高频自激。

(4) 可以。信号的工作频率降低了、带宽变窄了,实现起来不会有问题——将双调谐放大器的通带调窄,并使其中某级 RC 放大器改为单调谐放大器,使其谐振在 15MHz 上。

18. 已知语音录放集成芯片 ISD 系列的内部结构组成及其某一实用电路如图 10-5-17 所示,请分别对它们作简单论述。有关详细内容请参阅文献(任致程,1999)。

答:(1) 图(a)为 ISD 系列语音录放集成芯片的内部结构组成框图。内含前置放大电路、自动增益控制电路、功率放大电路、各种滤波电路、振荡电路、定时电路、模拟多路开关电路、解码器和大容量 EEPROM 存储器(480KB 容量的模拟存储阵列)。另外还含有电源供电电路、地址线、逻辑控制端口等。该芯片在录音过程中,即可完成语音固化,所录内容可永久保持,重复录放次数可达 10 万次。

图(a)中片外的 C_1、C_2 起隔直流作用,防止小信号中的直流送入芯片中。MIC 送入的语音信号(1～20mV)经前置放大器放大后,再送至片外,经 R_3C_3 处理后,又输入片内作放大,如此设计可以使用户(电路设计者)能更好地对语音信号作进一步处理(如控制信号的频带宽度等),前置放大器的增益约为 20dB,可作自动增益控制。

对模拟信号的采样频率为 8kHz(不是太高),故输入滤波器的上限截止频率选在 3.4kHz 左右,此滤波器为一个 5 极点的功能电路,滤波特性甚好。

放音时,从 480KB 存储器中取出语音数据,经平滑滤波器滤波,再经模拟多路开关后送至功率放大器放大,然后送至片外的扬声器发声(扬声器的阻抗为 16Ω),驱动功率为 50～100mW。

使用中,语音信号也可直接由 AUX—IN 端口输入,经功率放大后推动扬声器发声,此功能为扩音机之用。

(2) 图(b)是语音录放集成芯片 ISD2560 的实用电路。

麦克风(送话器)将语音信号经隔直电压 C_1,送入片内(1～10mV),经片内各电路的放大、滤波、存储、功放等处理,由第 14、15 脚输出至扬声器(16Ω)发声。

$A_0～A_9$(第 1～10 脚)外接 DIP 控制开关(直插式指拨开关),以决定所存音频信号的地址,可实现 1～600 段的录放语音功能,每段录音都具有一个起始端,其起始端的地址由 $A_0～A_9$ 来确定。在放音状态转至录音状态或相反,或进入低功耗状态,地址指针总是自动复零。

电阻 $R_4～R_{13}$ 为上拉电阻,电容 $C_6～C_8$ 为直流供电的滤波电容。辅助输入的语音信号可不经内部的存储或滤波,经功率放大后直接输出至扬声器发声。

有关 ISD 系列语音录放芯片及其应用电路的设计、印制板图等请参阅相关文献。

19. 已知以集成芯片 APR9600 语音录放的应用电路如图 10-5-18 所示,请对此电路作简单说明。

答:(1) APR9600 语音录放集成芯片是一款音质好、噪声低,不怕断电,能反复录放的新型语音录放电路。该芯片的语音存放时间为 32～60s,串行控制时语音可分 256 段以上,并行控制时最大可分 8 段,有多种手动控制方式,分段管理方便,控制电路也很简单,采样速度及录放音时间均可调;每个单键均有开始、停止、循环多种功能等特点。

(2) 芯片为 28 引脚双列直插式 DIP 封装,便于安装与更换。

(3) 录音时,MIC 将语音信号经两只隔直电容,送入芯片内部,MIC 可用驻极体话筒。芯

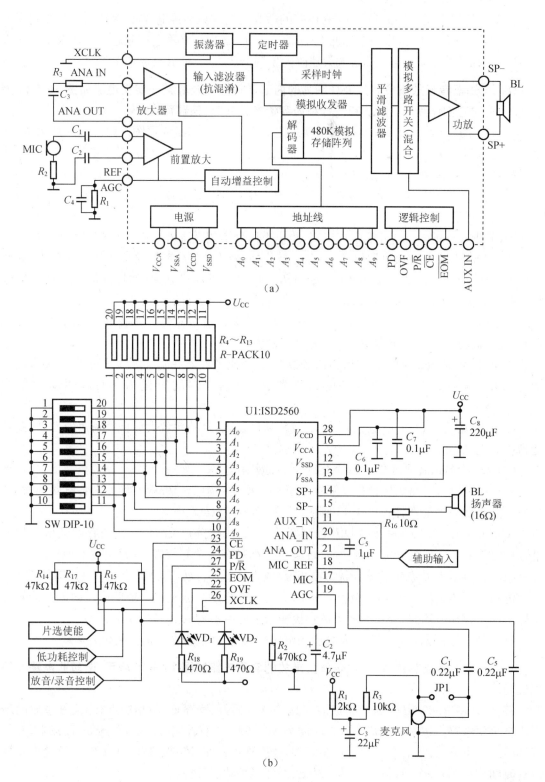

图 10-5-17 题 10-5-18

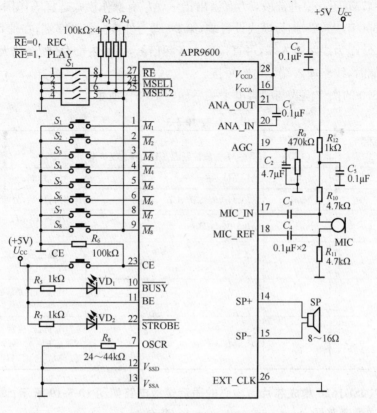

图 10-5-18　题 10-5-19

片内的话筒放大器（即前置放大器）受自动增益控制（AGC），其第 19 脚片外的阻容元件 C_2、R_9 可设定 AGC 的响应速度及增益可控范围，如果信号幅值在 100mV 左右即可直接进入线路的输入端。音频信号经片内滤波电路、采样电路的处理后，以模拟方式存入专用的快闪存储器 Flash RAM 中。

（4）放音时，从存储器中取出信号，经一个低通滤波电路再送功率放大器作功率放大，最后输出至片外的扬声器发声，扬声器的阻抗可为 8～16Ω，输出功率约在 120mW（16Ω 扬声器），扬声器电阻减小时，输出功率会成比例上升。

（5）APR9600 的直流供电电压为 4.5～6.5V，静态电流约 1μA，很低，工作电流约 25mA。

（6）APR9600 的外接振荡电阻的阻值（R_8）与采样频率、录放语音的频带宽度、录放时间的长短之关系如表 10-5-2 所示。

表 10-5-2

振荡电阻（7 脚外）/kΩ	采样频率/kHz	录放语音带宽/kHz	录放音存储时间/s
44	4.2	2.1	60
38	6.4	3.2	40
24	8.0	4.0	32

（7）芯片的 $\overline{M_1}$～$\overline{M_8}$ 为控制端口，均为低电平有效，分别控制语音的第 1～8 段，其中 $\overline{M_1}$ 还

有连续录放控制，$\overline{M}_2$还有快进选段，$\overline{M}_7$有溢出指示，$\overline{M}_8$有操作模式选择等作用。

（8）APR9600第24、25脚为模式设置端，第26脚为外接振荡频率端，在使用内部时钟时，此端接地。第20端为线路输入端，可直接输入音频信号，不经内部存储，经放大后，直接输出，本例作录放存储时，线路输入端以电容短接。

（9）APR9600的操作模式与引脚电平关系如表10-5-3所示。

表 10-5-3

$\overline{MSEL}_1$ （24脚）	$\overline{MSEL}_2$ （25脚）	$\overline{M}$ （9脚）	有效键 $\overline{M}_1 \sim \overline{M}_8$为段控制键，CE为停止复位键	功能（以60s计）
0	1	0/1	$\overline{M}_1$、$\overline{M}_2$、CE	并行控制，分二段，每段最大30s
1	0	0/1	$\overline{M}_1$、$\overline{M}_2$、$\overline{M}_3$、$\overline{M}_4$、CE	并行控制，分四段，每段最大15s
1	1	1	$\overline{M}_1 \sim \overline{M}_8$、CE	并行控制，分八段，每段最大7.5s
1	1	0	CE	单键控制，单段7.5s循环，CE为启动/停止键
0	0	1	$\overline{M}_1$、CE	串行顺序控制，可分一至任意多段
0	0	0	$\overline{M}_1$、$\overline{M}_2$、CE	串行选段控制，$\overline{M}_2$为选段快进键（录音时$\overline{M}_8=1$，可录一至任意多段，$\overline{M}_8=0$时，只能录两段）

20. 已知以 ISD1620 集成芯片为核心的语音录放电路如图 10-5-19 所示，请对此电路作简单说明。本例详情请登录 www.winbond.com.tw 查询。

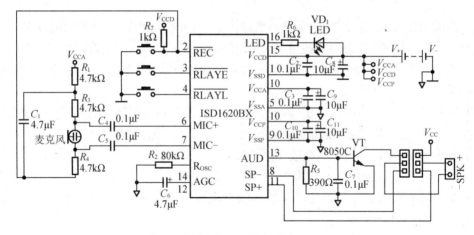

图 10-5-19　题 10-5-20

答：（1）ISD1620 有 PDIP 和 SOIC 两种封装形式。麦克风将语音信号经两隔直电容后送入片内前置放大器等电路处理，由第8、11脚输出至扬声器发声。

（2）图中 C_2、C_3、C_8、C_9、C_{11} 等均为电源滤波电容，均为一大一小两只电容并联，容量小者一般用瓷片无感电容，对高频起滤除作用。大电容常用电解电容，对低频干扰起滤除作用。

（3）电路的印制板图如图 10-5-20 所示，仅供参考。

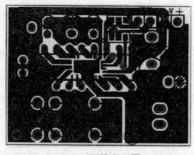
（a）元器件布局图

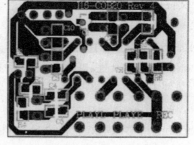
（b）印制电路板图

图 10-5-20　题 10-5-20 解

21. 已知基于 **WT588D** 集成模块组成的语音生成、播报系统的组成框图如图 **10-5-21** 所示。请完成下列各题：

（1）说明该系统是由哪几大部分组成的？

（2）对 WT588D 集成模块作一简单解释。

（3）语音播报文件是如何提取（生成）的？

（4）系统软件设计有何要点？

（5）试举本方案的应用实例。

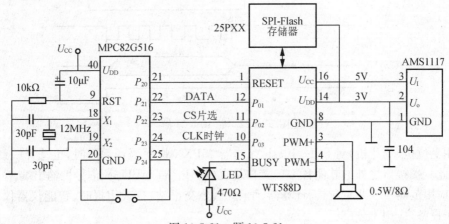

图 10-5-21　题 10-5-21

答：（1）系统由如下几大部分组成：

单片机——MPC82G516 小系统，外接 12MHz 石英谐振器作为主振荡器，独立按键起控。可编程语音处理、播报模块——WT588D，为广州创科与台湾华邦两公司产品。SPI—Flash 存储器——25PXX，直流供电电压要求为 2.8～3.3V。DC—DC 直流电压转换——AMS1117，将 5V 输入的直流电压转换成 3V 直流电压输出，发光、发声元件——LED 的点亮与熄灭表示播报状态，0.5W/8Ω 扬声器作语音播报之用。

（2）WT588D 是集单片机、高速 DSP 音频处理器及语音电路，内置 13bitD/A 转换器及 12bitPWM 脉冲产生电路（推动扬声器发声）。其语音系统支持 6～22kbit/s 采样速率的音频信号，具有 220 个可控制的音频地址，且每个地址可分成 128 段管理。配合 WT-APP 上位机操作系统软件和专用的 USB 下载器，可以随意设置系统的控制方式、语音地址和分段信息，支持语音信息的在线烧录。WT588D 模块支持 MP3 控制模式、按键控制模式、并口模式、一线串口模式及如图 10-5-21 所示的三线模式。

(3) 语音文件的提取(生成)有两种方式——①从录制的文件中提取;②利用文字转语音软件提取。第一种方法的步骤如下:

① 通过录音软件或通过手机录制 wav 格式的音频文件(如 0～9、时、分、秒等信息),然后打开 GoldWave 音频编辑软件,在原始 wav 格式文件中找到要截取的语音段,通过鼠标选择复制并粘贴到新文件中即可,该软件还可以对音频信号进行合并、降噪、滤波等特殊处理,这种方式是真人真声,缺点是噪声稍大。

② 利用 Sound To Wav 文字转语音软件,使音频文件提取更方便。该软件利用 TTS (Text To Speech)即语音合成技术,可以将任意文字转换成语音文件。为了得到较好的音质,采用了 Chinese Mandarin Voice 语音引擎,该引擎的中文女声音色较好,基本接近真人发声水平。在 Sound To Wav 软件中选择该语音引擎并选中按行分割文件方式,输入要转换的文字信息,单击转换即可生成音频文件。这种方式的特点是语音的背景噪声低、语音清晰、音质好,操作方便,但这是合成方式,无真人效果。

(4) WT588D 与单片机 MPC82G516 间采用三线串行控制模式,其时序仿照标准 SPI 通信方式,具体时序如图 10-5-22 所示。

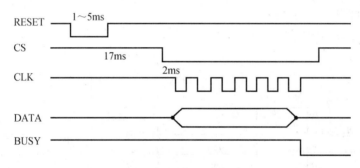

图 10-5-22 题 10-5-21 解

采用上位机(单片机)对 SPI—Flash 存储器 25PXX 烧写语音程序时,也选择三线串行控制模式,此三端接口之外的其他各 I/O 接口均无效。P_{15} 端为 BUSY 信号忙输出端。

(5)应用范畴——儿童玩具、计算器、学习机、公交报站、盲人用报时、智能仪器仪表、售货机等电子设备,应用十分广泛。

22. 设计一个扩音系统,输入信号有两路送话器和一路录放设备,送话器输出电压的幅度为毫伏级,系统输出负载为 8Ω、5W 的扬声器,要求音量音色(调)可调。试完成以下各题:

(1) 画出电路(系统)的组成框图。

(2) 计算电路在最大输出(5W)时的输出电压值(有效值与半峰值)。

(3) 电路(系统)的电压总增益为多少?

(4) 电路(系统)需多少级放大电路?为什么?

(5) 电路(系统)的供电电压至少为多少伏?(按 OTL 功放和 OCL 功放分析)。

答:(1) 电路(系统)组成的原理框图如图 10-5-23 所示。

图中虚线部分的控制电路可作为选项,作为近代的音响系统,这一部分是不可缺少的,可控制信道的选择(电子开关)、音量调节、音色(调)的控制。

(2)8Ω 电阻上产生 5W 功率输出时的电压有效值与半峰值分别为

$$u_o = \sqrt{P_o R_L} = \sqrt{5 \times 8} \approx 6.3(V) \quad (有效值)$$

$$U_{om} = 1.414 \times 6.3V \approx 8.9(V) \quad (半峰值)$$

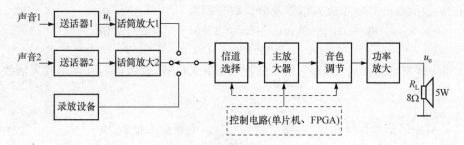

图 10-5-23　题 10-5-22 解

（3）电路电压的总增益由送话器的输出电压（毫伏级）和负载上的上述电压可求得

$$A_V = \frac{u_o}{u_1} = \frac{6.3V}{毫伏级} = 几千倍 \quad (60\sim70dB)$$

（4）根据总的电压增益，可设计放大器的级数，每级低频放大器的电压增益可达几十倍，故几千倍的电压放大倍数需由 3 级放大器来完成。

（5）直流供电电压按功放电路的不同而有不同的方案。

为单电源供电的 OTL 电路时，考虑到放大管的饱和压降（1~2V）后：

$$U_+ = 2(U_{om} + U_{ces}) = 2(8.9V + U_{ces}) = 20\sim22(V) \quad (选 22V)$$

为双电源供电的 OCL 电路时，考虑到放大管的饱和压降（1~2V）后：

$$U_+ = |U_-| = U_{om} + U_{ces} = 8.9 + U_{ces} \approx 10\sim11(V) \quad (选 \pm12V)$$

23. 已知一个音响放大的整机电路如图 **10-5-24** 所示，输入有话筒和录音机（放音）两路信号，输出为 **8Ω、4W** 扬声器；放大器由四级电路组成，分别为话筒放大器（$A_{v1} = 8.5$ 倍）、混合放大级（$A_{v2} = 3$ 倍）、音调控制级（$A_{v3} = 0.8$ 倍）、功率放大器（$A_{v4} = 30$ 倍）。话筒为低阻话筒，输出电压为 **5mV**，录音机的输出电压为 **100mV**。试回答以下各题：

（1）放大器的总电压增益为多少倍？多少分贝？

（2）前两级放大器的电压增益如何计算？

（3）电子混响器起什么作用？

（4）按图 10-5-24 所给参数，集成功放送给 8Ω 负载上的功率应为多少（设放大管的 $U_{ces} = 1V$）？

（5）电路中如果产生自激，应如何解决？

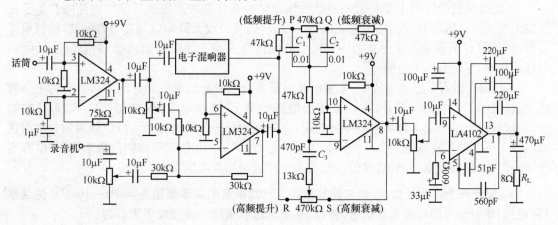

图 10-5-24　题 10-5-23

答：(1) 放大器的总电压放大倍数及分贝数分别为

$$A_v = A_{v1} A_{v2} A_{v3} A_{v4} = 8.5 \times 3 \times 0.8 \times 30 = 612(倍)$$

$$20\lg 612 = 56(dB)$$

(2) 第 1 级对话筒送入的 5mV 信号进行同相放大(话筒放大器)，其电压放大倍数为

$$A_{v1} = \left(1 + \frac{75}{10}\right) = 8.5(倍)$$

第 2 级对话筒信号作反相放大(混合放大器)，其电压放大倍数为

$$A_{v2} = -\frac{30k\Omega}{10k\Omega} = -3(倍)$$

第 2 级对录音机送入的 100mV 信号也作反相放大，但由于输入信号幅度已足够大；故其增益为 1，即不放大，则

$$A_{v2} = -\frac{30k\Omega}{30k\Omega} = -1(倍)$$

(3) 通常，电子混响器为一个模块，以方便使用，它的作用是对输入的音频信号进行适当的延时，输出后再与未延时的信号相混(加)，以达到加厚(深)的音响效果，常说的环绕声即如此，所谓"余音绕梁，三日不绝"即为此效果。可微调混响器的时钟频率，以改变延时的时间长短。

(4) 按图中给出的单电源供电，功放电路应为 OTL 电路，设 $U_{ces} = 1V$ 时，8Ω 负载可能获得的功率为

$$P_o = \frac{\left(\dfrac{U_{cc}}{2} - U_{ces}\right)^2}{2R_L} = \frac{(4.5 - 1)^2}{2 \times 8} = \frac{12.25}{16} = 0.766(W)$$

此功率所对应的电压有效值为

$$u_o = \sqrt{P_o R} = \sqrt{0.766 \times 8} = \sqrt{6.128} \approx 2.47(V)$$

对于话筒输出的 5mV 电压，为满足负载获 0.776W 功率，放大器的总增益应为

$$A_v = \frac{2.47V}{5 \times 10^{-3}V} = 494 \, 倍$$

在图 10-5-24 中，四级放大器按 612 倍设计，能保证上述要求并有较大余量。

(5) 可能出现低频自激和高频自激：

① 低频自激的原因主要是较强的低频输出信号通过电源及地线与前级电路间产生了正反馈而造成的。解决的方法是应加强电源的滤波，即各级放大器均应加接电容滤波，前级电源最好加 RC、LC 低通滤波器滤波；另外，输出的强信号线与元件应远离前级弱信号线及元件；地线应加粗，尽量减小地电阻。

② 高频自激有可能经常发生(集成电路内部多极点引起的正反馈等原因)，解决的主要方法是：优良的印制板图的设计；在功放集成电路的第 13 脚与第 14 脚之间加接 $0.15\mu F$ 的电容，或减小输出端至第 5 脚之间的电容容量(此支路为电压并联负反馈)，以消除高频寄生振荡或高频毛刺。功放集成电路第 4 与 5 脚之间的电容(51pF)也有消除高频自激作用，此电容容量减小时，电路频带宽会增加，其值一般为几十皮法至几百皮法量级。

24. 设计一个语音采集、存储与回放系统。已知语音的频率范围为 40Hz~10kHz，送话器(麦克风)输出信号的幅度为毫伏级，并以 10 位二进制采样。试完成下列各题：

(1) 画出电路(系统)的组成框图。

(2) 指明 A/D、D/A 芯片的选用条件。

(3) 计算语音放大器的放大倍数及放大器级数。

(4) 若要存储 1min 此类语音信号,则存储器的存储容量至少为多少?

答:(1) 电路的组成框图如图 10-5-25 所示。

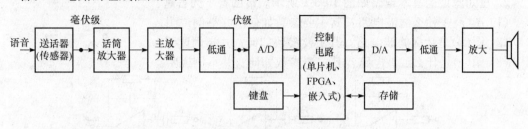

图 10-5-25　题 10-5-24 解

(2) A/D 选用条件——10 位二进制输出,采样频率应大于 20kHz(2×10kHz),故 A/D 的转换时间应小于 50μs($1/20 \times 10^3$);D/A 选用条件与 A/D 对应。

(3) 对语音的总放大倍数——送话器的输出为毫伏级,送至 A/D 转换器的模拟信号一般为伏级,故对语音的总电压放大倍数为

$$\frac{\text{伏级}}{\text{毫伏级}} \approx 1000 \text{ 倍}(\text{约为 60dB})$$

确定放大器级数——1000 倍的电压增益应有 2~3 级放大器承担,2 级放大勉强可用,3 级放大略有富余。若考虑到音量调节,音调控制,则 3 级放大为宜。

(4) 存储器的容量至少为

$$2 \times 10 \times 10^3 \text{ Hz} \times 10 \text{ 位/点} \times 60 \text{ 秒} \div 8 \text{ 位} = 1.5(\text{MB})$$

第六部分　滤波、移相、LED 发光和闪光等电路

1. 已知下述输入信号 u_i,其经过各理想滤波器后的输出信号表达式及信号波形将是怎样的(分析时均设理想滤波器传递函数的幅值为 1)。

$$u_i = 0.8\sin 2\pi \times 10^4 t + 0.5\sin 8\pi \times 10^4 t + 0.2\sin 16\pi \times 10^4 t$$

答:(1) u_i 经过上限截止频率 f_H 在 50kHz 左右的理想低通滤波器后,其输出信号的表达式为

$$u_o = 0.8\sin 2\pi \times 10^4 t + 0.5\sin 8\pi \times 10^4 t$$

在幅值较大的 10kHz 正弦波形上叠加了幅值较小的 4kHz 正弦波形。

(2) u_i 经过下限截止频率 $f_L \leqslant 30$kHz 左右的理想高通滤波器后,其输出信号的表达式为

$$u_o = 0.5\sin 8\pi \times 10^4 t + 0.2\sin 16\pi \times 10^4 t$$

在幅值稍大的 40kHz 的四次谐波上叠加幅值较小的 80kHz 的正弦波形。

(3) u_i 经过中心频率为 40kHz 的理想带通滤波器后其输出信号的表达式为

$$u_o = 0.5\sin 8\pi \times 10^4 t$$

波形良好的频率为 40kHz 的正弦波形。

(4) u_i 经过中心频率为 40kHz 的理想带阻滤波器后,其输出信号的表达式为

$$u_o = 0.8\sin 2\pi \times 10^4 t + 0.2\sin 16\pi \times 10^4 t$$

在幅值较大的 10kHz 正弦波形上叠加了幅值很小的 80kHz 的正弦波形。

此题涉及信号的分解与合成,涉及信号的时域与频域的关系,若能充分理解,会有很好的

利用,如能从方波信号中提取出基频或某次谐频信号等,也可用某些不同频率不同幅值和相位的信号合成所需的信息。

2. 已知滤波的基本电路如图 10-6-1 所示。请回答下列各题:

(1) 图(a)是什么滤波电路? 其主要参数如何? 并举例说明。

(2) 图(b)是什么滤波电路? 其主要参数如何? 并举例说明。

(3) 图(c)是什么滤波电路? 其主要参数如何? 并举例说明。

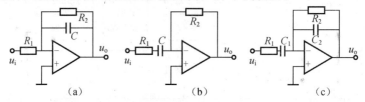

图 10-6-1　题 10-6-2

答:(1) 图(a)为带有增益的低通滤波电路,其电压增益和上限截止频率分别为

$$A_V = -\frac{R_2}{R_1}$$

$$f_H = \frac{1}{2\pi R_2 C}$$

图(a)电路的输入电阻为 $R_i = R_1$,若要求 $R_i = R_1 = 20\text{k}\Omega$,且 $A_V = -10$ 倍(20dB),则 $R_2 = 200\text{k}\Omega$,此时若 $C = 1000\text{pF}$,则 $f_H \approx 0.8\text{kHz}$;若 $C = 100\text{pF}$,则 $f_H \approx 8\text{kHz}$。

(2) 图(b)为带有增益的高通滤波电路,其电压增益和下限截止频率分别为

$$A_V = -\frac{R_2}{R_1}$$

$$f_L = \frac{1}{2\pi R_1 C}$$

若要求 $R_1 = 20\text{k}\Omega$,$A_V = -10$ 倍(20dB),则 $R_2 = 200\text{k}\Omega$;若 $C = 1000\text{pF}$,则 $f_L \approx 8\text{kHz}$;若 $C = 100\text{pF}$,则 $f_L = 80\text{kHz}$。

(3) 图(c)为带有增益的宽频带带通滤波电路,其电压增益和上限、下限截止频率分别为

$$A_V = -\frac{R_2}{R_1}$$

$$f_L = \frac{1}{2\pi R_1 C_1}$$

$$f_H = \frac{1}{2\pi R_2 C_2}$$

例 $R_1 = 10\text{k}\Omega$,$C_1 = 1\mu\text{F}$,$C_2 = 100\text{pF}$,$R_2 = 100\text{kHz}$,则滤波器的参数为

$$A_V = -\frac{R_2}{R_1} = -\frac{100}{10} = -10(\text{倍})(20\text{dB})$$

$$f_L = \frac{1}{2\pi \times 10 \times 10^3 \times 1 \times 10^{-6}} \approx 16(\text{Hz})$$

$$f_H = \frac{1}{2\pi \times 100 \times 10^3 \times 100 \times 10^{-12}} \approx 16(\text{kHz})$$

故滤波器的通带宽度 BW $= f_H - f_L = 16\text{kHz} - 16\text{Hz} \approx 16\text{kHz}$(很宽),很适合作音频通道中的滤波。

3. 已知滤波电路(选频电路)如图 10-6-2 所示,要求中心频率为 15MHz,3dB 的带宽为 ±150kHz,矩形系数 $K_{0.1}$(为衰减 20dB 的带宽与衰减 3dB 带宽之比)尽可能的小,请回答下列各题:

(1) 这是什么滤波电路? 为什么?

(2) 分别计算 L_1C_1、L_2C_2、L_3C_3 回路的谐振频率。

(3) 为保证通频带宽度,L_1、L_2、L_3 应选用什么样的电感器,其品质因素应为多少?

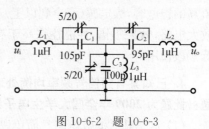

(4) 为使电路的矩形系数尽可能的小,三个 LC 回路的谐振频率如何设计? 画出电路的幅频特性曲性。

图 10-6-2 题 10-6-3

(5) 如何更换元件参数使电路成为低频带通滤波器(如几百 Hz 或几千 Hz 的滤波器)?

答:(1) 这是带通滤波电路,图中 L_1C_1、L_2C_2 组成串联谐振回路,能使谐振信号顺利由输入通向输出,而 L_3C_3 组成并联谐振电路,对上述直通信号呈开路状态,对于谐振以外的信号,L_1C_1、L_2C_2 均不呈短路状态,L_3C_3 也不呈开路状态,这些信号均会有不同的衰减。

(2) 根据 $f_0 = \dfrac{1}{2\pi \sqrt{LC}}$ 计算可得三个 LC 回路的谐振频率,由于三个回路所用电感相同,而电容值又相差不多,可见其谐振频率也相差不多,设可变电容均为 10pF。经计算可得

$$f_{o1} = \frac{1}{2\pi\sqrt{L_1 C_1'}} = \frac{1}{6.28\sqrt{10^{-6} \times 115 \times 10^{-12}}} = \frac{10^9}{6.28 \times 10.7} = \frac{10^9}{67.2} = 14.9(\text{MHz})$$

$$f_{o2} = \frac{1}{2\pi\sqrt{L_2 C_2'}} = \frac{1}{6.28\sqrt{10^{-6} \times 105 \times 10^{-12}}} = \frac{10^9}{6.28 \times 10.25} = \frac{10^9}{64.37} = 15.5(\text{MHz})$$

$$f_{o3} = \frac{1}{2\pi\sqrt{L_3 C_3'}} = \frac{1}{6.28\sqrt{10^{-6} \times 110 \times 10^{-12}}} = \frac{10^9}{6.28 \times 10.46} = \frac{10^9}{65.69} = 15.2(\text{MHz})$$

只要适当调节可变电容,可将三个回路调至所需的谐振频率上。

(3) 题中要求通频带宽度为 ±150kHz,根据通带宽度计算式,可求得各回路的品质因素 Q 约为

$$Q = \frac{f_0}{\text{BW}} = \frac{15\text{MHz}}{300\text{kHz}} = 50$$

即各回路的 Q 值应在 50 以上,过大过小均难保证题目要求。通常市售的色码电感其 Q 值均不高,最好用高频磁环或磁盒自己绕制电感,使其 Q 值尽可能的高。另外,根据本题 15MHz 的信号频率,也可以电视机中放电路用的小电感改制,收音机短波振荡器中的电感也可改用。

(4) 单调谐回路的选择性较差,其矩形系数等于 9.96,接近于 10,难以满足题目要求,最好的解决办法是用参差调谐的概念,即将各个 LC 回路的谐振频率分开设计,其合成的选频特性可与双调谐回路类比,使选择性大大提高。矩形系数大大降低,电路中所给参数各有不同,这也表明谐振频率的差异。

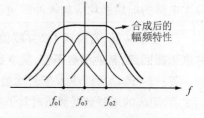

图 10-6-3 题 10-6-3 解

根据计算出的 f_{o1}、f_{o2}、f_{o3} 可画出图 10-6-3 电路的选频特性曲线,如图 10-6-3 所示。

应当指明,参差调谐虽然提高了选择性降低了矩形

系数,但恰展宽了频带,如果频带宽度要求较窄,应该将三个谐振频率的差值尽量减小,使其靠近。

(5) 可以更换元件技术电路作为低频段的带通滤波电路,设计时,大电容应选用损耗小、Q 值高的钽电容,大电感(毫亨利以上)应用磁盒或磁环自己绕制。如此设计再配以运放的同相放大电路,效果不错,性能往往高于有源 RC 滤波电路。这种电路既可在高频段使用,也可在低频段使用。

4. 已知某音频信号频率均衡处理系统中的滤波电路如图 **10-6-4(a)** 所示。试完成以下各题:(此题为 **2009** 年全国大学生电子线路设计竞赛,本例略有改动)

(1) 这是什么滤波电路?简单说明滤波原理。

(2) 画出本电路的幅频特性(选频特性)曲线。

(3) 若要求选频曲线尽可能陡直,则对电路元件有什么要求?

(4) 对信号源及负载有什么要求?

答:(1) 这是阻带(带阻)滤除电路,$L_1C_1R_1$、$L_2C_2R_2$ 分别组成并联谐振电路,能阻止谐振频率(300Hz、500Hz)附近的信号通过;$L_3C_3R_3$ 组成串联谐振电路,能将这一频率及附近信号大大衰减(吸收),故三个 LCR 谐振电路组成 T 形带阻网络。

(2) 本电路的选频特性曲线如图 10-6-4(b)所示。

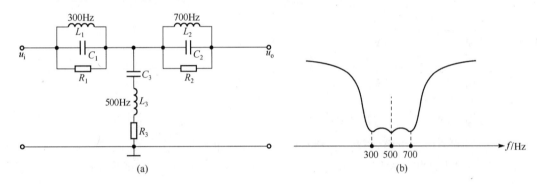

图 10-6-4　题 10-6-4 解

(3)要求各个电感的衰耗小、品质因素 Q 值高,市售的色码电感其 Q 值均较低、不适用。最好用高磁导率的磁盒,自行绕制电感。同样,各个电容器的损耗也要小,Q 值也要高,最好不用铝电解电容,而改用钽电解电容。另外,电阻 R_1、R_2 尽可能大一点,使它们所在的谐振回路通带变窄,曲线变陡,而电阻 R_3 应尽可能小,因为这是串联谐振电路的电阻,R_3 小,则 Q 值高。(但竞赛题限 $R_3 = 100\Omega$,且各电容不可用钽电解电容器)。

(4) 信号源的内阻应尽可能小,负载电阻就应尽可能大,以削弱它们对滤波特性的影响,故本电路的前后级均应加缓冲级进行隔离。

5. 接第 **4** 题,若将两 LC 并联谐振回路改为串联谐振回路,将串联谐振回路(L_3、C_3)改为并联谐振回路,其他参数不变,重复回答第 **4** 题所提的问题。

答:(1) 改动后即成为带通滤波电路。图中,$L_1C_1R_1'$、$L_2C_2R_2'$(R_1'、R_2' 为 R_1、R_2 并串等效后之值)组成的串联谐振回路对其谐振的频率信号,阻力极小,能顺利通过,而对失谐信号则阻力较大或甚大;由 $C_3L_3R_3'$ 组成的并联谐振回路则与串联回路相反,如此即可成为 300～700Hz 的带通滤波电路。

（2）改动后的电路幅频特性如图 10-6-5 所示。

（3）、(4)答案与第 4 题相同,不赘述。

6. 已知由集成运算放大器构成的 *LC* 滤波电路(选频电路)如图 **10-6-6** 所示,其谐振频率均为 f_o,试问各分图的电路各是什么电路,其谐振时的电压放大倍数及通频带宽度各为多少?

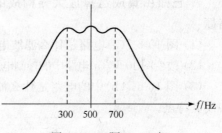

图 10-6-5　题 10-6-5 解

答:(1) 在图 10-6-6(a)中,电路为带通滤波电路,谐振时电路的电压放大倍数及通带宽度分别为

$$A_V = -\frac{R}{R_1}$$

$$BW = \frac{f_o}{Q} = \frac{f_o}{R\sqrt{\dfrac{C}{L}}} = \frac{f_o}{R}\sqrt{\dfrac{L}{C}}$$

（2）在图 10-6-6(b)中,电路为带阻(阻带)滤波电路,谐振时电路的电压放大倍数及通带宽度分别为

$$A_V = -\frac{R}{R_1}$$

$$BW = \frac{f_o}{Q} = \frac{f_o}{\dfrac{1}{R}\sqrt{\dfrac{L}{C}}} = Rf_o\sqrt{\dfrac{C}{L}}$$

（3）在图 10-6-6(c)中,电路为带通滤波电路,谐振时电路的电压放大倍数及通带宽度分别为

$$A_V = 1 + \frac{R}{R_1}$$

$$BW = \frac{f_o}{Q} = \frac{f_o}{R\sqrt{\dfrac{C}{L}}} = \frac{f_o}{R}\sqrt{\dfrac{L}{C}}$$

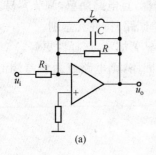
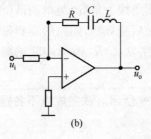
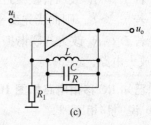

(a)　　　　　(b)　　　　　(c)

图 10-6-6　题 10-6-6

7. 已知由集成运算放大器构成的 *LC* 选频滤波电路如图 10-6-7 所示。试完成以下各题：

(1) 图 10-6-7(a)电路是什么滤波电路？求回路谐振时的电压放大倍数。

(2) 改变图 10-6-7(a)电路中的控制电压 U_C，则电路中的什么参数作什么样的改变？原因何在？

(3) 图 10-6-7(b)中的电路是什么滤波电路？画出图 10-6-7(b)中的电路的选频曲线，并说明其特点。

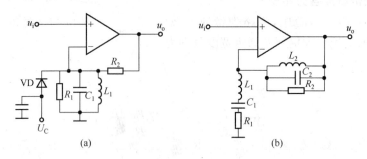

图 10-6-7　题 10-6-7

答：(1) 图 10-6-7(a)为带阻(阻带)滤波电路，电路谐振时的电压放大倍数(设 VD 开路)为 $A_V = 1 + \dfrac{R_2}{R_1}$。

(2) 改变控制电压 U_C，则二极管 VD 由截止变为导通，二极管的正向电阻 R_D 将随 U_C 加大而减小，如此使电路的电压放大倍数 A_V 上升，电路的阻带加宽，选频特性变差，原因为

$$A_V = 1 + \frac{R_L}{R_1 // R_D} \quad (U_C \uparrow \longrightarrow R_D \downarrow \longrightarrow R_1 // R_D \downarrow \longrightarrow A_V \uparrow)$$

$$BW = \frac{f_o}{Q} = \frac{f_o}{R\sqrt{\dfrac{C_1}{L_1}}} = \frac{f_o}{R_1 // R_D}\sqrt{\frac{L_1}{C_1}} \quad (U_C \uparrow \longrightarrow R_D \downarrow \longrightarrow R_1 // R_D \downarrow \longrightarrow BW \uparrow)$$

(3) 图 10-6-7(b)电路为参差调谐带通放大器，因为 $L_1 C_1 R_1$ 回路调谐于 f_{o1}，$L_2 C_2 R_2$ 回路调谐于 f_{o2}。

图 10-6-7(b)电路的选频特性曲线如图 10-6-8 所示。此电路的特点如下：

① 类似双调谐回路的选频特性，特点是通频带宽，易于选择，且电路简单，调节容易。

② 若 $f_{o1} = f_{o2}$ 或两者很接近，则曲线为单峰，与单调谐(单回路)特性无差别。

③ 若 $f_{o2} > f_{o1}$，则曲线先变平而后变双峰，回路的通频带显著加宽，选择性更好。

④ 若 $L_1 C_1 R_1$ 改为并联谐振回路，$L_2 C_2 R_2$ 改为串联谐振回路，则电路成为参差调谐的带阻滤波放大电路。

8. 已知 *RC* 移相电路如图 10-6-9 所示。试完成以下各题：

(1) 说明移相原理。

(2) 说明移相特点。

(3) 如何实现移相。

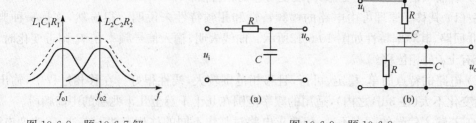

图 10-6-8　题 10-6-7 解　　　　　　　　　　图 10-6-9　题 10-6-8

答:(1) 其移相原理可由它们的幅频特性和相频特性来说明,此特性曲线由图 10-6-10 所示。图 10-6-10(a)表明:工作频率若能在 RC 电路的上限截止频率附近变化,则电路可对其移相($-45℃\pm\Delta\phi$),此 $\pm\Delta\varphi$ 一般在 $20°$ 左右,移相的线性较好。

由图 10-6-10(b)可知:这是带通移相电路,工作频率在电路的谐振频率 $f_\circ$ 附近变化时,信号能获得 $\pm45°$ 的相移,且线性较好。

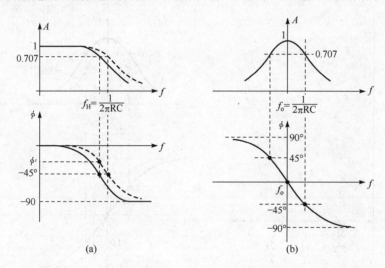

图 10-6-10　题 10-6-8 解

(2)图 10-6-9(a)电路的特点是电路简单,缺点是相位移较小,且在移相时输出信号的幅度变化很大,此电路可移相 $45°$ 左右,两级同样电路的级联可移 $90°$。

图 10-6-9(b)电路的特点是移相范围大,线性好($90°$ 以上),且移相的同时,输出信号的幅度变化不大(一般不超过 3dB),电路适用的频率范围也宽(赫兹至兆赫)。

(3) 若输入信号频率不变,但要求对其作不同的移相,则须对电路参数进行调整,如图 10-6-9(a)若减小 RC 值,则其幅频特性和相频特性均右移,如虚线所示。此时,若输入信号的频率不变,仍为 f_H,则其相移必由 $-45°$ 改变至 ϕ',输出信号的幅值也随之增大。

对于图 10-6-9(b),若输入信号不变,但要求对其作不同的相移,具体方法也是改变电路参数,但要注意的是,串联电阻或电容须同时改变,如此其幅频特性和相频特性会左、右移动,在输入信号频率不变的条件下,输出信号的相位会随之改变。

9. 已知 LC 移相电路如图 10-6-11 所示。试完成以下各题:

(1) 说明移相原理。

(2) 说明本移相电路的特点。

（3）若输入信号频率不变,如何改变对它的相移值?

答:（1）其移相原理可由电路的幅频特性和相频特性来说明。很显然,这是一种典型的 LC 并联回路,其频率特性如图 10-6-12 所示。曲线表明,输入信号频率在 f_o 附近变化时,回路对其会有 $\pm\phi$ 的相位移。

（2）电路的特点简单、稳定、可行,且移相范围较大,线性很好。在移相过程中,输出信号的幅值变化不大（在 3dB 之内）,适用的频率范围在几十千赫至几十兆赫的中高频段。

（3）若输入信号的频率不变,但要求电路对其作不同的移相有两种方法:①改变电阻值,即改变选频曲线的斜率,如图 10-6-12 中虚线所示（R 值加大,回路 Q 值高,选频曲线变陡）,若输入信号频率为 f_1,则其相位必由 $+45°$（实线）变至 ϕ'（大于 $45°$）,显然此时输出信号的幅度也随之下降,反之,若回路电阻 R 值减小,则回路 Q 值下降,则输入信号的相位会由 $45°$ 减小至另一个值,此时输出信号幅值变化不大。②改变电容 C,通常用变容管代替 C,改变变容管的反向电压即可控制变容管的结电容。电容改变后,选频曲线将会左移或右移而达到移相的目的,这种方法常用于调相系统中,效果不错,所移动的相位角一般为 $\pm23°$,以保证线性较好。

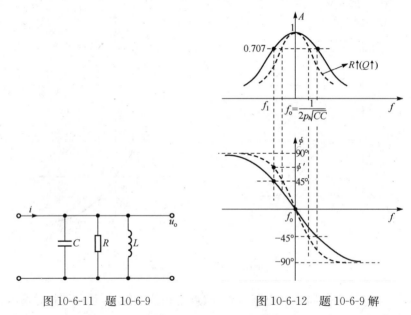

图 10-6-11 题 10-6-9   图 10-6-12 题 10-6-9 解

10. 已知移相电路如图 10-6-13 所示。试完成以下各题:

（1）RC 电路起何作用? P 点信号 u_P 与输入 u_i 的相位有什么关系?

（2）CR 电路起何作用? Q 点信号 u_Q 与输入 u_i 的相位有什么关系?

（3）R 点是什么信号? R 点信号 u_R 与输入 u_i 的相位有什么关系?

（4）四个运放各起什么作用?

（5）输出 u_A、u_B 间有什么相位关系?

答:（1）左侧的 RC 为低通滤波电路（移相电路）,其输出电压 u_P 比输入 u_i 落后一个相位角 ϕ_P（ϕ_P 为 $0\sim90°$）

（2）右侧的 CR 为高通滤波电路（移相电路）,其输出电压 u_Q 比输入 u_i 超前一个相位角 ϕ_Q（ϕ_Q 为 $0\sim90°$）

（3）电位器 R_P 滑动 R 点输出的是平衡信号。当其处于 R_P 中点时,输出信号为零,即此时信号的相位与输入 u_i 相同（无相位差）;若滑动点向上移动,R 点信号向正（上）方向变化,u_R

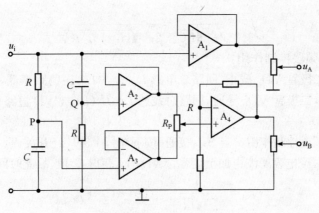

图 10-6-13 题 10-6-10

与 u_i 的相位差为正 $0°\sim90°$;若滑动点向下移动,即 R 点信号向负方向变化,u_R 与 u_i 的相位差为负 $0°\sim90°$。根据不同的信号频率,不同的 R 和 C 值、不同的滑动点位置,可以得到 R 点信号与输入 u_i 间的相位差。

(4) 运放 A_1、A_2、A_3 增益均为 1 的同相跟随电路,分别起隔离与缓冲作用,削弱或消除后级(或负载)对前级(信号源或移相电路)的影响。A_4 是带有一定增益的同相放大电路。

(5) 输出 u_A 与输入 u_i 为同频同相信号;u_B 与 u_A(即与 u_i)间的相位差由电位器 R_P 调整,但两者的频率是相同的。

11. 已知 *LC* 回路手动控制频率的电路如图 10-6-14 所示,预置调谐电压 U_1,U_2,$\cdots$,加至变容管 VD$_2$ 的两端,连动开关 S_2 每次只有一路接通,其他各路断开。试完成以下各题:

(1) 写出回路调谐(谐振)频率与回路元件参量的关系式。

(2) 说明开关 S_1 的作用。

(3) 说明开关 S_2 的作用。

(4) A 点电压可否由单片机供给?

(5) 举一电路应用实例。

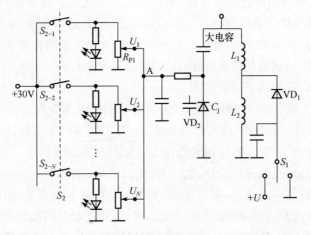

图 10-6-14 题 10-6-11

答:(1) *LC* 回路的谐振频率 f_o 为

$$f_0 = \frac{1}{2\pi \sqrt{LC}} = \frac{1}{2\pi \sqrt{(L_1+L_2)C_j}}$$

（2）开关 S_1 起频段控制作用：

S_1 打至地时，二极管 VD_1 截止，回路总电感 $L=L_1+L_2$，振荡频率低，为低频段。

S_1 打至 $+U$ 时，二极管 VD_1 导通，回路总线感 $L=L_1$（L_2 被 VD 短路），振荡频率高，为高频段。

（3）开关 S_2 起频道控制作用。当 S_{2-1} 接通（按下）时，$+30V$ 经开关 S_{2-1} 加至电位器 R_{P1} 上，调得 U_1 电压值输出，经电容滤波再加至变容管 VD_2 上，获得 C_{j1} 值，故此时回路的谐振频率为

$$f_{o1} = \frac{1}{2\pi \sqrt{LC_{j1}}} \qquad (U_1 \rightarrow C_{j1} \rightarrow f_{o1})$$

其他各频道的控制作用均相同，不赘述。

（4）A 点电压可由单片机等控制芯片经 D/A、低通等电路获得，即可实现智能化控制。

（5）早期的电视接收机手动频道选择与调谐即用此方法（此电路），即 S_1 接地时，回路谐振频率在 $50\sim100MHz$ 范围内变化；S_1 接 $+U$ 时，回路谐振频率在 $150\sim220MHz$ 范围内变化。

12. 已知电池供电高亮度 LED 手电筒电路如图 **10-6-15** 所示，请对本电路作简单解说。

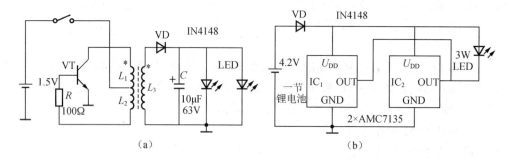

图 10-6-15　题 10-6-12

答：（1）图（a）左侧为晶体管振荡电路，利用 L_1、L_2 形成的正反馈达到振荡的目的，VT 应选中小功率的高频管，如 3DG6、3DG12、3DG130 等，此时的振荡频率约 35kHz，也可选用 2N2222A，此时的振荡频率为 24kHz。二者不同的原因是管子的技术参数不同（特别是极间电容的影响）。选管的原则是其特征频率 f_T 应比振荡频率高 $5\sim10$ 倍。在负载（LED）要求较大电流（功率）时，振荡管的功率也要加大。

（2）图（a）的变压器应为高频脉冲变压器，各电感的技术参数为：

L_1+L_2：约 $300\mu H$，共 10 匝，在 6 匝处抽头，L_1 为 6 匝（约 $195\mu H$），L_2 为 4 匝（约 $95\mu H$）。

L_3：约 $1.22mH$，绕 15 匝。各线圈的线径为 $0.40\sim0.50mm$ 即可。

变压器：磁心应选用高频磁环，尺寸大一点，使效率高一点。

（3）图（a）的右侧为半波整流，电容滤波，输出 $3.3V$ 以上的直流电压，供 LED 发光，VD 应为高频检波管或开关管，电容耐压应在 50V 以上，以防空载时的高电压击毁电容。

（4）图（b）是由超低压差稳流器 AMC7135 组成的高亮度手电筒电路，两集成电路并联使用，以提高输出电流（共约 $2\times350mA=700mA$）。该芯片具有输出短路/开路保护，过热保护等功能，电源供电为 $2.7\sim6V$（本电路以一节 $4.2V$ 锂电池供电），它几乎不需要外接元件即可对 LED 作恒流驱动，性能稳定，使用寿命长。

大功率的 LED 有 1W、3W、5W、10W 等管型,其工作电压为 3.3~3.9V,工作电流(以 3.3V 计算)对应为 300mA、900mA、1.5A、3A,价格较高或很高。但小功率 LED 管的工作电流较小,常为几毫安至几十毫安。

一节工业锂电池的电能容量在 2600mA·h,电压约 4.2V,它供给 1W 的 LED 管发光,可连续发光在 8.7h 左右,作手电筒用时,使用时间会足够长。

13. 已知彩灯点亮循环控制电路(两例)如图 10-6-16 所示,请对电路分别作简单解说。

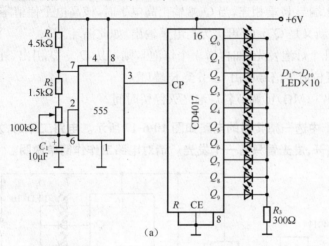

(a)

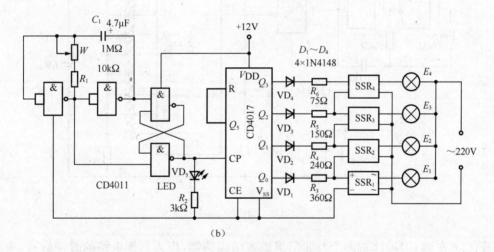

(b)

图 10-6-16 题 10-6-13

答:(1) 图(a)是由常用的 555 时基电路和 CD4017 十进制计数/分配芯片及 10 个 LED 发光二极管所组成。555 作多谐振荡之用,输出一方波信号给 CD4017,方波的周期长短由 R_1、R_2 及 C_1 决定,周期越长,则发光管亮灭的转换时间就越长,按图中所给元件数据,可计算出此方波的周期为

$$T_{\min} \approx 0.7(R_1 + 2R_2)C = 0.7(4.5k + 2 \times 1.5k) \times 10 \times 10^{-6} = 52.5(\text{ms})$$

$$T_{\max} \approx 0.7(R_1 + 2R_2)C = 0.7(4.5k + 2 \times 101.5k) \times 10^{-6} = 1.45(\text{s})$$

(2) 图(a)中的 CD4017 可作十进计数与分配之用,当其 R、CE 端口接地时,电路为十进制计数电路,随着 CP 端脉冲一个个进入,其输出端自 $Q_0 \sim Q_9$ 将依次出现高电平,故外接的 LED

发光二极管依次发光,形成一组移动的光点并作循环亮灭不已,调节 555 外接电位器,可改变光点移动的速度。

（3）图(b)电路是由多与非门集成电路 CD4011 和十进制计数/分配电路 CD4017 及固态继电器 SSR 等组成的彩灯亮灭控制电路,当 CD4017 输出端口 $Q_0 \sim Q_3$ 依次出现高电平时,固态继电器被依次触发导通,使对应的灯泡 $E_1 \sim E_4$ 被逐一点亮。当 $Q_0 \sim Q_3$ 输出端口均为低电平时,$SSR_1 \sim SSR_4$ 被全部关断,各灯泡也全部熄灭。

（4）CD4017 的 Q_5 端与 R 端相连,当 Q_5 端输出高电平时,该高电平使清零复位端 R 为 1,迫使 CD4017 清零,重新又是 $Q_0 \sim Q_3$ 再次为高电平输出,如此循环。

（5）若要再增加几个灯泡发光(如再增 4 个灯泡),则可从 $Q_4 \sim Q_7$ 引出,外接电路与 $Q_0 \sim Q_3$ 外接电路相同,其复位清零信号可由 Q_9 引至 R 端口。

（6）调节电位器 $W(1M\Omega)$ 可调节各灯泡亮灭停留时间。

14. 已知触摸式十中选一猜奖器的电路如图 **10-6-17** 所示。电路工作时,发光二极管依次轮流发光,一旦人手离开,发光管只有一个发光。请对电路工作作简单说明。

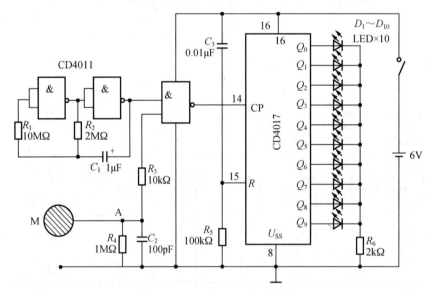

图 10-6-17　题 10-6-14

答:（1）左侧 CD4011 的两个与非门组成多谐振荡器,作为右侧电路的时钟脉冲,中间的与非门构成一个计数闸门电路。

（2）右侧 CD4017 为十进制计数/分配器,在它的 10 个输出端接 10 个发光二极管 LED,可依次发光,代表 10 个十进制数 1～10。

（3）电路加电工作后,若人手不接触金属片 M,则 A 点为低电平,中间的与非门被封锁,其输出为高电平不变,即 CD4017 的 CP 端为高电平,不计数,各发光管无电流而不发光。

（4）当人手触摸金属片 M 时,由于人体感应信号的作用,A 点为高电平,故中间的与非门被打开,则左侧多谐振荡的输出脉冲方波被送到 CD4017 的 CP 端,计数、分配即开始,$Q_0 \sim Q_9$ 依次送出高电平,各发光管依次发光,但每次只有一个发光管发光。

（5）当人手离开金属片 M 后,A 点又为低电平,中间的阀门开关再次关闭,计数即立即停止。此时 $Q_0 \sim Q_9$ 各输出端只有一个为高电平，10 只 LED 只有一个发光，其对应的数字若被事先猜中即获奖。

（6）调节左侧多谐振荡电路中的电阻与电容值，即可调节输出波形的频率（周期），发光管亮灭的快慢也随之改变。

15. 已知音频变色灯控制电路如图 **10-6-18** 所示，输出 **10** 只彩灯将随输入信号而亮灭，亮暗及色彩也各异，请对本电路作简单解说。

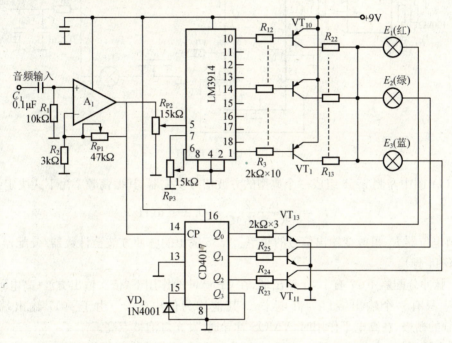

图 10-6-18　题 10-6-15

答：（1）左侧 A_1 组成同相运算放大电路，能对输入音频信号进行放大，电压放大倍数为

$$A_V = 1 + \frac{R_{P1}}{R_2} = 1 + \frac{47\,k\Omega}{3\,k\Omega} \approx 16.7\,(倍)$$

调节电位器 R_{P1}，即可调节 A_V 之大小，由此可控制 A_1 输出信号的幅值。

（2）LM3914 为 10 点电平指示器，它可将第 5 端口送入的音频信号电平分为 10 个等级输出，调节电位器 R_{P2}，即可改变输入电平的大小，使音频信号在各输出端幅值不同，达到亮度高低及明暗变化。

（3）CD4017 为十进制计数/分配器，由 A_1 输出的音频信号同时也输给本芯片的第 14 端口（即 CP 端口）作分频分配处理，其输出 $Q_0 \sim Q_2$ 对 $VT_{11} \sim VT_{13}$ 作控制，决定其导通情况，此情况也决定三个彩色发光管色彩的变化。

上述表明：音频信号经电路变换后，可控制彩色灯泡（或 LED）发生千姿百态的彩色光，其变化规律与音频信号的频率及电平高低相呼应。

LM3914、CD4017 芯片有 DIP、SOIC、SOP 等多种封装，使用时请参照有关手册或资料，此不赘述。

16. 已知 VMOS 循环闪光灯电路如图 10-6-19 所示,请对本电路作简略说明。

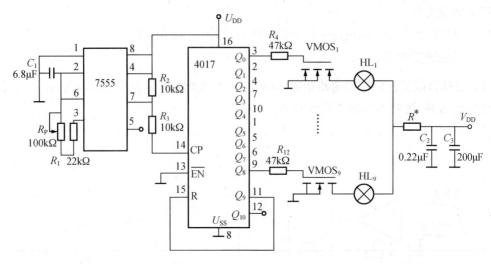

图 10-6-19 题 10-6-16

答:(1) 图中左侧 7555 组成一个典型的方波信号发生器,其振荡频率由下式决定:

$$f_o = \frac{0.722}{(R_P + R_1)C} = 0.9 \sim 5(\text{Hz})$$

调节电位器 R_P 可改变输出信号的频率。7555 输出的脉冲方波至计数器/分配器 4017 的 CP 端(第 14 脚)。

(2) 脉冲分配器 4017 有 10 个输出端,在 CP 脉冲的作用下,依次输出方波(高电平),且在同一时刻,只有一个输出端口为高电平 1,其他均为低电平 0。由于 4017 输出端口均接 VMOS 管的栅极,在高电平作用时,VMOS 管导通,发光灯泡被点亮。

(3) 在输入第 10 个脉冲到达时,$Q_9 = 1$,此高电平又直接接至复位端 R(高电平复位),使 4017 复位清零,再重新由 VMOS$_1$ 开始导通、HL$_1$ 发光,如此循环不已,闪光频率(快慢)可由电位器 R_P 调节。

(4) VMOS 管可选用 VWP4、KWP2N35 等,其电流 $I_D \geqslant 2\text{A}$。

(5) 电阻 R^* 的大小:

若选用 20W 的灯泡,其流过的电流为 2A,则其内阻为 5Ω,由此可求得 R^* 值为

$$R^* = \frac{12\text{V}}{2\text{A}} - 5 = 6 - 5 = 1\Omega$$

R^* 的功率为 $P_R = I^2 R^* = 2^2 \times 1 = 4\text{W}$,即选用 1Ω、功耗大于 6W 的电阻。

17. 已知彩灯控制电路及印制电路板图分别如图 10-6-20 所示,请对本电路作简单说明。

答:(1) 整个系统由电源电路、时钟脉冲发生电路和灯光控制电路三大部分组成,无电源变压器,故应注意电源的火线与地线之分,注意电路带电、人身安全问题,整个电路应装在一个绝缘良好、密封的小盒内。

(2) 桥式整流有两路输出。一路为高压全波余弦电压,供彩灯的一端;另一路经 VD$_5$、C$_1$ 的滤波作低压输出,供 U_1、U_2 之用。

(3) 4 与非门组成时钟脉冲发生电路。其中的与非门 I、II 及 W、R_3、C_2 构成一个多谐振荡器、输出方波信号、与非门 III、IV 构成 RS 触发器,对输入的时钟脉冲进行整形,并给具有双

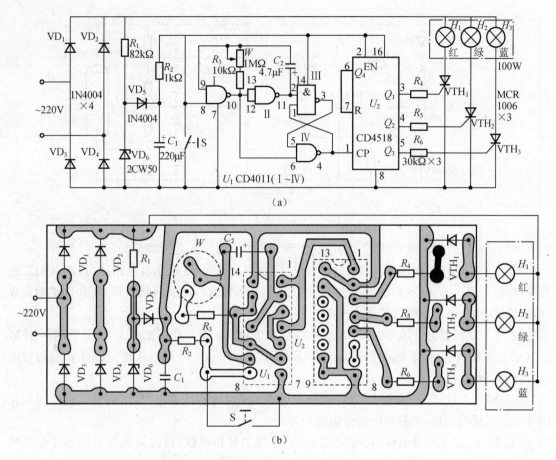

图 10-6-20　题 10-6-17

同步加法计数功能的 CD4518 一个计数控制信号。使其输出端 $Q_1 \sim Q_4$ 的状态作循环变化(图中 Q_4 未用,若用,则可四彩灯循环发光)。

(4) 彩灯控制与发光电路:由 CD4518 的 $Q_1 \sim Q_4$ 的状态控制晶闸管的导通,使相应的彩灯发光。

(5) 彩灯变光速度由与非门 Ⅰ、Ⅱ 组成的多谐振荡器工作频率来确定,此频率的计算公式为

$$f_0 = \frac{1}{0.69(R_P + R_3)C_2}$$

式中,R_p 即为电位器 W 的电阻值,按图中所给数据,可算得 $f_0 = 0.3 \sim 30\,\mathrm{Hz}$,即自动变换一种颜色的时间为 $0.3 \sim 30\,\mathrm{s}$。

(6) 印制电路板的面积为 $80\,\mathrm{mm} \times 10\,\mathrm{mm}$ 单面环氧敷铜板,此处的 CD4011 和 CD4518 为 DIP 封装形式。

18. 已知舞厅频闪灯电路如图 **10-6-21** 所示。请回答下列各问:

(1) R_1、R_P、C 等元件的作用是什么?

(2) 可控硅 SCR、变压器 BT 的作用是什么?

(3) VD_3、VD_4 与右侧的四组电容电阻组成什么电路?起什么作用?

(4) 电容 C_2、C_3 起什么作用?

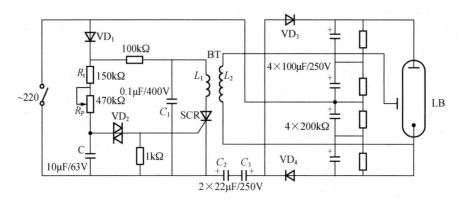

图 10-6-21 题 10-6-18

(5) 闪光灯的闪光频率(即亮灭间隔)大致为多少? 由什么元件调节?

答: (1) 220V 交流市电经 VD₁ 的半波整流,由 R_t、R_P、C 组成充电电路,以控制双向二极管 VD₂ 的导通,一旦电容 C 的电位充至一定值后,VD₂ 导通,可控硅(晶闸管)SCR 即被触发导通,C 释放电能,电位下降后被再次充电。

(2) BT 变压器为升压型,初级 L_1 为 12 匝,次级为 600 匝。升压比在 50 倍上下,当可控硅 SCR 被触发导通后,存于 C_1 上的高压电能即瞬间以近 1000V 的高电压传至闪光管的触发极,使闪光管发光。

(3) VD₃、VD₄ 与右侧的四组 RC 电路组成倍压整流电容滤波电路,所得直流高电压加至闪光管的阳极与阴极,使其获得高压电能而发光。

(4) C_2、C_3 是大容量电容,它与交流 220V 电源信号相串联,目的是提高右侧倍压整流电路的供电电压,使闪光管工作时能获得更高的直流电压供电。

(5) 根据图中所给的 R_t、R_P、C 所给的元件值。可算得 C 的充电时间常数约为(设 $R_P = 250\text{k}\Omega$)

$$\tau = RC = (150 + 250) \times 10^3 \times 10 \times 10^{-6} = 4 \times 10^5 \times 10^{-5} = 4(\text{s})$$

调节电位器 R_P 值,τ 值可在 1.5~6.2s 变化,其实质就是在调闪光灯的闪光频率的变化。

19. 已知照相机电子闪光灯的典型电路如图 **10-6-22** 所示,其中 **S₁** 为电源接通开关,**S₂** 为与快门同步开关(即按下快门时,**S₂** 也同时接通闪光),**T₁**、**T₂** 均为初次级变比甚高的脉冲式升压变压器。试完成以下各题:

(1) 按电路中虚线划分的 A、B、C、D 等部分,画出电路的组成框图。

(2) 对电路各主要部分作简略说明。

(3) 不少闪光灯为什么不能连续闪光多次?

答: (1) 对应图 10-6-22 的电路图,按功能可将 A、B、C、D、E 等 5 个部分的电路组成框图画在图 10-6-23 中。

(2) 电路主要部分简述如下。

① 脉冲振荡、升压电路——电阻 R_1、三极管 VT、脉冲变压器 T_1、电容 C_1 等组成脉冲振荡器,产生十几千赫至百千赫的脉冲信号。此信号经 T_1 升压至几百伏高压,加至整流二极管。

② 半波整流——二极管 VD 将和 T_1 送入的脉冲电压作半波整流,并对电容 C_2 进行充

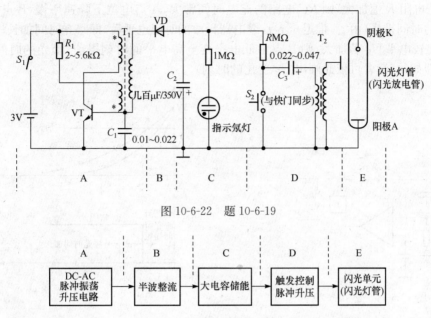

图 10-6-22　题 10-6-19

图 10-6-23　题 10-6-19 解

电,在 C_2 中储存电能,整流管 VD 耐压在 700V 以上,电流需大于 1A,频率特性也要好。

③ 大电容储能——由于与电容 C_2 相并联支路的电阻均很大,故 C_2 上充得的电荷(电能)能很好地保持住,1MΩ 电阻与指示氖灯表明 C_2 上是否存有能量。C_2 的容量应为数百微法(如 $300\mu F$)量级,耐压需在 300V 以上。

④ 闪光触发控制、脉冲升压电路——不闪光时,电容 C_3 充满电荷。按下快门时,开关 S_2 接通,C_2 即通过变压 T_2 的初级放电。经过 T_2 升压;在其次级可获得几千伏至万伏的高压,此高压直接加在闪光管的触发电极上,可促使其发光。

⑤ 闪光灯管——也称为闪光放电管,在触发电极高压的作用下,使闪光放电管内部的氙气原子激发,产生电离,降低管内电阻,使存储在电容 C_2 上的电能(几百伏高压)通过闪光管以光能的瞬间形式释放,闪光的持续时间约在毫秒级,与快门曝光时相差无几。

(3) 电容 C_2 放电后,需要一定储能时间(约几秒钟),故大多数闪光灯不能作连续闪光。

20. 已知某照相机快门控制的原理电路如**图 10-6-24** 所示。快门按下后,电源电压接通电路。试完成以下各题:

(1) 电源电压接通后,A 点电位如何变化? 画出 A 点电位变化曲线,此时继电器是否吸合?

(2) 电源电压接通后,B 点电位如何变化? 对应 A 点电位变化画出 B 点电位变化曲线,此时继电器是吸合还是释放?

(3) 若电阻 R 值加大,A、B 点电位如何变化? 在上述图中用曲线表述。

(4) 若比较电压 U_R 加大,则继电器是提前还是延后释放? 为什么?

答:(1) 由于电容 C 上的电位不能突变,故电源通后,A 点电位即升至 +3V,然后按指数规律下降,其变化趋势如图 10-6-25 所示,此时由于 U_A 高而 U_B 电位低而吸合(快门打开)。

(2)电容 C 充电后,A 点电位随之下降,当 A 点电位低于参考电压 U_R 时,B 点为高电位,继电器无电流通过而释放,这时照相机快门关闭,曝光结束,B 点变化曲线如图 10-6-25 所示。

（3）若电阻 R 值加大，则 RC 电路的充电时间常大，A 点电位下降速率慢，B 点电平由低至高变化的时间推后（由 t_1 推迟至 t_2），继电器释放的时间也延后，即曝光时间加长。

（4）比较电平 U_R 若加大，则 B 点由低电平变至高电平的时刻提前，曝光的时间缩短（图中点划线即如此，读者可依此画出 U_B 变化的时刻）。

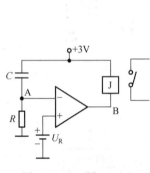

图 10-6-24　题 10-6-20

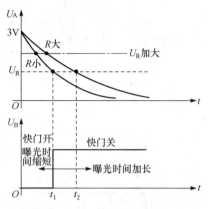

图 10-6-25　题 10-6-20 解

21. 设计一个简易门镜显示系统，为黑白图像。设每幅图像为 **50 万像素**，每 **5s** 换一次画面，每个像素按 **8 位二进制转换**，并能存储 **5min** 此类图像。试完成以下各题：

（1）画出本系统的组成框图。

（2）应选用怎样的 A/D 芯片？

（3）求存储 5min 此类图像的存储器最小容量。

答：（1）系统的组成框图如图 10-6-26 所示。

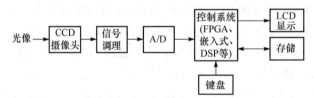

图 10-6-26　题 10-6-21 解

（2）选用 A/D 转换芯片的条件主要有两个：二进制位数——8 位；转换速率——每秒转换的像素个数为 5×10^5 像素/幅 ÷ 5 幅/秒 = 10^5 像素/秒。按采样定理可求得采样频率应：

$$f_{采} \geqslant 2 \times 10^5 = 200 (\text{kHz})$$

即 A/D 的转换时间（每个像素的转换时间）

$$T \leqslant \frac{1}{f_{采}} = \frac{1}{2 \times 10^5} = 5(\mu s)$$

（3）存 5min 此类图像所需存储器的最小容量为

$$5 \times 10^5 \times 8 \times 5 \times 60 \div 5 \div 8 = 30(\text{MB})$$

22. 已知 **220V** 交流供电的 LED 驱动电路如图 10-6-27 所示：稳流二极管用 **S-183T**（其典型的 $I_p = 18\text{mA}$，最大击穿电压 $U_{DROP} = 40\text{V}$，正常导通电压为 **6～8V**），白光 LED（$\phi = 5\text{mm}$）工作时的正向电压为 **3.2～3.3V**。试完成以下各题：

（1）TVS 是什么器件？起什么作用？

(2) A 点是什么信号? 其值约为多少?

(3) 电阻 R 的作用是什么?

(4) 验算在输入 220V 和 242V 时,稳流二极管的压降是否超过其耐压值。

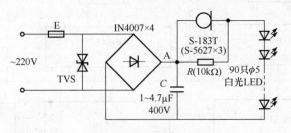

图 10-6-27   题 10-6-22

答:(1) TVS 是瞬态二极管,作右侧电路的保护作用(过电压保护作用)。

(2) A 点处为直流信号,其值约为 300V(220V 交流经桥式整流大电容滤波而获得)。

(3) R 能改善稳流二极管的恒流特性,起补偿作用,其值为 6.8~10kΩ。

(4) 输入 220V 交流时,U_A 约为 300V,则 90 只 LED 的串联电压及稳流管两端的电压为

$$U_{LED} = 90 \times (3.2 \sim 3.3) = 288 \sim 297(V)$$

$$U_D = 300V - (288 \sim 297) = 12 \sim 3(V)$$

计算表明:A 点电压不能低于 300V,否则稳流管的压降太低,达不到稳流作用(其起始电压为 4.6V);LED 若按 3.3V 计算,则 $U_D = 3V$,达不到其启动电压值。

输入 242V 交流时(增加 10%),则 A 点的电压增至 330V(同样增 10%),此时稳流管的压降为

$$U_D = 330 - (288 \sim 297) = 42 \sim 33(V)$$

计算表明:若 LED 的压降按 3.2V 计算,则在电网电压升 10% 时,稳流管两端压降有可能超值(40V)。

23. 已知倒计时电路如图 10-6-28 所示,555 为秒脉冲电路。请回答如下各题:

(1) 555 电路产生的秒脉冲与电路元件有什么关系?

(2) 右侧电路起什么作用?

(3) 左侧电路起什么作用?

(4) 说明电路倒计时的工作过程。

(5) 说明电路的应用。

答:(1) 555 电路与外部元件组成脉冲振荡电路,产生秒脉冲信号输出,以开关与门电路,此脉冲频率的计算公式为

$$f_o \approx \frac{1.44}{(R_1 + 2R_2)C} = \frac{1.44}{151 \times 10^3 \times 10 \times 10^{-6}} = \frac{1.44}{1.51} = 0.954(Hz) \approx 1(Hz)$$

(2) 右侧的 74LS192、74LS48 与数码管组成倒计时"秒的个位数"显示电路,74LS192 组成十进制减法计数电路,$\overline{BD}$ 为向高位(左侧电路)借数,$D_3 D_2 D_1 D_0$ 为数据预置端,CP_D 为计数脉冲输入端。每当 555 输出一个秒脉冲后,与非门 G_1 即输出一个低电位"0",经与非门 G_2 反相,给右侧的 74LS192 计数端 CP_D 一个高电平"1",使 74LS192 自动减去 1,数码管即减去 1。

(3) 左侧的 74LS192、74LS48 与数码管组成倒计时"秒的十位数"显示电路,当右侧低位数减至"0"时,即向高位(左侧)借位(通过 CP_D 与 $\overline{BD}$ 连线),随之数码管显示数减 1。

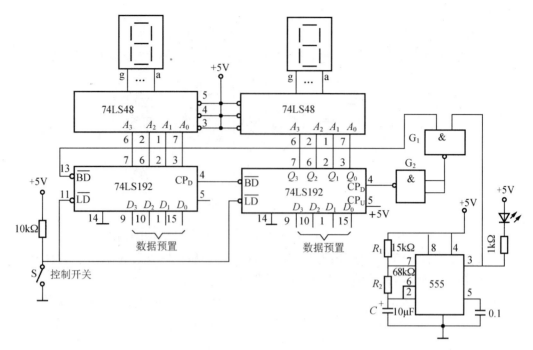

图 10-6-28 题 10-6-23

（4）主要分如下几步：

① 异步置数——当控制开关 $S=0$，则 74LS192 的 $\overline{LD}=0$。此为异步置数状态。此时无论 CP_D 端有无计数脉冲，都会将输入端的 $D_3D_2D_1D_0$ 值置入计数器，即使 $Q_3Q_2Q_1Q_0=D_3D_2D_1D_0$，由于这一置数操作无需时钟（计数脉冲）配合，即与时钟异步，故为异步置数，如预置两位数"38"秒。

② 减去置数——当控制开关 $S=1$，$CP_U=1$ 时（$+5V$ 时），74LS192 为减法计数状态，此时每当 CP_D 端输入一个时钟脉冲（计数脉冲的上升沿），74LS192 即作自动减 1 处理。

③ 向高位借位——当个位减法计数器减至 0 时，即向高位 74LS192 借位，使高位数自动减 1。

④ 十进制倒计时电路常用于倒计时牌，篮球赛的回场计时，抢答赛的定时控制等场合，应用十分广泛。

24. 已知用 SD2001 系列集成电路构成，并由 AT89C52 单片机控制的实时日历时钟电路如图 10-6-29 所示，请对本电路作简略的解说。

答:（1）左侧 SD2001B/C/D/E 及深圳兴威帆公司生产的 SD2000、SD2001、SD2300 系列实时日历时钟集成电路。它们均内置石英晶体振荡器、电池、非易失性 SRAM（即 NVS-RAM），具有 I²C 总线控制的串行接口，特点是精度高、免校准、全系列可满足实时日历时钟的各种需求。其年计时误差小于 2min（而 DS1307/1308 的月计时误差小于 2min）。

SD2001 系列芯片内置 32.768kHz 石英晶体振荡电路，能产生年、月、日、星期、时、分、秒 7 种时标信号，并以 BCD 码输出，可提供 2000～2099 年的日历，具有闰年自动修正功能，可对两路闹钟进行定时，并可设定 1Hz～32.768kHz 的方波信号输出。

SD2001 系列芯片带 I²C 串行总线接口，易于与单片机通信；内设 4～256kbit/sRAM，擦写次数可达 100 万次，在写操作时几乎无延迟时间。

SD2001 系列产品采用 DIP—24 封装，直流供电电压为 3.0～5.5V（典型值为 3.3V），典型工作电流为 1μA，非常省电。

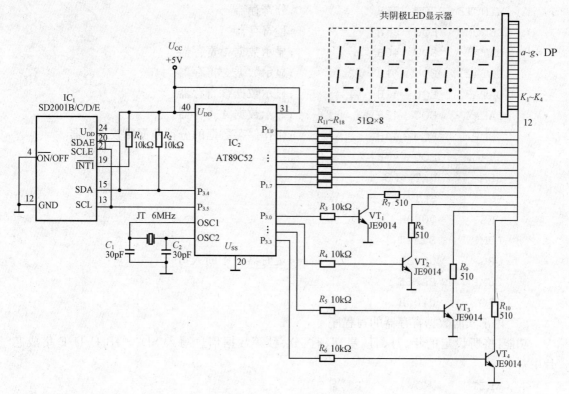

图 10-6-29 题 10-6-24

SD2001 系列产品内部有容量为 1.6Ah 的可充电电池及充电电路,在充足电的情况下可保证内部时钟走时一年以上,并能累计充电 200 次。

(2) AT89C52 为单片机芯片,它的 $P_{3.4}$、$P_{3.5}$ 接口与 SD2001 芯片的 SDA、SCL 接口,以 I^2C 总线串行方式通信。SDA 端需经上拉电阻(10kΩ)接至 5V 直流电压供电端,SD2001 所需数据是由 AT89C52 提供的,数据传输按 8 位序列进行。

(3) 右侧为日历时钟显示电路,由 4 只 LED 数码管及 4 只晶体三极管等元器件组成,其日历、时钟显示均由 AT89C52 控制。其 8 段数据线是公用的,每一数码管是否发光由 4 只晶体三极管是否导通来决定,当此导通速率超过人眼的闪烁频率时(每秒大于 48 次),则每只数码管显示出的数字将是稳定的(本例数码管为共阴极方式)。

(4) 主程序

TXBUF	EQU	20H	;发送数据寄存器
RXBUF	EQU	21H	;接收数据寄存器
TIMEBIT	EQU	22H	;发送/接收实时时间数据位寄存器
ADDR	EQU	23H	;SRAM 地址寄存器
NUMB	EQU	24H	;数据个数寄存器
YEAR	EQU	29H	;年寄存器
MONTH	EQU	2AH	;月寄存器
DATE	EQU	2BH	;日寄存器
DAY	EQU	2CH	;星期寄存器
HOUR	EQU	2DH	;时寄存器

```
MINUTE      EQU    2EH                ;分寄存器
SECOND      EQU    2FH                ;秒寄存器
DATA1       EQU    40H                ;显示数据 1 寄存器
DATA2       EQU    41H                ;显示数据 2 寄存器
DATA3       EQU    42H                ;显示数据 3 寄存器
DATA4       EQU    43H                ;显示数据 4 寄存器
TEMP        EQU    44H                ;用作储存数据的分钟数据比较寄存器
STACK_A     EQU    45H
SDA         BIT    P3.4
SCL         BIT    P3.5
            ORG    0000H
            LJMP   START
            ORG    000BH              ;定时器 0 中断入口
            LJMP   PAUSE
            ORG    0100H
```

(5) 内部实时数据寄存器的写程序

功能:将所设定的年、月、日、星期、时、分、秒等数据信息写入 SD2001B/C/D/E 集成芯片中:

```
WRITE       MOV    R1,# 07H
            LCALL  IICSTART
            MDV    TXBUF,# 64H        ;发送写实时数据的命令
            LCALL  SENDH_L
            NOP
            MOV    R0,# YEAR
WRI:        MOV    A,@ R0
            MOV    TXBUF,A
            LCALL  SENDL_H
            INC    R0
            DJNZ   R1,WR1
            LCALL  IICTOP
            RET
```

25. 已知单片机外接多位数码管显示电路如图 10-6-30 所示。请回答下列各题:

(1) 电路中的 $U_{1\sim8}$ 74LS164 芯片起什么作用?

(2) 排电阻 $R_{P1\sim8}$ 起什么作用?

(3) 本电路有何特点?

答:(1) 74LS164 为串入/并出移位寄存器。能将单片机 AT89C51 串行输出口 RXD、TXD 送来的串行数据(显示代码),转换成共阴极 7 段 LED 数码管显示用的并行显示代码。8 只 74LS164 芯片之间的数据传输也是串行方式。

(2) 排电阻 $R_{P1\sim8}$ 的接入可提高 74LS164 的带负载能力,以使数码管 LED 能很好地发光。

(3) 这种显示方式不仅可以得到较为简单的硬件电路,而且可以稳定输出数据的显示;由

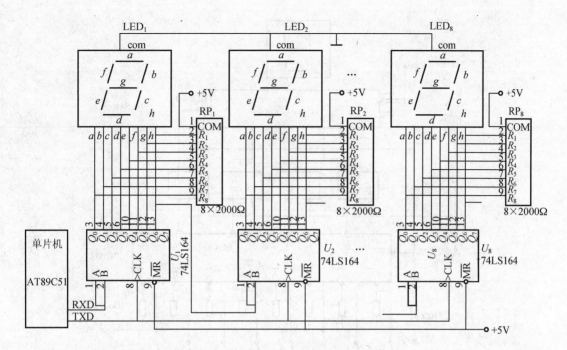

图 10-6-30　题 10-6-25

于是串行输出,故占用单片机的端口少,可充分利用单片机内部的串行接口资源;也可简化软件编程,且容易掌握编程规律;电路的可靠性较高。

26. 已知 8 选手(或 8 组)竞赛抢答器的电路如图 10-6-31 所示,S 为主持人控制开关,$S_0 \sim S_7$ 为各选手抢答按钮开关,数码管显示抢答成功选手的编号。请回答以下各题:

(1) 74LS148 是什么器件? 起什么作用?

(2) 74LS279 是什么器件? 起什么作用?

(3) 74LS48 是什么器件? 起什么作用?

(4) 当开关 S 接至地($S=0$)和接至开始空挡时($S=1$)各起什么作用?

(5) 当某选手(例 5 号选手)按下按钮开关后,各电路的工作状态是如何变化的?

答:(1) 74LS178 为 8 - 3 线优先编码器,能将输入的 8 路开关信号编成 3 位二进制码输出,图中 ST 为控制端:当 $\overline{ST}=1$ 时,禁止工作;$\overline{ST}=0$ 时进入工作状态。

(2) 74LS279 为 4$\overline{RS}$ 锁存器,它能将 74LS148 优先编码器送入的 $\overline{Y}_2$、$\overline{Y}_1$、$\overline{Y}_0$、$\overline{Y}_{EX}$ 锁存,其输出为输入之反,此锁存器受开关 S 的控制:当 $S=0$(接地)时锁存器禁止,不接受输入信号,只有 $S=1$(接开始位置),锁存器才打开,接受各输入信号。

(3) 74LS48 为译码器,能将锁存器送来的 Q_4、Q_3、Q_2 数字信号(3 位二进制码)翻译成(转换成)数码管能显示 1,2,3…8 的十六进制代码,如 $A_2 A_1 A_0 = Q_4 Q_3 Q_2 = 101$ 时,即翻译成 6D 送给数码管,显示出数字"5"。

(4) 当开关 S 接地,即 $S=0$ 时,锁存器 74LS279 封门,不接受编码器送入的各种信号,此时 $Q_4 Q_3 Q_2 Q_1 = 0000$,使 $\overline{ST}=0$,编码器进入工作状态;译码器的 $\overline{BI} = Q_1 = 0$,故数码管灭,不亮。当开关 S 打"开始"位置时(即 $S=1$),锁存器打开,可接收编码器的输出。

(5) 在 $S=1$ 的状态下,允许各选手抢答,此时若 $S_5 = 0$(先按下),则编码器经编码后输出 $\overline{Y}_2 \overline{Y}_1 \overline{Y}_0 = 010$,此信号经锁存器锁存反相后,输出 $Q_4 Q_3 Q_2 = A_2 A_1 A_0 = 101$ 送译码器译成 6D

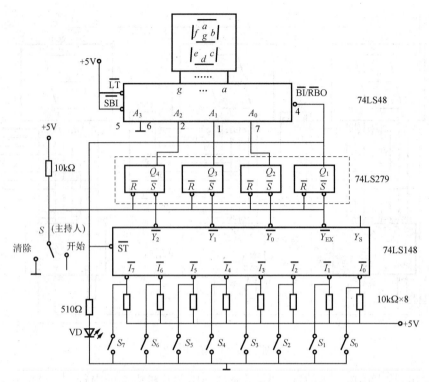

图 10-6-31　题 10-6-26

(0110 1101)送至数码管,最后显示出第 5 号选手的队号"5"。至此抢答成功。随后主持人将 S 开关转至"清除"挡,使 $Q_4Q_3Q_2Q_1=0000$,即 $\overline{BI}=0$,使数码管灯灭。

27. 已知十字路口交通灯的控制电路组成框图如图 10-6-32 所示。请回答下列各题:

(1) 简述系统的设计要求(需求)。

(2) 系统是由哪几大部分组成的? 各起什么作用?

(3) 主要设计步骤有哪些?

答:(1) 系统中设主干道为东西向,次干道为南北向,两者均以红、黄、绿三色灯指示通行,各灯亮、各关系及时间长短如表 10-6-1 所示。

表 10-6-1

状态	主干道(东西向)			次干道(南北向)		
	绿	黄	红	绿	黄	红
各指示灯亮灭逻辑关系	灭	亮(5s)	灭	灭	灭	亮(5s)
	亮(50s)	灭	灭	灭	灭	亮(50s)
	灭	灭	亮(5s)	灭	亮(5s)	灭
	灭	灭	亮(30s)	亮(30s)	灭	灭
特殊要求及总清零	① 计数器停止计数,保持原数据 ② 东西、南北路口各红指示灯闪烁发光 ③ 特殊状态结束后,能继续对时间进行计数 ④ 能对控制系统作总清零操作(如按 R 键操作),总清零后,计数器由初始状态开始计数					

(2)系统主要由下列几大部分组成,主要作用如下:

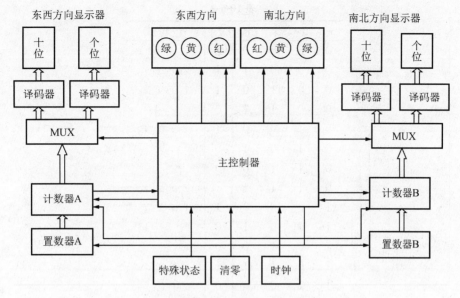

图 10-6-32　题 10-6-27

置数模块——将各指示灯的亮灭时间预置到计数电路中。

计数模块——以基准时间秒为单位作倒计时计数,当计数值减至零时,主控电路即改变输出状态,电路便进入下一个状态的倒计时。

主控模块——为整个系统的核心,控制与指挥各电路有序工作,主控模块可由单片机、嵌入式,FPGA 等的智能系统组成。

译码器模块——将主控电路送入的信号进行译码,以准确控制各指示灯的亮灭。

特殊功能模块——其功能见表 10-6-1 中所述。

(3) 主要设计步骤如下:

首先要对需求进行分析,再对系统组成进行设计,并画出组成框图;按要求进行计算机模拟仿真(可用 MAX+PLUS Ⅱ 等软件)。

28. 设计一种 4 位二进制数码奇偶校验的逻辑电路,输出为 1 时是奇数个 1,为 0 时是偶数个 1。请完成下列各题:

(1) 列出真值表。

(2) 根据真值表,写出逻辑表达式并化简。

(3) 根据表达式,画出逻辑电路图。

答:(1) 真值表如表 10-6-2 所示。

(2) 写逻辑表达式并化简:

$$L = \overline{x}_3\overline{x}_2\overline{x}_1x_0 + \overline{x}_3\overline{x}_2x_1\overline{x}_0 + \overline{x}_3x_2\overline{x}_1\overline{x}_0 + \overline{x}_3x_2x_1x_0$$
$$+ x_3\overline{x}_2\overline{x}_1\overline{x}_0 + x_3\overline{x}_2x_1x_0 + x_3x_2\overline{x}_1x_0 + x_3x_2x_1\overline{x}_0$$
$$= \overline{x}_3\overline{x}_2(x_1 \oplus x_0) + \overline{x}_3x_2(\overline{x_1 \oplus x_0})$$
$$+ x_3x_2(x_1 \oplus x_0) + x_3\overline{x}_2(\overline{x_1 \oplus x_0})$$
$$= (x_1 \oplus x_0)(\overline{x_3 \oplus x_2}) + (\overline{x_1 \oplus x_0})(x_3 \oplus x_2)$$

表 10-6-2

x_3	x_2	x_1	x_0	L	逻辑式
0	0	0	0	0	
0	0	0	1	1	$\overline{x}_3\overline{x}_2\overline{x}_1 x_0$
0	0	1	0	1	$\overline{x}_3\overline{x}_2 x_1 \overline{x}_0$
0	0	1	1	0	
0	1	0	0	1	$\overline{x}_3 x_2 \overline{x}_1 \overline{x}_0$
0	1	0	1	0	
0	1	1	0	0	
0	1	1	1	1	$\overline{x}_3 x_2 x_1 x_0$
1	0	0	0	1	$x_3 \overline{x}_2 \overline{x}_1 \overline{x}_0$
1	0	0	1	0	
1	0	1	0	0	
1	0	1	1	1	$x_3 \overline{x}_2 x_1 x_0$
1	1	0	0	0	
1	1	0	1	1	$x_3 x_2 \overline{x}_1 x_0$
1	1	1	0	1	$x_3 x_2 x_1 \overline{x}_0$
1	1	1	1	0	

(3) 画逻辑电路图如图 10-6-33 所示。

若 $x_3 x_2 x_1 x_0 = 1101$，则 $F=1$；若 $x_3 x_2 x_1 x_0 = 1100$，则 $F=0$。

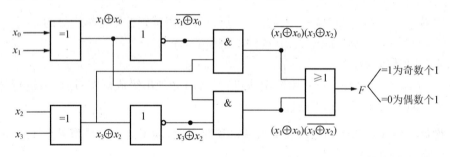

图 10-6-33　题 10-6-28 解

第七部分　测量及控制电路

1. 设计一个温度采集、存储、显示与回控的闭环系统,被测温度的变化范围为 $-40 \sim 70℃$,要求测量误差为 $0.1℃$,数字显示。试完成以下各题:

(1) 画出系统的组成框图。

(2) 指出系统中主要元器件选用条件。

(3) 系统中控温装置一般用什么实现？闭环系统是什么样的反馈系统？

答:(1) 系统的组成框图如图 10-7-1 所示。

(2) A/D 转换芯片的选用条件——主要是转换速率(转换时间)和转换后二进制数码的位数。

由于温度变化是缓慢的,故对 A/D 的转换时间无要求,一般的转换芯片均可满足。至于二进制位数,可由温度变化范围及测量误差来决定,即

$$\frac{70℃-(-40℃)}{0.1℃}=\frac{110℃}{0.1℃}=1100(变化等级)$$

故选 12 位二进制,分辨率在 $1/2^{12}=\dfrac{1}{4096}$,即变化等级可达 4096 个,包括上述 1100 级,能满足设计要求。

D/A 转换芯片的选用条件——主要是转换的分辨率要求,它与输入二进制数码的位数有关,设二进制为 12 位,则其分辨率为

$$\frac{1}{2^{N}-1}=\frac{1}{2^{12}-1}=\frac{1}{4095}\approx0.000244$$

在本系统中,由于 A/D 转换器选用的是 12 位二进制,故 D/A 为 12 位二进制。

控制系统的选用条件——满足 A/D 转换输出的数码速率即可。目前,最好是具有 C 语言编程作用。控制部件常选用单片机、嵌入式或 FPGA 小系统。

(3) 控温装置视不同系统有不同的要求,如在制冷系统中,它可能是压缩机,在一些简单的系统中,它可以是热敏元件(热敏电阻等);在有些装置中也可采用半导体制冷制热器件等。

图 10-7-1 的闭环系统是一个负反馈控制系统。

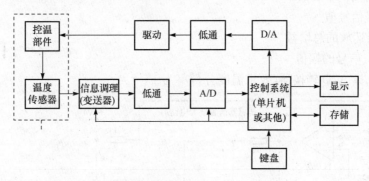

图 10-7-1　题 10-7-1 解

另外,信号调理模块很重要,它要对输入信号作适当的变换(如 $I \to U$ 变换),作适当的放大,以满足 A/D 转换对输入信号幅度的要求,温度检测显示是否正确往往与此电路的调整有很大关系。另外,控制系统是以汇编语言编程,还是 C 语言编程,或者两者综合使用也是一个重点与难点。

2. 设计一个多路数据采集系统,能对多路低速物理量(如温度、压力、气体、湿度、光强等)信号进行处理、存储、显示及与上位机 PC 进行通信。试完成以下各题:

(1) 画出系统的组成框图。

(2) 对系统作简单说明。

答:(1) 系统组成框图如图 10-7-2 所示。

(2) 多路电子开关由控制系统,按用户需求对各输入信息作定时顺序选择(巡检),也可作点名选择;信号调理又称为变送器,要对不同输入量进行转换、放大或衰减,以满足 A/D 转换器对输入模拟量幅值要求;A/D 芯片的选用是按系统的精度(即误差)要求及信息源变化的快

慢而决定,若系统要求精度高、误差小,则应选用的二进制位数高的 A/D。对于高速输入信号,则应选用转换时间其短的转换芯片。对于本题的低速物理量,这一指标很易满足;控制系统对于低速物理量的处理也很易实现,用单片机(如 AT89 系列单片机)或嵌入式系统均是可行的办法。

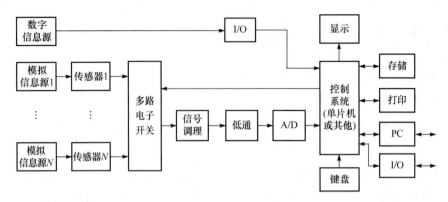

图 10-7-2　题 10-7-2 解

3. 已知某温度采集系统信号处理(调理)电路如图 **10-7-3** 所示,电阻 R_x 值模拟温度传感器(可为铂丝热电阻传感器)的数值变化,其值由 100Ω 至 280.98Ω 可变,对应温度的变化为 **0～500℃。试完成以下各题:**

(1) 求 P 点信号值。

(2) 求两级运放的总增益。

(3) 求 Q 点信号的幅值。

(4) 如何选择 A/D 转换器(要求温度分辨率为 1℃)。

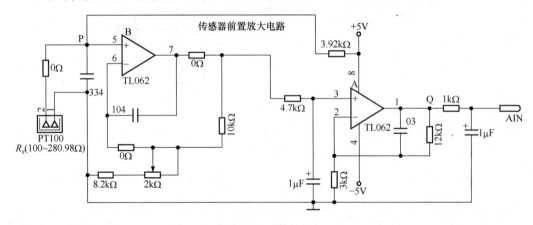

图 10-7-3　题 10-7-3

答:(1) 求 P 点信号变化范围,根据＋5V 经 3.92kΩ 和 R_x 的分压求得

$$U_{min}=5\times\frac{0.1}{3.92+0.1}=124.38(mV)$$

$$U_{max}=5\times\frac{0.281}{3.92+0.281}=334.44(mV)$$

(2) 两级运放的总增益为 $A_V=A_{V1}A_{V2}$:

$$A_{V1} = \left(1 + \frac{10}{8.2}\right) \sim \left(1 + \frac{10}{8.2 + 2}\right) = 2.22 \sim 1.98$$

$$A_{V2} = \left(1 + \frac{12}{3}\right) = 5$$

故

$$A_V = A_{V1} A_{V2} = 5 \times (2.22 \sim 1.98) = 11.1 \sim 9.9 \text{(倍)}$$

（3）Q 点信号的幅度为（对应 2k 电位器调至最小端、阻值为零时）

$$U_{Qmin} = 124.38 \text{mV} \times 11.1 = 1380.62 \text{(mV)}$$

$$U_{Qmax} = 334.44 \text{mV} \times 11.1 = 3712.28 \text{(mV)}$$

（4）温度变化范围为 $500℃ - 0℃ = 500℃$，分辨率为 $1℃$，即 $\dfrac{1}{500℃}$，故选用 10 位二进制 A/D 即可，当然 12 位会更好。由于温度变化较慢，故对 A/D 的转换时间（转换速率）无要求。

4. 已知某电子心音听诊器的信号调理电路如图 10-7-4 所示，由心音传感器送入的心音信号幅值为 **30～60mV**，频率范围为 **20～600Hz**，主要信号集中在 **20～150Hz** 区域。要求电路能滤除 **50Hz 工频干扰**，并以扬声器发声，单电源供电。试完成以下各题：

（1）根据本电路，画出其组成框图，并对框图中各部分作简单说明。

（2）由输入端至末级 LM386 的输入端之间的总增益是多少，送到末级的电压大约是多少？

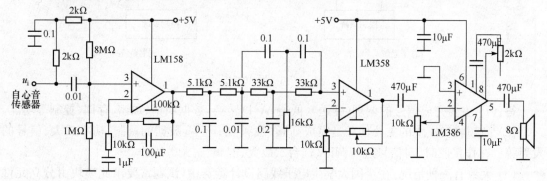

图 10-7-4　题 10-7-4

答：（1）电路组成框图如图 10-7-5 所示。其中，第一级为同相放大电路，其电压放大倍数为

$$A_{V1} = \left(1 + \frac{100}{10}\right) = 11 \text{(倍)}$$

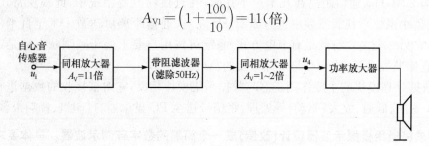

图 10-7-5　题 10-7-4 解

第二部分为双 T 形带阻滤波电路（也称陷波电路），它将 50Hz 的工频干扰滤除，同时又不使两侧的有用信号有过多地衰减，因此要求滤波器的滤波特性良好。第三级为同相放大电路，其增益可调，电压放大倍数为

$$A_{V3} = 1 + \frac{0 \sim 10}{10} = 1 \sim 2(倍)$$

第四级为低频功率放大电路,为单电源供电的 OTL 电路,由 LM386 芯片完成。

(2) 由输入至末级 LM386 负端间的电压增益及电压值大约为(设滤波器通带内的增益为1):

$$A_{V\Sigma} = A_{V1}A_{V3} = 11 \times (1 \sim 2) = 11 \sim 22(倍)$$

$$U_4 = (30 \sim 60) \text{mV} \times A_{V\Sigma} = (30 \sim 60) \text{mV} \times (11 \sim 22) = 330 \sim 1320 \text{mV}$$

如此大的激励电压能使功放推动扬声器发声。

5. 已知数据采集、存储与无线传输系统的组成如图 **10-7-6** 所示。本例为主从系统配置,从系统为第 **N** 路。试完成以下各题:

(1) 数据采集处理模块的主要作用是什么? 主要由哪几部分组成?

(2) 高频收发模块的主要作是什么?

(3) 高频收发模块常用什么电路来实现?

(4) 数据处理模块的主要作用是什么?

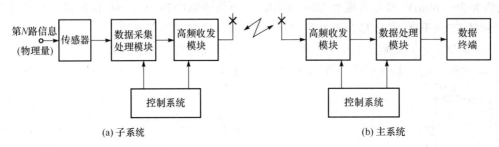

图 10-7-6　题 10-7-5

答:(1) 主要完成信号的调理(变送)、低通,A/D 转换,数据纠错、加密、存储、控制等功能。

(2) 高频收发模块的主要任务是完成高频(载频)的产生,数据的调制、功率放大、信号的发射等。在作接收时,对信号进行调谐(选台)、放大、混频、解调等工作。

(3) 大致有三种情况:在全国大学生电子线路设计竞赛中,试题常要求此模块由分立元件构成,载波频率为几兆赫至几十兆赫,目的在于培养学生在高频电路的设计、安装、调试方面的能力;在一些家电、移动通信等系统中,高频收发模块常采用蓝牙模块(已有典型小系统),其载波频率约为 2.4GHz,通信距离在几米至十几米;在近代物流等系统中,此模块常用ZigBee组建(也有典型小系统),其载波频率也为 2.4GHz 左右,通信距离可达数十米至百米,比蓝牙模块远一点,它另一个主要特点是有节电方式,系统可按用户要求处于睡眠状态还是工作状态;对于多点仓储监控系统,这一点是十分重要的。

(4) 数据处理模块的主要作用正好与数据采集模块相反,它对被接收的数据进行解密,解纠错、D/A 变换、低通、放大(驱动)等处理,将信号送至 PC 显示器、打印机、音响报警等设备。

6. 要求将通用模拟示波器设计(改造)成一个简易的数字存储示波器。具体要求如下:

(1) 画出电路组成框图(双通道)。

(2) 说明控制系统的设计考虑及主要功能。

(3) 双踪显示的设计考虑。

答:(1) 电路组成框图如图 10-7-7 所示。

(2) 控制系统可以选用单片机,也可选用 FPGA 或嵌入式芯片,本例选用 AT89S52 单片

机。控制系统是整机的核心,它的主要功能如下:

① 在满足触发条件时,能启动对被测信号进行采样、存储、显示。

② 根据被测信号的频率范围确定相应的采样速率或根据不同扫描速率的要求确定相应的采样速率。

③ 对存储的信号进行显示时,能够选择一个合适的速率将存储的信号数据读出并恢复为模拟量(D/A),然后经 Y 轴输出级放大送通用示波器 Y 输入端;同时,提供一个与 Y 轴同步的扫描电压,作为示波器 X 轴的输入。

④ 根据示波器垂直灵敏度的要求,决定 Y 通道信号调理电路的电压放大倍数,使 A/D 转换器在合适的模拟输入信号幅值下进行转换。

⑤ 能对两个输入信号分时采样、存储、实现双踪显示。

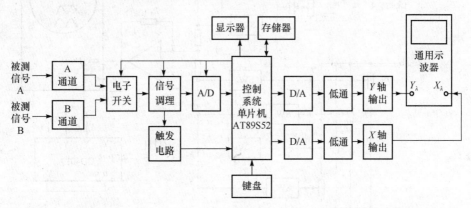

图 10-7-7   题 10-7-6 解

(3) 本例的双踪显示采用的两个通道输入,再用电子开关选择,由控制系统按需接通。

7. 已知单通道示波器改制成多通道示波器的原理电路如图 10-7-8 所示,示波器输入选用 DC 挡。试完成以下各题:

(1) 电位器 $R_{P1} \sim R_{P4}$ 起什么作用?

(2) 电位器 $R_{P5} \sim R_{P8}$ 起什么作用?

(3) P 点是什么样的信号?

(4) 各个开关(SW)的通断关系是什么?

(5) 开关的控制信号来自何处? 其工作频率有何要求?

(6) 若示波器的输入调至交流挡(AC),能否再显示多踪信号? 为什么?

答:(1) 调节各路输入信号的幅度,使其在示波器屏上的波形大小(垂直方向)可调。

(2) 调节各路输入信号在示波器屏上的位置,使各路信号波形在垂直方向上不重合,单通道示波器之所以能改制成多通道示波器,外加直流偏置电压是关键。

(3) A 点信号是某一路(A、B、C、D 中之一)交流输入信号与其相对应的直流偏移电压之和,为

$$u_p = u_a + U_A$$

(4) 必须有严格的对应关系——SW$_1$ 与 SW$_5$、SW$_2$ 与 SW$_6$、SW$_3$ 与 SW$_7$、SW$_4$ 与 SW$_8$ 同时通断,它们是由同一控制信号控制的,依次为 Y_0、Y_1、Y_2、Y_3。

(5) 开关的控制信号可由节拍发生器(CD4017 等)提供,Y_4 的输出接至复位端 R,故产生的时序脉冲是以 4 拍($Y_0 \sim Y_3$)为一循环。在第 1 节拍,$Y_0 = 1$,使开关 SW$_1$、SW$_5$ 接通,第 1 路

（A 路）信号被送至示波器屏幕的最高（上）位置显示；在第 2 节拍，$Y_1=1$，使开关 SW$_2$、SW$_6$ 接通，第 2 路（B 路）信号被送至示波器屏幕上设定的位置显示……如此循环。只要时序脉冲足够快（频率足够高），由于人眼的视觉惰性（视觉暂留特性），即可看到示波器屏幕上同时显示出的多路信号波形，如图 10-7-8 中所示。

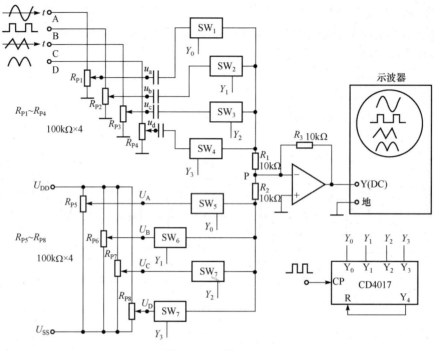

图 10-7-8　题 10-7-7

（6）若将示波器 Y 输入端置于交流（AC）挡，则由于直流信号被隔断，故各路信号会重叠在一起，多踪显示无法实现，但可作二路信号或三路信号等多路信号的线性相加，这在某种场合下也是很有用的。

8. 设计一个简易信号频谱分析仪，频率测量范围为 **1～30MHz**，频率分辨率为 **10kHz**，输入信号电压的有效值为 **(20±5)mV**，输入阻抗为 **50Ω**。借助示波器显示被测信号的频谱图，频谱图上须显出间隔为 **1MHz** 的频标。具体要求为：

（1）画出系统的组成框图。

（2）简要说明本系统测试信号频谱的工作原理。

（3）说明主要电路或关键元件的选用。

答：（1）系统的组成框图如图 10-7-9 所示。

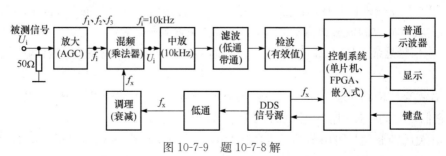

图 10-7-9　题 10-7-8 解

（2）若输入信号 u_i 中含有多个频率分量 f_1、f_2、f_3 时，则希望在示波器上能显示出 f_1、f_2、f_3 三根竖线及其相对幅度。

① u_i 经放大（增益可控）后加至混频器上，控制系统控制 DDS 产生一个频率为 f_x 的正弦波信号，经调理（如衰减或放大）后加至混频器上，混频器对两输入信号相乘，获得 $f_x \pm f_i$ 频率的信号输出，而混频器负载是一个频率固定在 $f_x - f_i = 10\text{kHz}$ 的选频电路。工作时，控制系统控制 DDS 信号源，使其输出频率 f_x 满足 $f_x - f_i = 10\text{kHz}$ 要求，因为只有在 $f_i = 10\text{kHz}$ 时，中放输出经滤波、检波后加至控制系统的信号有效值才最强，即当控制系统调节 DDS 信号源的输出信号频率 f_x，使检波器输至控制系统的信号幅度为最大时，即表明

$$f_x - f_i = 10\text{kHz}$$

由此可得输入信号的频率为（因为 f_x 是控制系统已知值）

$$f_i = 10\text{kHz} + f_x$$

② DDS 受控可产生由低至高或由高至低的扫频信号输出。若控制系统检测到的检波输出的压值连续有多个最大值，则表明 f_i 中含有多个频率分量满足

$$f_x - f_i = 10\text{kHz}$$

③ 控制系统将测得的各个输入信号频率 f_i 及其幅值加至示波器，即可得到被测信号的频谱图。

（3）输入放大器可选用 AD603 集成放大芯片。它是 90MHz 低噪声可编程放大电路，其可控增益范围为 $-11 \sim +31\text{dB}$（90MHz 带宽），或者 $9 \sim 51\text{dB}$（9MHz 带宽），增益精度为 $\pm 0.5\text{dB}$，电源电压范围为 $\pm 4.75 \sim \pm 6.3\text{V}$。

混频器可采用 AD835 乘法器专用芯片，在输入信号为 $-1 \sim +1\text{V}$，其带宽为 250MHz，输出电压范围为 $-2.5 \sim +2.5\text{V}$，可驱动 25Ω 负载电阻，其电源电压为 $\pm 5\text{V}$，中放电路常采用 OP07 集成芯片。

滤波器的中心频率为 10kHz，左右各为 $\pm 5\text{kHz}$ 带宽，可采用 MAX297 芯片，此为八阶低通椭圆形开关电容滤波器（笔者认为可采用中心频率为 10kHz，带宽为 10kHz 的带通滤波电路）。

检波器选择有效值/直流转换芯片 MAX635，它可接收有效值 $0 \sim 200\text{mV}$ 的电平输入信号，可单电源或双电源工作。

DDS 信号源可选用 AD9850 DDS 芯片等元件构成（其他 DDS 芯片也可），调谐分辨率可低至 0.00291Hz，输出信号最高频率可达 62MHz（在 125MHz 基准时钟输入时）。

控制系统可由单片机、FPGA、嵌入式等构成。

9. 设计一个测试网络幅频特性的装置（即扫频仪）。试完成以下各题：

（1）画出系统的电路组成框图。

（2）画出系统中各主要点信号的波形图。

（3）简单说明测试网络幅频特性的原理。

答：（1）系统的电路组成框图如图 10-7-10 所示。

（2）系统中各主要点信号的波形如图 10-7-11 所示，其中 u_A、u_B 均为等幅正弦调频信号，其幅值不随频率变化而变化。

（3）测试原理简述。

① 缓冲级削弱或消除负载对扫频信号源的影响，u_A、u_B 两信号基本一致，为等幅调频信号。

② u_A 经调理（放大等）后送包络检波器，得到一个与输入信号幅值相同（相对应）的信号输出，即幅值不变的直流信号。

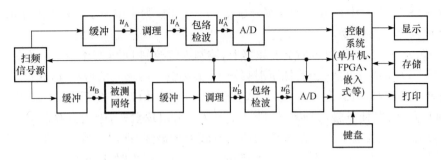

图 10-7-10　题 10-7-9 解

③ u_B 经被测网络后,输出为调幅-调频波,其幅值变化正好反映被测网络的幅频特性,此信号经包络检波后,输出信号即反映被测网络的幅频特性。

④ u_A''、u_B'' 信号分别经 A/D 后,送控制系统,此系统以 u_A'' 值为比较基础,则用 u_B'' 值高于 u_A'' 或低于 u_A'' 的差值即可画出被测网络的幅频特性。网络的频带宽度可由此差值与基准值相比而算得。

10. 设计一个测试网络相频特性的装置。试完成以下各题:

(1) 画出系统的组成框图。

(2) 画出系统中各主要点的波形图。

(3) 简单说明测试网络相位特性的工作原理。

答:(1) 系统的电路组成框图如图 10-7-12 所示。

(2) 系统中各主要点的信号波形如图 10-7-13 所示。

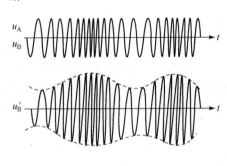

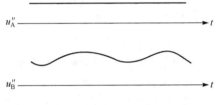

图 10-7-11　题 10-7-9 解

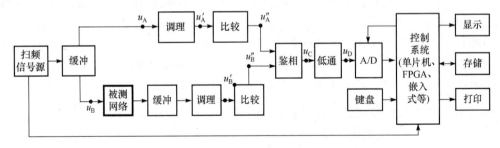

图 10-7-12　题 10-7-10 解

(3) 测试原理简述:

① 由扫频信号源产生频率连续可变的正弦信号波形,经缓冲级(隔离级)分两路输出。

② 被测网络对输入信号有一个相位延迟,故信号 u_B' 与 u_A' 有一个相位差 φ。

③ 两路信号经各自的比较器转换成两个方波输出,一同加至鉴相器(相位比较器)。

④ 鉴相器对两输入信号进行相位比较,输出一个与相位差有关的矩形脉冲。

⑤ 经低通滤波后,输出一个与相位差有关的直流信号。很显然,如果相位差大,则此直流值就大,反之则小。

⑥ 经 A/D 转换,由控制系统判别所测直流电压值,并以相位值在显示器上显示。

⑦ 控制系统可为单片机、FPGA 或嵌入式芯片均可。

⑧ 鉴相器可由"异或"门实现:$u_C = u''_A \oplus u''_B$。

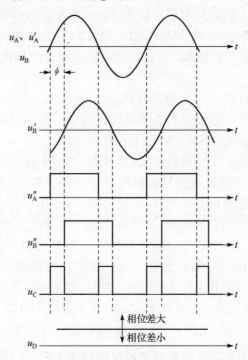

图 10-7-13 题 10-7-10 解

11. 以 DDS 为源的宽频带扫频仪的组成框图如图 10-7-14 所示。请完成下列各题:

(1) 简述电路的功能与工作原理。

(2) 简述 AD9850 的作用与特点。

(3) 简述 AD8302 的作用与特点。

(4) 简述单片机 ATmega 128 的特点。

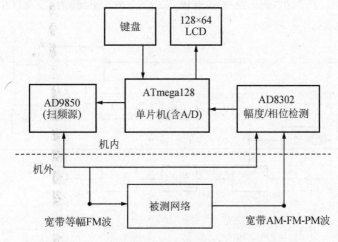

图 10-7-14 题 10-7-14

答:(1) 本系统可测试网络(电路)的幅频特性和相频特性曲线。频率范围为 10Hz～20MHz,幅频(增益)测量精度为 1dB,相位测量精度为 1°。系统电路简单、设计合理、方案优选,其性能可满足电子技术实验的需求。

工作原理——AD9850 DDS 信号源给被测网络送出宽频带等幅 FM 波,经被测网络对不同频率的不同放大与相移,输出了 AM－FM－PM 波,这信号与宽频带等幅 FM 波一起送 AD8302 芯片进行幅值与相位的检测。并将检测结果送单片机处理,处理结果送液晶屏 LCD 显示。

(2) AD9850 是常用的 DDS 芯片由单片机输出的 40 位二进制控制。可输出正弦波、方波、FM、FSK、PM 波等信号。工作频率范围为 0.003Hz～62.5MHz,以软件方式由键盘控制其输出信号的模式,输出宽频带等幅 FM 波无问题。

(3) AD8302 是 ADI 公司生产的单片宽频带幅度(增益)/相位检测芯片,它可用来检测从低频到 2.7GHz 频率范围内两输入信号之间的增益和相位差,输入功率电平范围为－60～0dBm(50Ω 系统);增益测量范围为±30dB,刻度为 30mV/dB,误差小于 0.5dB;相位差测量范围为±90°,刻度为 10mV/(°);具有测量、控制器、比较器三种工作模式。AD8302 可对两输入信号进行模拟鉴相和检波,然后将所得值(增益和相位差)经过缓冲级送入单片机处理。

(4) ATmega/28 单片机具有 8 通道 10 位 A/D 转换电路、RISC 结构的 8 位低功耗 CMOS 微处理器。当外接 16MHz 石英晶体时,数据处理速度可达 16MIPS;片内有 128KB 的可编程 Flash、4KB 的 EEPROM、4KB 的 SRAM、53 个通用 I/O 口,32 个快速工作寄存器;6 种可通过软件选择的省电模式,支持 C 语言编程,故性能十分优良。

12. 已知简易频率特性测试仪的电路组成框图如图 10-7-15 所示(2013 年全国大学生电子设计竞赛题的主体),请对如下基本要求(制作一个正交扫频信号源)及系统中各主要点信号进行分析。

(1) 扫频源的频率范围为 1～40MHz,频率稳定度≤10^{-4},频率可设置,最小设置单位为 100kHz。

(2) 正交信号的相位误差绝对值≤5°,幅度平衡误差的绝对值≤5%。

(3) 信号电压的峰峰值≥1V,幅度平坦度≤5%。

(4) 可扫频输出,扫频范围及频率号进值可设置,最小步进为 100kHz,要求连续扫频输出,一次扫频时间≤2s。

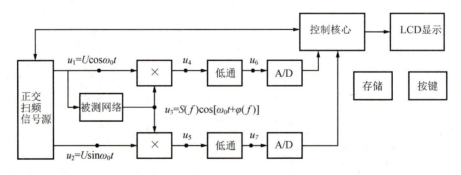

图 10-7-15 题 10-7-12

答:(1) 正交扫频信号源最好选用 AD9854 及其相近的 DDS 芯片,这种芯片由控制核心(单片机、嵌入式、FPGA)的软件控制,直接输出互为正交的正弦和余弦信号,其频率范围、频率稳定性能、频率步进、输出信号幅度等指标无问题。另一种方案是可以在高速 FPGA 中设置 DDS 信号源，由另一控制核心（嵌入式等）控制正弦信号输出。各种正弦扫描信号源中应有 D/A 模块，将数字信号转换成模拟信号输出。根据题目要求，u_1、u_2 的数学表达式应为

$$u_1 = U\cos\omega_0 t$$
$$u_2 = U\sin\omega_0 t$$

（2）经过被测网络后（被测网络的设计请见第 13 题解），其输出信号的幅度和相位均会有所变化，故 u_3 的表达式为

$$u_3 = S(f)\cos[\omega_0 t + \varphi(f)]$$

（3）设两乘法器的乘法系数均为 1，则二者的输出 u_4、u_5 的表达式为

$$u_4 = US(f)\cos\omega_0 t\cos[\omega_0 t + \varphi(f)]$$
$$= \frac{1}{2}US(f)\cos\varphi(f) \qquad\qquad ——乘积差频部分，可用低通取出$$
$$+ \frac{1}{2}US(f)\cos[2\omega_0 t + \varphi(f)] \qquad ——乘积和频部分，可用低通滤除$$

$$u_5 = US(f)\cos[\omega_0 t + \varphi(f)]\sin\omega_0 t$$
$$= \frac{1}{2}US(f)\sin\varphi(f) \qquad\qquad ——乘积之差，可用低通取出$$
$$+ \frac{1}{2}US(f)\sin[2\omega_0 t + \varphi(f)] \qquad ——乘积之和，可用低通滤除$$

（4）u_4、u_5 经低通滤波后，和频信号均被滤除，故 u_6、u_7 信号的表达式分别为（设低通滤波器的低频传递函数为 1）

$$u_6 = \frac{1}{2}US(f)\cos\varphi(f) \approx \frac{1}{2}US(f) \qquad ——在相移 \varphi(f) 值较小时，\cos\varphi(f) = 1$$

$$u_7 = \frac{1}{2}US(f)\sin\varphi(f) \approx \frac{1}{2}US(f)\varphi(f) \qquad ——在相移 \varphi(f) 值较小时，\sin\varphi(f) = \varphi(f)$$

由上述近似式可见，u_6 的幅值与被测网络的幅频变化 $S(f)$ 成正比；u_7 的幅值与被测网络的相移变化 $\varphi(f)$ 成正比，但希望此时的 $S(f)$ 值在频率变化时变化不大，基本为一个常数，为此被测网络的品质因素 Q 值应较低。在谐振频率（20MHz）附近，选频曲线较平坦，且相移 $\varphi(f)$ 的范围也不可过大（±23°以内），否则会产生较大的误差。

（5）A/D 转换器可涵盖在控制核心内（如单片机、嵌入式、FPGA 等）。由于输入信号属低频范围，故对其转换时无高速要求。

13. 已知第 12 题发挥部分的被测网络为 *RLC* 串联谐振电路如图 10-7-16 所示，请按下列要求进行分析与设计。

（1）电路的输入阻抗 R_o（即为前级的输出阻抗）、输出阻抗 R_i（即为下一级的输入阻抗）均为 50Ω。

（2）被测网络通带的中心频率为 20MHz，误差绝对值≤5%，有载品质因素 $Q=4$，误差的绝对值≤5%，有载最大电压增益≥−1dB。

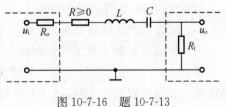

图 10-7-16　题 10-7-13

（3）扫频测量所制作的被测网络，显示其中心频率和−3dB 带宽，频率数据显示的分辨率为 100kHz。

（4）图 $R_x \geqslant 0$，由设计制作者决定。

答:(1) 设计时,应使 R 值尽可能等于 0,使回路的插入损耗减至最小,否则难以使有载最大电压增益 $\geqslant -1\mathrm{dB}$。

(2) 电感 L 的 Q 值应越高越好,不能用市售的低 Q 值电感,最好用漆包线自制空心电感,其 Q 值可在 100 以上,进一步保证回路的插入损耗不大。

(3) 求解回路的 L、C 值。根据 $f_0 = \dfrac{1}{2\pi\sqrt{LC}} = 20\mathrm{MHz}$,可求得 LC 的乘积:

$$LC = \frac{1}{4\pi^2 f_0^2} \approx \frac{1}{40 \times (20 \times 10^6)^2} = \frac{1}{16 \times 10^{15}}$$

由 $Q = \dfrac{1}{r}\sqrt{\dfrac{L}{C}} = 4$,可求得 $\dfrac{L}{C}$ 的比值为

$$\frac{L}{C} = Qr^2 = 16 \times (50+50)^2 = 16 \times 10^4$$

根据 LC 和 $\dfrac{L}{C}$ 的已知值. 即可求得 L 和 C 值分别为

$$L = 3.2\mu\mathrm{H}, \quad C = 20\mathrm{pF}$$

需指明,若 $R > 0$,则需改变 Q 式中的 $\dfrac{L}{C}$ 的比值,以满足 $Q = 4$ 的要求。

(4) RLC 串联谐振回路的幅频特性和相频特性分别如图 10-7-17 所示,其频带宽为

$$\mathrm{BW} = \frac{f_0}{Q} = \frac{20}{4} = 5(\mathrm{MHz})$$

(5) 对应通带边缘 17.5MHz 和 22.5MHz 处,回路的相位移分别是 $-45°$ 和 $+45°$。在相移为 $\pm 23°$ 的范围内,相位移与频率变化基本呈线性关系,在回路的中心频率 $f_0 = 20\mathrm{MHz}$ 的附近(如 $\pm 1\mathrm{MHz}$ 的范围内),回路的幅频特性 $S(f)$ 可近似为常数,而相移特性由于其值很小,存在 $\sin\varphi(f) \approx \varphi(f)$ 的关系,这样就满足了第 12 题的分析要求。

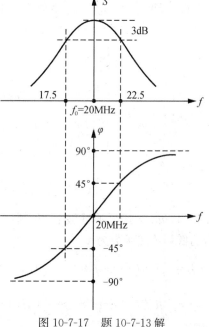

图 10-7-17 题 10-7-13 解

应当指明,在要求相位移 $\varphi(f)$ 值较大的情况下,本测量会有误差存在。

14. 已知用示波器检测晶体管输出特性的连接电路如图 10-7-18 所示,晶体管放大器的输入信号为四级阶梯波形。试完成以下各题:

(1) Y 点信号是什么波形(即电阻 R_e 上的波形,也是加至示波器 Y 轴上的输入信号波形)?

(2) X 点信号是什么波形(即 U_{CE} 波形,也是加至示波器 X 轴上的输入信号波形)?

(3) 画出示波器屏幕上所显示的波形。

(4) X 轴与 Y 轴上所加信号能同步吗? 为什么?

答:(1) Y 点信号波形是四级阶梯波信号,与输入 u_i 相同,其幅值也大致相等,因为图中晶体管组成射极跟随放大器,其放大倍数 $A_v \leqslant 1$,这一信号直送示波器的 Y 轴输入端。

(2) X 点信号为正弦全波整流信号,其波形已画在图中,此信号既作为放大器集电极的供电信号,又加至示波器的 X 轴输入端,作为水平轴的扫描信号。

(3) 示波器上显示出的图形应为被测晶体管 VT 的输出特性曲线,图形如图 10-7-19 所示。

（4）由于晶体管集电极所加的供电电压是正弦全波整流波形,此信号由零开始增至最大值,然后再回到零,如此循环往返,故晶体管发射极输出的阶梯波也必将随之由零增至最大再回至零值,如此可使 X 轴与 Y 轴二信号同步。

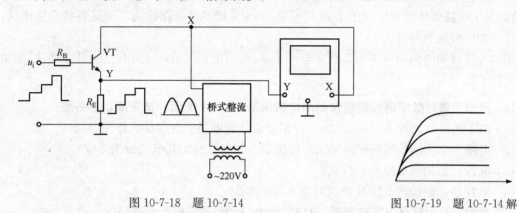

图 10-7-18　题 10-7-14　　　　　　　　　　　　　　　图 10-7-19　题 10-7-14 解

15. 已知感抗法测电感、容抗法测电容的核心电路(即 $L/U,C/U$)如图 **10-7-20** 所示,其输入均为单一频率的正弦交流信号(频率为 **100Hz～1kHz**)。试完成以下各题:

（1）各运放组成什么电路? 起什么作用?

（2）求出图 10-7-20(a)中输出电压 u_o 与电感 L 的关系式。

（3）求出图 10-7-20(b)中输出电压 u_o 与电容 C 的关系式。

（4）在频率不变时,在测量不同挡的 L 值、C 值时,为使运放增益变化不大,应如何处理?

（5）电路的输出(右侧)应加什么电路才能使 L 值、C 值作数字显示。

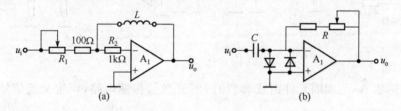

图 10-7-20　题 10-7-15

答:（1）运放 A_1、A_2 均组成反相放大电路,即将电感 L 转换成输出电压、电容 C 转换成输出电压的电路,也有一些方案将图 10-7-20(b)电路中的电容置于反馈支路中,与 L 所在的位置相同。

（2）在图 10-7-20(a)中:根据 $A_v=-\dfrac{w_o L}{R_1}$ 的计算式可求得 u_o 与 L 的关系式为

$$u_o=u_i A_v=-u_i\frac{w_o L}{R_1}=-\frac{2\pi f_o u_i}{R_1}L=-KL$$

式中,若 f_o、R_1、u_i 值已知,则 K 为常数,输出 u_o 与 L 成正比。

（3）在图 10-7-20(b)中:根据 $A_v=-\dfrac{R}{\dfrac{1}{w_o C}}=-w_o RC$ 的计算式可求得 u_o 与 C 的关系式

$$u_o=u_i A_v=-u_i w_o RC=-2\pi f_o Ru_i C=-KC$$

可求得输出电压 u_o 与 C 成正比关系。

（4）在图 10-7-20(a)所示电路中,调节电阻 R_1 大小,使其在随 L 值的增大而增大,以保持

在不同挡时输出 u_o 变化不大,在图 10-7-20(b)所示电路中,调节电阻 R 大小,使其在随 C 值的增大而减小,以保持在不同挡时输出 u_o 变化不大。

(5)两电路的右边应加带通滤波电路、A/D 转换电路、单片机(或 FPGA、嵌入式)控制电路,液晶显示电路等才能很好测出 L 或 C 值来,其中带通滤波电路是为了滤除各种杂波干扰,而保证所测信号顺利通过。

用本方法可测电感的范围为几微亨至几十亨;可测电容的范围在几皮法至几十微法,测量准确度在 $\pm 2.5\%$。

16. 已知五量程数字电容测量仪局部电路如图 10-7-21 所示。试完成以下各题:

(1)四个运算放大器 A_1、A_2、A_3、A_4 分别组成什么电路?各起什么作用?

(2)电路中交流信号的频率由什么元件决定?如何计算?其值大致为多少?

(3)电容 C 值的测试原理是什么?

(4)电容 C 值的被测范围及测试精度大致是多少?

(5)为数字显示被测电容的容量,电路的输出(右侧)还应接什么电路?

(6)四个二极管起什么作用?

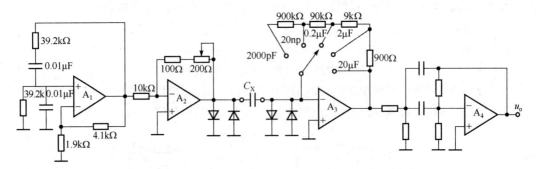

图 10-7-21 题 10-7-16

答: (1)运放 A_1 与四周元件组成典型的 RC 正弦波振荡电路,产生交流信号输出。运放 A_2 组成典型的反相比例放大电路,电压放大倍数 $A_v = -\dfrac{100}{10000} = -0.01$ 倍(设电位器值为 0Ω)。运放 A_2 输出信号的幅值应在几十毫伏的量级。

运放 A_3 也组成反相比例放大电路,起 C/U 转换作用,有关变换原理可参考第 15 题的分析。

运放 A_4 与四周元件组成带通放大电路,对被测的信号进行选频放大,滤除其他频率的杂波干扰。

(2)由 RC 振荡器产生的测试信号的频率由运放 A_1 同相端的片外元件值决定,即

$$f_o = \frac{1}{2\pi RC} = \frac{1}{6.28 \times 39.2 \times 10^3 \times 0.01 \times 10^{-6}} = \frac{10^4}{24.62} \approx 400\,(\text{Hz})$$

(3)电容 C 的测试原理是用运放 A_3 将电容转换成输出电压的变化,然后再对这一电压进行带通滤波、A/D 转换,再由单片(FPGA 或嵌入式)进行分析、计算与数字显示,有关 $C \to U$ 的转换,本章已有例题进行过分析,不再赘述。

(4)本电路分 5 个测量挡,分别对应 2000pF、20nF、200nF、2μF、20μF,每挡电压根据 A/D 转换的二进制位数再可细分,若以 10 位二进制取样,则每挡又可分为 1024 个等级,即最小可

测 2pF 电容。测试精度在 $\pm 2.5\%$。

(5) 电路的输出(即右侧)应再接 A/D 转换器及控制电路(单片机、FPGA、嵌入式小系统),以对信号进行数字化处理。

(6) 四个二极管起限幅保护作用,防止因外接被测电容时可能引入的大电压对电路的影响。

17. 已知测量 R、C、L 元件值的电路组成框图如图 10-7-22 所示。试完成以下各题:

(1) 本方案的测量原理是什么?

(2) 画出 RC 振荡器的一个可用电路,并写出其相关公式。

(3) 画出 LC 振荡器的一个可用电路,并写出其相关公式。

(4) 本方案的优缺点是什么?

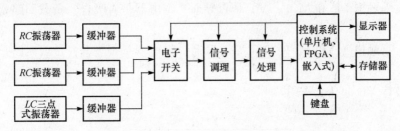

图 10-7-22　题 10-7-17

答:(1) 利用振荡器将 R、C、L 元件值转换成信号的频率值,再将不同频率的信号进行信号调理(放大等)和信号处理(比较、分频、计数等),然后送入控制系统,进行测频和转换,最后显示出相应的 R、C、L 值。为简化电路,用一个振荡器可同时测 R、C、L。

(2) RC 振荡器常选用 555 芯片组成的 RC 振荡电路,如图 10-7-23(a)所示,其输出信号的频率计算公式为

$$f_{\text{o}}=\frac{1}{0.7(R_1+2R_{\text{x}})C}$$

由公式可知,可将电容 C 或 R_{x} 转换成不同频率的信号电压输出。

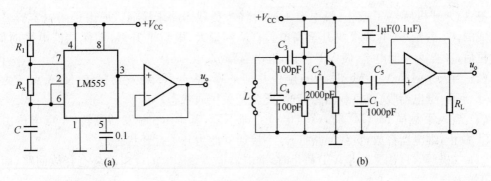

图 10-7-23　题 10-7-17 解

(3) LC 三点式振荡器常用克拉泼电路或西勒电路,图 10-7-23(b)是西勒电路,此电路的频率稳定性能好,频率范围宽,输出电压的幅值也较稳定,其输出信号的频率计算公式为

$$f_0 = \frac{1}{2\pi\sqrt{LC}}, \quad C = C_4 + \frac{1}{\dfrac{1}{C_1} + \dfrac{1}{C_2} + \dfrac{1}{C_3}}$$

（4）特点是电路简单、实现容易，所测元件值的范围大致为

R：$100\Omega \sim 1M\Omega$，范围不够宽

C：$100 \sim 10000pF$，范围不够宽

L：$10\mu H \sim 10mH$，范围不够宽

18. 已知由基本 RS 触发器组成的简单触摸式敏感开关的电路如图 **10-7-24** 所示，M_1、M_2 为触摸点，M_3 为地点。试完成以下各题：

（1）开机后，VT 是否导通？继电器是否吸合？负载回路是否接通？为什么？

（2）当人手触摸 M_1 和 M_3 时，VT 是否导通？继电器是否吸合？负载回路是否接通？为什么？

（3）当人手触摸 M_2 和 M_3 时，VT 是否导通？继电器是否吸合？负载回路是否接通？为什么？

（4）二极管 VD 起什么作用？

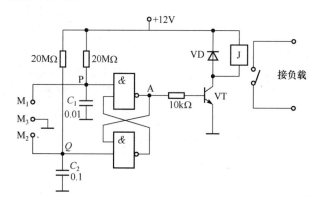

图 10-7-24　题 10-7-18

答：（1）开机后，VT 截止，继电器不通，释放，负载回路未接通。原因是两电容容量不同而造成的，C_1 容量小，电位很快升至高电位；C_2 容量大，电位上升慢，即保持低电平时间长。故开机后，A 点必为低电平，使 VT 截止，继电器释放。

（2）当人手触摸 M_1、M_3 时，P 点电位立即下降，基本 RS 触发器翻转，使 A 点变为高电平，VT 导通，继电器吸合，负载回路接通（此为开关接通状态）。

（3）当人手触摸 M_2、M_3 时，Q 点电位立即下降，基本 RS 触发器翻转，A 点电位由高至低，VT 截止，继电器释放，负载回路打开（不接通）（此为开关打开状态）。

（4）二极管 VD 用来防止 VT 截止时，继电器电感线圈上的反电动势有释放回路，而保护 VT 不被击穿。

19. 已知直流电机转速控制系统的组成框图如图 **10-7-25** 所示。设电机转速为 **30r/s**（即 **1800r/min**），转速计固定在电机的转动轴上，其每转能输出 **100** 个脉冲。试回答以下各题：

（1）这是什么控制系统？有什么特点？

（2）相位比较器（鉴相器）起什么作用？

（3）驱动器起什么作用？

(4) 分频器起什么作用?

答:(1) 这是用锁相环路控制直流电机转速的一个典型的机电系统。特点是系统稳定,控制精度高。由于参考信号是由石英晶振荡器提供,其频率稳定性能常在 10^{-5} 以上,故系统在稳定(锁定)后,电机转速也会稳定在这个水平上,如此可用一个参考信号源控制多台电机同时工作。

(2) 能对两输入信号的相位进行比较(鉴别),当其有差值时,即有输出电压,此电压经驱动级加至直流电机上,使其转速(相位)向参考信号靠拢,经过这一负反馈的调整,最终使鉴相器两输入信号的频率完全相等,而两者的相位角接近相等。控制的结果使直流电机的转速严格稳定在 30r/s(即每秒输出 3000 个脉冲)上。

(3) 驱动器的作用是对鉴相器的输出信号进行功率放大,以有足够强度对电机进行控制。

(4) 将较高的晶振频率分频成较低的系统所需的参考信号频率,如本例的 3kHz。当然,也可以分频成其他频率的信号,以适应不同电机转速的要求。分频比可由单片机等智能控制系统控制。

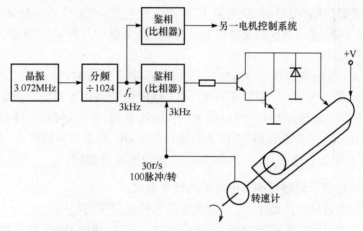

图 10-7-25 题 10-7-19

20. 已知某温度控制系统如图 **10-7-26** 所示,R_t 为负温度系数电阻、**M** 为制冷压缩机、**J** 为继电器。试完成以下各题:

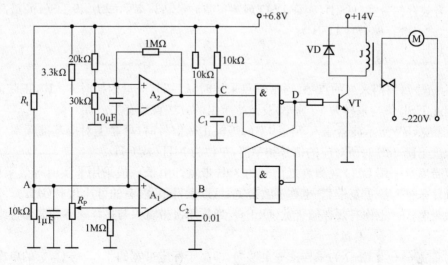

图 10-7-26 题 10-7-20

（1）电源接通后，电路如何能保证 VT 导通，使压缩机 M 工作制冷？

（2）温度下降至一定值后，电路如何使 VT 截止、压缩机停止工作？

（3）压缩机停转后，温度上升，电路的工作又如何变化？

（4）电位器 R_P 向上或向下调节起什么作用？

答：（1）关键在于 C_1、C_2 容量不同——C_2 容量小，开机后其上的电位很快充至高电平，而 C_1 容量大，充电慢，保持低电平时间长。对于由两个与非门组成的基本 RS 触发器而言，输入端 C 点的低电位，就使其输出 D 点为高电位，使 VT 导通，继电器吸合，压缩机回路接通而制冷。

（2）压缩机工作，温度下降，由于热敏电阻 R_t 是负温度系数电阻，其阻值随温度降低而升高，R_t 升高，使 A 点电位降低，此电位降低，经反相放大器 A_2 的放大保证 C 点电位为高电平，但经 A_1 同相比较器的作用，使 B 点变为低电平。如此，即使基本 RS 触发器翻转，使 D 点变为低电平，使 VT 截止，继电器释放，压缩机回路被切断而停转。

（3）温度上升后，热敏电阻 R_t 阻值变小，A 点电位升高，经运放 A_1、A_2 的作用，使 B 点电位升高，C 点电位下降，基本 RS 触发器再次翻转，使 D 点电位升高，VT 导通，继电器吸合、压缩机回路接通，再次制冷。

（4）电位器 R_P 是用来调节制冷温度的——当 R_P 向上调节时，运放 A_1 反相端电位升高，这样就是在温度下降得更多，R_t 阻值变得更小，A 点电位升高得更高时，运放 A_1 的输出点才能得到高电平。运放 A_2 输出端 C 点得到低电平，使基本 RS 触发器翻转。同理，若 R_P 向下调节时，A_1 负端的比较电平变低，这样温度不必降得很多，R_t 值不必变得更小，A 点电位不必升得更高就可使 B 点变为低电平；C 点变为高电平，而使触发器翻转。

21. 简述数字存储示波器（DSO）中常见的技术名词。

答：DSO 的技术名词多达数十个，现就常见的几种作简单的解说：

（1）点显示技术：DSO 显示出的波形是由间隔的亮点组成的，考虑到有效存储带宽问题，一般要求每个信号周期有 20～25 个点显示。为了克服视觉混淆错误，DSO 常用一种插入器将一些数值补充到有相邻的采样点之间。采用插入技术可降低对采样速率的要求，当前主要有线性插入和曲线插入两种方式。

（2）有效存储带宽（USB）：表征 DSO 观测正弦波最高频率的能力，设 DSO 的最高采样频率为 f_{max}，则有效存储带宽 USB 为

$$USB = \frac{f_{max}}{k}$$

式中，k 为信号每周期采样的点数，通常逐点采样时，$k=25$，矢量内插时 $k=10$，正弦内插时 $k=2.5$，因此 USB 值与采样频率（速率）及波形重组的方法直接有关。

（3）带宽（BW）：示波器输入不同频率的等幅正弦信号时，屏幕上对应基准频率（如中频）的显示幅度下降 3dB 时所对应的信号频率值，单位为 MHz 或 GHz。

重复带宽——用 DSO 观测重复信号的 3dB 带宽。由于一般采用非实时等效采样（随机采样或顺序采样），故重复带宽（也称等效带宽）可以做得很宽，有的可达几十 GHz。

单次带宽——也称有效存储带宽（USB）。通常单次带宽只与采样速率和波形重组的方法有关。

实时带宽——当 DSO 的采样速率足够高，即高于标定带宽的 4～5 倍时，它的单次带宽和重复带宽相等，此称实时带宽。

(4) 上升时间 t_r：脉冲上升沿由幅值 10% 升至 90% 所占用的时间即为上升时间(t_r)，t_r 越短则脉冲前后沿越陡，其所含的高频分量就越丰富（即最高频率越高）。DSO 与模拟示波器一样，其上升时间与示波器带宽的关系为

$$t_r = \frac{0.35}{BW} \quad \text{或} \quad t_r BW = 0.35$$

为了测量时不产生过大的误差，通常要求示波器的 t_r 至少要比被测脉冲上升沿的时间短 $1/3$。例如，带宽为 100MHz 的示波器，$t_r = 3.5\text{ns}$，则被测脉冲的上升沿应大于 $3 \times 3.5\text{ns} = 10.5\text{ns}$，否则测量误差会加大。

(5) 垂直灵敏度：也称垂直偏转因素，单位以 V/div 或 V/cm 表示，表明了示波器测量最大、最小信号幅值的能力。

(6) 垂直分辨率：一般是指 DSO 内所采用 A/D 转换器在理想情况下进行采样量化的二进制位数，若为 8 位二进制，则垂直分辨率为 $1/256$。

(7) 采样速率：采样速率通常是指 DSO 进行 A/D 转换的最高速率，单位 MS/s（兆次/秒），采样速率有时也称数字化速率，其描述方式有多种：

采样次数——单位时间内的采样次数，单位为 MS/s、GS/s。

采样频率——如 20MHz、50MHz 等。

信息率（信息速率）——每秒能存储的二进制位数，单位为 Mb/s。例如，采样速率为 20MS/s，8 位二进制的 A/D，其信息速率为 160Mb/s。

(8) 记录长度（存储深度）：是 DSO 的采样存储器能够连续存入样点的最大字节数，单位是 KB、MB、GB，也有用 Kpts、Mpts 表示（pts 为样点）。

(9) 扫速（水平偏转因素、时基）：是指示波器显示时，水平方向（x 轴）每格（div）所代表的时间值，常以 s/div、ms/div、μs/div、ns/div、ps/div 表示。

扫速（t/div）与采样速率 f_s 的关系为

$$f_s = \frac{N}{t/\text{div}}$$

式中，N 为每格（div）采样点数，如扫速为 1ns/div，每格按 50 个采样点计，则最高采样速率为

$$f_s = \frac{50}{1\text{ns/div}} = 50 \times 10^9 = 50(\text{GS/s})$$

(10) 水平分辨率（时间间隔分辨率）：DSO 在进行 ΔT 测量时所能分辨的最小时间间隔值。如果不加任何内插算法，则示波器的水平分辨率为 $1/f_s$（f_s 为采样速率）。

(11) 触发灵敏度：指示波器能够触发同步而稳定显示的最小信号幅度。

22. 已知简易数字存储示波器（DSO）的组成原理框图如图 10-7-27 所示，已知被测信号的频率范围为 DC～100kHz，垂直分辨率为 32 级/div，水平分辨率为 20 点/div，设示波器显示屏水平刻度为 10div，垂直刻度为 8div 等。请对此题的主要参数和相关问题作简单分析。（此题为全国大学生电子设计竞赛 2001 年 B 题，引用时略有改动）

答：(1) 工作原理：由所给的电路框图可见，被测的是模拟式的输入信号，显示装置是普通模拟示波器。虚线框内是需设计的信号处理与转换电路，其任务是要在控制系统（单片机、FPGA、嵌入式等）的指挥下，对输入信号进行 A/D 转换、数据存储、D/A 转换，最后以模拟信号送普通显示器观测。输入信号可以是一路，也可是两路，用电子开关进行处理即可。

(2) 采样速率：采样速率通常是指 DSO 进行 A/D 转换的最高速率，单位以 MS/s（兆次/秒）

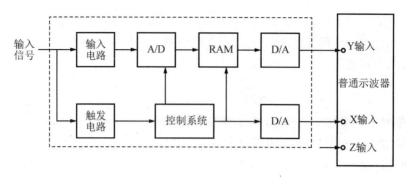

图 10-7-27   题 10-7-22

表示。根据采样定理:A/D 的采样频率必须大于(至少等于)被采信号最高频率 f_{max} 的 2 倍。为了避免混叠失真的产生,目前实时 DSO 采样时,采样频率一般规定为带宽(即 f_{max})的 4~5 倍,同时还必须采用适当的内插算法才行,如果不采用内插算法,则 A/D 的采样速率应为实时带宽的 10 倍以上。故采样速率的计算式为

$$f_s \geqslant 10 f_{max} = 10 \times 100 \text{kHz} = 1 (\text{MS/s})(1 兆次/秒)$$

(3) 扫描速率(扫速、时基、水平偏转因素):有时也称扫描速度,它是指示波器显示的水平方向(X 轴)每格所代表的时间值,本题分为三挡,分别为

$$0.1 \text{s/div}, \quad 0.1 \text{ms/div}, \quad 10 \mu\text{s/div}$$

应指明,DSO 的最高采样速率 f_s 应当对应最快的扫速。若 DSO 的水平分辨率为 20 点/div,则最高采样速率与最快扫描速率的关系为

$$f_s = \frac{N}{t/\text{div}} = \frac{20}{10 \times 10^{-6}} = 2 (\text{MS/s}) (2 兆次/秒)$$

(4) 存储深度:即记录长度,它是指 DSO 的采样存储器能够连续存储样点的最大字节数,根据本题给定的水平分辨率为 20 点/div,水平刻度为 10div,由此即可求得存储深度为

$$20 点/\text{div} \times 10\text{div} = 200(点)$$

若每点按 8 位二进制采样,则 200 点 × 8 位/点 = 200 字节(即 200B)。

(5) 水平分辨率(水平时间间隔):是指 DSO 在进行 ΔT 测量时所能分辨的最小时间间隔,对于采样速率为 f_s 的情况下,如果不采用任何内插算法,则 DSO 的最小时间间隔为 $1/f_s$,如果加入了触发内插,且内插器的增益为 N 时,则 DSO 的最小时间间隔为 $1/Nf_s$。

(6) 输入阻抗:数字示波器与数字存储示波器的输入电阻大致相同,常在 1MΩ 左右。

23. 已知一个简易双踪数字存储示波器的电路组成原理框图如图 **10-7-28** 所示。请完成下列各题:

(1) 说明电路特点。

(2) 说明电路的工作原理。

(3) 说明主要元器件的选择。

答:(1) 本方案的主要特点如下:

①设计合理、规范,且电路简捷明了,扩展的空间较大。

②既可以普通(模拟)示波器作显示终端,又可以液晶屏 LCD 作数字显示。适应多种课题制作要求,适合各类电子设计竞赛时选用。

③选用双口 RAM 可解决读写操作中各类总线的冲突,能使控制电路简单、可靠。

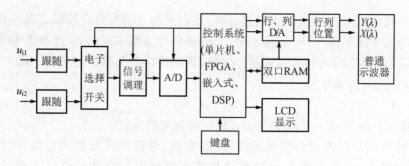

图 10-7-28　题 10-7-23

（2）电路的工作原理:两路输入信号分别经跟随电路(提高输入阻抗、隔离对被测电路的影响);电子选择开关选择其中一路信号输出或以高速交替方式轮流输出两路输入信号;信号调理电路要对输入信号作放大(弱输入信号时)、衰减(强信号输入时)、滤波等处理,以满足 A/D 转换器对输入信号幅值大小之需;A/D 转换器将输入的模拟信号转换成数字信号输出;控制系统是整个电路的核心,它要对输入的数字信号按终端显示要求进行各种运算、处理;处理后的信号可送 LCD 作数字显示,或经行、列 D/A 转换,变成模拟信号再经 Y（垂直）、X（水平）方向的位置调节(加入不同的直流电位),也可送至普通示波器,显示出用户所需的信号波形。

（3）主要元器件的选择:

① 高速电路选择开关——可选 4052、4051 等选择器集成电路。

② 高速 A/D 转换器——它的采样速率应根据被测信号的最高频率 f_{max} 及是否采用内插法计算等因素有关,如 $f_{max}=10MHz$,则 A/D 的采样速率应为 $10f_{max}=100MS/s$,即 A/D 的转换时间应在低于 $10^{-8}s=10ns$。有关这方面的说明请见本节的第 21、22 题。

③ 控制系统——可视具体情况采用高速单片机、FPGA、嵌入式、DSP 等集成小系统。

④ 液晶显示器 LCD——选择空间较大,可以视要求而定。

⑤ 高速 D/A——选择空间也较大。

24. 已知用霍尔传感器检测转速的测量电路如图 **10-7-29** 所示。请回答下列各题:

（1）何谓霍尔传感器?

（2）常用的霍尔传感器有几种类型? 各有什么特点?

（3）举一些常用霍尔传感器的品名。

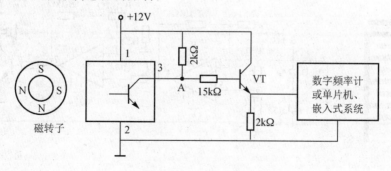

图 10-7-29　题 10-7-24

答:（1）霍尔传感器是利用半导体材料磁电效应中的霍尔效应,将被测物理量转换成霍尔电动势的一种集成化的半导体器件。

所谓霍尔效应,是指当半导体上通过电流,且电流的方向与外界磁场方向垂直时,在垂直于电流与磁场的方向上会产生一种电动势,此电动势称为霍尔电动势,此现象称为霍尔效应。利用霍尔效应而制成的半导体元件叫霍尔元件,霍尔传感器为其中的一种。霍尔电动势与电流(I)、磁场强弱(B)的关系为

$$u_H = K_H I B$$

式中,K_H为霍尔灵敏度,是一个与材料和几何尺寸有关的系数。

霍尔传感器的芯片内包含有霍尔元件、放大器、补偿电路及稳压电源等,因而能产生较大的电动势输出,克服了霍尔元件电动势较小的缺点。故此传感器具有灵敏度高、可靠性好、无触点、功耗低、寿命长等优点,很适合在自动控制、仪器仪表及物理量测量的设备中使用。

在实际使用中,送给霍尔传感器的信号可以是电流 I 或磁感应强度 B。或两者同时作用,则其输出正比于此 I 和 B,这一点已在上述公式中示出。由于建立霍尔效应的时间很短($10^{-12} \sim 10^{-14}$ s),故可工作在高速高频场合。

(2) 霍尔传感器也称霍尔集成电路,分线性型和开关型两大类。

线性型霍尔传感器的输出电压与外加磁场强度呈线性关系,灵敏度高,通带宽,可低压供电($4 \sim 6$ V)。

开关型霍尔传感器,无磁场输入时,输出高电平,有磁场输入时,输出低电平,其供电电压范围很宽。在测转速时,可在非磁性材料的圆盘边缘上粘贴一块磁钢片,并将圆盘固定在被测设备的转轴上,而开关型霍尔传感器固定在圆盘的外缘附近,园盘每旋转一周,霍尔传感器便输出一个脉冲,用频率计或单片机等小系统测量这些脉冲,便可知道转速,本例图 10-7-29 即为此用。

(3) 线性型霍尔传感器产品,如 UGN3503U/UA。

开关型霍尔传感器产品,如 UGN3040、UGN3020,UGN3132/3133(双极型);国产 CS827、CS6827(电源电压为 10 V)、CS839、CS6839(电源电压为 18 V)等。

注意:不管是单端输出还是双端输出,开关型霍尔传感器的电源与集电极输出端间需接上拉电阻才能工作($2 \sim 2.5$ kΩ)。

25. 已知湿敏报警电路如图 10-7-30 (a)、(b)所示,分别对电路作简单说明。

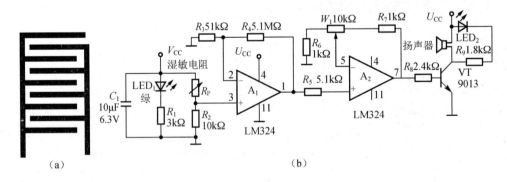

图 10-7-30　题 10-7-25

答:(1) 图(a)为自制湿敏电阻的示意图,可用印制电路板刻板制成,孔隙大小及叉指数目与湿度和灵敏度有关,视具体情况而定。

(2) 图(b)中的 R_P 为湿敏电阻,湿度大时,R_P 阻值小,V_{cc} 经 R_P 与 R_2 的分压,A_1 第 3 脚的电位就大。

(3) 图(b)中 A_1 组成同相放大电路,其电压放大倍数为

$$A_v = \frac{R_4}{R_3} + 1 = \frac{5.1 \times 10^6}{51 \times 10^3} + 1 = 101 \text{(倍)}$$

(4) 图(b)中 A_2 组成第二级放大电路,其放大倍数可调,计算公式同上式,其调节范围为 1~12 倍。

(5) 图(b)中 VT 管组成功率放大电路,可推动扬声器发声。当湿度增加时,A_1 输出信号加大,A_2 的输出信号也加大,VT 管激励增强,扬声器发声。

26. 已知心音信号检测系统的电路框图如图 10-7-31 所示,请完成下列各题:

(1) 心音传感器起何作用? 主要参数有哪些?

(2) 信号调理模块由什么电路组成? 起何作用?

(3) 简述本系统中的控制核心。

(4) 简述本系统中的 RS232 模块的作用。

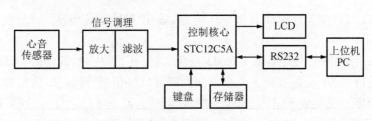

图 10-7-31 题 10-7-26

答:(1) 心音传感器的作用是要将被测者的心脏搏动和其他体表搏动转换成低阻抗音频信号。本例采用 HKY—06B 型部件,其典型参数是:供电电压为 5V,频率响应为 1~1500Hz,灵敏度为 4mV/Pa。HKY—06B 的主要特点是集成度高、可靠、灵敏度高、过载能力强、使用寿命长等。

(2) 信号调理也称信号预处理。主要由放大器(前置放大器和功率放大器)和滤波器(低通滤波器和高通滤波器)两大部分组成,其中:

前置放大电路——本例用 3DG6 型 NPN 管构成共发射极低频放大电路,对输入弱信号进行放大。

低通滤波电路——本例用 OP07 运放构成四阶巴特沃兹有源低通滤波电路,其上限截止频率为 5kHz。

高通滤波电路——也用 OP07 运放构成四阶巴特沃兹有源高通滤波电路,其下限截止频率为 5Hz。上述低通与高通完成了带通滤波功能。

功率放大电路——由 3DG6 和 3DG12、3CG12 晶体管组成+5V 供电的 OTL 功率放大电路(甲乙类状态),放大后的信号送单片机芯片中的 A/D 电路进行模/数转换。

(3) 控制核心采用了单片机 STC12C5A 芯片,其内部含 A/D 转换器、数据存储器、液晶显示和串行接口等配置,这一芯片的特点是高速、低功耗、强抗干扰的新一代 8051 单片机,其指令代码完全兼容传统的 8051,但速度快 8 倍,且自带 8 高速,10 位 A/D 转换,能很好地完成心音检测的系统要求。

(4) RS232 模块(芯片)——串行通信接口模块,起电平、编码极性等的转换,为完成单片

机与上位机 PC 间的通信起关键作用。

27. 已知红外感应节水自动开关的电路如图 10-7-32 所示。请对电路工作作简单说明。

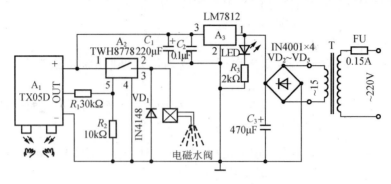

图 10-7-32 题 10-7-27

答:(1) 右侧为变压、桥式整流、电容滤波的常规电路、送至 LM7812 的直流电压为 16～18V。

(2) LM7812 与外围元件组成直流稳压电路,输出 12V 稳定电压,LED 发光管作电压有无的指示。

(3) 左侧 A₁ 为红外光收发模块 TX05D,在无人体(手)感应时,其输出 OUT 端为低电平,当有人体(手)接近时,A₁ 会接收到人手反射回的部分红外信号,此时 A₁ 输出为高电平。

(4) A₂ 为功率开关集成电路,当其输入控制端"5"为高电平时,其内部开关接通,水管自动开阀放水,当人手离开后,A₁ 输出低电平,A₂ 内部"关断"电磁阀,水源被切断。

28. 已知汽车倒车超声测距(倒车雷达)某主控模块 ATmega16 集成芯片及外围部分电路如图 10-7-33 所示。请完成下列各题:

(1) 画出倒车雷达的系统组成框图。

(2) 对主控模块 ATmega16 芯片并作简单说明。

(3) 画出一例超声波发射电路并作简单说明。

(4) 画出一例超声波接收电路并作简单说明。

答:(1) 倒车超声雷达的系统组成框图如图 10-7-34 所示。

由图可见,这个系统主要包括 ATmega16 AVR 控制核心模块、超声波发射电路、超声波接收电路、温度采集电路、声光报警电路、LCD 液晶显示电路、JTAG 接口电路和电源供电电路等。

(2) 主控模块 ATmega 16 是 Atmel 公司近几年推向市场的新一代高性能、低功耗、高集成化的 8 位 CMOS 微控制器。具有先进的指令集及单时钟周期指令执行的特点;其运行速度比 AT89C51 高出 10 倍;用户边界扫描的 JTAG 接口,可以对片内 16KB 闪存 Flash 在线编程和调试,非常方便软件升级;具有快速 PWM 通道、A/D 转换器、I²C 串行接口、可编程的串行 USART 接口、SPI 串行接口和带片内晶振的可编程看门狗定时器以及片内的模拟比较器等。除传感器外,几乎不需要其他元件都可构成某种功能系统,从而为本设计提供了灵活而低成本解决方案。

(3) 图 10-7-35 是倒车雷达所用的一个超声波发射电路。

发射电路主要由反向施密特触发器 40106 和超声波发射换能器 TCT40-10-T 构成。

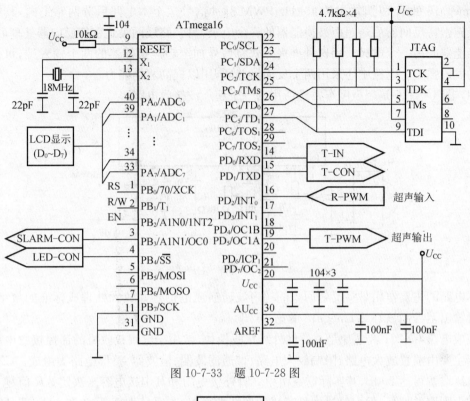

图 10-7-33 题 10-7-28 图

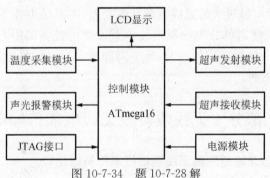

图 10-7-34 题 10-7-28 解

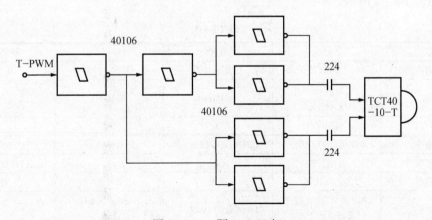

图 10-7-35 题 10-7-28 解

由 ATmega16 的第 19 脚输出的 40kHz PWM 脉冲信号送至本电路后分两路走向，其中一路经一级施密特反向器后送超声波换能器的一个电极，另一路经两级施密特反向器处理后，送超声波换能器的另一个电极。用这种推挽方式将信号加至超声换能器的两个输入端，可提高超声波的发射强度。电路中还采用两个反向器并联，用以提高驱动能力。

（4）图 10-7-36 是超声倒车雷达所用的一个超声波接收电路。

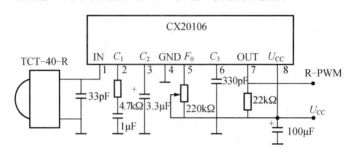

图 10-7-36　题 10-7-28 解

本电路的主要作用是将反射回来的超声波转换成电信号并放大处理成标准的数字信号，然后再输出至控制核心 ATmega16 的第 16 脚。

集成电路 CX20106 芯片是一款红外线接收模块，常用于电视接收机的遥控接收电路。它的内部主要由前置放大电路、限幅放大电路、带通滤波器、检波器、整形电路等组成。CX20106 的总电压增益可达 80dB，其实际增益由第 2 脚外接电阻和其串接电容来决定。R 值越小或电容值越大则增益越高，但取值过大易造成频率特性变差，本系统取 4.7kΩ 和 1μF；芯片第 5 脚外接电阻起选频作用，调整 220kΩ 电位器可使内置带通滤波器的中心频率为 40kHz，当接收到与滤波器中心频率相一致的频率信号时，第 7 脚即输出一个信号直接送至 ATmega16 的第 16 脚 INTO 上，以触发中断。

第八部分　无线收发及无线电能传输电路

1. 列表对 ZigBee、蓝牙等短距离无线通信技术作简略比较。

答：如表 10-8-1 所示。

表 10-8-1

参数	ZigBee	蓝牙	Wi-Fi	移动通信
单点覆盖距离	50～300 米（几千米）	几至十几米	几十至百米	几千米
频段	868/915MHz 2.4GHz	2.4GHz	2.4GHz	0.8～1GHz
网络节点数	65000	8	50	
传输速率	250kbit/s（较低）	1Mbit/s 以上	1～11Mbit/s	可达 38.4Mbit/s
网络扩展	自动扩展	无	无	现有网络覆盖大
电池寿命	0.5～几年	数天	数小时	数天
安全性能	128 位 AES 或用户在应用层定义	64 位、128 位	Service Set ID（SSID）	
网络使用费	无	无	无	有
使用、维护成本	低	低	一般	较高

2. 已知简易调频发射机电路如图 10-8-1 (a)、(b)所示。请分别对这两电路的工作作简单说明。

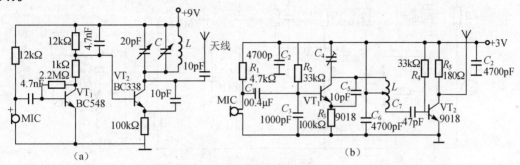

图 10-8-1　题 10-8-2

答：(1) 图(a)电路左侧的 MIC 为驻极体话筒,由它将人的语言信号转换成音频电信号加至 VT_1 管作音频放大;VT_2 组成电容三点式高频振荡电路,兼作调频之用,VT_1 送入的电信号能控制 VT_2 振荡管的结电容,实现调频功能。本电路的高频振荡信号的频率为 100MHz 左右,正好处于调频波段(88～108MHz)范围内,故可用普通调频收音机接收本电路所发的信号,通信距离在十多米至数十米的范围内。本机的天线长度为 7.5～15cm。

(2) 图(b)电路左侧的 MIC 也为驻极体话筒,其作用与图(a)相同;VT_1 与外围无件组成三点式高频振荡电路,频率由 L、C_4、C_5 及 VT_1 的结电容决定,大致可调在 88～108MHz 的范围内;VT_1 管兼作调频之用,MIC 送入的音频信号能控制 VT_1 管的结电容(bc 结)的大小,从而实现调频的目的。本电路的天线尺寸大致与图(a)电路相似,可用普通的调频收音机接收本电路发出的信号,有效距离为 30～50m;右侧 VT_2 管组成高频放大电路,能使发射信号的功率得到放大,使通信距离加大。

3. 已知高灵敏度简易调频发射电路如图 10-8-2 所示。它可用麦克风拾取 2～4m 的音频声响,其工作频率在 88～108MHz 的调频波段内,收发距离为 100～400m,可用普通调频(FM)收音机接收本电路发出的信号。请对本电路作简单解释。

答：(1) 左侧 9014 管组成音频放大电路,由 MIC(驻极体电容话筒)拾取的音频信号经放大后由 9014 的集电极输出。电路中 C_2、R_2 组成预加重电路,使音频中的高频分量得以提升,9014 管的发射极接 51Ω 电阻,起电流串联负反馈作用,本级放大电路的电压放大倍数约在 50 倍。预加重的设置是为了与调频收音机中的去加重相对应。

(2) 中间的 9018 组成调频振荡电路,为共基组态电容三点式振荡电路,前级送入的音频信号由基极输入,它会对 9018 管 bc 结的结电容进行控制,使其随音频信号的幅值变化而变化,从而达到调频的作用。

(3) 右侧的 8050c 管组成丙类功率放大电路,其输入阻抗高,对前级调频电路影响小;它的输出阻抗低,带载能力强。又由于它工作在丙类,故效率高,输出功率也较大。

(4) L_2 与 C_9 组成选频回路,调谐在 FM 波的载频上,L_2 的电感量为 0.1～0.2μH。

(5) L_3 为天线加感线圈,用于天线长度小于 1/4 波长时提高天线的发射效率(100MHz 载频 1/4 波长的天线长度约为 0.75m)。C_8、C_{10} 的容量应小于 20pF,以减弱电路间的耦合,使天线的变动不致影响调频波的频率和幅值的稳定。可用拉杆天线做天线;也可用 8cm 长的软线替代。

(6) 9014、9018 的 β 值应大于 80,8050C 的 β 值应大于 50;C_4～C_{10} 为瓷片电容;L_1～L_3 用直径为 0.4mm 的漆包线在直径为 10mm 的圆管上缠绕 6 匝,然后取下,L_1 应在中心 3 匝处抽头,在印制板上 L_2 与 L_3 应作垂直排列。

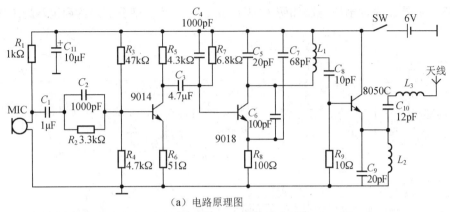

(a) 电路原理图

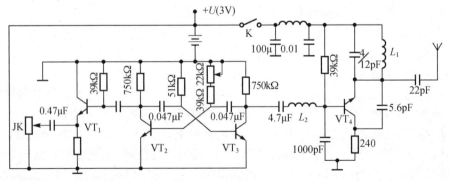

(b) 印制板图

图 10-8-2　题 10-8-3

(7) 图(b)为电路印制板图,仅供参考。

4. 已知电视信号发生器(发射机)的电路如图 **10-8-3** 所示,它能产生载频为 **195MHz**,并被 **300Hz** 低频方波调制的电视高频信号,正常工作时,电视接收机在第 **9** 频道上可收到 **6** 对黑白相间的水平横条信号。请回答下列各题:

(1) VT_2、VT_3 及外围元件组成什么电路? 起什么作用?

(2) VT_1 起什么作用?

(3) VT_4 及外围元件组成什么电路? 起什么作用?

(4) 若低频方波信号的频率改为 200Hz 或 400Hz,则电视机的屏上显示什么图形?

图 10-8-3　题 10-8-4

(5) 若低频方波信号的频率改为 31.25kHz、62.5kHz,则电视机的屏显示什么图形?

答:(1) VT_2、VT_3 及外围元件组成多谐振荡电路,能输出 300Hz 的低频方波(或矩形波),输出后能对高频载频信号进行调制。

（2）VT$_1$ 为射极跟随电路，能推动 JK 端的发声元器（如蜂鸣器），以对多谐振荡电路是否工作进行监听。

（3）VT$_4$ 及外围元件组成高频振荡电路，这是较典型的电容三点式振荡电路，能产生 195MHz 的高频正弦波信号输出，其基极输入的 300Hz 方波能对此高频信号进行幅度调制。

（4）低频为 200Hz 方波时——电视机屏上可显示 4 对黑白横条；低频为 400Hz 方波时——电视机屏上可显示 8 对黑白横条。

（5）低频为 31.25kHz 方波时——电视机屏上可显示 2 对黑白竖条；低频为 62.5kHz 方波时——电视机屏上可显示 4 对黑白竖条。

电视机屏上所显示的波形与低频调制信号频率的关系如图 10-8-4 所示。

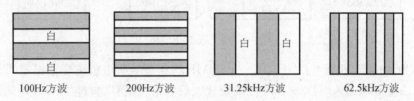

| 100Hz方波 | 200Hz方波 | 31.25kHz方波 | 62.5kHz方波 |

图 10-8-4　题 10-8-4 解

5. 已知语音调频发射机的电路组成与元器件布局及印制电路板图如图 **10-8-5** 所示。详细资料请参见介绍晶体管 **2SC1906** 的有关网站或说明。

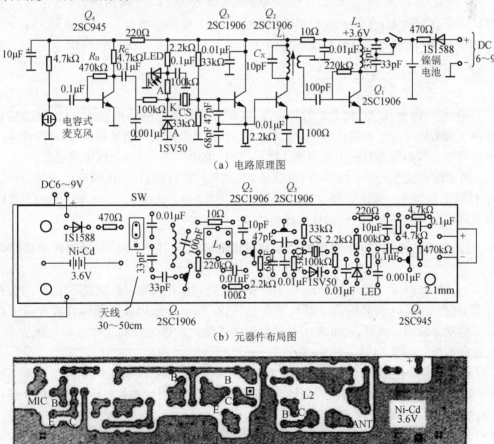

（a）电路原理图

（b）元器件布局图

（c）印制电路板图（20mm×100mm）

图 10-8-5　题 10-8-5

答:(1) 此调频发射机是由低频放大器(也称前置放大器或话筒放大器)、调频振荡器、7 倍频的倍频器和功率放大器四大部分组成。其发射频率的范围为 78～98MHz。频偏为 ±75kHz。发射距离约 20m,可用普通的调频收音机接收本电路信号。本机的电路组成框图如图 10-8-6 所示。本机使用 3.6V、50mA·h 的镍镉电池供电,可由输出电压为 DC6～9V 的 DC 电源适配器对其充电。

图 10-8-6　题 10-8-5 解

(2) 以 2SC1906 三极管($f_{\text{T}} = 600 \sim 1000\text{MHz}$)组成共集电极陶瓷谐振器(CS)式的调频振荡电路。由麦克风送入、经 2SC945 三极管放大后的语音信号、再经 100kΩ 电阻加至变容管(ISV50)两端,控制其结电容变化,达到语音调频的目的。振荡产生的载频为 12MHz。频编约为 10.7kHz。麦克风输出的音频信号约几毫伏至十几毫伏。经 2SC945 三极管放大后,信号可达几百毫伏。

(3) 三极管 Q_2(2SC1906)组成 7 倍频电路,其负载为 LC 选频回路,调谐在输入信号(12MHz)的 7 次谐频上,故可输出 84MHz 的调频信号。频偏也增大了 7 倍,达到 75kHz。电感 L_1 的计算式为(L_1 可为磁心电感,以便调谐)

$$L_1 = \frac{1}{4\pi^2 f_0^2 C} = \frac{1}{4\pi^2 \times 84^2 \times 10^{12} \times 10 \times 10^{-12}} \approx 0.36(\mu\text{H})$$

应指明:利用丙类(C 类)放大器的非线性,实现 7 倍频不是一种很好的方法,原因是余弦脉冲中的 7 次谐波分量的幅值已很低,难以选出。其低次谐频的幅值又很高,也难以滤除。解决的方法是提高调频振荡器的主振频率。降低倍频器的倍频次数,或用两级倍频器。

(4) 功率输出级选用 2SC1906 管,负载是 LC 选频回路,以电容分压接外接发射天线。回路电感 L_2 可为自制——采用直径为 0.7mm 漆包线,绕 7 匝。内经为 5mm,长 10mm。天线可用拉杆天线,也可用 8～10cm 长的软导线代替。

6. 已知集成芯片 MC2833 组成的调频发射机电路如图 10-8-7 所示,请对本电路作简单解说。

答:(1) MC2833 是飞思卡尔(Frees cale)公司生产的单片调频发射集成芯片,片内含有话筒放大器,压控振荡器(调频振荡电路),两个晶体管(NPN),采用片内晶体管放大器可获得 +10dBm 的功率输出。另外,也可采用直接射频方式输出。该芯片的工作电源电压为 2.8～9V,电流为 2.9mA,MC2833 采用 16 脚封装。

(2) 话筒(MIC)信号或音频信号由第 5 脚送入本芯片,作放大后由第 4 脚在片外作幅度调节(频偏调节)和音频预加重(提升高频,与 FM 接收机中的去加重相对应)后,由第 3 脚再回送片内,对可变电抗进行控制,达到调频的目的。

(3) 调频信号经缓冲隔离和片外选频,再经片内晶体管 Q_2 和 Q_1 的两级放大或倍频,最后由第 9 脚输出送到片外的选频回路,由天线发射至空间。

(4) 石英谐振器 Y_1 为基频模式(基频晶体)。

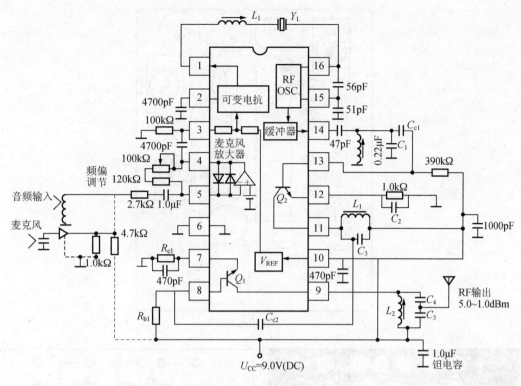

图 10-8-7　题 10-8-6

（5）晶体管 Q_2、Q_1 的主要作用是放大或倍频。在 49.7MHz 和 76MHz 的发射电路中，Q_1 作为一个线性放大器，在 144.6MHz 的发射电路中，Q_1 用作倍频器。

（6）在电源电压为 $U_{CC} = 8V$ 时，对于 49.7MHz 和 76MHz 的发射机，输出功率是 +10dBm，对于 144.6MHz 的发射电路，输出功率是 5dBm。

（7）印制电路板制作。按印制电路板设计要求，设计 MC2833 的调频发射机电路的印制电路板图如图 10-8-8 所示，选用一块 50mm×40mm 双面环氧敷铜板。

注意：MC2833 有 DIP—16 和 SO—16 两种封装形式。

7. 已知由 MC3362 集成芯片组成的无线电接收电路如图 10-8-9 所示，请对电路作简单解说。

（1）此电路为一种常见的应用电路。所接收的信号频率在 200MHz 左右，为调频信号 FM 或频移键控信号 FSK。由第 1 脚输入，由第 13 脚输出的是解调后的音频信号，送外接音频放大器电路，输出信号幅度为 300～500mV。

（2）MC3362 片内含有两级乘法混频电路、本振电路、中放电路、限幅电路、鉴频电路等各自完成接收机各主要功能。

（3）外接 10.7MHz 陶瓷滤波器为第一混频后的中频选频回路，外接 455kHz 陶瓷滤波器为第二混频后的低中频选频回路。第一、二混频级的电压增益分别为 18dB 和 21dB。相加后接近 40dB（约 100 倍）。

（4）若接收的是 FSK 信号，则第 13 脚输出的信号需回送至 14 脚入片内，经比较器等数字电路的整形处理，解出原调制数码，然后输出，数码速率为 2000～35000bit/s。

（5）芯片的第 10、11 脚可外接显示电路及载波检测电路。

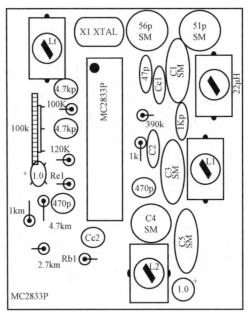

（a）元器件布局图

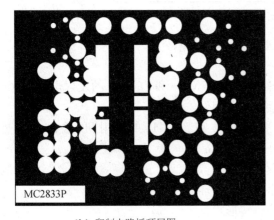

（b）印制电路板顶层图

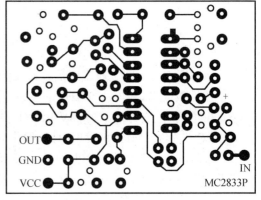

（c）印制电路板底层图

图 10-8-8　题 10-8-6 解

（6）芯片的第 20 脚将第一本振信号输出加至外接的锁相环路；第 23 脚是锁环回送至片内的控制信号。在实际应用中，常将外接锁相环(PLL)省去不用。

8. 已知由 MC3363 集成芯片组成的无线调频接收机电路如图 10-8-10 所示，请对电路作简单解说。有关详细资料请登录 www. motorola. com 查询。

（1）这是与 MC3362 相类似的无线调频信号接收集成芯片，二者的组成及工作原理大致相同。

（2）本电路片外元件按载波频率为 49.830MHz 的调频信号配用。

（3）由第 18 脚输出的是解调后的数据信号；由第 19 脚输出的是音频信号。

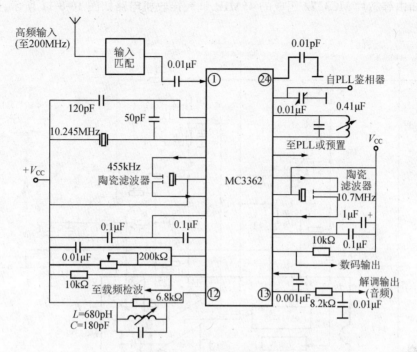

图 10-8-9 题 10-8-7

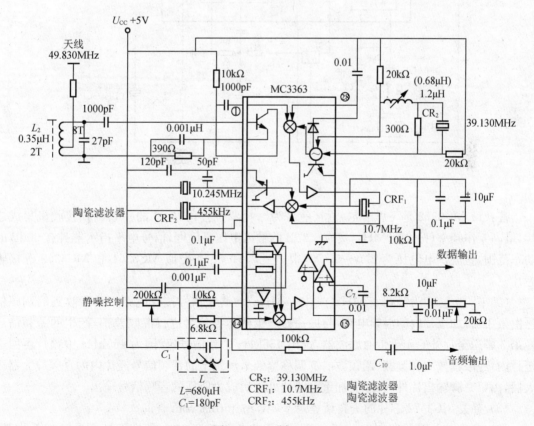

图 10-8-10 题 10-8-8

9. 已知由等芯片 **MC3372** 组成的 **45MHz** 调频接收机电路如图 **10-8-11** 所示,请对本电路作简单解说。

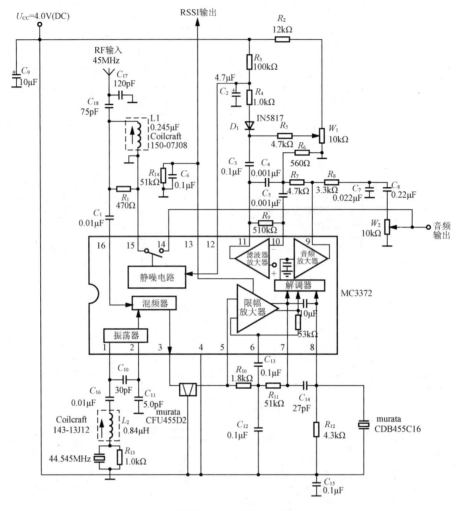

图 10-8-11 题 10-8-9

答:(1) MC3372 是飞思卡尔公司(前身为摩托罗拉公司)生产的一款调频接收机集成芯片,最高工作频率可达 100MHz,具有 −3dB 的输入电压灵敏度,信号电平指示器具有 60dB 的动态范围,直流供电电压为 2.0~9.0V,很宽泛。MC3372 类似 MC3361 和 MC3359 等接收芯片。

(2) 图 10-8-11 为载频 45MHz(或 49.7MHz)的调频信号接收电路。天线收到的调频信号由第 16 脚加至片内的混频电路,与振荡器产生的本振信号进行混频差拍,产生的差频信号经第 3 脚送至片外的 455 带通滤波器,选出 455kHz 中频信号(我国为 465kHz 中频),再回送至片内,经限幅放大和鉴频(调频波的解调称鉴频),解调出的音频信号经片内的音频放大器放大后,由第 9 脚输出片外,再经去加重电路的处理后成为所需的音频信号输出。

(3) 有关 MC3372 芯片的资料请登录 www.motorola.com 查询。

(4) 有关本电路的印制电路板的设计,可参考图 10-8-12。有关资料请参阅相关文献。MC3372 有 DIP—16、TSSOP—16 和 SO—16 三种封装形式。

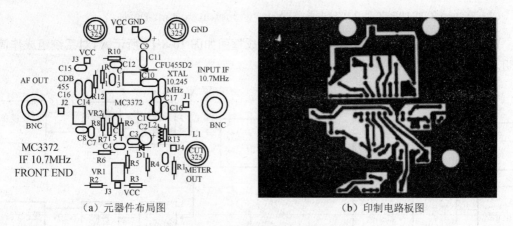

| （a）元器件布局图 | （b）印制电路板图 |

图 10-8-12 题 10-8-9 解

10. 已知 49.7MHz 调频接收机的电路如图 10-8-13 所示。请对本电路作简单说明。

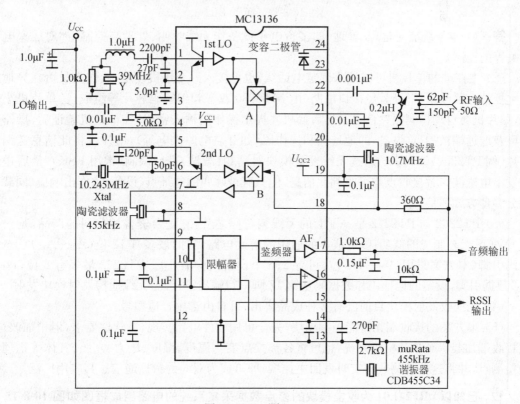

图 10-8-13 题 10-8-10

答:(1) 高频调频信号由天线接收后,经电容分压于第 22 脚加至片内第一混频电路 A(乘法电路),其输出信号经 10.7MHz 带通滤波器,选出的 10.7MHz 第一中频调频信号由第 18 脚输入再经第二混频电路 B,与 10.245MHz 本振信号进行差拍产生 455kHz(我国广播收音机的中频频率为 465kHz)第二中频调频信号输出。

(2) 第二中频信号经片外陶瓷带通滤波器滤波。输出信号经限幅器,加至鉴频器进行调频波的解调,解调后的音频信号经片内放大后由第 17 脚输出片外,送片外音频功率放大,即可推动扬声器发声。

（3）有关 MC13136 芯片的资料请登录 www.motorola.com 查询。

11. 已知远程多点无线控制系统的系统组成框图如图 10-8-14 所示，请对系统组成作简单说明。

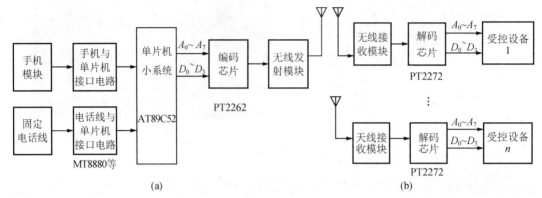

图 10-8-14 题 10-8-11

答：（1）本系统能对远程（异地）的多台电子设备作无线呼叫、处理与控制（如对居家电气开关等的控制）。

（2）主控端的单片机可以接入固定电话线，也可接入一个手机模块，操作人员可在异地拨打主控端电话或手机号码，经接口电路（由 MT8880 双音频编解码芯片等组成）送单片机小系统，单片机会自动检测振铃信号。然后摘机并提示操作员输入密码，经单片机验证后，操作员即可获取远端被控点（设备）的地址码和操作码（如开启电源供电等），单片机将此信息送编码芯片（例 PT2262）编码。然后送无线发射模块对高频（载波）进行调制（常用 FSK），最后送天线发出电磁波。各接收点均可收到此信息，但只有被呼叫的地址点（设备）才作出响应（同载频码分多址方式通信）。

（3）PT2262 与 PT2272 是一配套的无线编解码芯片，它是台资普城公司的产品，是一种以 CMOS 工艺制成的低功耗，低成本的通用编解码电路，它们最多有 12 位（$A_0 \sim A_{11}$）三态地址码引脚（本方案只用 $A_0 \sim A_7$ 8 位，可寻 256 个设备或检测点）。PT2262 最多有 6 位（$D_0 \sim D_5$）数据引脚，设定的地址码和数据码从第 17 脚串行输出，可加至无线遥控发射模块发射。

（4）无线收发射模块目前已有多种成品售出，可自由选用合适型号。

（5）本方案的接收端无智能控制模块，完全可用硬件电路实现，无软件要求，但稍加改进，在接收端加装一个单片机小系统，也可将各被控点变为温度、湿度、压力、光照、气体等物理量的检测点，并将这些被测数据实时发回主控端，即可成为双向的数据通信。其应用广泛。

12. 已知以 nRF24L01 为收发模块的多点数据采集系统的电路组成框图如图 10-8-15 所示。请完成下列各题：

（1）简述采集点的采集模块。

（2）简述系统中的控制核心 PSoC。

（3）简述收发模块 nRF24L01。

答：（1）本系统的温度采集模块采用的是数字式温度传感器 DS18B10，它可将温度变化直接转换成数字信号，可测温度范围为 $-55 \sim +125\,^\circ\mathrm{C}$，固有分辨率为 $0.5\,^\circ\mathrm{C}$，其性能稳定，价格便宜。各温度传感器可通过 $\mathrm{I^2C}$ 总线将数据送至 PSoC，PSoC 经分析处理后将数据传至收发模块 nRF24L01（发射端），或将数据送至监控中心（接收端）。

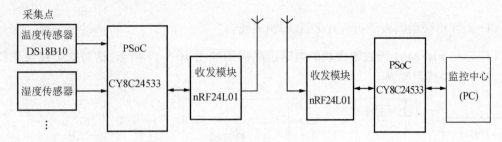

图 10-8-15 题 10-8-12

（2）PSoC 意为可编程片上系统，本例采用 28 引脚的 CY8C24533 集成芯片，它有 16KB 的 Flash，5 路 A/D；精度可达 14 位，有 5 路 D/A，精度可达 8 位；5 种放大器、2 种滤波器，另外还拥有 SPI、UART、IrDA 等配置。

（3）收发模块采用 nRF24L01，这是一款低成本的无线收发模块，它内置频率合成器、功率放大器、晶体振荡器、调制器、解调器等功能电路，芯片具有应答与自动再发射功能，速率可达 2Mbit/s，其输出功率、频道选择以及协议设置等均可以通过 SPI 口进行设置。nRF24L01 有收发、配置、空闲和关机 4 种模式，可实现数据从微控制器的低速传入到高速发送，降低了系统的功耗。nRF24L01 的工作频率为 ISM 波段内的 2.4～2.5GHz。现在已有带天线的成品模块出售。

13. 已知无线收发模块 **nRF24L01** 的应用电路如图 10-8-16 所示，请对电路进行简单解说。

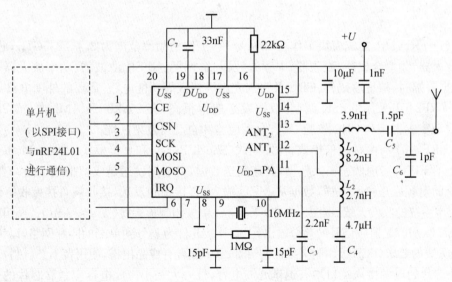

图 10-8-16 题 10-8-13

答：（1）nRF24L01 芯片工作于 ISM 频段，频率范围为 2.4～2.5GHz，为射频收发集成电路，调制方式为 FSK，有 125 个频道，数据传输速率很高，常为 1Mbit/s 或 2Mbit/s，片内能自动生成报头和作 CRC 校验，具有自动应答和自动再发射功能。

（2）可以和单片机（如 C8051 等）相连。通过 SPI 接口进行数据传输，SPI 的速率为 0～10Mbit/s。

（3）作 PCB 设计时，应充分考虑电感 L_1、L_2、电容 C_4、C_5、C_6、C_7 的放置位置，尽量避免电

磁干扰。

（4）天线可采用偶极子折合式 PCB 印制天线。

14. 已知 **nRF2401** 无线收模块的电路组成框图如图 **10-8-17** 所示，请对这个模块作简单解说，并举一个应用实例。

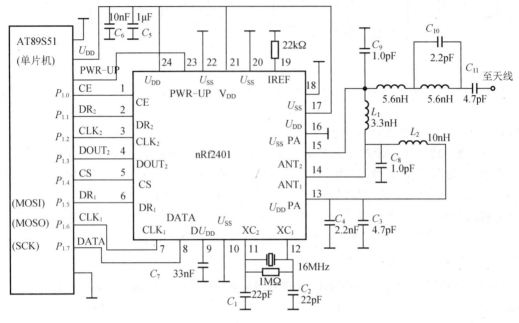

图 10-8-17　题 10-8-14

答:（1）nRF2401 集成模块工作在 ISM 频段，工作的频率范围为 $2.4\sim2.5\text{GHz}$，芯片内含低噪声放大器、频率合成器、混频器、中频滤波器、解调器、GFSK 滤波器、功率放大器、时钟恢复器、数据限幅时、地址解码器、CRC 及先入先出堆栈区等功能电路，需要的外围电路甚少。

（2）nRF2401 采用 GFSK 调制，数据发送速率很高，有 250kbit/s、1Mbit/s 或 2Mbit/s。片内能自动生成报头和 CRC 校验，具有自动应答和自动再发射功能。

（3）nRF2401 有两种通信模式:猝发模式(Shock Burst)和直接模式(Direct Mode)。前者采用片上的 FIFO 实现低速输入数据，高速发送数据，且数据发送是成帧带地址的。直接模式就像传统的射频发送接收一样，数据从 MCU 输入，直接调制发送，接收端直接接收解调。

（4）本系统的收发天线(本图未画出)采用 $\lambda/4$ 单极印制板天线($\lambda/4\approx3\text{cm}$)。图 10-8-17 中 ANT_1 、 ANT_2 引脚是射频信号的差分输出，引脚外接元件为差分到单端的匹配网络，以满足连接 $\lambda/4$ 单极天线的要求(PCB 板印制天线已与 nRF2401 配合有成品出售，使用者不必自制)。

（5）芯片的电源接入端口均有退耦滤波电容，且一大一小。此电容应紧靠芯片的引脚，以免交流，干扰信号窜入片中;电感 L_1 、 L_2 的放置位置也很重要，应尽可能避免电磁干扰的影响。

（6）控制系统可以是单片机、嵌入式、FPGA 等小系统。以 51 系列单片机为例:它控制 PWR-UP、CE 和 CS 三个引脚的电平以确定其当前的工作模式。nRF2401A Shock Burst 模式发射时与 MCU 的接口引脚为 CE、 CLK_1 、DATA ，nRF2401 Shock Burst 模式接收时，与 MCU 的接口为 CE、 DR_1 、 CLK_1 和 DATA 。

（7）作为 nRF2401 应用的一个实例——USB 无线键盘和无线鼠标与 PC 主机通信的示意图如图 10-8-18 所示。

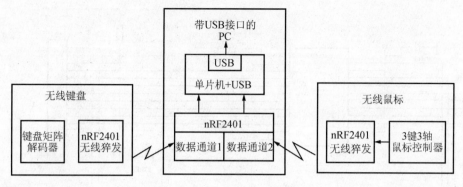

图 10-8-18　题 10-8-14 解

PC 端接收模块主要由单片机 AT89S51、USB 芯片 PDIUSBD12、5V 与 3.3V 电平转换芯片 MAX3002、串行接口芯片 MAX232A、电源稳压芯片 7805 等及外围相关的元器件组成，以实现与 nRF2401 的连接，完成无线信号的接收并将其转换为 USB 键盘、鼠标的帧结构。然后通过 USB 接口传至 PC。为方便调试，方案中增加了串行支持电路。

图中 AT89S51 单片机主要作用是对 nRF2401 收发模块的初始化和对接收数据的响应、控制 PDIUSBD12 芯片实现 USB 通信。

15. 已知单片机 AT89S51 芯片与无线收发模块 nRF2401 及 USB 芯片 PDIUSBD12 间的接口电路如图 10-8-19 所示。请回答下列各题：

(1) 简述 AT89S51 单片机芯片的相关电路。

(2) 简述 AT89S51 单片机芯片与无线收发模 nRF2401 间的电路。

(3) 简述 AT89S51 单片机芯片与 USB 芯片间的接口电路。

答：(1) 电路左侧 U_1 为 AT89S51 单片机芯片及其外围部分电路，其中含：

① 复位电路——引脚 RST 外接 C_3、R_3 组成的复位电路（已画在图下），高电平有效。

② 外接晶振电路——引脚 XTAL 外接 12MHz 石英谐振器和 2 只 30pF 电容。

③ 与 nRF2401 模块的通信——接口 P_1 和 $P_{2.7}$ 共 9 个 I/O 引脚，信号经外接电平转换芯片 MAX3002 后再接至高频收发模块（5V 与 3.3V 间转换）。

④ 与 USB 芯片 PDIUSBD12 间的连接——P_0 接口（8 位）为数据线；$P_{2.3} \sim P_{2.5}$ 接口为 USB 芯片的 DMA 控制线；$P_{2.6}$ 接口为 U_2 的 Suspend 控制线；P_3 接口为 U_2 的串行口 RXD、TXD、中断（INT_0）、WR、RD 等；$P_{2.0}$ 接口外接一个开关；$P_{2.1}$ 接口外接一个发光二极管 LED，用以显示单片机是否运行。

(2) USB PDIUSBD12 模块。这一模块的主要作用是实现单片机 AT89S51 通过 USB 与 PC 间的通信。此模块与单片机间的通信采用并行方式，与 PC 间则采用串行方式。它外接 6MHz 石英谐振器和 2 只 30pF 的电容，构成 6~48MHz 的时钟频率（利用锁相环路实现）。该芯片的 21 引脚外接发光二极管 LED，用以指示其是否正常工作。

(3) MAX3002 电平转换芯片。这一芯片的主要作用是作 5~3.3V 之间的电平转换。原因是单片机 AT89S51 是 5V 电源供电，而高频收发模块 nRF2401 是 3.3V 电源供电，二者高低电平不同，需作转换。

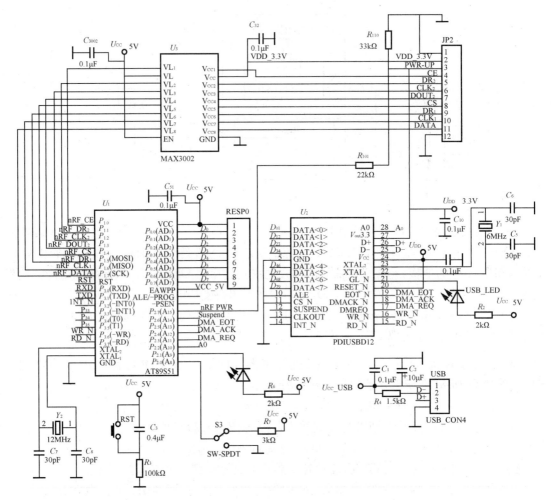

图 10-8-19　题 10-8-15 图

16. 已知基于 IEEE 802. 15. 4 和 ZigBee 协议栈的无线数据收发芯片 CC2430 及其外围部分电路如图 10-8-20 所示,请对图中两电路作简单说明。

答:(1) 图(a)是关于 CC2430 集成模块的应用电路之一。其主要特点如下:

(1) CC2430 是专门针对 IEEE 802. 15. 4 和 ZigBee 应用而设计的片上系统(SoC),可构成低成本的 ZigBee 节点。

(2) CC2430 芯片中集成了领先的 CC2420 射频(RF)收发电路和增强的 8051 单片微处理器,内含 32/64/128KB 闪存及业界领先的 ZigBee 节点。

(3) CC2430 芯片内具有 8 路输入 8～14 位 A/D 转换电路、1 个 IEEE 802. 15. 4 媒体存取控制(MAC)定时器、1 个通用 16 位、2 个 8 位定时器,具有极高的接收灵敏度和抗干扰能力。ADC 的通道为 $P_{0.0}$,其参考电压为 3.6V(第 20 脚)。

(4) CC2430 的工作频段为 2.4～2.45GHz,采用直接序列扩展频谱(DSSS)来扩展输出功率,如此可使通信链路具有很强的抗干扰性能,即使在嘈杂的环境中也能工作。

(5) CC2430 的系统时钟频率为 32MHz。由 f_2 外石英晶体(谐振器)决定。32MHz 经 8 分频后得到 4MHz 的时钟信号;调制器和采样编码器的时基均为 4MHz。

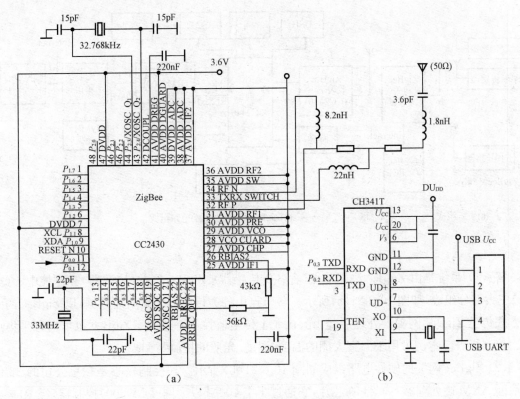

图 10-8-20　题 10-8-16 图

（6）CC2430 的收发天线可使用不同类型。常用的是偶极子差分天线，$\lambda/2$ 偶极子天线长度的计算公式为

$$L = \frac{12250}{f(\text{MHz})}(\text{cm})$$

对于 2.45GHz 的工作频率。L 值为 5cm，则天线的每边为 2.5cm 即可。如果用于短距离通信也可使用单极子、螺旋或环状天线。

（2）图 (b) 是 USB 通过 CH341T 转换芯片与 CC2430 进行连接的电路图。CH341T 是 USB 总线的转接芯片。通过 USB 总线提供串行口、打印口或并行口，在串行口方式下，CH341T 提供串行口发送使能。串行接收就绪等交互式的速率控制信号以及常用的 MO-DEM 联络信号，用于将普通的串口设备直接升级到 USB 总线。在并行口方式下，CH341T 提供了 EPP 方式或者 MEM 方式的 8 位并行接口，用于在不需要单片机/DSP/MCU 的环境下，其直接输入、输出数据。

17. 已知基于 ZigBee 无线传感器网络的测控系统组成框图如图 10-8-21 所示。请完成下列各题：

（1）简述测控系统是由哪几大部分组成的？各起什么作用？

（2）简述 ZigBee 网关（协调器）的组成与作用。

（3）简述 ZigBee 高频收发模块 CC2430。

（4）简述系统中终端节点的各传感器与实际电路。

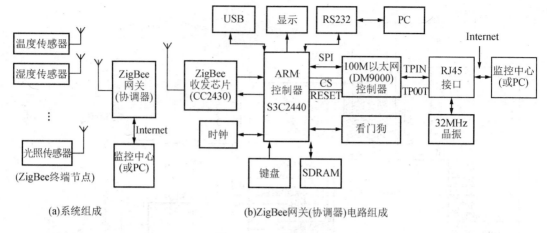

(a)系统组成　　　　　　　　　(b)ZigBee网关(协调器)电路组成

图 10-8-21　题 10-8-17

答：(1) 系统是由 ZigBee 终端节点(含各类传感器)、ZigBee 网关(协调器)和监控中心(或 PC)三大部分组成，如图 10-8-21(a)所示。各节点由各类传感器采集所需数据，以 ZigBee 的无线方式传至 ZigBee 网关。处理后经 Internet 上传至监控中心或 PC，ZigBee 也可向各采集点发出控制指令。本例可用于温室大棚的温度、湿度、光照的检测与调控。

(2) ZigBee 网关的硬件电路组成如图 10-8-21(b)所示。其控制核心是三星公司的 32 位高性能 ARM 微处理器 S3C2440 芯片，它通过 1 个 100M 以太网(DM9000)控制器，经 RJ-45 接口实现网关与 Internet 的互联及数据的远程传输。

(3) 网关的高频收发模块选用 TI 公司低成本、低功耗、高集成度的工业级 ZigBee 射频芯片 CC2430，它内置一个 AES 协处理器，可支持 IEEE 802.15.4MAC 安全所需的(128bit 关键字)AES 的运行，以尽可能少地占用微控制器的资源，ZigBee 的收发载频在 2.4GHz 左右。

(4) 检测系统中终端节点各传感器的实际电路较多，不再赘述。常用的检测湿度、温度、光照等物理参量的传感器有：

①温度传感器——选用 DS18B20，为单总线数字式温度传感器，DALLAS 公司生产。

②湿度传感器——选用电容式 HS1101 器件，它在电路中等效成一个电容器 C，其容量随环境的湿度增大而增大，减小而减小、在相对湿度为 0～100％RH 的范围内，电容的容量由 160pF 变到 200pF，其误差不大于 ±2％RH。它的特点是响应快、可靠性高、长期稳定性好、且互换性更好。

③光照传感器——选用 LXD/GR5—AIE 器件，它的输出量与光照变化呈线性关系，内置滤光镜。

18. 已知 **ZigBee** 远近程无线监控系统的电路组成框图如图 **10-8-22** 所示。请完成下列各题：

(1) 系统是由几大部分组成的？各起什么作用？

(2) 简述系统中 ZigBee 路由器和协调器(网关)。

(3) 简述系统中 ARM9 嵌入式系统。

(4) 本系统的软件控制采用什么操作系统？

（5）何谓 PHPRPC 协议？

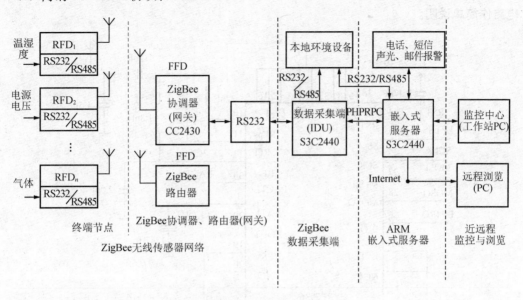

图 10-8-22 题 10-8-18

答：（1）系统由 ZigBee 无线传感器网络（内含 ZigBee 终端节点 RFD 和 ZigBee 协调器）、数据采集端、嵌入式服务器端、近远程监控与浏览等几大部分组成。其主要作用是要将各个节点的物理量转换成电信号，并用 ZigBee 规范以无线方式发送至 ZigBee 协调器（网关），再经 RS232 接口传至数据采集端（IDU），对数据进行整合；嵌入式服务器要对输入的数据进行复杂的处理，如分析、运算、存储、显示、报警等；监控中心要对本地的工作设备和远地的终端节点设备进行管理或发出指令，进行相关管理与操作；系统还可通过 Internet 传至远方进行监控。

（2）ZigBee 路由器和协调器（网关）是 ZigBee 监控系统的核心电路，本例选用嵌入式 CC2430 芯片，这是一片真正意义上的片上系统（SoC）CMOS 解决方案，采用 2.4GHz ISM 波段为载频（直接序列扩频）通信，其内含一颗工业级精小高效的 8051 控制器，CC2430 的主要特点是低成本、低功耗、外部元件少、功能强大、资源丰富，它可通过 RS232/RS485 接口与各个被监控设备进行通信，它也通过此类接口将数据送至数据采集端 IDU。路由器的主要工作是负责协调器与终端节点间的数据传递（双向传递）。

（3）IDU 和嵌入式服务器采用的是软硬件可载的嵌入式系统，本系统选用三星公司的 S3C2440 ARM9 处理器芯片，其主要特点是片上资源十分丰富，集成了各种常用的接口，如 SPI、I^2C、USB、LCD、A/D、JTAG、GAMERA、COMS 和系统总线等，主振频率为 400MHz，最高可达 533MHz，且功耗甚低。

（4）由于 S3C2440 的主频甚高，故能使处理器轻松运行 Windows CE、Linux 等操作系统，能进行较为复杂的数据处理，为此选用 64MB SDRAM 和 756MB Flash 存储器以满足监控数据的存储及 Windows CE 操作系统运行的要求。

（5）PHPRPC 是进行数据交换的一种协议。在一台机器上运行的主程序，可调用远程另一套机器上的子程序。它是一种 C/S 开发方法，开发效率高且工作可靠，故 PHPRPC 是一种轻型的、安全的、跨网际、跨语言、跨平台、跨环境、跨域的协议；是支持复杂对象传输、支持引用参数传递、支持内容输出并重定向、支持分级错误处理，支持会话、面向服务的高性能远程过程调用的协议，它可使彼此间的通信更加方便、快捷和安全稳定。

19. 已知射频无线收发模块(芯片)**CYRF7936** 及其部分外接电路如图 **10-8-23** 所示,请对本电路作简单说明。

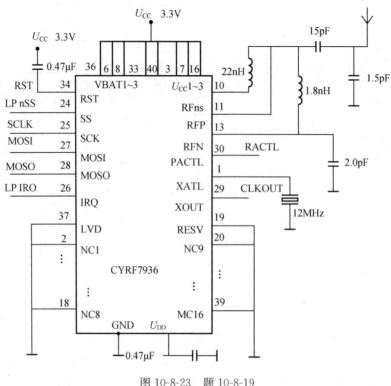

图 10-8-23　题 10-8-19

答:(1) 射频无线收发芯片 CYRF7936 为 40 引脚 QFN 封装;是 Cyhress 公司于 2008 年年底推出的面向嵌入式控制领域的一款低成本、低功耗、高可靠性的无线通信解决方案。

(2) 工作频率为 ISM 频段 2.4~2.483GHz。支持速度为 4MHz 的 SPI 微控制器接口,需外接 12MHz 石英晶振。

(3) 直流供电电压为 1.8~3.6V。

(4) 采用 CyFi 无线射频技术方案(CyFi 星型网络协议栈)——由 PSoC 控制核心控制,本方案中 PSoC 由片上可编程系统 CY8C24894 芯片承担,此芯片以源代码形式提供了全部应用程序的接口,总共只需 8 个 API 指令便能完成设计。

(5) CyFi 收发器的输出功率可达+4dBm,接收灵敏度很高,可达-97dBm,并能实现跳频传输和 DSSS 调制抗干扰措施,还能根据链接管理需求,自动调节数据的传输速率,以 1Mbit/s、250kbit/s 或 125kbit/s 的速率进行通信。

(6) 以 PSoC(片上可编程系统)CY8C24894 作为 CYRF7936 的控制核心。它是一个高速低功耗系统。工作电压 3.3V 或 5V;内含的 M8C 处理器的最高工作频率可达 24MHz,有 7 个 I/O 接口,共 49 个 GPIO;其模拟系统包含 2 列 6 个可编程模拟模块和模拟互联逻辑,数字模块包括 1 行 4 个可编程数字模块和数字互联逻辑;另外,CY8C24894 芯片上还集成了 16KB 的 Flash 程序存储器、1KB 的 SRAM 数据存储器;集成了高速 USB 通信模块,2 个带 32 位累加的 8 位乘法器、多个 SPI 主、从设备、6~14 位 A/D 转换器、滤波器及最大增益为 48 的可编程增益放大器 PGA,6~9 位 D/A 转换器、电压比较器等单元。

20. 已知汽车轮胎压力监测系统发射部分组成框图与电路原理图如图 10-8-24 所示。请完成下列各题：

(1) 简述电路功能。

(2) 简述 SP30。

(3) 简述 MAX7044。

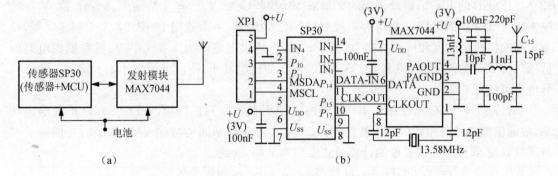

图 10-8-24 题 10-8-20

答：(1) 本系统可置于汽车轮胎内部，可对轮胎内的气压、温度作超限预警，以保障行车安全。本电路是一种基于振幅键控(ASK)调制模式的信号处理方案。SP30 作为胎压传感器，将胎压转换成电信号；MAX7044 为无线发射电路，由无线将信号发至驾驶员。发射频率为 433.92MHz。各元器件均能适应 $-40 \sim +125℃$ 的恶劣环境。

(2) SP30 是英飞凌公司推出的轮胎压力检测专用芯片，内部具有压力、温度、加速度和电池电压传感器，同时还集成一个 8 位哈佛结构的 RISC 单片机，工作电压范围为 $1.8 \sim 3.6V$，压力检测范围为 $0 \sim 3.5Bar$，温度测量范围为 $-40 \sim +125℃$，供电电压为 3V，需接一只滤波电容(100nF)。SP30 有 4 种工作模式，即低功耗模式、空闲模式、运行模式和热关断模式。SP30 的 P_{14}、P_{15} 为串行通信接口，它给 MAX7044 提供的时钟频率为 847.5kHz。

(3) MAX7044 是 MAXIM 公司的产品，工作频率为 $300 \sim 450MHz$。调制方式为 ASK。最大输出功率为 $+13dBm$(50Ω 负载时)。供电电压最低可至 2.1V，其低功耗模式的电流只有几十纳安。芯片内部集成了功率放大器、石英晶体振荡器、锁相环等电路。MAX7044 常用的载频为 315MHz 和 433.92MHz。不同的载频所选用的石英谐振器也不同。13.58MHz 经 16 分频即可得 847.5kHz 时钟频率。MAX7044 功放的输出电阻为 125Ω，天线电路的阻抗正好与此匹配(以轮胎气门嘴作为天线)。C_{15}(15pF)用来抵消天线上大部分的感性成分。11nH 电感与两侧的电容组成低通滤波电路，以抑制发射电路输出信号中的高次谐波。13nH 和电源入端的两个电容用来抑制来自电源的高频干扰，10pF 电容起隔直作用。

系统的节能设计——SP30 内的加速度传感器在检测到车辆停止超过 1h 后就使电路自动进入低功耗休眠模式(电流为微安级)。车辆启动加速后发射电路将被唤醒。在采用 500mA·h 电池、每天行驶 12h。发射模块可正常工作 5 年以上。

21. 已知 **ZigBee CC2430 高频收发模块的外围电路如图 10-8-25 所示。试对本电路作简单说明。**

答：(1) ZigBee 技术的主要特点——ZigBee 技术是一种新兴的无线传感器网络技术，专注于短距离、低功率、低功耗的无线通信网络，它是全球允许的 2.4GHz 频段，遵循 IEEE 802.15.4 通信协议标准。故它特别适用于无线传感器网络系统,在物流等行业中得到广泛的应用,每个ZigBee网络最多可支持 255 个节点(设备),覆盖范围在几米至百米。

(2) CC2430 收发模块——此模块是由 Chipcon 公司(现入 TI 公司)生产的,内嵌 IEEE 802.15.4 标准和 ZigBee 应用的一个高频无线收发片上系统(RFSoC),可以构成低成本的 ZigBee 节点。CC2430 集成先进的 CC2420 射频(RF)收发器和增强型的 8051 微处理器,内含 32/64/128KB 的 Flash,以及领先的 ZigBee 协议栈,CC2430 具有 8 路输入、$8\sim14$ 位 A/D 转换器、1 个 IEEE 802.15.4 媒体存取控制(MAC)定时器、一个通用 16 位和 2 个 8 位定时器,具有极高的接收灵敏度和抗干扰能力;CC2430 的直流供电电压为 $1.8\sim3.6V$,通常模拟电路偏低压(1.8V),数字电路偏高压(3.3V);CC2430 的耗电甚小,待机电流极小,为 $0.2\mu A$,两个 5 号电池可使用 6 个月。

(3) 天线——CC2430 在 2.4GHz 频段上使用直接序列扩展频谱(DSSS),以扩展输出功率,故通信链路具有很强的抗干扰性能。CC2430 可使用不同类型的天线,常用的是偶极子差分天线,$\lambda/2$ 偶极子天线长度的计算公式参照本节第 16 题。

在工作频率 $f=2.45GHz$ 时,可算得 $L=5.0cm$,两侧各为 $2.5cm$。

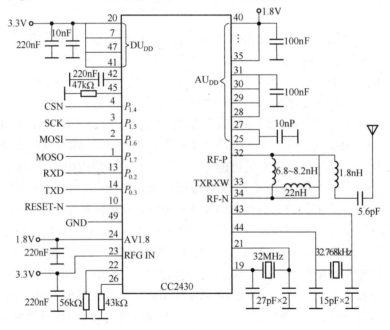

图 10-8-25   题 10-8-21

在 ISM 频段的小功率收发模块的天线有 3 种:第一种是 PCB 天线,在高频时尺寸小,可以采用,性能也可;第二种是贴片天线,特点是尺寸小,性能与价格均属中等;第三种是鞭状天线,尺寸稍大,价格也高,但性能好。

(4) ZigBee 技术的应用已越来越广泛,特别是在物流行业中更为普遍。

22. 已知 240~960MHz 的高性能无线收发系统的组成框图如图 10-8-26 所示。试对系统进行解说。

答:(1) 微处理机为 STM32 芯片(为 ARM7 STM32F103 的简称)。STM32 系列采用 ARM Cortex™-M3 内接的内存微控制器,最高工作频率可达 72MHz,低电压供电($2\sim3.6V$),功耗极低,具有睡眠、停机、待机模式,同时它还有高集成性能和简易的开发特性。

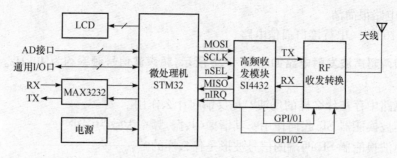

图 10-8-26　题 10-8-22

（2）高频收发模块为 SI4432 芯片，这是由 Silicon Labs 公司开发的 ISM 频段的收发一体集成芯片，最大输出功率可达＋20dBm（即 100mW），具有"距离之王"的美称，在开阔之处的通信距离可达 2000m；其工作频率为 240～960MHz，直流供电电压为＋1.8～3.6V；灵敏度很高（在数据速率 2kbit/s 时为－118dBm）；另外，还具有唤醒定时器、温度传感器、收发数据 FIFO，高性能的 ADC。外围仅需一个 30MHz 的晶体和几个用于匹配/滤波的无源元件，故本模块特别适合在小尺寸、低成本和大批量生产中应用。

（3）STM32 通过 SPI 接口对 SI4432 进行初始化配置、数据收发等控制，而 SI4432 通过 nIRQ 脚将相应的中断发至 STM32。

（4）STM32 以 GPI/01 控制切换开关，使其处于发的状态，GPI/02 则控制其为收的状态。

（5）本系统还提供串行 I/O 口及 A/D 转换接口，后者为处理各种模拟量提供方便。

23. 已知 433MHz 无线高频收发小系统的组成框图如图 10-8-27 所示。试对这系统作简单说明。

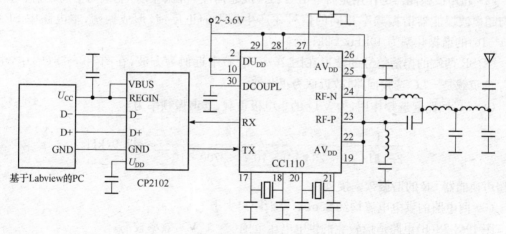

图 10-8-27　题 10-8-23

答：（1）高频收发模块 CC1110——这是一块包含 CC1100 RF 收发电路并内嵌加强型 51 单片机内核的集成芯片，片内嵌入 32KB 的 Flash 存储器、4KB 的 RAM 存储器、8 通道 8～14 位 A/D 转换器，1 个 16 位定时器、21 个通用 I/O 接口；其工作频率为 433MHz，频率稳定，灵敏度高，直流供电电压低（2～3.6V），无线传输的最大数据速率可达 500kbit/s；耗电很省，发送时的电流消耗为 18mA，休眠期间电流消耗只有 0.5μA；工作温度为－40～85℃，适应恶劣环境、CC1110 采用 6mm×6mm 的 QLP36 封装，外部元件量少，也无需外置滤波器或 T_x/R_x 开关,故系统的电路很简洁。

（2）CP2102——串行接口通信电路。

24. 已知两超声波发射电路如图 10-8-28 所示,超声波信号频率约为 40kHz。试完成以下各题：

（1）两电路中存在什么样的反馈？该反馈起什么作用？

（2）超声波换能器 SR 起何作用？其谐振（共振）频率大致为多少？

（3）超声波换能器 SR 两端的信号波形是什么样的？

（4）图（b）中的 LC 回路起什么作用？其谐振频率为多少？

（5）两电路的供电电流大致为多少？发射距离可达多少米？

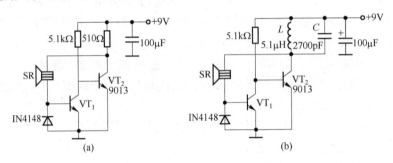

图 10-8-28　题 10-8-24

答：（1）两电路中均存在正反馈。反馈自 VT_2 集电极经超声波换能器 SR 至 VT_1 的基极,此正反馈使电路产生超声波振荡。

（2）超声波换能器的作用是将电信号转换成超声波（机械振动）能量向空间发射,只有频率与超声波换能器谐振频率相同的信号才产生最强的正反馈,形成振荡,本电路中 SR（用 T40-16）的谐振频率为 40kHz±2kHz。

（3）SR 两端的振荡信号的波形在图 10-8-28（a）中近似为方波,在图 10-8-28（b）中,由于 VT_2 的负载是一 LC 选频回路,故近似为正弦波。

（4）LC 回路起选频作用,为 VT_2 的集电极负载,其谐振频率为

$$f_0 = \frac{1}{2\pi\sqrt{LC}} = \frac{1}{6.28\sqrt{5.1\times10^{-3}\times2700\times10^{-12}}} \approx 42.9(\text{kHz})$$

与超声换能器 SR 的谐振频率接近。

（5）两电路的供电电流均约 25mA,发射距离大于 8m。

图 10-8-28（b）电路适应较宽的供电电压范围（3～12V）,效率较高。

25. 已知由石英晶振组成的无线充电电路如图 10-8-29 所示,请对本电路作简略说明。

答：（1）电路由左侧的变压器 T、4 只 1N4001 二极管（组成桥式整流电路）、1000μF 大电容器及三端稳压芯片 LM317 组成了变压、桥式整流、电容滤波、三端集成稳压的直流稳压电源,给电路提供所需的直流电压。电位器 R_P 可调输出直流电压的大小。

（2）石英晶体振荡模块为集成式器件,输出 1MHz 交流信号。

（3）VMOS 管 IRF630 组成高频功率放大电路,负载回路调谐在 1MHz 的频率上,L_1 的电感量约 12μH,可用 φ1.8 的漆包线绕 10 匝,线圈直径约 66mm。L_2 的电感量也约为 12μH,可

用 $\varphi 1.8$ 的漆包线绕 13 匝,线圈直径约 40mm。回路谐振频率的验算:$L_1 = 12\mu H$。$C_1 = 2000pF$,则

$$f_0 = \frac{1}{2\pi \sqrt{LC}} = \frac{1}{6.28\sqrt{12 \times 10^{-6} \times 2000 \times 10^{-12}}} = \frac{10^7}{6.28\sqrt{2.4}} \approx 1.024(MHz)$$

(4) 为防止功放管过热,需加散热片。

(5) 本电路可作电池充电之用,也可供 LED 发光。

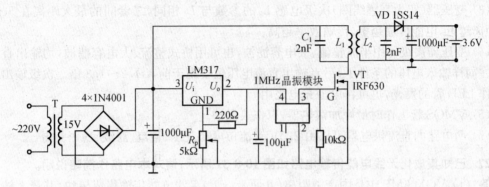

图 10-8-29 题 10-8-25

26. 已知无线电能传输电路如图 **10-8-30** 所示,请对本电路作简略解说。

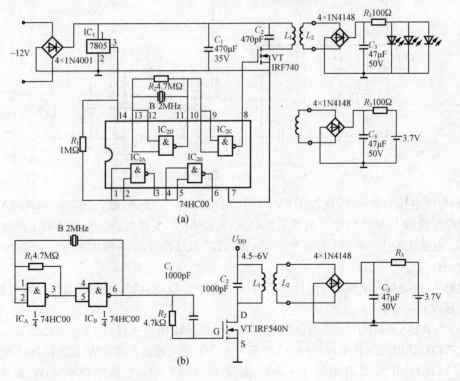

图 10-8-30 题 10-8-26

答:(1) 图(a)、(b)两电路均为高速与非门 74HC00 组成的石英晶体振荡器,振荡频率均为 2MHz,输出方波信号。图(a)电路是由单反相器(一个与非门)组成的振荡器,经后继的缓冲隔离级(IC_{2C})加至高频功率放大管 VT 的栅极;图(b)电路是由两个反相器组成振荡器,经

后继的 R_2、C_1（起隔离与加速作用）送功放管的栅极。

（2）VMOS 型高频功率放大管 IRF740 和 IRF540N 与负载 L_1C_2 选频回路组成功率放大电路，回路应调谐在 2MHz 的频率上。两放大管均工作在零偏置状态，效率高是其特点，L_1、C_2 回路的参数如下：

C_2 值在 470～1000pF 间调整。

L_1 的电感量约 $11.5\mu H$，可用直径 0.44mm 漆包线绕 12 匝，线圈直径约 80mm。

（3）变压器（实为互感线圈）次级电感 L_2 的参数与 L_1 相同，二者间的最大距离在 5cm 左右，距离越近，电能传输越多，传输效率越高。

（4）变压器次级可用半波整流、大电容滤波，也可用桥式整流、大电容滤波，均输出直流电压。在同样输入电压的条件下，后者输出直流电压值要高于前者 1.2～1.3 倍。次级输出的电能可作 LED 管的发光，也可作电池充电之用。

（5）VMOS 管工作时最好加散热器，以作热保护。

（6）两电路的直流供电均可以由 220V 交流市电经变压、整流、滤波、稳压获得。

27. 已知集成化无线电能传输电路如图 10-8-31 所示，请对本电路作简略说明。

答：（1）VOX06MP01 是国产微距离（几厘米以下）无线电能传输集成模块，其最大输出功率为 2W，次级最大接收功率为 1W，能量传输效率在 50% 左右。

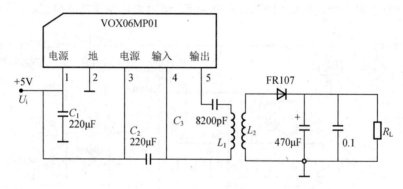

图 10-8-31 题 10-8-27

（2）电源电压为 5～6V，推荐用 5V；工作电流为 60～500mA，推荐用 200～250mA，调整片外发射电感线圈 L_1 的匝数即可调整工作电流，负载 R_L 的变化也会影响芯片的工作电流。

（3）电感线圈 L_1——用直径为 0.41mm 的漆包线绕 12 匝，线圈直径为 80mm，电感量 $10～12\mu H$。

电感 L_2 的绕制方法同 L_1，但其直径可小于或等于 L_1 的直径，L_2 的匝数视次级负载对电压大小的要求而决定。

（4）与 VOX06MP01 集成模块同类的无线电能传输模块还有：

① VOX12MP05、工作电压 5～12V（推荐 9～12V）、最大输出功率 10W、最大接收功率 5W。

② VOX24MP20、工作电压 6～36V（推荐 18～24V）、最大输出功率 40W、最大接收功率 20W。

（5）按图中所给 8200pF 和 $L_1=10～12\mu H$，则串联谐振的工作频率在 500kHz 左右，若将电容改为 820pF，则工作频率在 1.7MHz 左右。

28. 已知红外线双向收、发对讲机的电路组成原理图如图 **10-8-32** 所示,请对本电路作简略说明。

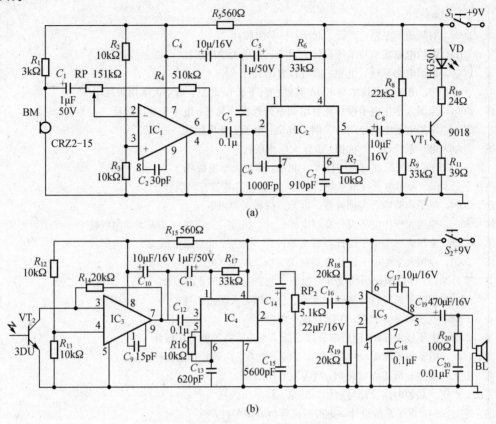

图 10-8-32　题 10-8-33

答:(1) 图(a)为红外光发射电路,发射频率为140kHz;图(b)为红外光接收电路,其发射频率为115kHz,二者收发频率不相同,可保证接收时不受本机发射频率的干扰,即不发生自发自收的不良影响。注意,每个收或发的使用者均应具有收、发两组电路。

(2) 发射电路中的 IC_1 为一般的低频小信号运算放大集成电路,其放大倍数(按电位器 R_P 中间点答题):

$$A_V = -\frac{510\text{k}\Omega}{75\text{k}\Omega} = -6.8(倍)$$

(3) 图(a)电路中的 IC_2 为锁相环集成芯片,可选用 LM567 或类似芯片,作用为锁相调频,中心频率为140kHz 或115kHz,此频率由片外(第6脚) R_7、C_7 的数值决定,不同的 R_7、C_7 即有不同的振荡频率。

(4) 发射管 9018 的 β 值可为 65~115,也可选用其他高频小功率管。

(5) 图(b)中的 IC_3 一般可选用中高频运算放大电路,工作频带较宽,一般在 150kHz 以上。

(6) 图(b)中的 IC_4 可选用 LM567 锁相环芯片,作锁相鉴频(频率解调)之用,R_{16} 可作频率校正。

(7) 图(b)中的 IC_5 是音频功率放大集成电路,可选 LM386 等芯片。

参 考 文 献

陈邦媛．2006．射频通信电路．2 版．北京：科学出版社

陈雅琴．2011．通信电路实验与系统设计．北京：清华大学出版社

董在望．2002．通信电路原理．北京：高等教育出版社

段玉生，等．2004．电工电子技术与 EDA 基础（上、下册）．北京：清华大学出版社

高吉祥．2007．全国大学生电子设计竞赛培训系列教程．北京：电子工业出版社

何希才．2006．常用电子电路应用 365 例．北京：电子工业出版社

何小艇．2006．电子系统设计．杭州：浙江大学出版社

红力，等．2006．单片机原理与应用技术．北京：清华大学出版社

华成英，等．2006．模拟电子技术基础．4 版．北京：高等教育出版社

黄永定．2004．电子实验综合实训教程．北京：机械工业出版社

黄智伟．2006．全国大学生电子设计竞赛电路设计．北京：北京航空航天大学出版社

黄智伟．2006．全国大学生电子设计竞赛系统设计．北京：北京航空航天大学出版社

黄智伟．2007．全国大学生电子设计竞赛制作实训．北京：电子工业出版社

姜培安，等．2012．印刷电路板的设计与制造．北京：电子工业出版社

姜威．2008．实用电子系统设计基础．北京：北京理工大学出版社

蒋焕文．1998．电子测量．北京：中国计量出版社

康华光．2006．电子技术基础（模拟部分）．5 版．北京：高等教育出版社

康华光．2006．电子技术基础（数字部分）．5 版．北京：高等教育出版社

李瀚荪．1999．电路分析基础．北京：高等教育出版社

铃木宪次．2005．高频电路设计与制作．北京：科学出版社

马建国，等．2004．电子系统设计．北京：高等教育出版社

宁武，等．2009．全国大学生电子设计竞赛基本技能指导．北京：电子工业出版社

秦曾煌．2003．电工学（上、下册）．6 版．北京：高等教育出版社

邱关源．2006．电路．5 版．北京：高等教育出版社

全国大学生电子设计竞赛组委会．2007．全国大学生电子设计竞赛获奖作品选编．北京：北京理工大学出版社

任致程．1999．语音录放和识别集成电路应用与制作实例．北京：人民邮电出版社

赛尔吉政•佛朗哥．2012．基于运算放大器和模拟集成电路的电路设计．刘树棠，等译．西安：西安交通大
　　学出版社

沙占友，等．2006．单片机外围电路设计．北京：电子工业出版社

孙景琪，等．2004．通信广播电路原理与应用．北京：北京工业大学出版社

孙景琪，等．2005．数字视频技术与应用．北京：北京工业大学出版社

孙景琪，等．2013．电子信息技术概论．北京：北京工业大学出版社

孙景琪．1998．家用电器维修技术基础鉴定试题与解答．北京：人民邮电出版社

孙景琪．1998．家用视频设备维修技能鉴定试题与解答．北京：人民邮电出版社

孙肖子，等．2008．模拟电子电路及技术基础．2 版．西安：西安电子科技大学出版社

肖景和．2006．集成运算放大器应用精华．北京：人民邮电出版社

谢自美．2007．电子线路设计、实验、测试．武汉：华中科技大学出版社

邢素霞，等．2006．电子信息技术基础．北京：电子工业出版社

阎石．1998．数字电路技术基础．4 版．北京：高等教育出版社

余春暄，等．2008．80×86/Pentium 微机原理与接口技术．北京：机械工业出版社

张金．2009．电子设计与制作 100 例．北京：电子工业出版社

张钧良. 2005. 计算机外围设备. 北京：清华大学出版社

张延华，等. 2005. 数字信号处理——基础及应用. 北京：机械工业出版社

张延华，等. 2011. 信号与系统. 北京：机械工业出版社

郑君里，等. 2005. 信号与系统. 3 版：北京：高等教育出版社

周惠潮. 2005. 常用电子元件及典型应用. 北京：电子工业出版社

周立功，等. 2005. ARM 嵌入式系统基础教程. 北京：北京航空航天大学出版社

8bit Microcatroller with 8K Bytes In-System Programmable Flash AT89S52. http：//www. atmel. com

AD8320 Serial Dligital Controlled Variable Gain Line Driver. http：//www. analog. com

ICL8038 Data Sheet. http：//www. intersit. com

Maxim. MAX038 High. Frequency Wavelorm Generator. http：//www. maxim-ic. com

MC13135/MC13136 Dual Conversion Narrowband FM Receivers. http：//www. motorola. com

MC2833 Low Power FM Transmitter System. http：//www. motorola. com

MC3371/MC3372 Low Power FM IF. http：//www. motorola. com

MITEL 公司. 2000. MT8880 英文数据手册

Sayre C W. 2010. 无线通信电路设计分析与仿真. 2 版. 郭洁，等，译. 北京：电子工业出版社

附　录

附录1　电阻器的标注方法

1. 同轴式电阻器常用色标法

同轴电阻器的阻值大小、误差高低通常标在电阻体上。目前,绝大多数小型同轴电阻器用不同颜色的色环在电阻体表面标明该电阻的阻值与误差,这就是色标法,其示意如附图1,各色标所对应的数值如下:

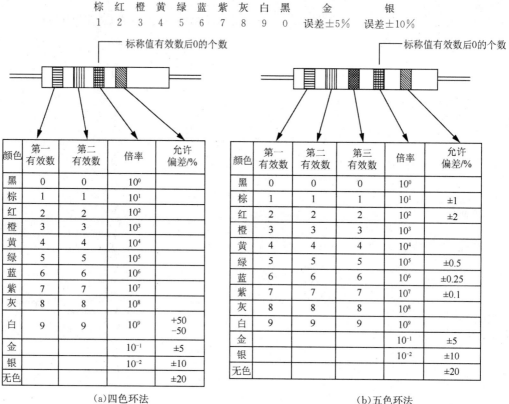

棕 红 橙 黄 绿 蓝 紫 灰 白 黑　　金　　　银
1　2　3　4　5　6　7　8　9　0　误差±5%　误差±10%

(a)四色环法

颜色	第一有效数	第二有效数	倍率	允许偏差/%
黑	0	0	10^0	
棕	1	1	10^1	
红	2	2	10^2	
橙	3	3	10^3	
黄	4	4	10^4	
绿	5	5	10^5	
蓝	6	6	10^6	
紫	7	7	10^7	
灰	8	8	10^8	
白	9	9	10^9	+50 −50
金			10^{-1}	±5
银			10^{-2}	±10
无色				±20

(b)五色环法

颜色	第一有效数	第二有效数	第三有效数	倍率	允许偏差/%
黑	0	0	0	10^0	
棕	1	1	1	10^1	±1
红	2	2	2	10^2	±2
橙	3	3	3	10^3	
黄	4	4	4	10^4	
绿	5	5	5	10^5	±0.5
蓝	6	6	6	10^6	±0.25
紫	7	7	7	10^7	±0.1
灰	8	8	8	10^8	
白	9	9	9	10^9	
金				10^{-1}	±5
银				10^{-2}	±10
无色					±20

附图1

　　(1) 两位有效数字的色标法(普通电阻的 4 色环法)。普通电阻器常用 4 条色带表示标称阻值和允许偏差。其中靠近电阻体一端的前 3 条表示阻值,第 4 条表示偏差,如附图 1(a)所示。例如,从靠近电阻体一端起的色环依次为棕、白、棕、银,这表示阻值为 190Ω、误差为 ±10% 的电阻器。

　　(2) 三位有效数字的色标法(精密电阻 5 色环法)。精密电阻器常用 5 条色环表示标称阻值和允许偏差,前 4 条(由靠近电阻体一端起为第 1 条)表示电阻值,第 5 条表示偏差,如附图 1(b)所示。例如,从靠近电阻体一端起的色环依次为棕、蓝、绿、黑、棕,这表示阻值为 165Ω、误差为±1%的电阻器。

2. 贴片电阻

贴片电阻的主要参数有尺寸代码、额定功率、最大工作电压、额定工作温度、标称阻值、允差、温度系数以及包装形式。贴片电阻也称片状电阻。

(1) 贴片电阻的体积很小,其长与宽的尺寸一般为 1mm×0.5mm～6.3mm×3.15mm。

(2) 贴片电阻的功率为 1/16～1W。

(3) 贴片电阻的最大工作电压为 50～200V,功率大的电阻的耐压亦高。

(4) 贴片电阻的参数常用代码方式直接印制电阻表面。采用的是 IEC(国际电工委员会)代号表示,附表 1 为贴片电阻数值标称实例。

附表 1　贴片电阻数值标称实例

标称电阻	电阻代号	标称电阻	电阻代号
0.22/Ω	R22	2.2kΩ	222
2.2/Ω	2R2	22kΩ	223
22/Ω	220	220kΩ	224
220/Ω	221	2.2MΩ	225

表中字母 R 表示小数点,其他代号前两位表示电阻值,最后一位表示 0 的个数。

说明:贴片电阻是专门为表面组装技术设计的,它属于无引线电阻,长边两端有专门用于焊接的端头。这个端头的尺寸有着严格的要求,以便保证工艺精度。在实际应用中,应用手册会提供严格的印制版焊盘尺寸要求,使用者应充分注意。

附录 2　贴片电容器与电容器的标注

1. 贴片电容器

贴片电容器已经成为电子电路中的主流元件,也称为片状电容器。常用的有贴片多层陶瓷电容器、高频圆柱状电容器、贴片涤纶电容器、贴片铝电解电容器、贴片钽电解电容器、贴片微调电容器。它们都属于表面组装元件。

贴片电容器主要参数包括类型、尺寸、容量、自谐振频率、额定电压、温度特性、允差、包装形式等指标。

贴片电容器的体积甚小,其长×宽×厚的尺寸为 1mm×0.5mm×0.5mm～7.3mm×4.3mm×4mm。其容量范围很宽:多层贴片陶瓷电容器的容量为 100pF～2.2μF～10μF。其中的 CC41 型高频性能好,损耗低,适于作高频振荡;而 CT41－2X1 型和 CT41－2E6 型只适用于中低频电路作耦合、旁路、滤波、退耦之用。它们的耐压一般为 63V。

高频柱状电容器一般长 2mm,直径为 1mm,它有很高的自然谐振频率,性能优良,是高频放大器、高频调谐回路中常用的元件,其容量不大,在 100pF 以下,但价格较高。

贴装式电解电容器有铝电解、钽电解、铌电解,其容量均很大,钽电解的容量为 0.01～500μF,额定电压最大可达 150V;铌电解的容量可达数百微法。此三类电解电容器中,铝电解的损耗最大,品质因素 Q 值最低。

贴装式微调电容器,其底面积不大,约为 3.2mm×2.3mm,损耗也较小,容量规格有多种,如 0.6～3.0pF,2.5～6pF,3.0～10pF,4.5～20pF,6.5～30pF 等。

2. 电容器的标注

电容器的标注有多种方法,常见的有如下几种:

(1) 三色环普通电容器标注法和四色环精密电容器标注法,其方法类同于电阻器的色环标注法,可参阅附录 1。

(2) 3 位数字标注法,如:

100——$10×10^0$＝10pF,101→$10×10^1$＝100pF,103＝$10×10^3$＝10000pF 等,这是最常见的一种标注方法,简单明了。

(3) 3 位数字加一个字符标注法,如:

562K——$56×10^2$pF±10％＝5600pF±10％,　270J——$27×10^0$pF±5％＝27pF±5％

以上两种标注的电容器其耐压均为 63V,不标出。末位 K 代表 ±20％ 误差,M 代表 ±10％ 误差,J 为军品,代表±5％ 误差。

(4) 其他标注法举例:

p10→0.1pF,1p0→1pF,6p8→6.8pF,4n7→4.7nF＝4700pF,47n→47nF＝47000pF＝$0.047\mu F$,R33→$0.33\mu F$ 等。

附录3　小电感结构参数及贴片电感器(部分)

1. 常见小电感器的形状与结构参数举例(附表 2)

附表 2

序号	电感外形	结　构　特　点	近似电感量
1		7 匝,直径为 1.0mm 的裸铜线,空心间绕,线圈直径为 10mm,线圈长为 15mm	$0.22\mu H$
2		13 匝,直径为 0.61mm 的漆包线,骨架为(1/2)W,阻值为 68kΩ 的碳膜电阻,密绕	$0.22\mu H$
3		35 匝,直径为 0.21mm 的漆包线,骨架为直径 3mm 的塑料棒,密绕	$10\mu H$
4		70 匝,直径为 0.42mm 的漆包铜线,绕在外直径为 14mm 的铁氧体圆环上	0.26mH
5		150 匝,7×14 绞合线,骨架为 6mm 直径的陶瓷管	0.4～0.9mH
6		100 匝,两个饼式绕组,绕组芯子直径为 4mm,用 7×14 绞合线绕制(蜂房式)	0.9mH
7		120 匝,单股丝包铜线,绕组芯子直径为 4mm ,绕成一个饼式绕组(蜂房式)	1.0mH

2. 贴片电感器

贴片电感器的优点是体积小、性能优,通常有三种结构:线绕型、多层型、高频型。

(1)线绕型贴片电感器有很多优点,以 0805 型为例作说明:

电感量范围宽——2.2～2200nH;

损耗小,品质因素 Q 值高——50～16,直流电阻为 $0.07～2.7\Omega$;

最小自然谐振频率高——(6000～60)MHz;

允许通过的直流电流大——(600～160)mA。

(2) 多层贴片电感器的长×宽×厚≈2mm×1.25mm×0.9mm,其电感量为 $0.1～4.7\mu H$,最小 Q 值为 20～34,允许电流 30～250mA,最小自然谐振频率为 47～340MHz。

3. 电感器的标注

某些大功率电感器,常在数字后加英文字符表示,如 470K→47μH,220K→22μH。

某些贴片电感器标注举例:4n7→4.7nH,4R7→4.7μH,10N→10nH,10R→10μH。

LGA 型小电感器的标注举例(末位 M 代表±20%误差,K 代表±10%误差)。例如:R39M→0.39μH±20%,R82K→0.82μH±10%,1R0M→1μH±20%,1R5K→1.5μH±10%,100→10μH,820→82μH,821→820μH,101→100μH,R560→56μH,R561→560μH,R101→100μH,R102→1000μH。

附录4　半导体三极管的分类与例型

分类	符号	材料和板性	例型		
低频小功率三极管 ($f_{hfb}<3MHz$、$P_{CM}<1W$)	3AX XXX 3CX XXX 3DX XXX	锗 PNP 硅 PNP 硅 NPN	3AX31～3AX54 3CX200/211 3DX200/203 3DX211	$P_{CM}=100～200mW$ 300/200mW 300/700mW 200mW	$I_{CM}=30～200mA$ 300/50mA 300/500mA 50mA
高频小功率三极管 ($f_{hfb}>3MHz$、$P_{CM}<1W$)	3AG XXX 3CG XXX 3DG XXX	锗 PNP 硅 PNP 硅 NPN	3AG53A/C/E $P_{CM}=50mW$ $I_{CM}=10mA$ $f_T\geqslant30/100/300MHz$ 3CG14 100mW 15～20mA $\geqslant$MHz 3DG6 100mW 20mA 250～300MHz 3DG12 700mW 300mA 200～300MHz 3DG154 700mW 50mA $\geqslant$5500MHz 3CG140 100mW 20mA $\geqslant$1000MHz		
低频大功率三极管 ($f_{hfe}<3MHz$、$P_{CM}>1W$)	3AD XXX 3DD XXX	锗 PNP 硅 NPN	3AD50 $P_{CM}=10W$ $I_{CM}=3A$ $f_{hfe}\geqslant4MHz$ 3AD56 50W 15A $\geqslant$3MHz 3DD61 25W 2.5A 3DD68/69 100W 15A 3DD100/200 20/30W 2/3A $\geqslant$3MHz		
高频大功率三极管 ($f_{hfe}>3MHz$、$P_{CM}>1W$)	3AA XXX 3CA XXX 3DA XXX	锗 PNP 硅 PNP 硅 NPN	3AA7 $P_{CM}=1W$ $I_{CM}=500mA$ $f_{hfe}\geqslant140MHz$ 3CA6 20W 2A $f_T=30MHz$ 3CA9 50W 4A 10MHz 3DA1 7.5W 1A 50～100MHz 3DA89 7.5W 0.75A $f_o=1GHz$ 3DA825 40W 4A $f_o=400MHz$		

分类	符号	材料和板性	例 型			
开关管 (小功率<1W, 大功率≥1W)	3AK XXX 3CK XXX 3DK XXX	锗 PNP 硅 PNP 硅 NPN	3AK801A/D 3CK110/112 3DK100/101 3CK01/02 3CK5A~E 3DK3/5/10	50mW 300mW 100/200mW 5/10W 5 50/100/150W	20mA 50A 30/40A 1/2A 1.5A 3/5/10A	$f_T \geqslant 100/250$MHz 150~450MHz ≥300MHz 5MHz 50MHz 10MHz
常用管	9011 9012 9013 9014 9015 {低噪声 9016 9018 8050 {高频功放 8550	硅 NPN 硅 PNP 硅 NPN 硅 PNP 硅 NPN … … … 硅 PNP	$P_{CM}=0.4$W 0.625 0.625 0.625 0.45 0.40 0.40 1.0W 1.0W	$I_{CM}=30$mA 500mA 500mA 100mA 100mA 25mA 50mA 1.5A 1.5A		$f_T=370$MHz 低频 低频 270MHz 190MHz 620MHz 1100MHz 190MHz 200MHz

附录 5　有关电流模运算放大器的几个问题

定义:以电流作为输入、输出及信号传输参量的电流反馈型集成运算放大器即为电流模运算放大器。

特点:工作速度高、压摆率 SR 高(1000～1500V/μs);高频宽带(少则 100MHz、多则近 1000 MHz);供电电压低(可低至 1.5～3.3V),动态范围大;非线性失真小,抗干扰噪声能力强。缺点是反向端输入电阻小(仅十几欧姆至几十欧姆),共模抑制比也稍低(50～100dB),如附图 2 所示。

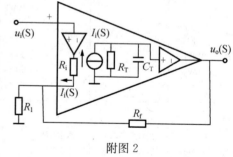

附图 2

闭环电压增益:

$$A_{vfo} = 1 + \frac{R_f}{R_1}$$

闭环频带宽度:

$$f_H = \frac{1}{2\pi R_f C_T}$$

式中和图中,C_T 由芯片内的补偿电容决定,通常为 1～5pF;R_i 为 10～60Ω。若 $R_f=1$kHz ,$C_T=2$pF,则 $f_H=80$MHz。

上式表明:电流模运放的闭环增益带宽乘积将随增益加大而有所提高(条件是 $A_{vfo}R_i \ll R_f$),而电压模运放的增益带宽积是常数,当增益加大时,带宽必然下降。

附表 3 是若干电流模运放的型号及参数。

附表 3　若干电流模运放的型号及参数

参数＼型号	AD811	AD844	AD9610	OPA623	OPA658P	OPA603	MAX 4112/4113
压摆率 SR /(V/μs)	1800 ($R_f=1$kΩ)	2000 ($R_f=0.5\sim1$kΩ)	3500 ($R_f=1.5$kΩ)	2100 ($U_{opp}=5$V)	1700 ($U_{opp}=2$V)	1000	1500/1800
带宽(BW) /MHz	140	60	80	290	680	100	600/750
失调电压 U_{Io}/mV	0.5	0.05	±0.3	8	±5	5	1
同相端输入电阻 /MΩ	1.5	10	0.2	2.74	0.5	5	0.5
反相端输入电阻 /Ω(很小)	14	50	20		50	30	30
低频互阻增益 /MΩ(R_T)	0.75 ($R_L=200$ Ω)	3 ($R_L=500$Ω)	1.5 ($R_L=200$Ω)		0.19	0.4	0.5
共模抑制比 K_{cmR}/dB	60	100	60			60	50
输出电流 I_o/mA	±100	±60	±50	±70	120	150	80
电源电压 /V	±5～±15				±5	±5	±15	±5

附录 6　倍数与分贝数对照表(部分)

分贝/dB	电流比或电压比	功率比	分贝/dB	电流比或电压比	功率比
0	1.00	1.00	0	1.00	1.00
0.2	1.02	1.05	−0.2	0.977	0.955
0.4	1.05	1.10	−0.4	0.955	0.912
0.6	1.07	1.15	−0.6	0.933	0.877
0.8	1.10	1.20	−0.8	0.912	0.832
1	1.12	1.26	−1	0.891	0.794
2	1.26	1.58	−2	0.794	0.631
3	1.41	2.00	−3	0.707	0.501
4	1.58	2.51	−4	0.631	0.395
5	1.78	3.16	−5	0.562	0.316
6	2.00	3.98	−6	0.501	0.250
7	2.24	5.01	−7	0.447	0.200
8	2.51	6.31	−8	0.398	0.158
9	2.82	7.94	−9	0.355	0.126
10	3.16	10	−10	0.316	0.1
12	3.98	15.8	−12	0.251	0.063
14	5.01	25.1	−14	0.200	0.040
16	6.31	39.4	−16	0.158	0.025
18	7.94	63.1	−18	0.126	0.015
20	10.0	100	−20	0.100	0.010
22	12.59	158	−22	0.079	0.0096
24	15.85	251	−25	0.056	0.0032
26	20.00	398	−28	0.040	0.0016
30	31.62	1000	−30	0.032	10^{-3}
40	100	10^4	−40	0.010	10^{-4}

分贝/dB	电流比或电压比	功率比	分贝/dB	电流比或电压比	功率比
50	316	10^5	−50	0.003	10^{-5}
60	1000	10^6	−60	0.001	10^{-6}
70	3160	10^7	−70	0.0003	10^{-7}
80	10^4	10^8	−80	0.0001	10^{-8}
90	3.16×10^4	10^9	−90	0.00003	10^{-9}
100	10^5	10^{10}	−100	0.00001	10^{-10}
120	10^6	10^{12}	−120	0.000001	10^{-12}

附录7 部分无线收发集成模块资料

型号	工作频段	频道	通信速率	工作电压、电流等	基本特性	说　明
nRF401	433MHz 无线收发一体芯片	2	最高速率 20kbit/s	工作电压 2.7~5V 发射电流 8~18mA 接收电流约 10mA 休眠电流约 8μA	最大发射功率＋10dBm 晶体:4MHz 20 脚 SSOIC 封装	1. 约 10 个外围元件 2. 根据系统需要可用环形天线,在良好的匹配条件下,可使通信距离达到 100m
nRF402	433MHz 无线发射芯片	2	最高速率 20kbit/s	工作电压 2.7~3.3V 发射电流 8~18mA 休眠电流约 8μA	最大发射功率＋10dBm 晶体:4MHz 14 脚 SSOIC 封装	1. 约 10 个外围元件 2. 根据系统需要可用环形天线,在良好的匹配条件下,可使通信距离增至 100m
nRF403	315/ 433MHz 无线收发一体芯片	2	最高速率 20kbit/s	工作电压 2.7~5V 发射电流 8~18mA 接收电流约 10mA 休眠电流约 8μA	最大发射功率＋10dBm 晶体:4MHz 20 脚 SSOIC 封装	1. 约 10 个外围元件 2. 根据系统需要可用环形天线,在良好的匹配条件下,可使通信距离达到约 100m 3. 由于工作频段较低,在 315MHz 频段,当参数匹配良好时,可获得比 nRF401 更远的通信距离
nRF902	868MHz 无线发射芯片	由晶振定	最高速率 50kbit/s	工作电压 2.4~3.6V 发射电流约 9mA 休眠电流约 10μA	最大发射功率＋10dBm 晶体:13.469~13.593MHz 8 脚 SSOIC 封装	1. 频道由晶体频率决定 2. 系统良好的匹配时可使通信距离增至 100m
nRF903	433/868/ 915MHz 无线收发一体芯片	169	最高速率 76.8kbit/s	工作电压 2.7~3.3V 发射电流 10~20mA 接收电流 18mA 休眠电流约 1μA	最大发射功率＋10dBm 采用 11.0592MHz 晶体 32 脚 TQFP 封装	1. 约 10 个外围元件 2. 内置镜像抑制电路,具有良好的抗干扰特性 3. 性能稳定可靠
nRF905	433/868/ 915MHz 无线收发一体芯片	169	最高速率 100kbit/s	工作电压 1.9~3.6V 发射电流 10~30mA 接收电流 12.5mA 休眠电流 2.5μA	最大发射功率＋10dBm 晶体:4、8、12、16、20MHz 32 脚 QFN 5×5mm 封装	在良好的匹配条件下,可使通信距离达到 100m
nRF9E5	433/868/ 915MHz 无线收发一体芯片	169	最高速率 100kbit/s	工作电压 1.9~3.6V 发射电流 10~30mA 接收电流 12.5mA MCU 工作电流 1~3mA ADC 工作电流 0.9mA 休眠电流 2.5μA	最大发射功率＋10dBm 256B＋4KB 片内 RAM,自引导 ROM 晶体:4、8、12、16、20MHz 32 脚 QFN 5×5mm 封装	1. 片载增强型 MCS51 兼容 MCU 2. 片载 4 路 10 位 80kbit/s 采样率的 ADC 3. 片载电源电压监视器 4. 片载独立时钟的看门狗和唤醒定时器 5. 在良好的匹配条件下,可使通信距离达到 100m

型号	工作频段	频道	通信速率	工作电压、电流等	基本特性	说明
nRF2401	2.4GHz 无线收发一体芯片	125	最高速率 1Mbit/s	工作电压 1.9～3.6V 发射电流 8～10mA 接收电流约 16mA 休眠电流约 1μA	最大发射功率 0dBm 晶体：4、8、12、16、20MHz 24 脚 QFN 5×5mm 封装	1. 所有高频元件电感、振荡器等已经全部集成在芯片内部 2. 内置点对多点无线通信控制和硬件纠检错 3. 通信距离约为 10m
nRF2402	2.4GHz 无线发射芯片	125	最高速率 1Mbit/s	工作电压 1.9～3.6V 发射电流 8～10mA 休眠电流约 1μA	最大发射功率 0dBm 晶体：4、8、12、16、20MHz 16 脚 QFN 4×4mm 封装	1. 所有高频元件电感、振荡器等已经全部集成在芯片内部 2. 内置点对多点无线通信协议控制和硬件纠检错 3. 通信距离约 10m
nRF24E1	2.4GHz（嵌入微处理器）无线收发一体芯片	125	最高速率 1Mbit/s	工作电压 1.9～3.6V 发射电流 8.8～13mA 接收电流 18～25mA MCU 工作电流 1～3mA ADC 工作电流 0.9mA 休眠电流 2μA	最大发射功率 0dBm 4KB ROM 256B RAM 51 内核 晶体：4、8、12、16、20MHz 36 脚 QFN 6×6mm 封装	1. 所有高频元件电感、振荡器等已经全部集成在芯片内部 2. 内置点对多点无线通信协议控制和硬件纠检错 3. 片载增强型 MCS51 兼容 MCU 4. 片载 9 路 10 位 100kbit/s 采样率 ADC 5. 片载电源电压监视器 6. 片载独立时钟的看门狗和唤醒定时器 7. 可提供掩膜系统 8. 通信距离约 10m
nRF24E2	2.4GHz（嵌入微处理器）无线发射芯片	125	最高速率 1Mbps	工作电压 1.9～3.6V 发射电流 8.8～13mA MCU 工作电流 1～3mA ADC 工作电流 0.9mA 休眠电流 2μA	最大发射功率 0dBm 4KB ROM 256B RAM 51 内核 晶体：4、8、12、16、20MHz 36 脚 QFN 6×6mm 封装	1. 所有高频元件电感、振荡器等已经全部集成在芯片内部 2. 内置点对多点无线通信协议控制和硬件纠检错 3. 片载增强型 MCS51 兼容 MCU 4. 片载 9 路 10 位 100kbit/s 采样率 ADC 5. 片载电源电压监视器 6. 片载独立时钟的看门狗和唤醒定时器 7. 可提供掩膜系统 8. 通信距离约 10m
MC13055	40MHz（宽带）单片无线接收芯片	电特性： $V_{CC}=5V$ $F_o=40MHz$ $F_{mod}=1.0MHz$ $\Delta f=\pm 1.0MHz$		工作电压 3.0～12V 比较器下拉电流 10mA 载波检波上拉、下拉电流 500μA～1.3mA 直流输出电流 430μA	功率耗散 1.25W 功耗电流 20mA 表贴封装及双列直插封装	1. 输入信号灵敏度为 20μV（40MHz） 2. 接收信号强度指示器（RSSI）线性范围为 60dB 3. 所需外围元件少
CC1000	100～1000MHz 收与发		76.8bit/s	工作电压 2.1～3.6V	输出功率：10dBm 接收灵敏度：-107dBm 调制方式：FSK/ASK	工作带宽：120kHz 通信距离：400m 作防盗器、无线抄表等
CC1010	300～1000MHz 内含单片机收与发		76.8bit/s	工作电压 2.7～3.6V	输出功率：10dBm 接收灵敏度：-107dBm 调制方式：FSK/ASK	工作带宽：120kHz 通信距离：400m 作防盗器、无线抄表等
CC1020	402～470MHz 809～940MHz 收与发		153.6bit/s	工作电压 2.3～3.6V	输出功率：10dBm 接收灵敏度：-121dBm 调制方式：FSK/ASK/GFSK	工作带宽：12.5kHz/25kHz 通信距离：1000m 作防盗器、无线抄表等
CC1021	402～470MHz 890～940MHz 收与发		153.6bit/s	工作电压 2.3～3.6V	输出功率：10dBm 接收灵敏度：-121dBm 调制方式：FSK/ASK/GFSK/OOK	工作带宽：50kHz 通信距离：600m 作防盗器、无线抄表等

型号	工作频段	通信速率	工作电压、电流等	基本特性	说　明
CC1050	300～1000MHz 发射	76.8bit/s	工作电压 2.1～3.6V	输出功率:10dBm 调制方式:FSK/ASK	工作带宽:120kHz 只能单向发射
CC1070	402～470MHz 804～940MHz 发射	153.6bit/s	工作电压 2.1～3.6V	输出功率:10dBm 调制方式:FSK/ASK/GFSK/OOK	工作带宽:12.5kHz/25kHz 只作单向发射
CC2400	2400～2483MHz 收与发	1Mbit/s	工作电压 1.6～3.6V	输出功率:0dBm 调制灵敏度:－101dBm 调制方式:FSK/GFSK	通信距离:100m 作无线数字音响、MP3、无线耳机、手机等
CC2420	2400～2483MHz 收与发	250kbit/s	工作电压 1.6～3.6V	输出功率:0dBm 调制灵敏度:－101dBm 调制方式:FSK/GFSK	通信距离:100m 作 ZigBee、智能家居、工业控制、数据采集等
CC2500	2400～2483MHz 收与发	500kbit/s	工作电压 1.8～3.6V	输出功率:0dBm 调制灵敏度:－101dBm 调制方式:FSK/GFSK	通信距离:100m 作无线键盘、鼠标等
CC2550	2400～2483MHz 发射	500kbit/s	工作电压 1.8～3.6V	输出功率:0dBm 调制方式:FSK/GFSK	通信距离:100m 作无线键盘、鼠标 只作发射

资料引于:
http://blog.21ic.com/user1/67/orchives/2005/996.html
http://datasheet.eepw.com.cn
http://www.freqchina.com
http://datasheet.eepw.com.cn/datasheet/search

附录 8　EDP 认证综合试题
(中国电子学会电子设计工程师认证——EDP)

一、是非题(每题 1 分,共 20 分)

1. 电感上的电流不能突变,理想电感器上的电压超前于电流 90°。　　　　　　(　　)

2. 两只电容器串联,其大容量的电容器分得的电压大,小容量的电容器分得的电压低。

　　　　　　　　　　　　　　　　　　　　　　　　　　　　　　　　　(　　)

3. 半导体二极管在线性区某点上的直流电阻与交流电阻是近似相等的。　　(　　)

4. 在高频工作时,BJT 放大器的电压增益将随工作频率的升高而降低。　　(　　)

5. 单端输出差分(差动)放大电路的放大倍数是双端输出的一半。　　　　(　　)

6. 深度负反馈放大器的电路指标主要由反馈支路决定,与环路内部电路参数基本无关。

　　　　　　　　　　　　　　　　　　　　　　　　　　　　　　　　　(　　)

7. 一个方波信号经过某放大器后,其波峰由平变得下垂,则表明此放大器的下限截止频率不够高而引起的。　　　　　　　　　　　　　　　　　　　　　　(　　)

8. 下述数据等式成立:$(987)_{10}=(3DB)_{16}=(0011\ 1101\ 1011)_2$　　　(　　)

9. 下列逻辑等式成立:$A+ABC=A$,$A+\overline{A}B=A+B$。　　　　　　　(　　)

10. 已知 JK 触发器的两输入信号 $J\neq K$,则在触发脉冲作用后,其输出端信号 $Q_{n+1}=K$。

　　　　　　　　　　　　　　　　　　　　　　　　　　　　　　　　　(　　)

11. 三态门的控制电平均为低电平 0。　　　　　　　　　　　　　　　　　(　　)

12. CCD 为电荷耦合器件,常作光电传感器使用。 (　　)

13. 各种 FPGA 芯片在掉电(断电)后,其内部编程数据将全部丢失。 (　　)

14. 单片机外接石英谐振器的频率一般均应高于单片机内部的时钟频率。 (　　)

15. 容量为 1GB 的存储器,地址线至少为 20 根。 (　　)

16. 示波器的探头线应与主机配套使用,不可随便互换。 (　　)

17. 输入信号不变,若要使示波器上所显示的波形个数由多变少,则 X 轴扫描信号的频率应由高调至低。 (　　)

18. 4 位半数字电压表,其 10V 量程的最大显示值为 9.9999V。 (　　)

19. 单片机与上位机 PC 间常用 RS-232 作匹配连接电路。 (　　)

20. 在低频电路系统的布局布线中,为降低地线电阻的不良影响,常采用多点接地方式。 (　　)

二、选择题(每题 2 分,共 40 分)

1. 标称为 2P2 电容器,其电容值与误差为(　　)。
   A. 2.2pF±10%　　B. 22pF±10%　　C. 2.2pF±5%　　D. 22pF±5%

2. 220V 交流市电经桥式整流、大电容滤波,若负载电阻较大,则其输出电压大致为(　　)。
   A. 190~210V　　B. 210~240V　　C. 240~270　　D. 270~300V

3. 已知 RC 充电电路如附图 3、若 C 上的电压由零充至 60 多伏和 90 多伏,则大致所需充电时间分别为(开关 S 合上后)(　　)。
   A. 20s、60s　　B. 10s、20s　　C. 60s、90s　　D. 100s、150s

4. 一个方波信号加入一个纯电感线圈,则线圈中的电流波形为(　　)。
   A. 方波　　B. 正弦波　　C. 锯齿波　　D. 三角波

5. 一个正弦波加至一个过零比较器,则比较器输出信号的波形为(　　)。
   A. 正弦波　　B. 方波　　C. 三角波　　D. 余弦波

6. 已知电路如附图 4 所示,当满足 $C_1R_1=C_2R_2$ 条件时,电路为何种滤波器(分压电路)
   (　　)。
   A. 低通　　B. 高通　　C. 全通　　D. 带通

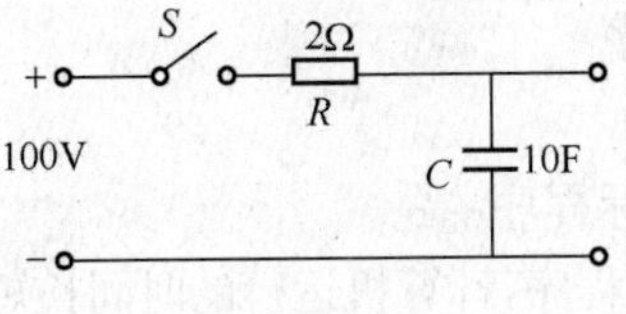

附图 3

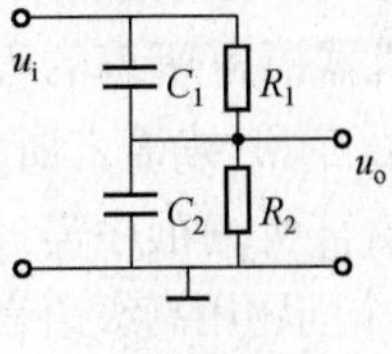

附图 4

7. 有关共集电极放大器(射极输出器),下述哪种叙述是不正确的?(　　)
   A. 放大器的输入阻抗高,对前级影响小
   B. 放大器的输出阻抗低,带载能力强
   C. 输出电压与输入电压同相,无电压放大倍数
   D. 其频率特性(带宽)与共发射极放大电路差不多、较差。

8. 要使放大电路的输入阻抗增高,对前级影响小,并同时使电路的输出电压稳定,带载能

力强,应采用什么样的反馈（　　　）。

    A. 电压并联负反馈　　　　　　　　B. 电压串联负反馈

    C. 电流并联负反馈　　　　　　　　D. 电流串联负反馈

9. 下述几类振荡器,哪一种频率覆盖最宽,频率稳定性能最好?（　　　）

    A. RC　　　　　　B. LC　　　　　　C. 石英晶体振荡器　　　　　D. DDS

10. 已知存储空间的地址范围为1000H～4FFFH,则其存储容量为（　　　）。

    A. 64KB　　　　B. 32KB　　　　　C. 16KB　　　　D. 8KB

11. 关于SRAM和DRAM,下述哪种说法是不正确的?（　　　）

    A. SRAM速度快、功耗大　　　　　B. DRAM需定时刷新

    C. DRAM容量大、功耗小　　　　　D. DRAM常用于U盘中

12. 已知D/A转换器的分辨率为0.01V,则输入1010 0000二进制数时,其输出电压约为（　　　）。

    A. 0.1V　　　　B. 1.6V　　　　　C. 0.16V　　　　D. 0.8V

13. 不带探头的示波器的输入电阻约为（　　　）。

    A. 1MΩ　　　　B. 10MΩ　　　　C. 100MΩ　　　　D. 100kΩ

14. 示波器的Y轴加1kHz的锯齿波,若X轴加20kHz的锯齿扫描信号,且二者同步,则示波器屏幕显示（　　　）。

    A. 20根上下(垂直)方向上的竖亮线条　　　B. 20根左右(水平)方向上的横亮线条

    B. 若干个圆　　　　　　　　　　　　　D. 若干个椭圆

15. 信号源的输出电阻、电压表的输入电阻的大小应为（　　　）。

    A. 前者小、后者大　　　B. 前者大、后者小　　　C. 均较大　　　D. 均较小

16. 扫频仪送给(输出)被测电路的信号为（　　　）。

    A. 宽频带调幅波　　　　　　　　　　B. 宽频带等幅调频波

    C. 宽频带调幅调频波　　　　　　　　D. 窄频带调频波

17. 已知BJT音频OCL功率放大器的供电电压为±12V,设放大管的饱和压降为0V,则8Ω负载上可获得的最大功率为（　　　）。

    A. 2.25W　　　　B. 4.5W　　　　　C. 9W　　　　D. 18W

18. 有关计算机的源程序与目标程序,下列叙述哪条是不正确的?（　　　）

    A. 机器语言、汇编语言所编写的程序称为目标程序

    B. 只有机器语言所编的程序才称为目标程序

    C. 高级语言、汇编语言所编程序称为源程序

    D. 高级语言所编程序需经编译才能成为目标程序

19. 对于同一个问题用高级语言程序或用汇编语言程序,计算机运行的时间长短是（　　　）。

    A. 二者相差不多　　　　　　　　B. 前者运行的时间短,后者长

    C. 前者运行的时间长,后者短　　　D. 视具体情况而不同

20. 一幅100万像素的黑白图像,每像素以8位二进制取样量化,存储一幅此类图像所需的存储容量为（　　　）。

    A. 8MB　　　　B. 16Mb　　　　　C. 1Mb　　　　D. 1MB

三、简答题（每题 8 分，共 16 分）

1. 已知与门的应用电路如附图 5，请回答：

   (1) 若与门为 TTL 型，则 R 值由小至大变化时，LED 是否发光？为什么？（3分）

   (2) 若与门为 CMOS 型，则 R 值由小至大变化时，LED 是否发光？为什么？（3分）

   (3) 若要驱动多个 LED 发光，还应增加什么电路，请在与门右侧画出。（2分）

2. 已知电容/电压转换电路如附图 6 所示，请回答：

   (1) 求出电压 U_1 与电容 C_x 的关系式。（3分）

   (2) 右侧电路起什么作用？（2分）

   (3) 输出电压需经什么电路（系统）才能作数字显示（以电容刻度显示）。（3分）

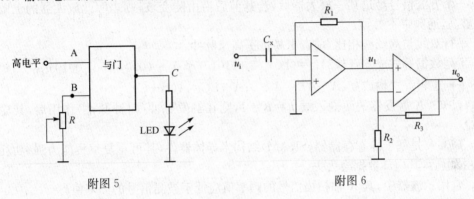

附图 5　　　　　　　　　　　　　　　　　附图 6

四、综合题（每题 12 分，共 24 分）

1. 设计一个能对频率为 40Hz～10kHz、幅值为 5mV～5V 的音频信号进行 3min 的数字存储与回放系统，要求：

   (1) 画出系统的组成框图。（3分）

   (2) 提出选用 A/D 芯片的指标参数。（3分）

   (3) 计算所需存储器的最小容量。（3分）

   (4) 设计的重点与难点在何处？（3分）

2. 试用附图 7 所示的滤波器对输入的 40Hz～10kHz 等幅正弦信号进行 1～2kHz 的阻带滤波，然后再用某种方法将 u_o 信号的幅值补平（均衡）。请回答如下问题：（此题由全国大学生电子设计竞赛题简化而来）

   (1) 设三个 LC 回路的谐振率为 $f_1 < f_2 < f_3$，画出滤波器的幅频特性。（3分）

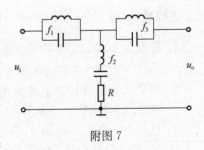

附图 7

   (2) 为使滤波特性好、衰减大，各电容是选铝电解还是钽电解电容，为什么？（3分）

   (3) 为使滤波特性好、衰减大，电阻 R 是大一点好，还是小一点好？为什么？（3分）

   (4) 右侧用什么方法能将 u_o 信号的幅值补平（均衡）？（3分）

附录 9 EITP 认证基础试题

（教育部信息管理中心电子信息技术人才认证——EITP）

一、是非题（每题 2 分，共 36 分）

1. 电容器与电感器均具有存储、记忆功能。　　　　　　　　　　　　（　　）
2. 可以用两只硅半导体二极管串接约为 1.4V 低压稳压管使用。　　　（　　）
3. BJT 管的 β 值为常数，与工作点及工作频率无关。　　　　　　　（　　）
4. 负反馈能使放大器的上、下限截止频率均增大，使通频带增宽。　　（　　）
5. 多级放大器，其级数越多，增益越高、通频带越宽、选择性越好。　（　　）
6. 一个方波信号经过某一放大器后，若其前后沿由陡变坡，则表明此放大器的上限截止频率不够高，通频带不够宽。　　　　　　　　　　　　　　　　　　（　　）
7. 平行双线与双绞线相比，前者更易传送高速脉冲。　　　　　　　　（　　）
8. 下列数据等式成立：$(192)_{10}=(B0)_{16}=(1101\ 0000)_2=(0001\ 1001\ 0010)_{BCD}$。（　　）
9. 下列逻辑等式均成立：$A+\overline{A}B=A+B$；$\overline{A+BC}=\overline{A}(\overline{B}+\overline{C})$。　（　　）
10. 已知 JK 触发器的两输入端 $J=K=1$，则在触发脉冲（时钟脉冲）作用后，其输出端 $Q_{n+1}=\overline{Q}_n$。　　　　　　　　　　　　　　　　　　　　　　　　（　　）
11. FPGA 是基于静态存储器（SRAM）结构半导体器件，其可重复编程能力强、功耗也很小，但在掉电后，其内部数据会丢失。　　　　　　　　　　　　　　　　（　　）
12. 常用示波器中，其 X 轴扫描信号的频率值应低于被测信号的频率值。　（　　）
13. 计算机中堆栈的进出原则是先进后出，列的进出原则也如此。　　（　　）
14. 在计算机的中断过程中，CPU 无法再响应另一中断的申请。　　　（　　）
15. 要对 2mV～5V 的交流信号进行 A/D 变换，则 A/D 的二进制位数至少为 12 位。　　　　　　　　　　　　　　　　　　　　　　　　　　　　　　　（　　）
16. 要对 40Hz～10kHz 的音频信号进行 A/D 转换，则 A/D 芯片的转换时间至少应低于 $100\mu s$。　　　　　　　　　　　　　　　　　　　　　　　　　　　（　　）
17. RS-232、RS-485 接口均为计算机系统的串行接口标准。　　　　　（　　）
18. 在高频电路布局布线中，为了减弱地线电阻的影响，常采用单点接地方式。（　　）

二、选择题（每题 2 分，共 34 分）

1. 标准为 103K 的贴片电容器，其主要参数为（　　）。
   A. 10000pF±20%　B. 1000pF±10%　C. 103pF±10%　　D. 10000pF±10%
2. 发光二极管（LED）正常发光时，其两端的正向电压约为（含不同发光颜色）（　　）。
   A. 1.3～3.3V　　　B. 0.7～1V　　　C. 0.6～0.7V　　　D. 0.2～0.3V
3. 已知 RC 电路如附图 8，输入脉冲的宽度为 τ，要使输出 u_o 的波形近似于方波或三角波，则 RC 乘积与 τ 间的关系为（　　）。
   A. $RC<\tau,RC>\tau$　B. $RC\ll\tau,RC>\tau$　C. $RC>\tau,RC<\tau$　　D. $RC\gg\tau,RC<\tau$
4. 已知滤波电路如附图 9，这是什么形式的滤波电路？（　　）
   A. 低通滤波电路　B. 高通滤波电路　C. 带通滤波电路　　D. 带阻滤波电路

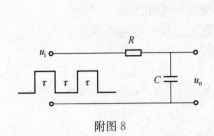

附图 8

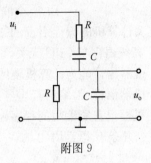

附图 9

5. 已知 LRC 并联谐振回路(选频回路)如附图 10,对于此电路下述哪种说法是不正确的?（　　）

A. 回路谐振时,i_L 与 i_C 大小相等,方向相反,$i_R = i$

B. 回路具有带通选频能力

C. 电阻 R 值加大时,回路的选择性变好,通频带加宽

D. 回路谐振时,回路的输出电压最大,$U_o = U_{om} = i_R$

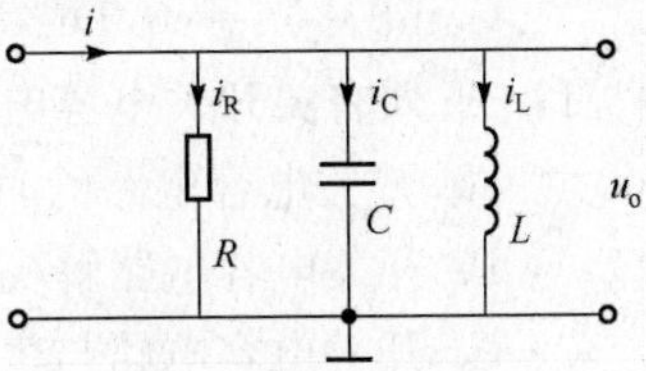

附图 10

6. 有关 BJT 管和 FET 管,下述哪种说法是不正确的?（　　）

A. BJT 是电流控制器件,FET 是电压控制器件

B. 二者的输出阻抗均很高

C. 二者均为平方律器件

D. BJT 的动态范围小,FET 的动态范围大、噪声也低

7. 要减弱负载变化对前级振荡电路的影响,并使电路的输出电压稳定,应在振荡电路与负载之间加接什么样的反馈电路?（　　）

A. 电压串联　　　　B. 电压关联　　　　C. 电流串联　　　　D. 电流并联

8. 已知 OTL 音频功率放大电路的直流供电电压为 $+12V$,设放大管工作时的饱和压降为 $1.5V$,则在 10Ω 负载上可能获得的最大功率约为（　　）。

A. 1W　　　　B. 1.8W　　　　C. 5.5W　　　　D. 11W

9. 用 7812 三端集成芯片设计直流稳压电源,则电源变压器次级电压(初级为 220V 交流市电)应选用（　　）。

A. $10\sim12V$　　　　B. $12\sim14V$　　　　C. $14\sim16V$　　　　D. $16\sim18V$

10. 在实际电路制作中,与门、与非门的多余(未用)的输入端口通常作如下处理（　　）。

A. 均接低电平 0　　　　　　　　　B. 均接高电平 1

C. 前者接低电平 0,后者接高电平 1　　D. 与 C 答相反

11. 已知存储单元中某存储空间的地址范围为 1000H～8FFFH,则此空间的存储容量为（　　）。

A. 256KB　　　　B. 128KB　　　　C. 64KB　　　　D. 32KB

12. 奇偶校验所能发现的数据错码的位数是（　　）。

A. 4 位　　　　B. 3 位　　　　C. 2 位　　　　D. 1 位

13. 下列几列数据中,数值最大者为（　　）。

A. $(256)_{10}$　　　B. $(2FF)_{16}$　　　C. $(1001\ 1110\ 1010)_2$　　　D. $(1001\ 0111\ 0101)_{BCD}$

14. 当示波器的 X 轴与 Y 轴所加信号为同频同相同幅度且同步时,则其屏幕上显示的图形为（　　）。

A. 一个圆　　　　　B. 一个椭圆　　　　C. 一条垂直亮线　　　D. 一条 45°的斜亮线

15. 有关计算机的编程语言,下述哪种说法是不正确的?（　　　）

　　A. 高级语言与 CPU 无关,可直接为计算机的硬件电路所接受

　　B. 机器语言能为计算机硬件电路所识别

　　C. 机器语言、汇编语言均与 CPU 有关

　　D. 机器语言所编写的程序称为目标程序

16. 下列几条 C 语言语句,哪一条是合法的?（　　　）

　　A. int a[]＝"String";　　　　　　　　B. Char a[]＝{0,1,2,3,4,5};

　　C. int a[5]＝{0,1,2,3,4,5};　　　　　D. Char a＝"String";

17. 下列有关开关电容电路的叙述,哪种是不正确的?（　　　）

　　A. 开关电容电路的时钟控制脉冲的频率应足够高

　　B. 开关电容电路解决了集成运放不能直接制造大电阻的问题

　　C. 开关电容电路与集成运放可组成开关电容滤波电路

　　D. 开关电容电路单元可以等效成一个大电容

三、问答题(共 30 分)

1. 已知运放的应用电路如附图 11,回答如下问题:(8 分)

(1) 写出放大器的电压放大倍数的计算式。(2 分)

(2) 当控制电压 U_T 由 0V 升高时,输出信号的幅值将如何改变? 为什么?(3 分)

(3) 控制电压 U_T 可来自何处。(举两种方法)(3 分)

2. 已知一个控制电路如附图 12 所示,回答如下问题:(8 分)

(1) 画出开关 S 合上后、A 点、B 点信号电压的变化曲线。(3 分)

(2) 对应的上述曲线,指明继电器何时吸合,何时释放?(3 分)

(3) 若电阻减小,在上述同一幅图上再画 A、B 点的信号电压变化曲线。(2 分)

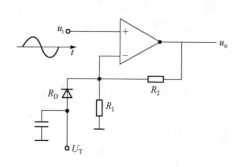

附图 11

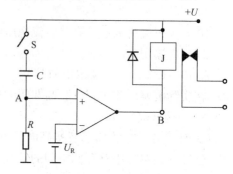

附图 12

3. 设计一种三人裁判电路,三名裁判(A、B、C)中须有 2 人或 2 人以上同意才能判选手成功,回答如下问题:(14 分)

(1) 列出真值表。(3 分)

(2) 写出逻辑表达式并化简。(4 分)

(3) 根据逻辑表达式画出逻辑电路图。(电路图须从裁判的按键开关起画)(4 分)

(4) 输出若为大亮度的 LED 显示,应如何解决,在电路图中须一并画出。(3 分)